高职高专工学结合课程改革系列教材
国家示范性高职院校重点规划教材

企业管理概论

（第三版）

辛 磊 朱 波 主编

上海财经大学出版社

图书在版编目(CIP)数据

企业管理概论/辛磊,朱波主编.—3版.—上海:上海财经大学出版社,2017.1
(高职高专工学结合课程改革系列教材)
ISBN 978-7-5642-2657-2/F·2657

Ⅰ.①企… Ⅱ.①辛…②朱… Ⅲ.①企业管理-高等职业教育-教材
Ⅳ.①F272

中国版本图书馆CIP数据核字(2017)第004336号

□ 责任编辑 张美芳
□ 封面设计 杨雪婷

QIYE GUANLI GAILUN
企 业 管 理 概 论
(第三版)

辛 磊 朱 波 主编

上海财经大学出版社出版发行
(上海市中山北一路369号 邮编200083)
网 址:http://www.sufep.com
电子邮箱:webmaster @ sufep.com
全国新华书店经销
上海叶大印务发展有限公司印刷装订
2017年1月第3版 2020年9月第2次印刷

787mm×1092mm 1/16 16.25印张 416千字
印数:28 501—29 500 定价:38.00元

前 言

教材是教学过程中的重要依据，加强教材建设是深化职业教育教学改革的有效途径，也是推进人才培养模式改革的重要条件。高等职业教育人才培养目标在整个现代职业教育体系中起着重要的指导作用，是高等职业教育实践活动的出发点。高等职业教育人才培养目标为高素质技术技能人才，技术技能人才属于应用型人才。他们不仅要具有实践操作等技术层面的职业能力，还应具备计划决策、合作协调、沟通交流以及心理调控等非技术性的职业素质。高等职业教育需要树立多元的质量观、人才观，加强各层次技术技能人才培养。为了实现技术技能人才培养的系统化，适应高职学生对企业基层管理岗位所需知识与能力的实际需要，我们坚持全面创新，体现高职教育特色，再次修订了《企业管理概论》这本教材。

本教材由专门从事高等职业教育的、具有较深理论修养与丰富实践技能的教师编写而成，是专门面对高职高专院校学生使用的专业核心课程之一。

本教材较好地体现"以市场需求，企业、行业的需求以及教学、课程动态为导向，以职业能力和职业道德素养培养为本位，理论知识传授与职业能力培养相互协调"的编写原则。概括而言，本书具有以下特色：

1. 重点突出。根据本书使用对象，坚持针对性原则，介绍企业管理的基本知识、基本技能等，避免了"管理学原理"与"企业管理概论"不分、将"经济学"知识夹杂在一起的现象，是一本专门介绍企业管理知识的教材。

2. 关注能力。教材内容力求语言简洁、概念明确、方法具体、基本技能可操作性强，做到既与现代企业管理的方法、手段保持一致，让学生易于理解、掌握和实践，又使培养的学生职业技能符合规范要求。

3. 体例突破。在教材每章设有"导入案例""实训操作"等，尤其是在不同章节设置了实训的内容，既培养了学生的能力，又让学生体会到这门课程的实用性。

教学改革无止境，精品教材永追求。本书一版、二版受到广大高校师生的欢迎，为感谢读者的厚爱，这次教材修订我们在遵循原稿基本框架和体系的基础上，重点对接了新的职业标准和新的产业需求，反映新知识、新技术、新工艺和新方法。本书修订的指导思想、整体设计、统稿及最后定稿由辛磊负责。

参加本书修订的老师都是有着丰富企业工作经验和高校教学经验的企业管理"双师型"教师。辛磊修订第一、二、八章并负责全书统稿，朱波修订第三到七章以及第九、十章，毛政珍、成莹洁老师提供了宝贵修改建议和部分资料。编者大量收集、分析、研究国内外企业的最新管理实践，力图在理论上和实践上反映企业发展的前沿动态。

在本书修订过程中，我们参阅、引用了大量的图书以及网络资料，特向所有作者表示衷心感谢!

本书自始至终受到上海财经大学出版社的关心与支持,谨致衷心的感谢。

由于我们掌握的国内外资料不全、学术水平有限,疏漏与错误难免,谨请读者指正与提出建议。

编　者

2016 年 12 月

目录

第一章 企业概述

【学习指导】

在市场经济条件下，企业作为经济组织，其基本功能是商品生产和商品交换。现代经济社会中，企业有很多类别，不同类别的企业有不同的特征。本章主要介绍了企业的概念及特征、企业的分类、企业的设立与登记以及现代企业制度的内容。

通过本章的学习，学生应理解企业的基本特征，掌握企业的分类，正确区别企业类型；了解公司设立登记、合并、分立等有关知识以及了解现代企业制度的主要内容。

【导入案例】 **中国企业知多少？**

2013年末，全国共有从事第二产业和第三产业的法人单位1 085.7万个，比2008年末增加375.8万个，增长52.9%；产业活动单位1 303.5万个，增加417.1万个，增长47.1%；有证照个体经营户3 279.1万个，增加405.4万个，增长14.1%(详见表1)。

表1 **单位数与有证照个体经营户数**

	单位数(万个)	比重(%)
一、法人单位	1085.7	100.0
企业法人	820.8	75.6
机关、事业法人	103.7	9.6
社会团体和其他法人	161.1	14.8
二、产业活动单位	1 303.5	100.0
第二产业	287.5	22.1
第三产业	1 015.9	77.9
三、有证照的个体经营户	3 279.1	100.0
第二产业	188.3	5.7
第三产业	3 090.8	94.3

2013年末，全国共有第二产业和第三产业的企业法人单位820.8万个，比2008年末增加324.9万个，增长65.5%。其中，内资企业占97.5%，港、澳、台商投资企业占1.2%，外商投资企业占1.3%。内资企业中，国有企业占全部企业法人单位的1.4%，私营企业占68.3%(详见表2)。

表2　　按登记注册类型分组的企业法人单位

企业法人单位(万个)	单位数(万个)	比　重(%)
合　计	820.8	100.0
内资企业	800.6	97.5
国有企业	11.3	1.4
集体企业	13.1	1.6
股份合作企业	6.5	0.8
联营企业	2.0	0.25
有限责任公司	149.4	18.51
股份有限公司	12.3	1.52
私营企业	560.4	68.3
其他企业	45.6	5.65
港、澳、台商投资企业	9.7	1.2
外商投资企业	10.6	1.3

2013年末，在第二产业和第三产业法人单位中，位居前三位的行业是：批发和零售业281.1万个，占25.9%；制造业225.3万个，占20.7%；公共管理、社会保障和社会组织152万个，占14%。在有证照个体经营户中，位居前三位的行业是：批发和零售业1 642.7万个，占50.1%；交通运输、仓储和邮政业878.6万个，占26.8%；住宿和餐饮业240.8万个，占7.3%(详见表3)。

表3　　按行业分组的法人单位与有证照个体经营户

	法人单位(1 085.7万个)	有证照个体经营户合计3 279.1
采矿业	8.9	1.5
制造业	225.3	174.8
电力、热力、燃气及水生产和供应业	7.0	0.6
建筑业	34.8	18.5
批发和零售业	281.1	1 642.7
交通运输、仓储和邮政业	26.2	878.6
住宿和餐饮业	20.0	240.8
信息传输、软件和信息技术服务业	22.6	10.6
金融业	3.0	—
房地产业	34.4	5.0
租赁和商务服务业	91.7	30.6

续表

	法人单位(1 085.7 万个)	有证照个体经营户合计 3 279.1
科学研究和技术服务业	45.6	11.8
水利、环境和公共设施管理业	8.5	0.3
居民服务、修理和其他服务业	19.1	214.6
教育	41.4	5.8
卫生和社会工作	25.0	20.9
文化、体育和娱乐业	23.0	17.2
公共管理、社会保障和社会组织	152.0	—

注:表中法人单位合计数含从事农、林、牧、渔服务业和兼营第二、三产业活动的农、林、牧、渔业法人单位16.2 万个;有证照个体经营户合计数含从事农、林、牧、渔服务业活动的个体经营户 5 万个。

注释:

1. 三次产业的划分

第一产业是指农、林、牧、渔业。

第二产业是指采矿业,制造业,电力、燃气及水的生产和供应业,建筑业。

第三产业是指除第一、二产业以外的其他行业,具体包括:交通运输、仓储和邮政业,信息传输、计算机服务和软件业,批发和零售业,住宿和餐饮业,金融业,房地产业,租赁和商务服务业,科学研究、技术服务和地质勘查业,水利、环境和公共设施管理业,居民服务和其他服务业,教育,卫生、社会保障和社会福利业,文化、体育和娱乐业,公共管理和社会组织,国际组织。此次普查未包括国际组织。

2. 单位的划分

法人单位是指具备以下条件的单位:

(1)依法成立,有自己的名称、组织机构和场所,能够独立承担民事责任;

(2)独立拥有和使用(或授权使用)资产,承担负债,有权与其他单位签订合同;

(3)会计上独立核算,能够编制资产负债表。

法人单位包括企业法人、事业单位法人、机关法人、社会团体法人和其他法人。

产业活动单位是指具备以下条件的单位:

(1)在一个场所从事一种或主要从事一种社会经济活动;

(2)相对独立组织生产经营或业务活动;

(3)能够掌握收入和支出等业务核算资料。

个体经营户是指除农户外,生产资料归劳动者个人所有,以个体劳动为基础,劳动成果归劳动者个人占有和支配的一种经营单位,即按照《民法通则》和《城乡个体工商户管理暂行条例》规定、经各级工商行政管理机关登记注册、领取《营业执照》的个体工商户。具体是指公民在法律允许范围内,依法经核准登记,从事工业、商业、建筑业、运输业、餐饮业、服务业等活动的个体劳动者。

(资料来源:《第三次全国经济普查主要数据公报》,中华人民共和国国家统计局,2014 年 12 月 16 日。)

第一节　企业的概念与基本特征

一、企业的概念

关于企业的概念,国内外至今没有统一的表述。美国《现代经济词典》把企业定义为:设在一定地点，拥有一个或一个以上雇员的工厂、商店或办事机构。中国台湾学者认为：企业是集合生产要素——土地、资本、劳动，在创造利润的动机和承担风险的准备下，对某种事业作出有计划、有组织、讲求效率的经营。《中国企业管理百科全书》将企业定义为：从事生产、流通等经济活动，为满足社会需要并获取盈利，进行自主经营，实行独立核算，具有法人资格的基本经济单位。

企业可分为工业企业、商业企业、农业企业、科技企业、文化企业等，我们通常提到的企业往往是指工业企业和商业企业。工业企业是指从事工业性生产的经济组织，它利用科学技术、合适的设备对原材料进行加工，使其改变形状或性能，为社会提供需要的产品，同时获得利润。

在现代经济社会中，企业是构成国民经济的基本细胞，是社会生产力的主体，是人类物质财富的直接创造者，企业的兴衰、实力的强弱决定着一个民族经济乃至整个国力的大小及在世界上的地位。企业的再生产是社会再生产的基本方式。从某种意义上说，社会再生产过程中的生产、交换、流通和消费等环节都是通过企业的经济活动实现的。

在生产领域，企业是劳动力和劳动资源直接结合生产产品的场所，通过科学管理，使生产力各要素得到合理的组织和充分的利用，以最少的消耗和占用创造出更多的使用价值和价值。

在交换领域，企业是实现交换的基本环节。每个企业都要同原材料、生产设备和劳动力的供应单位，产品的用户，运输单位，规划设计的科研机构，大专院校、人才交流中心等各种各样的组织发生交换关系。这些关系通过销售等合同联系起来。企业能否全面完成销售任务和履行合同，是保证社会再生产顺利进行的重要条件。

在流通领域，企业是“劳动者—投资者—企业—国家”这个链条的中间环节。它把社会产品及价值通过工资、奖金、税收、股息、红利等形式在国家、企业、投资者和劳动者之间进行分配。企业职工的收入，一部分来自于国家规定的基本工资，另一部分来自于企业支配的福利和奖金。企业每个职工的最终收入及投资者所得报酬在很大程度上取决于企业生产经营的效益。

在消费领域，企业不仅是生产者也是消费者。它一方面包括生产资料的消费，另一方面也包括生活资料的消费，如小汽车、企业用的文化生活设备、职工生活福利设施等。

从社会经济的角度来考察，企业就是一个资源转换体，它的基本功能是商品生产和商品交换。它可以将各种社会资源转化为有用的商品和服务，从而满足社会需要。国民经济的发展不仅取决于企业的数量和规模，更重要的是取决于企业的实力、素质和效益。

二、企业的基本特征

（一）经济性

这是现代企业最明显的特征。企业作为一个历史性范畴，它不是一般的和永恒的经济现象，而是商品经济发展到一定阶段的产物，也是促进商品经济繁荣的推动者。作为企业，它必须通过商品生产和流通为商品消费者提供使用价值或服务，满足社会需要，才能实现自身的价值。经济性是企业区别于政府组织、学术团体、事业单位的根本特征。只有那些从事商品生产和经营的社会组织，才有可能是企业。

（二）营利性

企业是营利性机构，以追求经济利益为基本目标。任何企业在满足他人需要的同时总是拼命追求盈利。企业必须以自己生产经营活动的收入来抵偿其支出，并获得盈利，才有可能在市场生存和发展。营利不仅是人们创办企业的初衷，也是衡量企业是否成功的主要标志。企业的盈利既是企业生存的目的，也是企业发展壮大的重要前提。因此，追逐盈利是企业发展的最根本动力。

（三）独立自主性

任何企业在创办时都有发起人。发起人不仅需要眼光、信心，而且还需要勇气，并要为企业的生存和发展付出巨大的代价，如投资、花费大量的时间和精力、丧失其他机会等，还要承担由此带来的一切后果，如在限期内还本付息、清偿债务、支付货款、确保员工收入、支付股东股息和红利、保证企业所有者的资产完整和不断增值，甚至承担有关法律责任等。因此，企业所有者和企业本身在客观上都要求自主经营。只有自主经营、自负盈亏，企业的发起人、投资者及全体员工才会同心协力、千方百计地不断研发新产品、新项目，提高产品质量、降低成本、改善服务，以此满足人们日益增长的需求。

此外，众多的生产经营厂家、有限的市场需求和激烈的竞争等从客观上也要求企业必须自主经营。这样企业才会建立完善的信息反馈机制，具有灵活的市场应变能力和很强的市场适应能力，从而在竞争中保持足够的优势并获得发展。

（四）经济法人性

法人是自然人的对称。所谓法人就是依法成立的，有独立参与民事活动、享有民事权利、承担民事义务能力的社会组织，如企业公司、社团等。法人的权利取决于成立该组织的宗旨和业务范围，它无权进行违背其宗旨和超越其业务范围的法律行为。法人的行为能力由法人的机关或代表（董事、厂长、经理等）行使，或由其授权的业务人员以法人的名义行使。法人也可因法律法令、主管机关的行政命令、社员大会决议许可撤销和宣布破产等而解散。

企业是经济法人。企业要想从事正常的经济活动，与其他组织发生经济关系，并在各项经济交往中受到国家法律的保护，就必须按照国家颁布的有关企业法令，到当地工商管理部门履行申报、核实、批准、登记、注册等手续，这样才能得到国家法律的认可，具备法人资格。

三、企业的目标

企业之所以在社会中有必要存在和不断发展，是由其自身价值决定的，这主要体现在企业的目标和责任上。企业目标和责任是相辅相成和互相联系的。企业责任是企业对内、对外应承担与履行的各种任务或义务，而企业目标则是企业责任的具体体现。

用系统的观点看，企业目标可分为企业自身目标、社会目标、发展与竞争目标。

（一）企业自身目标

主要指企业的经济效益目标，一般用利润来表示。取得合理的利润，是企业生存和发展的物质条件。企业是国民经济中物质财富的创造者，是为社会提供纯收入的基本载体。无论何种企业，都必须以收抵支并有盈余，才能在长期利己、利民、利国。负债经营，长期处于亏损状态，不但企业会因收不抵支而破产，国家也将断了财源。因此，追求合理的利润是企业的重要目标。

（二）企业的社会目标

主要指企业为社会、为国家、为宏观经济所带来的经济、政治、生态等各种效益。企业是国民经济的重要组成部分，其自身的经济目标与其履行的社会目标不可分割，二者是矛盾的统一体。企业的生存和发展是在社会整体运行机制中进行的，而社会的良性运转又靠企业的合理支撑。所以，企业家不能只顾“私”利，还应将“公”利置于正确地位，在确定企业利润目标时还要确定若干社会目标，诸如应上缴的利税，社会就业目标，社会救济、扶贫和赞助目标，防止环境污染目标等。

（三）企业的发展与竞争目标

不安于现状、渴望成长，并能根据社会需求的变化而不断发展自己，是现代企业活动的重要特征。那种得过且过、小富即安、不肯上进的经营作风，是自然经济的遗物。企业作为现代商品经济的产物，要想在竞争中求发展、在困境中求生存，必须要有长久发展目标和规划。从某种意义上说，企业的发展与竞争是并存的，主要体现在争取顾客、扩大销售、占领市场。因此，有的西方经济学家称"企业目标的唯一有效定义即是创造顾客"。

【小练习】　什么是企业？

1. 一所职业技术学院为了保证实习和实训需要，建立了一个工业加工中心，具备生产某些电子产品的能力。这个工业加工中心是企业吗？

2. 下列组织中，哪些是企业？

钢铁公司　建设银行　小学　商场　工商管理所　机关食堂　酒店　运输公司　建筑公司　个体工商户　农村承包户

分析提示：

1. 并非所有的经济组织都是企业，如政府机构的附属工厂、学校的实习工厂、多厂企业中的一个工厂等，就不具备独立性或者营利性，因而不能称为企业。判断一个组织是否是企业，仅看它是否从事经济活动还不够，还要看它是否满足企业的其他特征。这所学校的工业加工中心如果不具备法人资格，不实行独立核算，不以营利为目的，就不是企业，而只是个实习工厂。

2. 钢铁公司、运输公司、建筑公司、建设银行、商场、酒店等都是从事产品生产、流通，从事各种商业服务活动的企业。小学、工商管理所等不从事经济活动，所以不是企业。机关食堂虽然从事经济活动，但不是为满足社会需要而设立的，因而也不是企业。个体工商户和农村承包户由于规模小，没有独立完整的组织机构，也不是企业。

四、企业系统结构

（一）企业系统的基本要素

用系统的观点看，现代企业是一个开放的人造系统。它是社会经济系统的子系统，其运作必须与整个社会经济系统相适应；同时，企业系统自身也是多层次的，是由许多相关的部分组成的有机整体，企业内各个组成部分的设计及其活动都要适应和服从企业系统整体目标的需要。企业系统还是一个开放的系统，它的生存与发展对外界环境具有极大的依赖性，外界环境的各种因素都对企业系统发生直接或间接的影响。企业系统必须不断地同外界环境进行物资、能量、信息的交换，才能适应环境，得以生存和发展。

1. 人

人是企业的劳动者，包括企业的经营管理人员、技术人员和生产操作人员。企业人员的素质、数量和各类人员之间的比例反映了企业运行所需要的知识和技能，也反映了企业完成任务的能力。

2. 财

财是企业的资金。资金是企业拥有或控制的各种经济资源的货币表现。现代企业的生产经营活动过程从价值形态来看，实际上是资金运动和价值增值的过程。资金运动速度的快慢，是衡量企业经济效益和经营管理水平的重要标志。所以，资金是企业系统不可缺少的基本要素。

3. 物

物是企业系统中的各种劳动资料和劳动对象。它是现代企业从事生产经营活动必不可少的物质条件,这些物质条件的水平也反映了企业系统的技术能力。

4. 信息

信息包括企业内外各种有关的资料、数据,各种计划、规章、指令等,是企业人、财、物诸要素运动状态的反映,也是企业技术与管理水平的反映。

上述四种要素各有其不同的特征,前三种属有形资源要素,后一种属无形资源要素。在企业系统中,它们有机地联系在一起,构成了企业生产经营活动的基本条件。企业管理的根本目的就是要充分、有效地利用这些要素,使其最大限度地发挥作用。

(二)企业系统的运动形态

从动态的角度考察,企业系统在其不断转换的过程中同时存在着物质流、人员流、价值流和信息流四种运动形态。

1. 物质流

物质流是企业生产经营过程中的各种物质要素从投入企业系统开始,经过生产系统的转换,一直到把产品销售出去为止的整个生产经营过程。例如,机械产品从原材料的供应,到加工零件、半成品、成品直至销售的过程。物质流是企业系统最基本的运动形态。

2. 人员流

人员流是企业员工在企业系统中的全部活动过程,包括人员的流动(内部流动和内外流动)、人员的分工调配以及全体员工的劳动和工作过程,还包括员工在劳动过程中学习知识、提高技能的知识增值过程。人员流在企业系统运动中处于主体地位,它能推动和控制企业系统的全部活动。

3. 价值流

价值流即企业资金的运动过程。企业的生产经营活动既是原有使用价值的消费和新的使用价值的再生产过程,又是原有价值的转移和创造新价值的过程。在这个过程中,企业各种资源的价值随着企业系统的运动实现其转移和增值。因此,价值流与物质流必然同存于企业系统的运动过程中,是企业生产经营活动状况和成果的综合反映。

4. 信息流

信息流是企业内外信息的流动过程,包括信息的收集、发送与反馈。信息流就如同维持企业正常运转的神经系统,它综合反映了企业系统中有形资源的运动状态,反过来又能指挥这些有形资源的运动方向和速度。信息的吞吐量是企业对外适应能力的表现,信息的时效性可以使有形的东西增值或贬值。

(三)企业内部的系统结构

从宏观上看,现代企业是社会经济系统的子系统,它面向社会大环境(包括国际、国内环境),其运作必须与整个社会经济系统相适应。所以,企业系统是一个开放型的系统。企业系统的开放性,主要表现为企业系统需要与外界和环境不断地进行物质、能量和信息的交换,需要从外界获取各种生产资源和信息,也需要向外输出自己的产品、服务和信息。这种物质和信息的交换越广泛、量越大,企业系统的运转越灵敏。

从微观上看,现代企业本身也是一个由许多子系统构成的复杂系统。企业内部由供应子系统、生产子系统、营销子系统、研究与开发子系统构成。它们的有效运作,可以保证企业日常生产与经营,保证企业战略的顺利实施和生产经营目标的最终实现。

(1)供应子系统,主要提供生产、经营、研究开发等所必需的人力、资金、物资等生产要素。

(2)生产子系统,主要根据企业生产经营的目标对投入的生产要素进行最佳配置,完成产品的生产过程,并按时、按质、按量向营销子系统提供产品。

(3)营销子系统,主要是协调企业上市产品与市场开发的关系。它既要把研发及生产子系统的产品推销出去,又要及时反馈市场信息给研发及生产子系统。

(4)研究与开发子系统,主要根据企业和市场的战略发展需要,制订企业未来发展的基本对策,开发新产品、新工艺、新技术。

四大子系统之间的结构与功能的关系如图 1.1 所示。

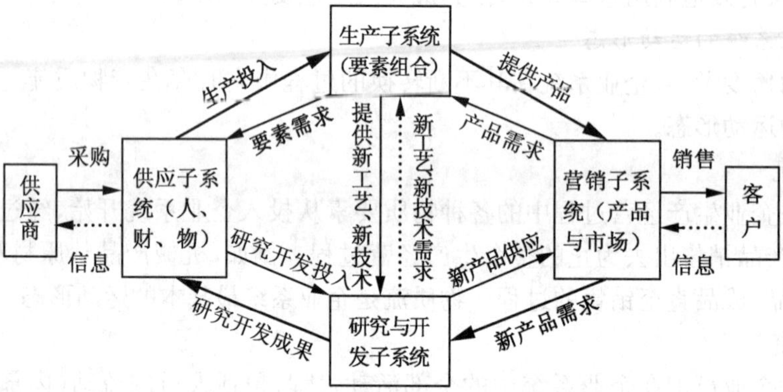

图 1.1 企业内部四大子系统之间的关系

五、企业的产生与发展

(一)企业的产生

企业是历史的产物,是社会生产力发展到一定水平的结果,是商品生产与商品交换的产物,是劳动分工的结果。在资本主义社会之前,虽然出现了手工作坊,甚至一些手工作坊具有一定的生产规模和一定量的劳动者,但生产的目的主要是为了自身的需要,没有多余产品用于商品交换,没有发生经营活动,因此他们并没有形成社会的基本经济单位,从严格意义上讲还不是企业。

企业的初期形态主要是由于资本所有者雇佣较多工人,使用一定的生产手段,在分工协作的基础上从事商品的生产和交换而形成的。由于企业这种组织形式能够很好地应用当时的科学技术(主要是机器、设备),能显著地提高劳动生产率,能大幅度降低成本而带来利润,能集中、大量地生产商品,满足日益增长的社会需要,因而社会生产力有了长足的发展。企业就是在这样一个漫长的演变过程中逐渐成为社会的基本经济单位的。

(二)企业的发展

企业既是生产力发展到一定阶段的产物,又是一个不断动态变化的经济单位,它随着人类社会的进步、生产力的发展、科技水平的提高而不断地发展、进步。综观企业的发展历史,大致经历了以下几个时期:

1. 手工业生产时期

手工业生产时期主要是指从封建社会的家庭手工业到资本主义初期的工场手工业时期。从 16 世纪到 17 世纪,西方一些国家的封建社会制度向资本主义制度转变,资本主义原始积累加快,大规模地剥夺农民土地并向海外殖民扩张,从而使家庭手工业急剧瓦解,向资本主义工场手工业过渡。此时的生产者已不同于封建社会的简单劳动者,都是具有一技之长的专业劳动者,即掌握了一定科学知识和专业技能的劳动者。

工场手工业比起家庭手工业,有以下一些特点:一是规模扩大,到17世纪时,美国有的工场手工业已雇佣数百人,成为大型工场;二是产业结构发生了变化,资本主义工业工场涉及许多家庭手工业无法进入的行业,如采矿、冶金、金属加工、制盐、造纸等;三是采用机器,资本主义工场普遍使用新机器替代部分手工作业;四是工场内部形成分工,即按某一产品生产要求,将生产过程分解成若干个作业阶段。此时的工场手工业实际上已经具有了企业的雏形。

2. 工厂生产时期

随着资本主义制度的发展,西方各国相继进入工业革命时期,工场手工业生产逐步发展为工厂生产,真正意义上的企业到此时才诞生。

18世纪60年代,英国出现圈地运动,进一步加强了殖民扩张,积累了大量的原始资本,这些为工业革命做好了准备。在工业革命过程中,一系列新技术的出现、大机器的普遍采用,特别是动力机的使用,为工厂制度的建立奠定了基础。19世纪30年代,工厂制度在英国普遍建立。而在德国,19世纪三四十年代,初步建立了工厂制度。到19世纪五六十年代,由于资产阶级革命的完成,出现了工业化高潮,工厂制度在采掘、煤炭、机器制造、运输、冶金等行业相继建立。

工厂制度的建立是工场手工业发展的质的飞跃,标志着企业的真正形成。

3. 企业生产时期

从工厂生产时期过渡到企业生产时期,是企业作为一个社会基本经济单位最后确立和形成的时期。

在资本主义经济发展过程中,工厂制度的建立顺应了商品经济发展的潮流,促进了生产力的大发展。特别是19世纪末到20世纪初,随着资本主义向垄断资本主义过渡,工厂的发展十分迅猛,并产生了一系列变化。这些变化主要表现在:工厂不断采用新技术、新设备,不断进行技术革新,使生产技术有了迅速发展;企业生产规模空前扩大,竞争加剧,产生了大规模的垄断企业;经营权与所有权分离,形成职业化的管理阶层;普遍建立了科学的管理制度,形成了一系列的科学管理理论,从而使企业走向成熟,成为现代企业。

第二节 企业的类型

由于现代经济生活十分复杂,作为基本经济单位的企业有着多种属性与复杂形态。因此,按照不同的标准,可将企业划分为多种类型,如表1.1所示。

表1.1　　企业的类型举例

分类标准	企业类型
生产经营业务性质	①工业企业 ②农业企业 ③商业企业 ④金融企业 ⑤交通企业 ⑥建筑安装企业 ⑦邮电通信企业 ⑧房地产企业
资产所有制性质	①国有企业 ②集体所有制企业 ③私营企业 ④混合所有制企业
资本构成	①个人独资企业 ②合伙企业 ③公司制企业
生产要素的结构	①劳动密集型企业 ②技术密集型企业 ③知识密集型企业

续表

分类标准	企业类型
企业规模	①特大型企业 ②大型企业 ③中型企业 ④小型企业 ⑤微型企业
组合方式	①单一企业 ②多元企业 ③企业集团 ④连锁企业
技术性质	①传统技术企业 ②高新技术企业

上述各类型的企业都有各自的特征。在我国存在多种类型的企业,在此选择几种常见的企业类型作简要介绍。

一、按照企业的行业性质分类

(一)工业生产企业

(1)生产加工企业,指生产各种产品或进行产品加工的企业。绝大多数工业企业都属于这一类。

(2)工程与服务企业,指从事建筑、安装、施工、运输、储存及其工业服务的企业。

(3)工商一体化企业,指集生产与销售于一体的企业。许多现代公司都属于这一类。

(二)商品经营企业

(1)批发企业,指将生产企业的产品转售给零售企业用于再销售或供给生产企业用作生产原料的企业,其特点是进行大宗交易。

(2)零售企业,指通过商品销售直接满足消费者需要的商业企业,其特点是零星销售、交易频繁,具体形式有百货商店、超级市场、专业商店等。

(三)服务型企业

(1)餐饮服务企业,包括专门从事饮食品加工与烹制的餐饮企业,提供洗浴、美发、娱乐等服务的服务企业,以及集餐饮、住宿及其他服务于一体的现代饭店企业。

(2)金融保险企业,指为社会提供金融保险服务的银行、保险公司等企业。

(3)中介服务企业,指专门提供各种智力产品和其他中介服务的企业,如会计师事务所、各种中介公司等。

二、按企业的资本构成分类

(一)个体企业

个体企业也称单一业主制企业、个人独资企业。它是由一个人出资创办,完全归出资者个人所有和管理的企业。

个体企业是历史上最早出现的企业制度形式,也是最传统、最简单的企业形式。其优点是企业建立与歇业的程序简单易行,企业产权能够较为自由地转让;经营者与所有者合一,由业主自己直接经营,因而经营方式灵活、决策迅速;所有者的利益与经营者的利益完全是重合的,所有者的利益直接来自企业的经营绩效,所以企业主有充分的积极性去对生产经营过程进行监督;经营者与产权关系紧密、直接,利润独享,风险自担,因而精打细算;信息渠道单一,经营的保密性强。其缺点有企业主以其个人财产对企业的营运和发生的债务负有完全责任;规模有限,难以经营需要大量投资的事业;企业的寿命有限,企业的存在完全取决于企业主,一旦企业主终止经营,如市场竞争失败或自然死亡(除非有子女继承),企业生命也会由此终止。

个体企业至今仍普遍存在,而且在数量上占大多数,适用于零售商业、服务业、家庭农场、开业律师、个人诊所等。

（二）合伙企业

1. 合伙企业的定义

合伙企业，是指自然人、法人和其他组织依照《中华人民共和国合伙企业法》在中国境内设立的，由两个或两个以上的合伙人订立合伙协议，为经营共同事业，共同出资、合伙经营、共享收益、共担风险的营利性组织。它包括普通合伙企业和有限合伙企业。

普通合伙企业由 2 人以上普通合伙人（没有上限规定）组成，合伙人对合伙企业债务承担无限连带责任。

有限合伙企业由 2 人以上 50 人以下的普通合伙人和有限合伙人组成，其中普通合伙人至少有 1 人。当有限合伙企业只剩下普通合伙人时，应当转为普通合伙企业；如果只剩下有限合伙人时，应当解散。有限合伙企业由普通合伙人和有限合伙人组成，普通合伙人对合伙企业债务承担无限连带责任，有限合伙人以其认缴的出资额为限对合伙企业债务承担责任。

2. 合伙企业的特征

（1）生命有限。合伙企业比较容易设立和解散。合伙人签订了合伙协议，就宣告合伙企业的成立。新合伙人的加入，旧合伙人的退伙或死亡、自愿清算、破产清算等均可造成原合伙企业的解散以及新合伙企业的成立。

（2）责任无限。合伙组织作为一个整体对债权人承担无限责任。按照合伙人对合伙企业的责任，合伙企业可分为普通合伙和有限合伙。普通合伙的合伙人均为普通合伙人，对合伙企业的债务承担无限连带责任。例如，甲、乙、丙三人成立的合伙企业破产时，当甲、乙已无个人资产抵偿企业所欠债务时，虽然丙已依约还清应分摊的债务，但仍有义务用其个人财产为甲、乙两人付清所欠的应分摊的合伙债务，当然丙对甲、乙拥有财产追索权。有限责任合伙企业由一个或几个普通合伙人和一个或几个责任有限的合伙人组成，即合伙人中至少有一个人要对企业的经营活动负无限责任，而其他合伙人只能以其出资额为限对债务承担偿债责任，因而这类合伙人一般不直接参与企业经营管理活动。

（3）相互代理。合伙企业的经营活动，由合伙人共同决定，合伙人有执行和监督的权利。合伙人可以推举负责人。合伙负责人和其他人员的经营活动，由全体合伙人承担民事责任。换言之，每个合伙人代表合伙企业所发生的经济行为对所有合伙人均有约束力。因此，合伙人之间较易发生纠纷。

（4）财产共有。合伙人投入的财产，由合伙人统一管理和使用，不经其他合伙人同意，任何一位合伙人不得将合伙财产移为他用。只提供劳务，不提供资本的合伙人仅分享一部分利润，而无权分享合伙财产。

（5）利益共享。合伙企业在生产经营活动中所取得、积累的财产，归合伙人共有。如有亏损，亦由合伙人共同承担。损益分配的比例应在合伙协议中明确规定，未经规定的可按合伙人出资比例分摊或平均分摊。以劳务抵作资本的合伙人，除另有规定外，一般不分摊损失。

（三）公司制企业——现代企业的主要形式

公司制企业是指由 1 个以上投资人（自然人或法人）依法出资组建，有独立法人财产，自主经营、自负盈亏的法人企业。

1. 公司制企业的特点

（1）具有法人资格。公司制企业在法律上具有独立的人格，是一个法定的独立利益主体。而个体企业、合伙企业都属于自然人企业，不具备法人资格。公司企业的法人地位已经确定，就与其出资者完全分开，公司的资本和财产在法律上不再属于哪个出资人个人所有，而归公司法人所有；同时公司股东不能退股，只能转让他们的股权。

(2)实行有限责任制。在个体企业和合伙企业中，出资者要对企业承担无限经济责任。而现代公司(有限责任公司和股份有限公司)的股东只在其缴纳的股金或者认缴的额度范围内对企业的债务负责。一旦公司破产，债权人无权要求股东以其股金或认缴额度范围以外的财产来抵偿公司债务。这就大大降低了投资风险。

(3)所有权与经营权分离。公司制企业拥有独立的法人财产权，出资者资产一旦投入企业，就成为法人资产，企业对其具有占有权、使用权、处置权和收益权，而出资者则无权直接处置企业资产，只能通过股息和分红获得投资回报，或者通过在市场上转让自己拥有的公司股份来收回投资和取得资本增值收益。在公司中，投资者不直接从事企业生产经营活动，但可通过行使重大决策权、选择管理者等来约束和监督经营管理者的行为。

2. 公司制企业的类型

公司制企业主要有有限责任公司、股份有限公司、无限责任公司、两合公司、股份两合公司五种基本类型。在我国目前主要是有限责任公司和股份有限公司两种形式。

(1)有限责任公司

有限责任公司是由两个以上股东出资设立，股东只承担有限责任的法人企业。有限公司的主要特征是：

①公司股东以其认缴的出资额为限，对公司债务负有限清偿责任，公司以其全部法人财产对其债务承担全部责任。

②公司不对外发行股票，除法律另有规定，一般有限公司的股东可以不实际缴纳出资而是依据公司章程的约定认缴出资额，股东的认缴出资额不需要相同。

③公司的股份一般不得任意转让。若要转让，必须经其他股东过半数同意，并要优先转让给公司原有股东。

④公司股东人数较少，而且规定了人数的上、下限(我国公司法规定为 1 人以上 50 人以下)。

有限责任公司的主要优点是：设立程序比较简单；经营规模较小，组织机构简单；股东人数少而稳定，便于沟通与管理。缺点是：由于股东只负有限责任，故公司信用程度不高；不能公开发行股票，筹集资金的范围和规模较小，难以适应大规模生产经营活动的需要。因此，有限责任公司一般适宜中小企业。

(2)股份有限公司

股份有限公司指全部注册资本由等额股份构成，并通过发行股票筹集资本，公司以其全部财产对公司债务承担责任的法人企业。按照公开程度，可分为上市的股份公司和不上市的股份公司两种。股份有限公司的基本特征是：

①公司全部资本分为等额股份，股份以股票形式公开发行并可自由转让。股份是股份有限公司最重要的条件之一。

②股东以其认购的股份对公司承担有限责任，公司则以其全部资产对公司债务承担责任。

③股东人数不得少于法定数目。如我国《公司法》规定，应当有 5 人以上的发起人。

④公司的账目必须公开，以供众多的股东和债权人查询。

股份有限公司有许多突出的优点：一是有利于吸收资本，它能以各种形式的股票和小面额股票发行，以吸收各种大小资本，可迅速集中起巨额资本，从而扩展企业规模、增强企业市场竞争力;二是股东人数众多,大大分散了经营风险,有限的责任制度也便于保护股东利益;三是实行了资本证券化,易于股票转让,提高了资本的流动性;四是实行所有权与经营权分离,有利于管理水平和效率的提高;五是本公司职工可以购买股票成为股东,有利于更好地调动职工的工作积极性。

股份有限公司的不足表现在:公司设立程序复杂,组建和歇业不像其他类型公司那样方便;公司要定期公布财务状况,保密性差;所有权与经营权的分离程度高,产生了较为复杂的委托—代理关系,股东流动性大,公司不易控制;等等。

股份有限公司是现代市场经济中最适合大中型企业的组织形式。

(3)无限责任公司

无限责任公司是由两个以上出资者共同组成,且都对公司债务承担连带无限责任的公司。其基本特征是必须由两人以上组成,股东必须是自然人且必须对公司债务负连带无限清偿责任。其主要缺点是股东承担的投资风险太大。

(4)两合公司

两合公司由无限责任股东和有限责任股东共同投资组成,分别对公司债务负无限责任和有限责任。它是无限责任公司和有限责任公司的混合形式。无限责任公司以股东信用,即人合为基础;有限责任公司以股东资本,即资合为基础。两合公司同时具有人合与资合的双重性质,这就是两合含义。比如,在海洋运输业务中,船东承担无限责任,各个供货商承担有限责任,这就是两合公司的一种类型。

(5)股份两合公司

另外,还出现一种有限责任股东不是直接提供资本来投资,而是通过购买股票的方式投资,并以股票为限对公司的债务负有限责任的公司,称为股份两合公司,它的实质是无限责任公司和股份有限公司的混合形式。

三、企业法律形态选择

企业的主要法律形态有股份有限公司、有限责任公司、外商独资企业、中外合资企业、中外合作企业、乡镇企业、股份合作制企业、合伙企业、个人独资企业等,可根据以下情况进行选择:

(1)如果企业不打算借债,经营中不会产生巨额负债,是否限制企业主对企业债务所承担的责任就无关紧要,采用简单、经济的个体工商户,或独资企业、合伙企业比较合适。

(2)如果企业需要借大笔钱,或经营中可能产生巨额负债,是否限制企业主对企业债务所承担的责任就很重要,有限责任公司比较合适。

(3)如果有国外亲朋愿意投资帮你创业,采用中外合资或中外合作企业比较合适。

(4)如果资金和技术不足,但有志同道合的朋友愿意一起干,选择合伙企业、有限责任公司比较合适。

(5)如果不喜欢与他人合作,可考虑个人独资企业。

【小资料】

改革开放后的1983年7月,新中国第一家社会主义股份制企业宝安县联合投资公司问世,并印制了股金证和股东手册。在它的示范作用下,我国企业界引发了连锁反应。1984年9月,北京市成立了第一家股份制公司——北京天桥百货股份有限公司,发行了定期3年的股票。同年11月18日,上海飞乐音响公司部分公开发行了新中国第一张规范化的股票。

第三节 企业的设立登记

如同人的出生需要领取出生证明一样，企业的设立也需要履行一定的法定手续，即注册登记，这是国家对企业进行规范和管理的需要，也是企业设立得到社会认可的必经程序。

企业设立登记，是指企业筹备机构向登记机关提出企业设立申请，登记机关依照法定程序对企业设立的有关条件进行必要的审查后，对于符合法定条件的予以注册登记，并发给营业执照的行为。经过注册登记，企业便正式成立，获得从事生产经营的合法资格。

一、企业的设立与登记

新《公司法》颁布后，新的《公司登记管理条例》(以下简称《条例》)规定了公司的设立登记。

(一)申请名称预核准

《条例》规定：设立公司应当申请名称预先核准。

设立有限责任公司，应当由全体股东指定的代表或者共同委托的代理人向公司登记机关申请名称预先核准；设立股份有限公司，应当由全体发起人指定的代表或者共同委托的代理人向公司登记机关申请名称预先核准。

申请名称预先核准，应当提交下列文件：

(1)有限责任公司的全体股东或者股份有限公司的全体发起人签署的公司名称预先核准申请书；

(2)全体股东或者发起人指定代表或者共同委托代理人的证明；

(3)国家工商行政管理总局规定要求提交的其他文件。

预先核准的公司名称保留期为 6 个月。预先核准的公司名称在保留期内，不得用于从事经营活动，不得转让。

(二)申请设立登记

《条例》规定：设立有限责任公司，应当由全体股东指定的代表或者共同委托的代理人向公司登记机关申请设立登记。设立国有独资公司，应当由国务院或者地方人民政府授权的本级人民政府国有资产监督管理机构作为申请人，申请设立登记。法律、行政法规或者国务院决定规定设立有限责任公司必须报经批准的，应当自批准之日起 90 日内向公司登记机关申请设立登记；逾期申请设立登记的，申请人应当报批准机关确认原批准文件的效力或者另行报批。

申请设立有限责任公司，应当向公司登记机关提交下列文件：

(1)公司法定代表人签署的设立登记申请书；

(2)全体股东指定代表或者共同委托代理人的证明；

(3)公司章程；

(4)股东的主体资格证明或者自然人身份证明；

(5)载明公司董事、监事、经理的姓名、住所的文件以及有关委派、选举或者聘用的证明；

(6)公司法定代表人任职文件和身份证明；

(7)企业名称预先核准通知书；

(8)公司住所证明；

(9)国家工商行政管理总局规定要求提交的其他文件。

法律、行政法规或者国务院决定规定设立有限责任公司必须报经批准的，还应当提交有关批准文件。

设立股份有限公司，应当由董事会向公司登记机关申请设立登记。以募集方式设立股份有限公司的，应当于创立大会结束后30日内向公司登记机关申请设立登记。

申请设立股份有限公司，同样应当向公司登记机关提交上述文件。

以募集方式设立股份有限公司的，还应当提交创立大会的会议记录；以募集方式设立股份有限公司公开发行股票的，还应当提交国务院证券监督管理机构的核准文件。

法律、行政法规或者国务院决定规定设立股份有限公司必须报经批准的，还应当提交有关批准文件。

（三）审查核准

登记机关依法进行审查。

《条例》规定：公司申请登记的经营范围中属于法律、行政法规或者国务院决定规定在登记前须经批准的项目的，应当在申请登记前报经国家有关部门批准，并向公司登记机关提交有关批准文件。

公司章程有违反法律、行政法规的内容的，公司登记机关有权要求公司作相应修改。

公司住所证明是指能够证明公司对其住所享有使用权的文件。

（四）发照

对符合条件的，予以登记，发给营业执照，公司即告成立；对不符合规定的，不予登记。如对公司登记机关不予登记的决定不服的，可以依法提起行政诉讼。

《条例》规定：依法设立的公司，由公司登记机关发给"企业法人营业执照"。公司营业执照签发日期为公司成立日期。公司凭公司登记机关核发的"企业法人营业执照"刻制印章，开立银行账户，申请纳税登记。

营业执照的签发日期为公司的成立日期。自成立之日起公司取得法人人格，并可以开始营业，即可以公司名义对外从事经营活动。公司设立登记即告完成。

【小资料】　中华人民共和国企业法人登记管理条例施行细则（摘录）

根据2016年4月29日国家工商行政管理总局令第86号第五次修订。

登记范围

第二条　具备企业法人条件的全民所有制企业、集体所有制企业、联营企业、在中国境内设立的外商投资企业（包括中外合资经营企业、中外合作经营企业、外资企业）和其他企业，应当根据国家法律、法规及本细则有关规定，申请企业法人登记。

第三条　实行企业化经营、国家不再核拨经费的事业单位和从事经营活动的科技性社会团体，具备企业法人条件的，应当申请企业法人登记。

第四条　不具备企业法人条件的下列企业和经营单位，应当申请营业登记：

（一）联营企业；

（二）企业法人所属的分支机构；

（三）外商投资企业设立的分支机构；

（四）其他从事经营活动的单位。

……

登记条件

第十三条　申请企业法人登记，应当具备下列条件(外商投资企业另列)：

(一)有符合规定的名称和章程；

(二)有国家授予的企业经营管理的财产或者企业所有的财产，并能够以其财产独立承担民事责任；

(三)有与生产经营规模相适应的经营管理机构、财务机构、劳动组织以及法律或者章程规定必须建立的其他机构；

(四)有必要的并与经营范围相适应的经营场所和设施；

(五)有与生产经营规模和业务相适应的从业人员，其中专职人员不得少于8人；

(六)有健全的财会制度，能够实行独立核算，自负盈亏，独立编制资金平衡表或者资产负债表；

(七)有符合规定数额并与经营范围相适应的注册资金，国家对企业注册资金数额有专项规定的按规定执行；

(八)有符合国家法律、法规和政策规定的经营范围；

(九)法律、法规规定的其他条件。

……

第十五条　申请营业登记，应当具备下列条件：

(一)有符合规定的名称；

(二)有固定的经营场所和设施；

(三)有相应的管理机构和负责人；

(四)有经营活动所需要的资金和从业人员；

(五)有符合规定的经营范围；

(六)有相应的财务核算制度。

不具备企业法人条件的联营企业，还应有联合签署的协议。

外商投资企业设立的从事经营活动的分支机构应当实行非独立核算。

……

登记注册事项

第十七条　企业法人登记注册的主要事项按照《条例》第九条规定办理。

营业登记的主要事项有：名称、地址、负责人、经营范围、经营方式、经济性质、隶属关系、资金数额。

第十八条　外商投资企业登记注册的主要事项有：名称、住所、经营范围、投资总额、注册资本、企业类型、法定代表人、营业期限、分支机构、有限责任公司股东或者股份有限公司发起人的姓名或者名称。

……

开业登记

第二十九条　申请企业法人登记，应按《条例》第十五条(一)至(七)项规定提交文件、证件。

企业章程应经主管部门审查同意。

资金信用证明是财政部门证明全民所有制企业资金数额的文件。

验资证明是会计师事务所或者审计事务所及其他具有验资资格的机构出具的证明资金真实性的文件。

企业主要负责人的身份证明包括任职文件和附照片的个人简历。个人简历由该负责人的人事关系所在单位或者乡镇、街道出具。

……

变更登记

第三十五条　企业法人根据《条例》第十七条规定，申请变更登记时，应提交下列文件、证件：

（一）法定代表人签署的变更登记申请书；

（二）原主管部门审查同意的文件；

（三）其他有关文件、证件。

……

注销登记

第四十五条　企业法人根据《条例》第二十条规定，申请注销登记，应提交下列文件、证件：

（一）法定代表人签署的注销登记申请书；

（二）原主管部门审查同意的文件；

（三）主管部门或者清算组织出具的负责清理债权债务的文件或者清理债务完结的证明。

……

登记审批程序

第五十条　登记主管机关审核登记注册的程序是受理、审查、核准、发照、公告。

（一）受理：申请登记的单位应提交的文件、证件和填报的登记注册书齐备后，方可受理，否则不予受理。

（二）审查：审查提交的文件、证件和填报的登记注册书是否符合有关登记管理规定。

（三）核准：经过审查和核实后，做出核准登记或者不予核准登记的决定，并及时通知申请登记的单位。

（四）发照：对核准登记的申请单位，应当分别颁发有关证照，及时通知法定代表人（负责人）领取证照，并办理法定代表人签字备案手续。

……

二、公司的合并与分立

（一）公司合并

公司合并是指两个以上的公司订立合并协议，依照《公司法》的规定，不经过清算程序而合并成为一个公司。

法律将公司合并分为两种形式，即吸收合并与新设合并。吸收合并，指两个或两个以上的公司中，一个公司存续，其他公司解散，存续的公司吸收解散的公司，即兼并。新设合并，指两个或两个以上的公司中，各个公司解散，另外组建一个新公司。

公司合并后，因合并而消灭的公司，其资产包括所有动产、不动产、工业产权全部由存续公司或新设公司继承,成为存续公司或新设公司的财产,债权和债务也由其行使与负责清偿。

(二)公司分立

公司分立是指一个公司通过订立协议,依照《公司法》的规定,不经过清算程序分成两个或两个以上的公司。分立后的公司对分立前的公司的债务承担连带责任,因为这种连带责任是基于公司分立的行为产生的。公司财产按分立协议分割,公司债务也应由分立后的各个公司分别承担。如果在分立协议中约定了债务分担的,该债务承担须经债权人同意,否则无效。如果未能与债权人就清偿债务或者提供担保达成协议的,或者债务分配协议规定不明或者根本没有规定的,债务由分立后的公司承担连带责任。

由于公司的合并或分立涉及公司主体变更,在变更的同时可能产生新的公司,也可能消灭原有的公司,直接关系到股东的权益,因此决定权不在董事会,而在股东(大)会,必须通过特别决议。

三、公司的解散与清算

由于公司具有独立的人格,且股东对公司的债务不承担连带给付责任,因此公司在退出市场、消灭自身时的活动应当受到法律的严格规制,并受到债权人等利益相关者的监控,以便保障各方当事人的法定利益按公正的规则秩序获得满足。

(一)公司的解散

解散是指因法律规定的事由而终止公司法人资格的程序。不同的立法决定了解散的内涵和外延不同。许多国家公司法规定的解散事由包括破产,譬如德国、日本等国,但这些国家往往还制定有独立的破产法以专门规范破产及破产清算。而我国《公司法》则将解散与破产并列,两者同时作为公司终止的原因,因此我国的解散是指公司因发生法律规定的除破产以外的解散事由而停止经营活动,随即进行清算的状态和过程。

(二)公司的清算

公司的清算(这里的清算均指解散清算,不包括破产清算)是指公司解散后,由专门的机构依照法定程序了结公司未了之事务、清偿债务并分配剩余财产的活动。因合并或分立而解散的公司,合并或分立的程序中已经包括对债权人保护的制度安排,并且解散公司有债权债务承继者,因此不需要进行清算程序。除此以外,清算均是解散的法定强制性程序。这是因为公司社会影响相对广泛,相关利害关系人较多,并且其股东仅对公司债务承担有限责任,因此,为了保护债权人和相关利害关系人的利益,使公司财产公平分配,也为了提高公司清算的效率,各国均规定了法定清算制度,不允许股东会议或公司章程任意约定。

第四节　现代企业制度

一、企业制度概述

任何企业都存在采取何种企业制度的问题。企业制度就是有关企业资产组织方式、领导体制、经营管理、利润分配等一系列制度的总称。从企业构成要素之间的关系角度看,企业是指各种生产要素的所有者为了追求自身利益,通过一定的契约方式组成的经济组织。其中,企业各生产要素之间的关系就是企业制度,企业制度是企业能够实现其特定目标的保证。它是企业协调内部人与人之间、人与物之间的关系,以及企业与外部之间各种关系的依据,是规范企业行为的准则。企业制度的内涵包括企业产权制度、企业组织制度、企业管理制度及其运行规则等。其中,产权制度是核心和基础。企业制度是在一定历史条件下形成的一种企业经济关系,也是一定社会经济制度的重要体现,并受到一定经济管理体制的制约。在企业数百年的发展过程中,逐步形成了一些基本的企业制度,并以法律的形式确定下来,包括个人业主制、合伙制、合作制和公司制等。在现代社会中,这四种形式同时并存,并以公司制为支配地位。

企业制度可划分为传统企业制度和现代企业制度两种。传统企业制度主要包括个人业主制和合伙制两种类型。现代企业制度是指的是公司制,即以法人财产权为基础,以有限责任制度为基本特征,以公司制为基本形式的企业制度。

二、现代企业制度的含义与特征

(一)现代企业制度的含义

所谓现代企业制度,是指以完善的法人产权为基础、以有限责任为基本特征、以专家为中心的法人治理结构为保证、以公司企业为主要形态的企业制度。

(1)现代企业制度是企业制度的现代形态。企业制度是随着生产力和商品经济的不断变化而发展的。在生产力水平低下、商品经济不发达时,企业制度处于原始状态;随着社会生产力水平的不断提高和商品经济的发展,企业制度逐步发展到现代企业制度阶段。所以,现代企业制度是相对于传统企业制度而言的:一是相对于计划经济体制下的工厂制度,如我国改革前的国营企业,只是按照国家行政机构的要求进行生产的"工厂",没有经营自主权;二是相对于传统的个人业主制和合伙制企业制度(自然人企业制度),这类企业不具备法人资格。上述两类企业制度下的企业都不能充当市场经济运行的主体。

(2)现代企业制度的核心是法人财产权。财产权即产权,是法定主体对财产所拥有的各项权利的总和,包括占有权、使用权、收益权和处置权。法人财产权是指企业财产归企业法人所拥有,企业法人享有其占有、使用、收益和处置的权利,并以法人财产承担民事责任。拥有了法人财产权,企业才能真正成为自主经营、自负盈亏的商品生产者和经营者,成为真正的现代企业。

(3)公司制度是现代企业制度最典型的组织形式,其中有限责任公司和股份有限公司是当今世界各国现代企业普遍采用的基本形式,因此有限责任制度是现代企业制度的重要基础。有限责任制度包括两个方面:一是企业以其全部法人财产为限,对其债务承担有限责任;二是企业破产清算时,出资者以其投资额为限,对企业债务承担有限责任。

(二)现代企业制度的基本特征

1. 产权清晰

产权清晰主要是指产权关系与责任的清晰。完整意义上的产权关系是多层次的,它表明财产最终归谁所有、由谁实际占有、谁来使用、谁享受收益、归谁处置等一系列关系。

2. 权责明确

即用法律来界定出资者与企业之间的关系,明确各自的责、权、利,从而形成各生产要素之间科学而行之有效的相互制衡的法人治理结构。

3. 政企分开

这主要是针对国有企业而言的,是指必须把政府行政管理职能和企业经营管理职能分开,取消企业与政府之间的行政隶属关系。

4. 管理科学

即现代企业必须形成一套严格、科学、系统的管理制度。一是科学的组织管理机构,使企业权力机构、经营机构和监督机构权责明确、相互制衡、各司其职；二是科学的内部管理体制，包括合理的领导体制、科学的决策体制、民主的管理体制、严格的核算体制等管理制度；三是科学的企业规章制度等。

三、现代企业制度的主要内容

（一）现代企业产权制度

产权制度是以产权为依托，对财产关系进行组合、调节和规范的法律制度。现代企业产权制度是将资产所有权分解成出资者所有权和法人财产权两部分，企业的出资者对其投入的资产享有最终所有权，企业则对出资者投入企业的资产整体享有法人财产权。在此制度下，出资者所有权表现为出资者拥有的股权，即以股东身份依法享有资产受益、参与重大决策、选择管理者和转让股权等权利。出资者一旦投资于企业，其投资额就成为企业法人财产，法人财产权也随之确立，出资者不能对法人财产中属于自己的部分进行支配，不能直接干预企业的经营活动，只能运用股东权利影响企业行为。出资者所有权和法人财产权经过法律确认，均受法律保护，不可侵犯。

企业的产权制度就是企业的法人财产制度，它是以公司的法人财产为基础，以出资者原始所有权、公司法人财产权与公司经营权相互分离为特征，以股东会、董事会、执行机构为法人治理结构来确定各自权利、责任和利益的企业财产组织制度。

（二）现代企业组织制度

公司制企业是现代企业制度的主要形式。公司在市场经济的发展过程中已经形成一套完整的组织制度，这种组织制度具体表现为完善的法人治理机构。法人治理机构由股东会（最高权力机构）、董事会（决策机构）、总经理及其经理班子（日常管理机构）和监事会（监督机构）组成，实行决策、执行、监督三权分离。法人治理机构如图 1.2 所示。

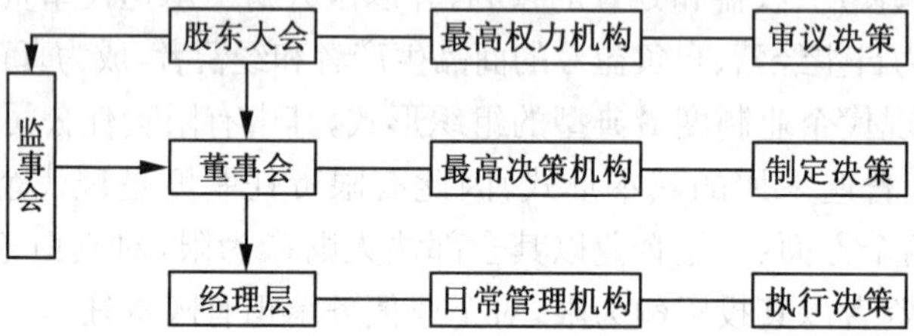

图 1.2　法人治理机构

根据企业自身的实际情况，建立符合本企业特点的组织机构，以更好地实现现代企业法人治理结构，更明确地落实（具体地）股东大会、董事会、经理层和监事会的权利和责任。

（三）现代企业管理制度

科学的企业管理制度是现代企业制度的重要内容。它是指运用现代管理思想、管理方法、管理手段及管理人才对企业人、财、物以及生产经营活动实行全过程、全方位的现代化管理。包括现代企业用工制度、工资制度、财务制度、会计制度以及适应市场经济的各项生产经营活动的运作制度等。

管理制度是有关约束和调整企业经营管理活动中，各种经营管理行为方式和关系的行为规则。现代管理制度要适应市场经济的发展、符合企业的实际并且积极应用现代科学技术成果。一般包括以下几个方面：

(1)具有正确的经营思想和能适应企业内外环境变化，推动企业发展的经营战略；

(2)建立适应现代化大生产要求的领导制度；

(3)实行"以人为本"的经营理念，充分发掘企业人力资本的潜力；

(4)建立高效的组织机构和管理制度；

(5)运用现代的生产方式和先进的生产技术；等等。

现代企业制度的特征是产权清晰、权责明确、政企分开和管理科学。产权清晰是法人制度所要解决的问题；权责明确是组织制度所要解决的问题；管理科学是管理制度所要解决的问题；而政企分开则是这三方面的基础和前提，体现在现代企业制度的各个环节上。因此，现代企业制度是统一的整体，三个组成部分相互联系、缺一不可。

【小资料】 "新三会"和"老三会"

"新三会"是指公司治理机构中的股东大会、董事会和监事会；"老三会"是指传统企业组织制度中的党委会、职代会和工会。"新三会"是公司制企业治理机构的主体框架，在创立现代企业制度过程中必须坚持；"老三会"是传统企业制度中的精髓，是我国政治制度在国民经济基层单位的具体体现，在公司化改组过程中也不可废弃。

【思考与练习】

1. 企业的基本功能是什么？谈谈你对企业的认识。
2. 按资本构成划分，企业有哪些类型？各有什么特点？
3. 简述企业的基本特征。
4. 现代企业制度的主要内容有哪些？

【实训操作】

1. 请在网上或通过其他渠道，搜集20个真实企业的名称及其简单资料。
2. 按本章分类的各种方法，对这些企业进行分类。
3. 简要分析各企业的基本功能与特征。

第二章 管理概述

【学习指导】

管理已成为现代人类生活中最重要的领域之一。各级各类管理人员卓有成效的管理，保证了各类组织的有效运行和人们生活水平的稳定提高。本章主要介绍了管理的含义与基本特征，简述了管理学的形成过程，介绍了现代管理理论的各种流派以及管理创新的相关内容。

通过本章的学习，使学生了解管理学的形成过程，了解现代管理理论各种流派的代表人物及其主要观点，了解现阶段管理创新的理论与思想，理解管理的含义、性质、特征与作用。

【导入案例】 **袋鼠与笼子**

一天，动物园管理员发现袋鼠从笼子里跑出来了，于是开会讨论，一致认为笼子高度过低，所以他们决定将笼子的高度由原来的 10 米加高到 20 米。结果第二天他们发现袋鼠还是跑到外面来，所以他们又决定再将高度加到 30 米。

隔天居然又看到袋鼠全跑到外面，于是管理员们大为紧张，决定一不做二不休，将笼子的高度加到 100 米。

长颈鹿和几只袋鼠们闲聊起来，"你们看，这些人会不会再继续加高你们的笼子？"长颈鹿问。"很难说，"袋鼠说，"如果他们再继续忘记关门的话！"

事有"本末""轻重""缓急"，关门是本，加高笼子是末，舍本而逐末，当然就不得要领了。管理是什么？管理就是先分析事情的主要矛盾和次要矛盾，认清事情的"本末""轻重""缓急"，然后从重要的方面下手。

（资料来源：《68 个经典管理小故事》. 华夏出版社 2008 年版。）

讨论：

1. 什么是管理？管理有哪些方面的作用？
2. 管理具有哪些特征？
3. 谁是管理者？管理职能有哪些？
4. 古典管理理论阶段的代表人物有哪些？其主要观点是什么？
5. 现代管理创新主要体现在哪些方面？

第一节 管理的特征与作用

一、管理的含义与特征

管理是伴随着人类的产生而产生，伴随着人类文明的发展而发展的。但管理学作为一门独立的学科，只有100年左右的时间，主要是在20世纪发展起来的。

那么，什么是管理呢？长期以来在管理学界，不同的学派对此有不同的观点。

古典管理学派代表人物泰勒认为，管理就是确切地知道你要别人去干什么，并使他们用最好的方法去干。

现代管理理论的创始人法约尔认为，管理就是实行计划、组织、指挥、协调和控制。

行为科学学派代表人物梅奥认为，管理就是协调人际关系、改善人的情绪状态、激发人的积极性，以达到组织目标的一种活动。

经验主义学派的代表人物彼得·德鲁克认为，首先，管理是一种工作，所以它有自己的技巧、工具和方法；其次，管理不仅是一门学科，还是一种文化；再次，管理还是一项任务，一种实践，其本质不在于“知”，而在于“行”。

决策学派的代表人物西蒙认为，管理就是决策，决策贯穿于管理的全过程。

管理科学学派的代表人物伯格认为，管理就是用数学模式与程序来表示计划、组织、控制、决策等合乎逻辑的程序，求出最优答案，以达到企业目标。

管理过程学派的代表人物孔茨认为，管理就是设计和维持一种环境，使集成工作的人们能够有效地完成预定目标的过程。

管理系统学派的许多学者认为，管理就是根据一个系统所固有的客观规律，施加影响于这个系统，从而使这个系统呈现一种新状态的过程。

我国学者周三多教授认为，管理是指组织中的如下活动或过程：通过信息获取、决策、计划、组织、领导、控制和创新等职能的发挥来分配、协调包括人力资源在内的一切可以调用的资源，以实现单独个人无法实现的目标。

综合各家之长，本书认为：管理是指在一定的社会组织中，为了有效实现预期的目标，由组织中的管理者通过实施计划、组织、领导和控制等职能，而对组织中以人为中心的各种资源进行有效的配置和协调的活动过程。

这一表述包含了管理的如下八个方面特征：

(1)管理必须借助于一个组织作为载体。在人类社会生产活动中，人们总是或多或少地组织起来，通过管理以收到个人单独活动所不能收到的效果。

(2)管理的主体是管理者。既然管理是让别人与自己一起去实现既定的目标，管理者对管理的效果从而对组织的效果将承担重大责任。

(3)管理的目的是为了实现预期的目标。管理是为实现组织目标而服务的，它是一个有意识、有目的的行为过程，世界上既不存在无目标的管理，也不可能实现无管理的目标。

(4)管理的对象是组织所拥有的资源，包括人、财、物、信息、时间五个方面。其中，人是管理的主要对象，时间是管理的最稀有、最特殊的资源。

(5)管理的核心是人的管理。管理是让别人与自己一起去实现既定的目标，管理者的工作或责任的很大一部分是与人打交道。

(6)管理的本质是协调。协调就是使个人的努力与集体的预期目标相一致。每一项管理职能、每一次管理决策都要进行协调,都是为了协调。

(7)管理的本质(实质)是一种手段、工具,不是目的。管理者要通过计划、组织、领导、控制和创新等手段,来协调和配置资源,为实现组织目标服务。

(8)管理是一个过程。管理是一个由计划、组织、领导与控制等职能为要素组成的活动过程。

二、管理的作用

任何集体活动都需要管理。在没有管理活动协调时,集体中每个成员的行动方向并不一定相同,以至于可能互相抵触。即使目标一致,由于没有整体的配合,也达不到总体的目标。随着人类的进步和经济的发展,管理的作用越来越大。当今世界,各国经济水平的高低很大程度上取决于其管理水平的高低。美国前国防部长麦克纳马拉说过,美国经济的领先地位,三分靠技术,七分靠管理。美国经济的强大竞争力与美国在管理科学上的突飞猛进显然存在内在联系。

管理的作用可归纳为三点:

(一)管理可以维持组织的存在

由于组织是由很多人和部门构成的,各部门和个人都有自身特殊的利益和目标,且个人的目标和组织整体目标并不天然地一致,有时甚至相反,因而难免发生诸如个人和部门利益之间、个人利益之间、部门利益与整体利益之间的冲突。目标冲突必然导致行为冲突,如不进行有效化解,将导致组织生存危机。管理就是将个人或部门利益与组织利益有机地结合起来,使个人和部门在实现组织目标的行动中同时实现自身的利益。

(二)管理是生产力,既可以提高组织的效率,又对组织整体起推动作用

所谓组织的效率,是指组织活动达到组织目标的有效性。一般说来,组织具有不同于其各组成部分的独立目标,该目标实现的程度取决于组织内部的协调程度。管理就是通过种种手段和途径使组织内部各部门、各个人的行为协调起来,以最低的成本、最快的速度实现组织目标。任何组织都有自己的目标,实现目标要耗费一定的资源。在当代社会中,以最少的资源投入获得最大的产出,是每一个组织都必须遵循的原则。也就是说,无论是经济组织还是非经济组织,都必须有成本费用观念,都必须讲求经济效益。决定一个组织经济效益大小和资源效率高低的首要条件是资源的有效配置和最优利用,其手段都是管理。

同时,管理是一种思想、一种观念和意识,如果能使一个组织的大部分人掌握了这种思想或观念,则每个人都可以在其所处的点或线上发挥作用,从而对整个组织有整体推动作用。

(三)管理促进了人类社会的进步和科学技术的发展

管理活动对促进人类社会的进步和科学技术发展的作用是随着社会经济的发展和组织规模的不断壮大而日益显著的。如果说早期的组织实施的只是简单的、粗放的管理,那么时至今日,随着社会生产力的发展、科学技术的日新月异,人类社会有组织的活动规模越来越大,协作的范围越来越广,管理也越来越向精细化、科学化方向发展,管理的地位和作用也日益突出。世界上一些著名的管理学家和经济学家将管理看作是推动人类社会进步、科技发展的催化剂或原动力,同土地、劳动和资本并列成为社会的"四种经济资源",同人力、物力、财力和信息一起构成组织的"五大生产要素";也有人将管理、技术比喻为经济调整发展的"两个轮子",将管理、科学和技术看成是现代社会进步和文明的"三大支柱"。从中都可以看出管理的作用是极为重要的。

在现代社会，管理对人类社会进步、科技发展的促进作用主要是通过对现有资源的最充分利用来体现的。管理科学的发展和管理水平的提高既是人类社会进步、科学技术发展的结果，也促进了社会的发展、科学技术的进步。正如上述所言，人们把科技和管理比做推动社会进步的两个轮子。但这两个轮子的作用是不同的，科技固然提供动力，使历史的车轮运转得更快，但管理不仅影响甚至决定着科技成果转化为这种动力的可能性和速度，而且决定着整个历史车轮运转的方向。可见，管理这个轮子是起决定作用的。

第二节　管理的性质与职能

一、管理的性质

(一)管理的自然属性与社会属性

1. 管理的自然属性

管理是由多人协作劳动而产生的，是有效组织共同劳动所必需的，具有同生产力、社会化大生产相联系的自然属性。

管理的自然属性首先体现在管理具有不因生产关系、社会文化的变化而变化，只与生产力发展水平相关的属性。管理过程就是对人、财、物、信息、时间等资源进行组合、协调利用的过程，其中包含许多客观的、不因社会制度和社会文化的不同而变化的规律。管理理论揭示了这些规律，并创造了与之相适应的管理手段、管理方法。管理活动只有遵循这些规律，利用这些方法和手段，才能有效，才能保证生产等各种活动顺利进行。现代生产是社会化大生产，生产规模大，动用的资源多，这不仅使管理变得更加重要，也给管理提出了更高的要求。

管理的自然属性还体现在管理也是生产力。任何社会、任何企业，其生产力是否发达，都取决于它所拥有的各种经济资源、各种生产要素是否得到有效的利用，取决于从事社会劳动的人和积极性是否得到充分的发挥，而这两者都有赖于管理。在同样的社会制度下，企业外部环境基本相同，有不少企业的内部条件如资金、设备、能源、原材料、产品、人员素质和技术水平基本类似，但经营结果、所达到的生产力水平却相当悬殊。同一个企业，有时只是更换了企业主要领导，企业就可能出现新的面貌。其原因也在管理，在于不同的领导人采用了不同的管理思想、管理制度和管理方法，从而产生了完全不同的管理效果。科学技术是生产力，但科学技术的发展本身需要有效的管理，并且也只有通过有效的管理，科学技术才能转化为生产力。

2. 管理的社会属性

管理体现着生产资料所有者指挥劳动、监督劳动的意志，具有同生产关系、社会制度相联系的社会属性。

管理是人类的活动，而人都生存在一定的生产关系下和一定的社会文化中，必然要受到生产关系的制约和社会文化的影响。不同的生产关系、不同的社会文化都会使管理思想、管理目的以及管理的方式、方法呈现一定的差别，从而使管理具有特殊性和个性。它既是生产关系和社会文化的体现和反映，又反作用于生产关系和社会文化。

掌握管理的两重性，对于我们学习管理学和从事管理工作具有重要的意义：管理的自然属性为我们学习、借鉴发达国家先进的管理经验和方法提供了理论依据，使我们可以大胆地引进和吸收国外成熟的管理理论、技术和方法，以迅速提高我国的管理水平；管理的社会属性则告诉我们，决不能全盘照搬国外做法，而必须根据我们自己的国情建立有中国特色的管理模式。

(二)管理的科学性与艺术性

科学是系统化的知识,科学方法应能通过对事物与事情的观察而对事物的本质作出判定,并通过继续不断的观察而对这些本质的确切性进行检验。20世纪以来,管理知识逐渐系统化,并形成了一套行之有效的管理方法,尽管与自然科学相比,它还不够精确,但管理已成为一门科学是毋庸置疑的。

管理是一种艺术,这是强调管理的实践性,没有实践则无所谓艺术。尽管每次管理我们都或多或少地有理论来指导,但客观环境是千变万化的,在管理过程中,都有值得总结的地方。管理的不断实践、不断总结,就是不断创新的过程。管理人员靠背诵管理原则、原理进行管理活动,如同医务人员靠背医书诊断疾病、建筑师靠背公式设计建筑一样,必然是脱离或忽视实际情况的无效活动。

古典管理理论的代表人物亨利·法约尔(Henry Fayol)说过:“没有原则,人们就处于黑暗和混乱之中;没有经验,即使有最好的原则,人们仍将处于困惑不安之中。”这说明管理的理论与实践是互为补充的。管理的科学性反映了纷繁复杂现象中的规律,强调了理论的指导作用;管理的艺术性反映的是千变万化的管理现象,强调了管理是创造性劳动的本质。管理艺术需要管理理论的指导,同时管理艺术也可以上升为理论;而管理理论的运用也需要创造性的艺术。因此,管理是科学与艺术的有机结合体。

二、管理的职能

职能一般是指人、事物、机构具有的作用或功能。管理的职能也就是管理的作用或功能,即管理者在实施管理时所体现的具体作用及实施程序或过程。

人类的管理活动具有哪些最基本的职能?这一问题经过近一百年的研究,至今还是众说纷纭。20世纪初,法国古典管理理论学家法约尔提出,管理者行使五种管理职能:计划、组织、指挥、协调和控制。到50年代中期,美国加州大学洛杉矶分校两位教授哈罗德·孔茨(Harold Koontz)和西里尔·O.奥唐奈(Cyril O. Donnell)在其有关管理学的教科书中,把管理的职能划分为五种:计划、组织、人员配备、指导和控制。全书的结构安排便基于这种职能划分。此书一问世就成为最畅销的教科书。大多数当今流行的教科书仍是按照这一体系编写的,只不过在这些教科书中,管理的职能一般被压缩为计划、组织、领导和控制四种。本书采用的管理职能的定义为“管理者所行使的计划、组织、领导和控制等职能的统称”。

(一)计划职能(Planning)

1. 计划的含义

计划是管理的首要职能。

计划有动词与名词两种词性。动词意义的计划,准确地说,应该称作计划工作,它是一个过程,这一过程一般开始于对未来的预测,然后在预测的基础上制定组织一定时期的整体目标,再对这一整体目标进行分解,并筹划人力、物力、财力等资源,制订实现这些目标的战略、政策和详细计划,拟订实施步骤,并在这个过程中不断修订、检查、计价和反馈,以便引入一个新的计划周期。这一意义的计划也就是管理的计划职能。名词意义的计划,是计划工作的结果,它是对未来行动方案的一种说明,它告诉管理者和执行者未来的目标是什么,要采取什么样的活动来达到目标,要在什么时间范围内、按什么进度达到这种,以及由谁来进行这种活动。其内容可归纳为“5W1H”,即做什么(what)、为什么做(why)、何时做(when)、在哪里做(where)、谁来做(who)和怎么做(how)。

制订科学的计划，必须对企业的内外条件进行严格的科学分析。要通过调查研究，全面分析，综合平衡，并在长期实践过程中所取得的经验里找出规律，从而保证计划的科学性和预见性。

2. 计划职能的内容

广义的计划职能是指管理者制定计划、执行计划和检查计划执行情况的全过程，狭义的计划职能是指管理者事先对未来应采取的行动所做的谋划和安排。计划职能的内容主要有以下几个方面：

(1)预测。预测应建立在及时、完整、准确地了解和掌握组织内外部各种信息的基础之上。

(2)决策。决策也称“拍板”或“作出决定”。为了实现组织目标，计划的制定者应当设计出两套以上的方案，提出每种方案的优点和缺点，指出本组织选用各种方案的有利因素和约束条件以供领导决策参考。

(3)编制计划。计划是围绕组合决策目标的实施而安排的行动方案、步骤和方法，包括实现决策目标方案的综合计划和各职能部门的执行计划。

(4)检查。即对计划执行情况进行检查。

3. 计划的种类

对计划进行科学分类，有助于制订的计划能更好地指导实际工作。

(1)按计划的长短，可以把计划分为长期计划、中期计划和短期计划。

一般说来，人们习惯把5年以上的计划称为长期计划。它往往是战略计划，规定了较长远的目标及实现这一目标的原则措施。1年以上、5年以内的计划是中期计划。它来自长期计划，但比长期计划更加详细，主要目的是协调长期计划和短期计划之间的关系。时间在1年以内的计划被称为短期计划。它通常指年度计划，是对年度的各项经营管理活动所作的总体安排，规定计划必须达到的目标和具体的工作要求。

(2)按计划制订者的层次，可以把计划分为战略计划、管理计划和作业计划。

战略计划是由高层管理者制定的具有长期性、全局性和长远性的计划。战略计划的作用是决定或变动一个组织的基本目的和基本政策，决定着内部资源的配置，具有十分深远的影响。战略计划具有长期性，一次计划可以决定在相当长的时期内大量资源的运动方向；它的涉及面很广，相关因素较多，且这些因素的关系既复杂又不明确，因此战略计划要有较大的弹性；战略计划还有许多无法定量化的因素，必须借助于非确定性分析和推理判断，才能对它们有所认识。战略计划的这些特点决定了它对管理计划和作业计划的指导作用。

管理计划是由中层管理者制定的，它将战略计划中具有广泛性的目标和政策转变为确定的目标和政策，并且规定了达到各种目标的确切时间。管理计划中的目标和政策比战略计划具体、详细，并具有相互协调的作用。此外，战略计划是以问题为中心的，而管理计划则是以时间为中心的。一般情况下，管理计划是按年度分别拟订的。

作业计划是由基层管理者制订的。作业计划根据管理计划确定计划期间的预算、利润、销售量、产量以及其他更为具体的目标，确定工作流程，划分合理的工作单位，分派任务和资源，确定权利和责任。

(3)根据职能标准来划分，可以把计划分为业务计划、财务计划和人力资源计划。

组织是通过从事一定业务活动立身于社会的，业务活动是企业生产经营的主要活动，业务计划也是企业的主要计划。长期业务计划主要涉及业务方面的调整或业务规模的发展，短期业务计划则主要涉及业务活动的具体安排。作为经济组织，企业业务计划包括产品开发、物资采购、仓储后勤、生产作业以及销售促进等内容。

财务计划和人力资源计划是为业务计划服务的，也是围绕着业务计划展开的。财务计划研究如何从奖金的提供和利用上促进企业的发展，促进业务活动的有效进行；人力资源计划则分析如何为业务规模的维持或扩展提供资源的保证。

（4）根据计划的内容来划分，可以将计划分为综合计划、部门计划和具体项目计划。

综合计划是综合反映整个企业的生产经营活动的计划，它具有多个目标和多方面内容，关系到全局性的工作。部门计划是在综合计划基础上确定的，局限于某一专业部门，是综合计划的子计划。项目计划是根据特定活动所做的计划。

4. 计划工作的程序

计划不是一次性的活动，而是一个持续的过程。完整的计划工作程序是一个周而复始的管理循环，计划的制订包括八个步骤：

（1）估量机会

估量机会是在实际的计划工作开始之前就着手进行的，是对将来可能出现的机会加以估计，并在清楚、全面地了解这些机会的基础上，根据自己的长处和短处，对未来可能达到的目标进行初步的探讨。

（2）确定目标

目标是企业或组织所指向的终点。目标应该是明确的、被量化的、具有挑战性的，并且通过员工的努力是可以实现的，因而是能够被管理者和员工共同接受的，同时在每个工作单位内部与各个单位之间基本保持一致。完成目标的时间节点应有明确的要求。要将组织的目标落实到各个部门、各个环节，将其长远目标分解为各个阶段目标。

（3）确定前提条件

所谓计划工作的前提，就是计划工作的假定条件。换言之，即执行计划时的预期环境。预期环境是靠预测得来的，由于计划的未来环境非常复杂，因此，所要确定的计划前提只限于那些对计划具有关键性、有战略意义、对计划执行情况最有影响的因素。

（4）制定可供选择的方案

一个目标往往可以由多个方案达到。事实上，最鲜明的方案不一定就是最好的方案，有时不太鲜明的方案反而是最好的。对于既定的目标，我们必须努力寻找、探索和考察可供选择的行动方案，并对那些不是一眼就能看清的行动方案予以特别注意。

（5）评价各种方案

管理者在列出多个可供选择的方案后，应对每个可选择方案的优势、劣势和潜在的效果进行评估，并按方案的优劣顺序排除，以便发现最有利的方案。

评价备选方案应与组织的当前目标和中长期目标综合考虑，要充分运用现代计算科学技术以及计划人员的丰富经验和直观判断力。

（6）确定方案

确定方案是选择行为过程，正式通过方案是做出决策的实质性一步。

在选择最佳方案时，要注意两个方面：一是应选出可行性、满意性和可能带来的结果三者结合最好的方案，二是应选出投入产出比率尽可能大的方案。

（7）拟订辅助计划

在做出决策后，计划工作还没有完成，一般总是要有辅助计划来扶持这个基本计划。例如，在工业企业，除了制订产销计划，还必须制订工艺装备计划、设备维修计划等。

（8）用预算使计划数字化

预算是用收益和费用来表示的计划，是对资金分配的描述。预算可以成为汇总各种计划的工具，它是衡量计划工作进度的重要标准。

（二）组织职能（Organizing）

1. 组织的含义与类型

组织有动词与名词两种词性，在管理学中，组织的含义可以从静态与动态两个方面来理解。

从静态方面看指组织结构，即反映人、职位、任务以及它们之间的特定关系的网络。这一网络可以把分工的范围、程度、相互之间的协调配合关系、各自的任务和职责等用部门和层次的方式确定下来，成为组织的框架体系。从动态方面看指维持与变革组织结构，以完成组织目标的过程。通过组织机构的建立与变革，将生产经营活动的各个要素、各个环节，从时间上、空间上科学地组织起来，使每个成员都能接受领导、协调行动，从而产生新的、大于个人和小集体功能简单加总的整体职能。

组织的类型一般有正式组织与非正式组织。其中，正式组织一般是指组织中体现组织目标所规定的成员之间职责的组织体系。我们一般谈到组织都是指正式组织。在正式组织中，其成员保持着形式上的协作关系，以完成企业目标为行动的出发点和归宿点。非正式组织是在共同的工作中自发产生的、具有共同情感的团体。非正式组织形成的原因很多，如工作关系、兴趣爱好关系、血缘关系等。非正式组织常出于某些情感的要求而采取共同的行动。

2. 组织的内容

组织职能在管理活动中具有重要作用。组织职能是计划职能得以实现的组织保证，是组织目标实现的手段，也是领导职能发挥的基础。一般来说，组织职能包括如下基本内容：

（1）根据计划中提出的目标和任务，分析并确定为完成这些任务，组织具有哪些工作职能。并根据各项职能内在的联系及工作量进行分类组合，设计出各种基本职务和组织机构。

（2）对组织各部门和机构的职能进行细分，据此定岗定员，规定各种职务和各个组织结构的责、权、利及其上下左右的关系，并且对组织结构、责任制度、职责条例、工作守则等形式加以说明。

（3）选拔和调配适合的人员担任相应的职务，并授予执行职务所必需的权力，使每个人都能充分发挥作用。

（4）通过职权关系和信息系统把各个组织机构一个严密而又有活力的整体。

（5）对管理组织系统内的职工进行教育培训和智力开发，使他们的知识不断更新，更有效地完成自己所承担的工作。

3. 划分组织部门的原则

组织根据其特定的目标和所处的环境，形成各自不同的结构和形式的内部关系。但不管管理者怎样行使组织职能，都必须遵循组织工作的基本原则。

（1）任务目标原则

企业组织结构的设置要紧紧与企业目标相联系，组织设计是手段，目的是为了更好地实现企业的经营任务和目标。这是在进行组织设计中的一条总的指导原则。在组织设计的过程中，逻辑性地首先考虑工作的内容、特点和需要，因事而设职、因职而用人，是目标原则的具体体现。

（2）分工协作原则及精干高效原则

组织任务目标的完成，离不开组织内部的专业化分工和协作。因为现代企业的管理，工作量大、专业性强，分别设置不同的专业部门，有利于提高管理工作的效率。在合理分工的基础上，各专业部门又必须加强协作和配合，才能保证各项专业管理工作的顺利开展，以达到组织的整体目标。

(3)统一指挥原则和权力制衡原则

统一指挥是指无论对哪一件工作来说，一个下属人员只应接受一个领导人的命令。权力制衡是指无论哪一个领导人，其权力运用必须受到监督，一旦发现某个机构或者职务有严重损害组织的行为，可以通过合法程序制止其权力的运用。

(4)管理幅度原则

管理幅度是指一个主管能够直接有效地指挥下属成员的数目。由于受个人精力、知识、经验条件的限制，一个上级主管所管辖的人数是有限的，但究竟多少比较合适，很难有一个确切的数量标准。同时，从管理效率的角度出发，每一个企业不同的管理层次的主管的管理幅度也不同。管理幅度的大小同管理层次的多少成反比，因此在确定企业的管理层次时，必须考虑有效管理幅度的制约。

(5)责权利一致性原则

是指必须为组织结构中的每一个层次和环节都规定明确的责任，同时赋予其能完成这一任务所必需的职权，使两者结合成一个责权组合单元。必须正确处理责任划分、职权和利益分配问题，尽力保证三者的一致性，避免"有责无权"或"有权无责"等现象的产生。

(6)集权与分权相结合的原则

在进行组织设计或调整时，既要有必要的权力集中，又要有必要的权力分散，两者不可偏废。集权是大生产的客观要求，它有利于保证企业的统一领导和指挥，有利于人力、物力、财力的合理分配和使用；而分权则是调动下级积极性、主动性的必要组织条件。合理分权有利于基层根据实际情况迅速而准确地作出决策，也有利于上层领导摆脱日常事务，集中精力抓大问题。

(三)领导职能(Leading)

1. 领导的含义

领导有动词与名词两种词性，相应地，一般所说的领导也有两种含义。

名词意义的领导，准确地说，应该称为领导者，是指各类各级组织中担任领导岗位的工作者。

动词意义的组织，也即管理学所说的领导职能，是指领导者指挥、率领、引导和鼓励部下为实现组织目标而共同努力的行为过程。

领导职能是指管理者为了实现组织目标而对被管理者施加影响的过程。领导职能是通过领导者的影响力来实现的。领导者影响力主要来自两个方面：一是来自职位权力，即由组织赋予领导者的在组织中的位置，人们往往由于受到组织约束不得不服从于这种权力；二是来自个人权力，这是由于领导者自身的某种特殊条件具有，如，高尚的品德、丰富的经验、卓越的能力、良好的作风等，这种权力对人的影响是发自内心的、长远的。

2. 领导职能的内容

(1)配备领导班子

组织的性质不同，领导班子产生的方式也不相同，如有选任制、委任制、聘任制、考任制等。不同组织面对的环境、任务不同，其领导班子的行为模式也有很大的差异，有的领导比较民主，有的领导则较为专制。

(2)权力的形成和运用

领导的实质体现在感召和追随上，领导者的感召力、影响力以及人们的追随意愿使一个人能成为领导人。人们愿意追随那些能满足他们需要和要求的人,因此,领导者要在了解人们需要和要求的前提下,动用所具有的权力影响和感召人们实现组织的目标。

(3)决策

决策贯穿于管理工作的始终。在计划职能中有计划目标、方案的决策,在领导职能中有领导职能的决策等。

(4)指挥

领导者为了实施组织计划、实现组织目标,通过下达指示、命令和任务使全体成员统一认识、统一思想、统一行动、统一步伐、坚忍不拔、一往无前的一系列活动,即为指挥。指挥应当科学、正确;应当统一、集中;应当建立有效的指挥,并伴以严明的组织纪律。

(5)激励

激励是领导者激发员工的工作热情、推动员工不断进取的动力。领导者要取得被领导者的追随与服从,必须了解什么东西在激励员工,以及这些激励如何发挥作用,并把它们在各项管理工作中反映出来。

(6)沟通

沟通是领导者和被领导者进行交往的不可或缺的活动。通过沟通,领导者不仅可以使下属准确理解和贯彻所发布的命令、指示,还可以更好地了解下属的需要和行为。

(7)协调

协调是指领导者协调人们之间的关系,防止外界的干扰,避免思想上的分歧,把大家团结起来,朝着组织的目标前进。

(8)营造组织气氛,建设组织文化

领导者通过建立企业内外通畅的沟通渠道,采用适宜的激励措施和方法建设企业文化,营造出使员工保持高昂士气和良好工作意愿的工作氛围。

(四)控制职能(Controlling)

1. 控制的含义

控制就是检查工作是否按既定的计划、标准和方法进行,发现偏差,分析原因,进行纠正,以确保组织目标的实现。

控制的实质就是使实践活动符合既定计划,计划是控制的相应标准。计划是在预测基础上对未来活动的安排,因此,计划制订带有一定的局限性。在实际操作中,难以避免实际操作与计划之间存在偏差。而控制具有调整与纠正偏差的职能,只有在计划实施过程中不断采取措施纠正与调整计划,才能保证各项工作职能正确的工作方向,提高工作效率,按既定的计划实现目标。

2. 控制的内容

(1)对人员的控制

组织的目标是要人来实现的,员工应该按照管理者制订的计划去做。为了做到这一点,就必须对人员进行控制。对人员进行控制最常用的方法就是直接巡视,发现问题就马上纠正;另一种方法是对员工进行系统化的评估。

(2)对财务的控制

为保证企业获取利润,维持企业正常的运作,必须进行财务控制。这主要包括审核各项财务报表,以保证一定的现金存量,保证债务负担不致过重,保证各项资产都得到有效的利用,等等。预算是最常用的财务控制标准,也是一种有效的控制工具。

(3)对作业的控制

作业控制是通过对作业过程的控制来评价并提高作业的效率和效果,从而提高组织提供的产品或服务的质量。组织中常用的作业控制有生产控制、质量控制、原材料购买控制、库存控制等。

(4)对信息的控制

随着人类步入信息社会,信息在组织运行中的地位越来越高,不精确的、不完整的、不及时的信息会大大降低组织的效率。对信息的控制就是建立一个管理信息系统,使它能及时地为管理者提供充分、可靠的信息。

(5)对组织效率的控制

组织绩效是组织上层管理者控制的对象,组织目标的达成与否都从这里反映出来。要有效实施对组织绩效的控制,关键在于科学地评价、衡量组织绩效。一个组织的整体效果很难用一个指标来衡量,生产率、产量、市场占有率、员工福利、组织的成长性等都可能成为衡量的标准。关键是看组织的目标取向,即要根据组织完成目标的实际情况并按照目标所设定标准来衡量组织的绩效。

3. 控制的方式

一般把控制分为前馈控制、现场控制和反馈控制三种。

(1)前馈控制

又称预先控制、事先控制,是指通过观察情况、搜集整理信息、掌握规律、预测趋势,正确预计未来可能出现的问题,提前采取措施,将可能发生的偏差消除在萌芽状态,为避免在未来不同发展阶段可能出现的问题而事先采取的措施。"防患于未然"不仅是对计划工作的要求,也是对控制工作的要求。工程中广泛地利用前馈控制的优点,将其与反馈控制结合在一起,构成复合控制系统,以改善控制的效果。

(2)现场控制

又称即时控制,是指在某项活动或者工作过程中,管理者在现场对正在进行的活动或行为给予必要的指导、监督,以保证活动和行为按照规定的程序和要求进行的管理活动。它包括的内容有:向下级指示恰当的工作方法和工作过程;监督下级的工作以保证计划目标的实现;发现不合标准的偏差时,立即采取纠正措施。在计划的实施过程中,大量的控制工作,尤其是基层的管理控制工作,都属于这种类型。

(3)反馈控制

又称事后控制,是管理控制工作的主要方式。管理人员分析以前工作的执行结果,将它与控制标准相比较,发现偏差所在并找出原因,制定纠正措施以防止偏差发展或继续存在。反馈控制既可用来控制系统的最终成果,如产量、销售收入、利润等,也可用来控制系统的中期成果,如新产品样机、生产计划、工序质量等。前者称为端部反馈,后者称为局部反馈。

第三节　管理者的角色与技能

一、管理者的类型

根据我们对管理含义的理解,管理者是指通过协调他人的活动以达到实现组织目标的人。虽然这些人有时也要完成一些具体工作,但他们的主要职责是制定整个组织或分支机构的目标,并创造出一种能诱导其他人参与工作的良好环境,有效率地实现组织目标。

一个组织中,从事管理活动的人很多,可以依据不同的标准进行划分。最基本的两种分类方法是按照管理者在组织中所处的层次和所从事的管理工作的领域来划分,即从组织的纵、横两个方向来进行划分。

(一)管理者的层次分类

一个组织的管理者可以按其所处的管理层次分为高层管理者、中层管理者和基层管理者三类。

1. 高层管理者

高层管理者是站在组织整体的立场上,对组织管理负有全面责任、对整个组织进行综合指挥和统一管理的人员。高层管理者所考虑的管理问题和所从事的管理活动,都是与组织的总体发展和长远发展密切相关的。其主要职责是:制定组织的总目标、总战略,掌握组织的大政方针,评价整个组织的绩效,等等。在组织的对外交往活动中,往往由高层管理者作为组织的代表。

2. 中层管理者

处于高层管理者和基层管理者之间的是中层管理者,如地区经理、部门经理、车间主任、科室主任等。中层管理者的职责主要是贯彻执行高层管理者所做出的决策和所制定的重大方针政策,使高层管理者确定的目标、战略付诸实施。具体地说,中层管理者要为他们所负责的单位或部门制定旨在实现组织目标的次一级的管理目标,筹划和选择达成目标的实施方案,分配资源协调各子单位或部门的活动,制定对偏离目标的行动的纠正方案,等等。他们向高层管理者直接汇报工作,同时负责监督和协调基层管理者的工作。

3. 基层管理者

基层管理者也称一线管理人员,就是在组织中处于最低管理层次的管理者。他们所管辖的仅仅是作业人员而不涉及其他管理者。其职责是,按中层管理者的安排去组织、指挥和从事具体的管理活动,如给下层人员分派具体工作、直接指挥和监督现场作业活动等。

(二)管理者的领域分类

按照从事管理工作的领域,管理者可以分为综合管理者和专业管理者两大类。

1. 综合管理者

综合管理者是指负责管理整个组织或组织中某个事业部全部活动的管理者。对于一个小型组织来说,企业的总经理就是综合管理者,要统管该组织生产、经营、人事、财务等主要业务活动。而对于大型组织而言,组织多是按事业部设立的,组织的权力层层下授,高层管理者无法统管组织的各个层面和环节,此时,该组织的综合管理者的范围就大大拓宽,也包括组织中各分公司经理或事业部经理等。

2. 专业管理者

专业管理者也称职能管理者,指负责组织中某一专门管理职能的管理者。根据这些管理者专业领域性质的不同,可以具体划分为生产管理者、财务管理者、人事管理者、营销管理者、研究开发管理者、后勤供应管理者等。

二、管理者的角色

20世纪50～60年代,一些研究人员从领导者行为和管理者实践活动的角度来探讨“管理者干什么”的问题,加拿大学者亨利·明茨伯格(Henry Mintzberg)的研究具有较大的影响,为后来的学者所推崇。明茨伯格通过对总经理的工作研究发现,管理者扮演着10种不同但却高度相关的角色,归纳起来主要涉及三个方面:正式权威和特殊地位产生的人际关系方面的角色、获得信息传递独特地位的角色与决策制定方面的角色(如表2.1所示)。

表2.1　　管理者的角色

类　别	角　色	工作内容
人际关系类	挂名首脑	执行仪式或象征性的工作
	领导者	指挥协调群体的工作
	联络者	建立内部和外部的信息网络
信息传递类	监听者	搜寻、接收和筛选信息
	传播者	传递信息给他人
	发言人	通过演讲、报告、电视、广播等向外部提供信息
	创业家	制订计划,建立秩序
决策类	障碍处理者	解决员工或部门中的各种冲突问题
	谈判者	在谈判中代表部门或公司
	资源分配者	决定资源分配的对象和数量等

以上三类共10种管理角色的具体说明如下:

(一)挂名首脑

为组织扮演这种角色时,管理者是以组织领导者的身份出现的,但其作用仅是礼仪性的,并不真正发挥领导作用。例如,总经理出席本公司一位资深工程师服务30周年庆祝活动,即席演讲,赞颂和感谢这位工程师的贡献与敬业精神。

(二)领导者

这才是真正发挥领导作用的角色。领导与管理并非完全是一回事。领导者并不限于动用职权去指挥下级,而是通过与下级的沟通,以多种影响力去吸引、说服、激励下级追随领导者指引的方向,去完成所规定的任务。成功的领导者总是通过创建一定的组织文化提出目标或共同愿景使追随者信服和接受,从而发挥领导作用的。

(三)联络者

管理者的联络作用虽也包括组织内部相互之间的沟通与协调,但主要涉及对外联络交往,如代表公司与供应商、客户等进行价格谈判等。

(四)监听者

这个角色是指管理者既要积极地寻觅外界环境中对本组织或其中某些人有价值的信息,又要警觉地监控本组织对外输出的信息渠道,严防不宜对外的信息外泄。

(五)传播者

管理者在向别人,无论内、外传递信息时,就是扮演这一角色。例如,指示某一情况或政策应传达至某级或某些员工。

(六)发言人

这指的是代表本组织对外界发言。例如,在本公司举行的新闻发布会上宣布本公司某一战略性重大决策等。要注意的是,高层管理者在公开场合的发言与表态,总会被认为是代表自身组织的，除非事先强调这只是个人的见解。

（七）创业家

创业并非指从事某种具体的创造发明，而是指开拓某项新事业，开辟某一新方向。例如，决定开发一种新产品系列、开辟一片新市场、制定一种新的公司战略等。

（八）障碍处理者

这固然包括企业中出了重大事故的应急处理，但主要是指组织中部门之间及干部之间产生较严重的争执与矛盾时，身为上级的管理者必须做协调、仲裁、劝说等工作，以平息这些冲突。

（九）谈判者

扮演这一角色时，管理者要代表组织与其他组织谈判并决定达成什么样的协议，此时他们已被授权可就协议内容拍板。

（十）资源分配者

这里说的资源是广义的，不仅指财务性资源，还包括设备、厂房等其他物质性资源和人员、时间等非物质性资源。管理者在扮演这种角色时，要对种类资源在组织中各部门及个人之间的分配作出决策，决定谁可以得到哪些资源以及多少资源。

三、管理者的素质与技能

（一）管理者的素质

管理者的素质是指管理者与管理相关的内在基本属性和条件。管理者的基本素质如表2.2所示。

表2.2　管理者的基本素质及内容

基本素质	定　义	内　容
政治与文化素质	指管理者的政治思想修养水平和文化基础	政治敏锐性，眼光长远性，事业心、责任感，思想境界与品德情操，人文修养与广博的文化知识等
基本业务素质	指管理者在所从事工作领域内的知识与能力	对某一行业和某一专门技术的掌握程度
创新素质	高层管理者的创新主要表现为其独到的眼光，着眼长远；中下层管理者的创新是指在贯彻上层意图时的原则性与灵活性的结合，在实现整体目标的过程中，能否给同级或同类其他的部门以独树一帜的示范作用	管理者要有创新意识，要真正认识到创新对组织生存与发展的决定性意义，并在管理实践中，事事、时时、处处坚持创新；要有勇于突破常规、求新寻异、敢为天下先的大无畏精神；还要善于通过科学的创新思维来完成创新构思
身心素质	指管理者本人的身体状况与心理条件	健康的身体，坚强的意志，开朗、乐观的性格，广泛而健康的兴趣等

（二）管理者应具备的技能

由于处于不同的管理层次和不同的管理岗位，管理者发挥作用的大小也不相同，但一个重要的、不可忽视的影响因素是管理者是否真正具备相应的管理技能，即技术技能、人际技能和概念技能。具体内容如表2.3所示。

表 2.3　　管理者的基本技能及内容

基本技能	含义	内容
技术技能	指管理者掌握与运用某一专业领域内的知识、技术和方法的能力	专业知识、经验，技术、技巧，程序、方法、操作与工具运用的熟练程度
人际技能	指管理者处理人事关系的技能	观察人、理解人、掌握人的心理规律的能力，人际交往、融洽相处、与人沟通的能力，了解并满足下属需要、进行有效激励的能力，善于团结他人、增强凝聚力的能力等
概念技能	指管理者观察、理解和处理各种全局性的复杂关系的抽象能力	对复杂环境和管理问题的观察、分析能力；对全局性、战略性、长远性的重大问题处理与决断的能力，对突发性紧急事件的应变能力等

处于不同层次的管理者应掌握和运用的上述三种技能是有一定差异的，一般来说，高层管理者主要应掌握概念技能，能较好地理解组织各部分之间的关系，对组织的战略发展方向和战略目标要有清晰的把握和准确的定位，使组织更好地适应不断变化的环境。组织中的基层管理者则需要有较好的技术技能，要能在基层的作业环境中有效地带领团队实现企业的既定目标。研究表明，不论是基层、中层还是高层的管理者，对他们同等重要的就是人际关系技能。具体如图 2.1 所示。

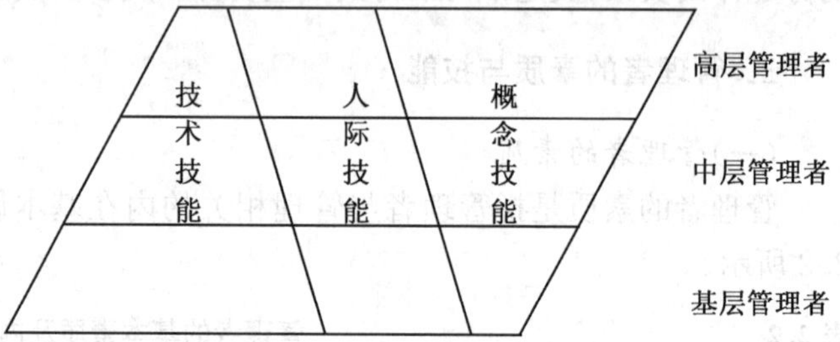

图 2.1　不同层次的管理者所需的技能

第四节　管理思想的演进

人类有组织的管理活动伴随着人类自身发展的始终。人类活动的最大的特点就是有目的的集体活动，管理因人类集体活动的需要而产生。人类就是在对集体活动的管理过程中进行思考、实践的，这种思考和实践的积累便逐渐形成了系统的管理理论。纵观管理科学发展的全部历史，可以将管理的历史划分为以下几个时期：

第一时期（19 世纪末以前）：早期的管理思想与管理实践阶段。

第二时期（19 世纪末至 20 世纪 30 年代）：古典管理理论阶段，以泰勒和法约尔等人的思想为代表。

第三时期（20 世纪 30 年代至 1945 年第二次世界大战结束）：新古典管理理论阶段，以梅奥和巴纳德等人的思想为代表。

第四时期（第二次世界大战结束后）：现代管理理论阶段，这一时期管理理论领域非常活跃，出现了一系列管理学派，每一学派都有自己的代表人物。

一、早期管理思想与管理实践

（一）中国早期的管理思想与实践

中国是世界上历史最悠久的文明古国之一。早在五千年前，中国已经有了人类社会最古老的组织——部落和王国，有了部落的领袖和帝王，因而也就有了管理。

中国古代的管理思想极为丰富，春秋时期，可以说是中国古代文明的鼎盛时期，各种管理思想也出现了百家争鸣的局面。其中以儒、法、道、兵四家的管理思想对后世的影响最大。

儒家首先提出人性本善的基本假设，进而提出仁政、德治、礼制的管理方法，最后提出要实现修身、齐家、治国、平天下的管理目标。儒家管理思想是以血缘宗法关系为基础，道德伦理为本位的，它把整个管理和治国思想、方略都伦理化了。虽然它具有理想化的色彩，但对中国社会的影响却极为深远，甚至影响了附近的亚洲国家，且至今还发挥着重要影响。

法家首先提出人性本恶的基本假设，进而提出法制、刑治的管理方法，最后提出要达到崇君权和富国强兵的管理目标。法家重法治、崇强力的管理方略对中国历史的发展有着重要的意义，他们所揭示的法制管理的一些基本原则和方法，在今天仍然有着很宝贵的借鉴意义。

道家首先提出人性自然的主张，进而提出无为而治的管理方法，最后指出要实现的管理目标是至德之世。

兵家的代表人物、杰出的军事家孙武所著的《孙子兵法》对于管理的职能如计划、组织、指挥、用人等，都有不少在今天仍然适用的精辟见解，不仅在军事上，而且在管理上对今天的工作都有重要的参考价值。日本和美国的一些大公司甚至把《孙子兵法》列为培训经理的必读书籍。

（二）西方早期的管理思想与实践

西方文化起源于希腊、罗马、埃及、巴比伦等文明古国，这些古国在国家管理、生产管理、军事、法律等方面都曾有过许多光辉的实践。

在古埃及，公元前2575年至公元前2465年建造的胡夫金字塔高143.5米，巨大的方石如何采集、搬运、堆砌，众多人员如何安排吃、住、行等，都对计划和管理能力提出了很高的要求。

古巴比伦王国于公元前2000年左右发布了一部法典——汉谟拉法典。法典全文282条，对个人财产、不动产、商业活动、个人行为、人与人的关系、工资报酬、职责和其他民事与刑事等都做了具体规定，其中有许多涉及经济管理的思想，如控制借贷、贵金属的存放和付给、货物的经营贸易、最低工资、会计和收据的处理、责任的承担等。

古希腊也留下了一些宝贵的管理思想。在公元前370年，希腊学者瑟诺芬（Xenophon）曾对劳动分工作了如下论述："在制鞋工厂中，一个人只以缝鞋底为业，另一个人进行剪裁，还有一个人制造鞋帮，再由一个人专门把各种部件组装起来。"

公元3世纪后，随着奴隶制的衰落和基督教的兴起，基督教文化逐渐成为西方占主导地位的文化。在基督教《圣经》中所包含的伦理观念和管理思想，对以后西方封建社会的管理实践起着指导性的作用。

《圣经》中记载了希伯来人进行管理的许多故事，其中讲到摩西（Moses）成为希伯来人的领导者，率领希伯来人摆脱埃及人的奴役而出走，其准备、组织和实行显示出了他的管理才能。摩西在政府、立法、人际关系、人员选择和训练等方面都有出色的能力。摩西的岳父叶忒罗（Jethro）可以说是人类最早的管理咨询人员之一，他建议摩西采用授权原则和例外原则挑选一些能干的人在各地进行管理。他向摩西建议说："他们应该对每一件小事作出判断；但每一件大事，他们都应该向你报告。"

15世纪，意大利著名的思想家和历史学家马基雅维里（Niccolo Machiavelli）提出了四项领导原理：（1）领导者必须要得到群众的拥护；（2）领导者必须维护组织内部的内聚力；（3）领导者必须具备坚强的生存意志力；（4）领导者必须具有崇高的品德和非凡的能力。这四项基本原理对以后的管理思想发展有着相当大的影响。

进入18世纪60年代后，以英国为代表的西方国家开始了第一次产业革命，生产力有了很大的发展，随之而来的是管理思想、管理方法和管理手段的创新，出现了一批卓有贡献的思想家、经济学家和管理学家。

1. 亚当·斯密

亚当·斯密(Adam Smith)在1776年发表了《国富论》一书，系统阐述了其政治经济学观点，特别是对劳动分工能带来劳动生产率的提高作了全面分析。此外，他认为，经济现象是由具有利己主义的人们的活动产生的。人们在经济行为中，追求的完全是私人利益。企业的所有权和管理权一般是分开的。

2. 萨伊

让·巴蒂斯特·萨伊(Jean Baptiste Say)是法国资产阶级庸俗经济学的创始人，他创立了把政治经济学体系划分为生产、分配、消费三个部分的所谓"三分法"，提出了"供给自行创造需求"说等一系列庸俗理论。他不仅强调计划职能的重要性，还第一个把管理作为生产的第四个要素而同土地、劳动力、资本相并列。

3. 查尔斯·巴贝奇

查尔斯·巴贝奇(Charles Babbage)是一位精通数学、机器制造的经济学家，在其1832年的著作《论机器与制造业的经济》中，他认为要提高工作效率，必须仔细研究工作方法，同时还提出了一种工资加利润的分配制度，为现代劳动工资制度的发展和完善作出了重要贡献。

4. 罗伯特·欧文

罗伯特·欧文(Robert Owen)是一位空想社会主义者。他曾在自己经营的一家大纺织厂中做过试验。他提出要缩短工人的劳动时间、提高工资、改善住房。他的改革试验证明：重视人的作用，尊重人的地位，可以使工厂获得更大利润。从一定程度上可以说欧文是人事管理的创始者。

从18世纪末到20世纪初这段时间里，管理学基本上处于积累实际经验的阶段，为后来泰勒等人创立科学管理体系打下了良好的基础。

二、古典管理理论

随着生产技术的进步、生产社会化程度的提高、市场和企业规模的扩大，特别是公司的兴起，管理工作日益复杂，要求越来越高，管理工作逐渐成为一种专门职业，出现了资本所有者与经营管理者的分离，形成了经理阶层。同时，管理的发展要求对过去积累的管理经验进行总结提炼，使之系统化、科学化、理论化，以便进一步用它来指导管理实践。正是基于这种客观要求，出现了科学管理理论。对科学管理作出重要贡献的代表人物主要有泰勒、法约尔和韦伯。

(一)泰勒的科学管理理论

1. 泰勒生平

泰勒(Frederick W. Taylor)是美国古典管理学家、科学管理的主要倡导者。泰勒1856年出生于美国宾夕法尼亚州，18岁进入费城一家工厂学习制模及机工手艺，22岁进入费城的米德维尔钢铁厂，在短短6年时间里，泰勒从一个普通的工人升为机工班长、车间工长、总技师，最后成为总工程师。1906年，泰勒担任了美国机械工程师协会的主席。

泰勒对车间的生产活动和工人的劳动状况非常熟悉，从事了大量的管理研究活动。他通过搬运生铁的试验摸索出工人的日合理工作量，为实行定额管理奠定了基础；通过铲具试验探索出铁锹多大铲物效率最高，为实行工具标准化奠定了基础；在金属切削试验中，泰勒前后共花了26年的时间、15万美元的费用，写出了3万多份试验报告，仅形成的切屑就达80万磅，最后取得了有关车床、刨床、钻床、铣床在车速、进刀、材料等方面的丰富资料，为制定各种机床进行调整切削和精密加工的操作规程提供了科学依据。

在大量科学实验的基础上，泰勒先后出版了《计件工资制》(1895)、《工厂管理》(1903)、《科学管理原理》(1911)、《在美国国会听证会上的证词》(1912)等管理著作，总结出了一套科学管理理论。在这些著作中，《科学管理原理》被认为是古典管理理论形成和产生的标志。

由于对科学管理理论的突出贡献，泰勒被誉为"科学管理之父"。

2. 泰勒科学管理理论的主要内容

(1)科学管理的中心问题是提高劳动生产率。泰勒认为："科学管理的根本就在于此，因为科学管理如同节省劳动力的机器一样，其目的正在于提高每一单位劳动力的产量。"

(2)工作定额原理。为了发掘工人们劳动生产率的潜力，就要制定有科学依据的工作定额，确定"合理的日工作量"。定额可以通过调查研究的方法确定。为此，泰勒提出了时间和运作研究的方法。

(3)挑选与培训"第一流的工人"。泰勒认为，为了提高劳动生产率，必须在每一项工作中使用"第一流的工人"。为此，首先必须科学地了解工人，按照那些能干而又愿干的工人(头等工人)来确定工人的劳动方法和劳动时间；同时，泰勒认为应该用新的操作方法来培训工人，使工人能持续而习惯地按科学规律去操作。"就是把科学与科学地选择、培训出来的工人结合在一起"，造就"第一流的工人。"

(4)标准化原理。泰勒认为，在科学管理的情况下，要用科学知识代替个人经验，一个很重要的措施就是实施工具标准化、劳动动作标准化。管理人员的任务之一就是对工人的操作方法、使用的工具、劳动与休息的时间搭配，以致机器的安排和作业环境的布置等进行分析，把各种最好的因素结合起来，形成一种科学、标准的操作方式，然后将这些标准在工厂中推行。

(5)有差别的计件工资制。泰勒认为，要在科学地制定劳动定额的前提下，采用有差别的计件工资制来鼓励工人完成或超额完成定额。如果工人超额完成定额，按比正常单价高出25%计酬；如果工人完不成定额，则按比正常单价低20%计酬。

(6)计划与执行相分离。泰勒主张企业成立专门的计划部门，负责调查研究，并根据调查结果确定定额和标准化的操作方法，负责拟订计划并发布命令和指示。工人只负责执行，即按照计划部门制定的操作方法和指示使用规定的标准化工具从事实际操作，不得自行改变。

(7)实行"职能工长制"。泰勒主张实行"职能管理"，即将管理的工作予以细分，每一个管理者只承担一种管理职能。这种思想为以后职能部门的建立和管理专业化提供了基础。

(8)工人和雇主双方都必须进行一次"心理革命"。泰勒认为："工人和雇主在精神方面要进行一场革命，双方都不把盈余的分配当作头等大事，而把注意力转到增加盈余量上来，直到盈余大到这样的程度，以致不必为如何分配而争吵。他们会看到……他们共同努力所创造的盈余……足够给工人大量增加工资，并同样给雇主增加大量的利润。"

(二)法约尔的管理过程理论

1. 法约尔生平

法约尔1841年出生于法国的一个富人家庭，1860毕业于一家矿业学院，并进入一家采矿冶金公司，从此，他的一生可分为四个时期：

(1)1860～1872年。在这12年间，他作为一个年轻的管理人员和技术人员，职位不是很高，主要关心的是采矿工程方面的事情，特别是防止矿井的火灾事故。

(2)1872～1888 年。这时他已是一个有较大职权的矿井总管，主要关心的是影响这些矿井的经济情况的各种因素，不仅要从技术方面考虑，更要从管理和计划方面来考虑。

(3)1888～1918 年。这是他取得伟大成绩的时期。在公司业务濒于破产的时刻，他出任公司总经理，按照自己的管理思想对公司进行改革和整顿，使这家公司在各方面均取得了成功。到他 1918 年退休时，公司财力在法国已达到不可动摇的地位，这一成功至今仍为法国工业史上的美谈。

(4)1918～1925 年。这段时间，法约尔致力于普及和宣传他的管理理论。

法约尔在管理方面的著作很多，主要有：《管理的一般原则》(1908)、《工业管理和一般管理》(1916)、《国家管理理论》(1923)等。其中，《工业管理和一般管理》是其最主要的代表作，标志着一般管理理论的形成。

法约尔跟泰勒的背景、经历不同，泰勒是从“车床前的工人”开始而逐步向上发展，理论适用于企业。法约尔在大部分时间里都担任管理人员，其中在总经理的位置上一干就是 30 年，他是从“办公桌前的总经理”出发的，其理论适用于各种组织。

由于对一般管理理论的突出贡献，法约尔被后人誉为“管理理论之父”。

2. 法约尔的一般管理理论

法约尔的一般管理理论是西方古典管理思想的重要代表，后来成为管理过程学派的理论基础，也是以后各种管理理论和管理实践的重要依据，对管理理论的发展和企业管理的历程均有着深刻的影响。其一般管理理论的主要内容有：

(1)企业经营活动类别与人员能力结构

法约尔认为，经营并不等于管理，企业的经营活动可以概括为六大类：

①技术活动——生产、制造、加工；

②商业活动——购买、销售、交换；

③财务活动——资金的筹措和运用；

④安全活动——设备和人员的安全保护；

⑤会计活动——存货盘点、成本核算、统计；

⑥管理活动——计划、组织、指挥、协调、控制。

企业中的每组活动都对应一种专门的能力，如技术能力、商业能力、财务能力、管理能力等。企业中几乎所有人都要从事上述六种活动，因而都需要上述六种能力，但随着企业由小到大、职位由低到高，管理能力在管理者必要能力中的相对重要性不断增加，其他诸如技术、商业、财务、安全、会计等能力的重要性则会相对下降。

(2)管理的 14 项原则

①劳动分工。实行劳动分工可以提高效率。这种分工不仅适于技术工作，也适用于管理工作。

②职权与职责。职权和职责是有联系的，后者由前者产生，同时又是前者的必然结果。权力应该同责任相等，如果要一个人对某一工作的结果负责，就应该给予其确保事情成功的应有的权力。

③纪律。严明的纪律是任何组织不可缺少的要素。一个组织的成功不能没有纪律，组织内所有成员都要通过各方达成的协议对自己在组织内的行为进行控制。

④统一指挥。组织内每一个人只能服从一个上级并接受他的命令，双重命令对于权威、纪律和稳定性是一种威胁。

⑤统一领导。在某个单一的计划中,从事同类活动的组织成员只能有相同的目标,而且目标相同的一组活动只能有一个领导和一个计划。只有这样,资源的应用与协调才能指向实现同一目标。

⑥个人利益服从整体利益。在企业组织中,企业的总目标享有至高无上的地位,即个人利益不能凌驾于整体利益之上。当个人目标与整体目标发生冲突时,领导者要以身作则,给员工做出良好的榜样。

⑦报酬的公平合理。报酬制度应该公平,对工作成绩与工作效率优良者应有奖励。但奖励不应超过某一适当的限度,即奖励应以能激起职工的热情为限,否则会出现副作用。

⑧权力的集中与分散。提高下属重要性的做法就是职权的分散,即分权;降低这种重要性的做法就是职权的集中,即集权。领导人要根据企业的性质、条件、环境和人员的素质来恰当地决定集权和分权的程度。

⑨等级链与跳板。等级链是指"从最高的权威者到最底层管理人员的等级系列"。它表明权力等级的顺序和传递信息的途径。为了保证命令的统一,不能轻易违背等级链,请示要逐级进行,指令也要逐级下达。但有时这样做会延误时间,为此,法约尔设计了一种"跳板"来达到同级之间的横向沟通。但在横向沟通前要征求各自上级的意见,并且事后要立即向各自上级汇报,从而维护统一指挥的原则。

⑩维护秩序。任何组织都应强调秩序。法约尔认为,每一件事都要有一定的位置,每一个人都要有一定的职位,各得其所。而且每个员工都必须处在他能做出做大贡献的职位上。

⑪公平。法约尔认为,公道是执行已订立的协定。但制订协定时,人们不可能预测将来所发生的一切事情,因此,要经常说明它,补充它的不足之处。领导人为了激励下属全心全意做好工作,应该善待他们。公平就是由善意和公道产生的。

⑫任用期稳定。把一个人培养到能胜任目前的工作需要花费时间和金钱。所以,人员(特别是管理者)经常变动对组织是很不利的。

⑬首创精神。首创精神是创立和推行一项计划的动力。除领导人要有首创精神外,还要使全体成员发挥首创精神,这样,将促使职工提高自己的敏感性和能力,对整个组织来说是一种巨大的动力。

⑭集体精神。全体成员的和谐与团结是组织发展的巨大力量。因此,管理者应当鼓励员工紧密团结和发扬集体精神。

(3)教育的必要性

法约尔认为管理能力可以通过教育来获得。缺少管理教育是由于:①没有管理理论;②每一个管理者都按照他自己的方法、原则和个人的经验行事;③谁也不曾设法使那些被人们接受的规则和经验变成普遍的管理理论。

(三)韦伯的行政组织理论

1. 韦伯生平

马克斯·韦伯(Max Weber),1864年生于德国爱尔福特的一个富裕家庭,1882年进入海德堡大学读法律,后来就读于柏林大学和哥丁根大学。他曾三次参加军事训练,因而对军事生活和组织制度相当了解,这对他所提出的组织理论有较大影响。他的学识非常渊博,对社会学、宗教、经济学和政治学都有着广泛的兴趣。韦伯毕生从事学术研究,曾担任大学教授、主编、政府顾问和作家,在学术上取得了巨大的成就。在管理思想方面,他在《社会和经济组织理论》一书中提出了理想行政组织体系理论,由此被人们称为"组织理论之父"。

2. 理想行政组织体系的特点

韦伯对组织问题的研究是从组织内部的权威关系问题开始的，又以此揭示了不同组织所具有的特性。韦伯指出，任何组织都必须有某种形式的权力作为基础，才能实现目标，只有权力才能变混乱为秩序。

韦伯认为，存在三种纯粹形态的权力：理性合法的权力、传统的权力和超凡的权力。在这三种纯粹形态的权力中，传统权力是世袭而不是按能力挑选的，其管理单纯是为了保存过去的传统。超凡的权力则过于带感情色彩并且是非理性的，其管理不是依据规章制度而是依据神秘或神圣的启示。只有理性合法的权力才适宜作为理想组织体系的基础。

韦伯把行政组织看作理想的组织形式（注意："理想"并不是指合乎需要，而是指组织的"纯粹形式"，以区别于现实中的组织形式，现实中的组织形式往往是各种形式的混合）。他认为，理想的组织形式具有六大特点。

(1)明确的分工

组织中每个成员的权力和责任都要有明文规定，并且把这些权力和责任作为正式职责而使之合法化。

(2)自上而下的等级系统

组织内的各个职业，按照等级原则进行法定安排，每个下级都处于一个上级的控制和监督之下。每个管理者不仅要对自己的决定和行动负责，而且要对下级的决定和行动负责。

(3)人员的考评和教育

人员的任用完全根据职务的要求，通过正式考试或教育培训而获得的技术资格来选拔。

(4)职业管理人员

行政管理者不是他所管辖的那个企业的所有者，而只是其中的工作人员，是"专职"的管理者，他们领取固定的薪金，有明文规定的升迁制度。

(5)遵守规则和纪律

行政管理者必须严格遵守组织中规定的规则和纪律。

(6)组织中人员之间的关系

组织中人员之间的关系完全以理性准则为指导，不受个人情感的影响。这种公正不倚的态度不仅适用于组织内部，而且适用于组织与外界的关系。

三、新古典管理理论

20 世纪 20 年代，美国工人和工会力量增强，普遍要求调节劳资和管理关系，人们不愿意接受传统组织理论那种权威—服从的领导与被领导关系。而且，尽管科学管理思想在提高劳动生产率方面取得了显著的成绩，但由于它片面强调对工人的严格控制和运作的规范化，忽视了工人的社会需求和感情需求，引发了工人的不满和社会的责难。新古典管理理论正是在这种背景下应运而生的。

(一)梅奥的人际关系学说

1. 梅奥及霍桑实验

乔治·埃尔顿·梅奥(George Elton Myao)，原籍澳大利亚，后移居美国。第一次世界大战期间，他利用业余时间用心理疗法治疗被炸弹震伤的士兵。1923～1926 年期间，作为宾夕法尼亚大学的研究人员，他为洛克菲勒基金会进行工业研究。1926 年任哈佛大学工商管理研究院工业研究室副教授，1929 年任教授。在此期间，他参与策划了霍桑实验。有关霍桑实验的结论主要集中在他的两本书《工业文明的人类问题》(1933)和《工业文明的社会问题》(1945)中。

霍桑实验，是1924～1932年在美国芝加哥城郊的西方电器公司所属的霍桑工厂中进行的一系列试验。

霍桑工厂是一家拥有25 000名工人的生产电话机和电器设备的工厂。它设备完善，福利优越，具有良好的娱乐设施、医疗制度和养老金制度。但是工人仍有强烈的不满情绪，生产效率也很不理想。为了探究其中的原因，1924年，美国国家研究委员会组织了一个包括各方面专家在内的研究小组对该厂的工作条件和生产效率的关系进行了全面的考察和多种试验。实验全过程分为工场照明试验、继电器装配室试验、大规模访谈、电话线圈装配工试验等阶段，历时八年。

2. 霍桑实验的结论

霍桑实验在管理思想史上占有极其重要的地位，是管理思想的一个历史转折，给管理学的发展开辟了一个崭新的领域。梅奥等人通过对霍桑实验进行总结，创立了人际关系学说，它与传统的科学管理理论相比，具有以下新观点：

(1)工人是"社会人"而不是"经济人"。

梅奥认为，工人是"社会人"，是一个复杂的社会系统中的成员，他们除了追求金钱和物质收入之外，还有社会方面、心理方面的需求，如人们之间的交往和友谊、期待得到社会的尊重和承认等。这些都影响着人们的工作积极性。所以，管理者应考虑到人的社会方面和心理方面的因素，以此合理地组织和管理，以提高劳动生产率。

(2)企业中存在着"非正式组织"。

梅奥认为，人是社会动物，在共同工作中，必然会相互发生关系，由此形成非正式团体。在该团体中，人们形成共同的感情，进而构成一个体系，这就是非正式组织。这种无形组织是不经官方规定而自然形成的，有其特殊的感情、规范和倾向，是成员共同的观点、社会背景或业余爱好等共同利益的反映。非正式组织对员工心理倾向和行为具有重要影响，与正式组织有时相互补充，有时相互矛盾。矛盾一般是由于两者目标不一致造成的。作为管理者的一方，要充分认识到非正式组织的作用，注意在正式组织的效率逻辑与非正式组织的感情逻辑之间搞好平衡，使管理人员之间、工人之间、管理人员与工人之间搞好协作，充分发挥每个人的作用，提高劳动生产率。

(3)新型的领导能力在于提高员工的满足度。

梅奥认为，工作条件、工资报酬并不是决定生产效率高低的首要因素，生产效率的提高主要取决于职工的工作态度以及他和周围人的关系。提高生产效率的主要途径是提高工人的满足度，即职工在安全方面、归属感方面、友谊方面的需求的满足程度。而工人对这些方面的需求是因人而异的，所以，新型的管理者应该认真分析员工需要的特点，不仅要解决工人生产技术或物质生活方面的问题，还要掌握他们的心理状况，了解他们的思想情绪，以采取相应的措施。这样才能适时、合理、充分地激励员工，达到提高劳动生产率的目的。

(二)巴纳德的系统组织理论

1. 巴纳德简介

切斯特·巴纳德(Chester Barnard)是西方现代管理理论中社会系统学派的创始人。他于1909年进入美国电话电报公司工作，1927年起担任新泽西贝尔电话公司总经理，直至退休。1938年，他出版了《经理人员的职能》，被誉为美国现代管理科学的经典著作。该书连同他10年后出版的《组织与管理》是其系统组织理论的代表作，也是其毕生从事企业管理工作的经验总结。

2. 巴纳德组织理论的主要内容

(1)组织是一个合作系统

巴纳德认为,“组织是两人或两人以上,用人类意识加以协调而形成的活动或力量系统”。他所强调的是人的行为,是活动和相互作用的系统。他认为在组织内,主管人是最为重要的因素,只有依靠主管人的协调,才能维持一个“努力合作”的系统。他认为主管人有三项主要职能:①制定并维持一套信息传递系统;②促使组织中每个人都能做出重要的贡献;③阐明并确定本组织的目标。

(2)组织存在的三个基本条件

①明确的目标。首先,一个组织必须要有明确的目标,否则协作就无从发生;其次,组织目标必须为组织的成员所理解和接受,否则无法统一行动和决策;再次,对于组织目标的理解可以分为协作性理解和个人性理解,而这两种理解往往是矛盾的,主管人的重要职能就是向组织成员灌输组织目标和统一对组织目标的理解;最后,必须区分组织目标与组织成员的个人目标,这两者之间并无直接的关系,也不一致,如何协调组织目标与个人目标的差异是主管人另一重要的任务。

②协作的意愿。协作意愿是指组织成员对组织目标做出贡献的意愿。巴纳德认为,当一个决定涉及是否参与组织的活动时,首先要将自己对组织可能作出的贡献和从组织那里可能取得的诱因进行比较。只有当诱因大于贡献时,个人才会产生协作意愿。作为组织,要在条件许可的情况下,针对不同的人增大诱因,给职工的需求以更大的满足,从而激发他们为组织做出贡献的意愿。

③良好的沟通。组织的共同目标和个人的协作意愿,只有通过意见交流将两者联系和统一起来才具有意义和效果。

(3)组织效力与组织效率原则

所谓组织效力,是指组织实现其目标的能力或实现其目标的程度。一个组织协作有效,它的组织目标就能实现,这个组织就是有效力的。若一个组织无法实现其目标,这个组织就是无效力的,组织本身也必然瓦解。因此,组织具有较高的效力是组织存在的必要前提。

所谓组织效率,是指组织在实现其目标的过程中满足其成员个人目标的能力和程度。一个组织若不能满足其成员的个人目标,就不可能使其成员具有协作意愿和做出实现组织目标所必需的贡献,他们就会不支持或退出该组织,从而使组织的目标无法实现,进而使组织瓦解。所以,组织效率就是组织的生存能力。一个组织要实现其目标,必须提供充分诱因满足组织成员的个人目标。

(4)权威接受论

巴纳德认为,管理者的权威并不是来自上级的授予,而是来自由下而上的认可。他在《经理的职能》一书中写道:“如果经理人员发出的一个指示性的沟通交往信息为被通知人所接受,那对他来说,这个权力就是被遵从或成立了。于是,它就被作为行动的依据。如果被通知人不接受这种沟通交往信息,那就是拒绝了这种权力。按照这种说法,一项命令是否具有权威,决定于命令的接受者,而不在于命令的发布者。”因此,他认为,单凭职权发号是不足取的,更重要的是取得下级的同意、支持和合作。

四、现代管理理论

第二次世界大战以后,西方发达国家的经济规模不断扩大,涌现出大批的跨国公司。经济组织中的竞争,尤其是国际市场竞争更加激烈,原来的经营管理理论和方法已不能完全适应新的形势,因而又出现了许多新的管理学派,并且这些学派在历史渊源和内容上又相互影响、盘根错节,呈现出管理学派林立的局面。为此,1961年,美国著名管理学家孔茨在美国《管理杂志》上发表文章,把当时的各种管理理论划分为六个主要学派,并称为"管理理论的丛林"。至1980年,孔茨又认为,这一"丛林"又枝叶繁生,至少可以划分为十个学派。其中影响较大的主要有以下几个学派:

(一)管理过程学派

管理过程学派是在法约尔理论的基础上发展起来的,其代表人物包括孔茨、奥唐奈、里奇,由孔茨和奥唐奈合著的《管理学》是第二次世界大战后这一学派的代表作。

孔茨是管理过程学派的集大成者,他继承了法约尔的理论,并把法约尔的理论更加系统化、条理化,使管理过程学派成为管理各学派中最具有影响力的学派。

这个学派的基本观点是:

(1)管理是一个过程,即让别人同自己去实现既定目标的过程;

(2)管理过程的职能有计划、组织、人事、领导和控制五项,而协调是管理的本质;

(3)管理职能具有普遍性,即各级管理人员都执行管理职能,但侧重点则因管理级别的不同而异;

(4)管理应具有隶属,要因地制宜、灵活应用。

(二)行为科学学派

行为科学学派是在梅奥的人际关系学说的基础上发展起来的,该学派的代表人物很多,如美国的马斯洛(代表作是《激励与个人》)、赫茨伯格(代表作是《工作的推动力》)等。

该学派的主要特点是:

(1)从单纯强调感情的因素、提倡搞好人与人之间的关系转向探索人类行为的规律,提倡要善于用人、进行人力资源的开发;

(2)强调个人目标和组织目标的一致性。认为调动积极性必须从个人因素和组织因素两方面着手,使组织目标包含更多的个人目标,不仅改进工作的外部条件,更重要的是要改进工作设计,通过工作本身来满足人的需要。

(3)认为传统的组织结构和关系容易造成紧张气氛,对组织各层职工均有不利影响。主张在企业中恢复人的尊严,实行民主参与管理。改变上、下级的关系,由命令—服从变为支持—帮助,由监督变为引导,实行职工的自主自治。

(三)决策理论学派

决策理论学派是从社会系统学派发展而来的,其代表人物是美国卡内基—梅隆大学的赫伯特·西蒙教授,其代表作是《管理决策新科学》。西蒙由于在决策理论方面的贡献,曾荣获1978年的诺贝尔经济学奖。

该学派认为管理的关键在于决策,因此,管理必须采用一套制定决策的科学方法。决策理论的主要论点有:

(1)管理就是决策。管理活动的全部过程都是决策过程,管理是以决策为特征的;决策是管理人员的主要任务,管理人员应该集中精力研究决策问题。

(2)决策是一个复杂的过程。决策不是瞬间即能完成的一种活动,它至少应该分成四个阶段,即提出制定决策的理由、尽可能找出所有可能的行动方案、在诸行动方案中进行抉择进而选出最满意的方案、对方案进行评价。

(3)程序化决策和非程序化决策。西蒙根据决策的性质把决策分为程序化决策和非程序化决策。程序化决策是指反复出现和例行的决策;非程序化决策是指那种从未出现过的,或者其确切的性质和结构还不很清楚或相当复杂的决策。

(4)决策的准则由“最优化”准则转变为“令人满意”准则。

(5)组织设计的任务就是建立一种制定决策的人—机系统。

(四)系统管理学派

系统管理学派是弗理蒙特·E. 卡斯特(F. E. Kast)、J. E. 罗森茨威克(J. E. Rosenzweig)和 R. A. 约翰逊(R. A. Johnson)等美国管理学家在一般系统论的基础上建立起来的。弗理蒙特·卡斯特是美国华盛顿大学的教授,他于 1963 年与约翰逊和罗森茨威克合写了《系统理论和管理》,1970 年又与罗森茨威克合写了《组织与管理—— 一种系统学说》。这两本书比较全面地论述了系统管理理论。

该学派重视对组织结构和模式的分析,应用系统理论的范畴、原理,全面分析和研究企业和其他组织的管理活动和管理过程,并建立起系统模型以便分析。该学派的主要观点是:

(1)组织是由许多子系统组成的。组织作为一个开放的社会技术系统,是由五个不同的分系统构成的整体,这五个分系统是目标与价值分系统、技术分系统、社会心理分系统、组织结构分系统、管理分系统。这五个分系统之间既相互独立,又相互作用,不可分割,从而构成一个整体。这些系统还可以继续分为更小的子系统。

(2)企业是由人、物资、机器和其他资源在一定的目标下组成的一体化系统,它的成长和发展同时受到这些组成要素的影响,在这些要素的相互关系中,人是主体,其他要素则是被动的。管理人员需力求保持各部分之间的动态平衡、相对稳定、一定的连续性,以便适应情况的变化,达到预期目标。同时,企业不是社会这个大系统中的一个子系统,企业预定目标的实现,不仅取决于企业内部条件,还取决于企业外部条件,如资源、市场、社会技术水平、法律制度等,它只有在与外部条件的相互影响中才能达到动态平衡。

(3)如果动用系统观点来考察管理的基本职能,可以把企业看成一个投入—产出系统,投入的是物资、劳动力和各种信息,产出的是各种产品或服务。

(五)权变理论学派

权变理论学派的代表人物是英国的伍德沃德(代表作是《工业组织:理论和实践》)、美国学者 F. 卢桑斯(F. Luthans)。

权变理论学派的主要论点有:

(1)组织成员的行为和环境的复杂性与不断变化,决定了没有任何一种理论和方法适用于所有情况,因此,管理没有绝对正确的方法,采用何种理论和方法,要视组织的实际情况而定,即所谓“权宜应变”。

(2)依据大量的调查研究,把组织的情况进行分类,建立模式,据此选择适当的管理方法。建立模式时应考虑以下因素:组织规模、工艺技术的模糊性和复杂性、管理者位置的高低、管理者的位置权力、下级个人之间的差别、环境的不确定程度等。这些因素被称为情境因素或者权变因素。

(3)采取 IF-THEN 的思维方式。即要分析清楚具体的情境模式,情境模式确定了,那么相应的管理方法也就确定了。

具体而言,古典理论的模式为:“假如 X,那么 Y”;权变理论的模式为:“假如 X,那么 Y,但只有在 Z 的情况下”(其中,Z 为环境变量)。

(六)管理科学学派

所谓管理科学学派,又称管理中的数量学派、运筹学派,是泰勒科学管理理论的继续和发展。其代表人物是美国的E. S. 伯法(E. S. Buffa)等。他们自称"管理科学家"。

管理科学学派认为,管理就是制定和运用数学模型与程序的系统,就是用数学符号和公式来表示计划、组织、控制、决策等合乎逻辑的程序,求出最优的解答,以达到企业的目标。

管理科学学派解决问题的七个步骤是:观察和分析、确定问题、建立一个代表所研究系统的模型、从模型中得出解决方案、对模型和得出的解决方案进行验证、建立对解决方案的控制、把解决方案付诸实施。以上七个步骤相互联系、相互影响。

该学派有以下三个优点:

第一,使复杂的、大型的问题有可能分解为较小的部分,更便于诊断、处理;

第二,制作与分析模式必须重视细节并遵循逻辑程序,这样就把决策置于系统研究的基础上,增进决策的科学性;

第三,有助于管理人员做不同的可能选择,如果各种方案包含的风险与机会明确,便更有可能做出正确的选择。

(七)经验主义学派

经验主义学派又称经理主义学派,以向大企业的经理提供当代管理企业的经验和科学方法为目标。主要代表人物是彼得·德鲁克(主要作品有《管理实践》《管理——任务、责任、实践》等);另一个代表人物是欧内斯特·戴尔(代表作是《伟大的组织者》)。

经验主义学派认为管理学就是研究管理经验,认为通过对管理人员在个别情况下成功的和失败的经验教训的研究,会使人们懂得在将来相应的情况下如何运用有效的方法解决管理问题。因此,这个学派的管理学家把对管理理论的研究放在对实际管理工作者的管理经验教训的研究上,强调从企业管理的实际经验而不是从一般原理出发来进行研究,强调用比较的方法来研究和概括管理经验。

经验主义学派的主要观点是:

(1)管理应侧重于实际应用,而不是纯粹理论的研究。管理学如同医学、法律学和工程学一样,是一种应用学科,而不是纯知识的学科。

(2)实行目标管理的管理方法。目标管理结合以工作为中心和以人为中心的管理方法,使职工发现工作的兴趣和价值,从工作中满足其自我实现的需要,同时,企业的目标也因职工的自我实现而实现,这样就把工作和人性统一起来了。

(3)管理者的任务是了解本机构的特殊目的和使命;使工作富有活力并使职工有成就;处理本机构对社会的影响和相对社会的责任。

第五节 管理创新

一、企业创新概述

(一)企业创新的概念

企业创新是一个比较古老而又恒久的话题。适者生存、优胜劣汰是企业面对的严酷现实。因循守旧、抱残守缺,必然导致企业失去活力。长此以往,势必因不能适应变化的市场需要而在竞争中处于不利地位,逐渐衰败下去以致破产倒闭。

20世纪50年代以来，随着科学技术的飞速发展，市场需求瞬息万变，社会关系日益复杂，管理者每天都会遇到新情况、新问题，创新被提到了前所未有的地位。

所谓企业创新，是指企业在生产经营过程中，将各种资源进行新的、更有效的融合，以达到目标。创新的实质是形成一种创造性思想并转换为有用的新产品、新服务、新方法的过程。这一概念是著名经济学家约瑟夫·A. 熊彼特(Joseph A. Schumpeter)在1912年出版的著作《经济发展理论》中首先提出的。

(二)创新的手段

熊彼特认为，创新是企业获取超额利润的手段，是经济增长的重要根源。他认为，创新包括五种情况：

(1)引入一种新产品或提供一种产品的新技术；

(2)采用一种新的生产方法；

(3)开辟一个新市场；

(4)获得一种原料或半成品的新供给来源；

(5)实行一种新的企业组织形式。

(三)创新的原则

彼得·德鲁克在分析创新时，提出了六项创新原则。这六项原则是：

(1)分析创新机会的各种来源。这是有目的、有计划的创新的开始。

(2)走出去观察、询问和倾听、研究潜在用户的期望、价值观念和需求。

(3)有效的创新必须简单集中，只做一件事。

(4)有效的创新开始时要小，只做一件具体的事。

(5)创新一开始就以充当领导者作为目标，争取成为标准的设计者并决定新技术和新产业部门的方向。

(6)创新需要才干、机智和知识，但是更需要努力和专心致志地工作。

(四)管理创新

管理创新，是指创造一种新的、更有效的资源整合模式，它既可以是新的有效整合资源以达到企业目标和责任的全过程式管理，也可以是新的具体资源整合及目标制定等方面的细节管理。

管理创新具体包括下列几种情况：

(1)提出一种新的经营思路并有效实施；

(2)创设一个新的组织机构并使之有效运转；

(3)提出一个新的管理方法；

(4)设计一种新的管理模式；

(5)进行一项制度的创新。

二、管理创新领域

(一)企业战略管理

企业战略产生于20世纪六七十年代的美国，完善于80年代，是有关企业长远和全局发展的谋划和策略。

1965年，安索夫(Ansoff)的《公司战略》一书的问世，开了战略管理的先河。1975年，安索夫的《从战略规划到战略管理》一书的出版，则标志着现代战略管理理论体系的形成。该书将战略管理明确解释为："企业高层管理者为保证企业的持续生存和发展，通过对企业外部环境与内部条件的分析，对企业全部经营活动所进行的根本性和长远性的规划与指导。"安索夫认为，战略管理与以往经营管理不同之处在于面向未来，动态、连续地完成从决策对实现的过程。

迈克尔·E. 波特（Michael E. Porter）的《竞争战略》（1980）和《竞争优势》（1985）两本书的出版，将战略管理的理论推向了高峰。书中许多思想被视为战略管理理论的经典，如五种竞争力、三种基本战略、价值链分析等。通过对产业演进的说明和各种基本产业环境的分析，得出不同的战略决策。这一套理论与思想在全球范围内产生了深远的影响。

（二）企业文化

企业文化是现代管理理论与文化理论相结合的产物，也是现代管理实践的产物。它的实践始于日本，理论起源于美国。自 20 世纪 50 年代开始，日本经济迅速发展，特别是 70 年代，日本许多大企业纷纷抢滩美国，对美国的制造业等带来巨大冲击。日本企业的成功引起了美国企业界和管理学界的注意，20 世纪 70 年代末 80 年代初，许多美国公司去日本学习，管理学家也在分析、比较美日管理的基础上，发现日本企业不但重视管理方面的硬技术，更重视管理的软件，重视建立企业文化。因此，企业文化就成为 80 年代企业管理研究的重点。培育企业文化成为许多成功企业的经营之道。

《Z 理论》的作者威廉·大内认为：一个公司的文化由其传统和风气所构成。公司文化包括一整套象征、仪式和神话，它们把公司价值观和信念传输给雇员们。这些仪式给那些原来就稀少而又抽象的概念添上血肉，赋予它们生命。

《公司文化》的作者迪尔和肯尼迪则指出：公司文化由价值观、神话、英雄和象征凝聚而成，这些价值观、神话、英雄和象征对公司的员工具有重大的意义。

《追求卓越》的作者托马斯·彼得斯和小罗伯特·沃特曼认为：成绩卓越的公司能够创造一种内容丰富、道德高尚而且为大众接受的文化准则，一种紧密相连的环境结构，使员工们情绪饱满，互相适应和协调一致。一个伟大的组织能够长久生存下来，最主要的条件并非结构形式或管理技能，而是我们称之为信念的那种精神力量，以及这种信念对于组织的全体成员所具有的感召力。公司文化包含为数不多的几个基本原则，这些原则是算数的，必须严肃对待，它们代表着公司存在的意义。

（三）企业再造

20 世纪 80 年代，随着人们受教育水平的日益提高以及信息技术越来越多地应用于企业管理，30 年代至 40 年代形成的企业组织愈来愈不能适应新的、竞争日益激烈的环境，管理学界提出要在企业管理的制度、流程、组织、文化等方面进行创新。美国企业从 80 年代开始了大规模的"企业再造革命"，日本企业也于 90 年代开始进行所谓的"管理革命"。十几年间，企业管理经历着前所未有的、类似脱胎换骨的变革。

企业再造理论的最终构架是由迈克尔·哈默（Michael Hammer）博士与詹姆斯·钱皮（James Champy）共同完成的。他们在其合著的《再造企业——企业革命的宣言书》（1993）一书中对企业再造进行了精辟的论述。两位作者把这次管理革命的矛头直接指向亚当·斯密的分工理论，并取分工理论直接起作用的领域——业务流程作为革命的突破口。他们指出：现代企业普遍存在着"大企业病"，而对日新月异的变化与激烈的竞争，要提高企业的运营状况与效率，迫切需要"脱胎换骨"式的革命，只有这样才能回应生存与发展的挑战；企业再造的首要任务是业务流程重组（Business Process Reengineering，BPR），它是企业重新获得竞争优势与生存活力的有效途径；BPR 的实施又需要两大基础，即现代信息技术与高素质的人才。

以 BPR 为起点的"企业再造"为企业带来一场革命性的变革。由于哈默为再造工程所作出的理论贡献，他被美国《商业周刊》评为 20 世纪 90 年代最具影响力的"四大管理宗师"之一。

（四）学习型组织

20 世纪 80 年代以来，随着信息革命、知识经济时代进程的加快，企业面临着前所未有的竞争环境的变化，传统的组织模式和管理理念已越来越不适应环境。因此，研究企业组织如何适应新的知识经济环境、增强自身的竞争能力、延长组织寿命，成为世界企业界和理论界关注的焦点。

1990 年，美国管理学家彼得·圣吉(Peter Senge)的《第五项修炼——学习型组织的艺术与实务》一书出版，该书的主要内容旨在说明：企业唯一持久的竞争优势源于比竞争对手学得更快、更好的能力，学习型组织是人们从工作中获得生命意义、实现共同愿景和获取竞争优势的组织蓝图；要想建立学习型组织，系统思考是必不可少的。该书出版不久，即在全球范围内引起了轰动，并于 1992 年荣获世界企业管理协会最高荣誉奖——开拓奖，作者本人也被评为 90 年代的"管理宗师"。

在阿里·德赫斯(Arie de Geus)所著的《长寿公司》一书中，通过考察 40 家国际长寿公司，得出结论——"成功的公司是能够有效学习的公司"。在他看来，知识是未来的资本，只有学习才能为不断的变革做好准备。

在鲍勃·奥伯莱(Rob Aubrey)与保罗·科恩(Paul Cohen)合著的《管理的智慧》一书中，描述了管理者在学习型组织中角色的变化——他们不仅要学会管理学习的技巧，也要使自己扮演学习的领导者、师傅和教师的多重角色。

学习型组织，是指通过培养弥漫于整个组织的学习气氛、充分发挥员工的创造性思维能力而建立起来的一种有机的、高度柔性的、扁平的、符合人性的、能持续发展的组织。这种组织具有持续学习的能力，具有高于个人绩效总和的综合绩效。

学习型组织应包括五项要素：

(1)建立共同愿景。愿景可以凝聚公司上下的意志力，通过组织共识，大家努力的方向一致，个人也乐于奉献，为组织目标奋斗。

(2)团队学习。团队智慧应大于个人智慧的平均值，以做出正确的组织决策，通过集体思考和分析找出个人弱点，强化团队向心力。

(3)改变心智模式。组织的障碍多来自个人的旧思维，如固执己见、本位主义，唯有通过团队学习和标杆学习，才能改变心智模式，有所创新。

(4)自我超越。个人有意愿投入工作，专精工作技巧，个人与愿景之间的"创造性的张力"正是自我超越的来源。

(5)系统思考。应通过资讯搜集掌握事件的全貌，以避免"只见树木不见森林"的误区；培养综观全局的思考能力，看清问题的本质，以便了解因果关系。

（五）虚拟组织

1990 年于《哈佛商业评论》第 6 期发表的《公司核心能力》一文，建议公司将经营的焦点放在不易被抄袭的核心能力上，由此引发了后来的"虚拟组织"热潮。

1994 年出版的由戈德曼(Glodman)、内格尔(Nagell)和普瑞斯(Preiss)合著的《灵捷竞争者与虚拟组织》是反映虚拟组织理论与实践的代表性著作。

虚拟组织与传统的实体组织不同，它是围绕核心能力，利用计算机信息技术、网络技术及通信技术与全球企业进行互补、互利的合作，合作目的达到后，合作关系随即解散。这种形式能够快速获取处于全球各处的资源为我所用，缩短从“观念到现金流”的周期。

不仅如此，灵活的“虚拟组织”可避免环境的剧烈变动给组织带来的冲击。

【思考与练习】

1. 谈谈你对管理的认识，为什么说管理既有科学性又有艺术性？
2. 管理者的素质和技能有哪些？
3. 阐述一下泰勒的科学管理理论的主要内容。
4. 为什么说梅奥的人际关系学说开辟了管理和管理理论的一个新领域？

【实训操作】

◎ 实训目标

使学生结合实际，增强对现代管理思想与理论的感性认识，培养对企业管理措施中所体现的管理思想和理论的分析能力。

◎ 实训组织

1. 每4～5位同学分为一个小组。

2. 每个小组在实际企业中，或网络、报纸、杂志中，搜集一个或几个有关管理的案例或资料(最好比较简短)。

3. 每个小组均应用本章所学知识，对案例或资料中体现的管理思想和管理理论进行分析，并写出一份1 000字左右的简要报告。

4. 在班级组织一次关于管理创新的讨论会。每个小组推选一名代表上前发言，阐述本组报告内容，小组内其他同学做补充。

5. 每小组发言完毕后，其他小组的同学可自由发问，由汇报小组解答。

6. 由老师和其他各小组分别对汇报小组作出评价。

◎ 实训评价

按老师评价与学生评价各占50％的比例加权，确定各小组成绩。

第三章

组织管理与企业文化

【学习指导】

通过本章的学习，了解组织结构的含义与作用、组织结构的几种基本类型；了解组织文化的作用，掌握组织文化的塑造方法；了解组织变革的原因和步骤；掌握组织结构设计的基本程序、方法和形式；理解什么是学习型组织、企业再造和创新理念。

【导入案例】　　滴滴与优步中国合并的同股不同权

滴滴出行 CEO 程维在 2016 年 8 月 8 号下午给优步中国的员工发了一封名为“One Team，One Dream”的内部邮件。程维希望优步中国独立运营、自负盈亏，未来要提升用户体验和效率，带来业务增长，这为公司未来的股权结构调整和业务发展定了基调。

先看滴滴当时合并优步中国的股权结构：

优步中国与滴滴以 1∶4 的作价合并成立新滴滴，滴滴中国的所有股东将拥有新滴滴 20%的股权，其中优步全球占其中的 17.7%，在过去融资过程中进入的百度等其他投资人股东总计占 2.3%。这是典型的同股不同权设计，像京东、阿里巴巴、脸书等，都是 AB 股或者优先股的设计。优步全球虽然持有 17.7%股份，成为新滴滴的第一大股东，却仅拥有 5.8%的投票权，即同股不同权。而优步在中国另外 2.3%的投资人股东应该是同股同权。为完善治理结构、确保董事会席位，滴滴出行程维将加入优步全球董事会，优步的特拉维斯·卡拉尼克(Travis Kalanick)也将加入滴滴出行董事会，这是双赢的局面。

(资料来源：http://www.jiemian.com/article/793935.html)

讨论：

企业在发展过程中，在遭遇并购或者合并时，企业组织结构也将发生变化，如何有效进行组织结构的调整，以满足股东或者企业运营的需要呢？

第一节 组织结构设计

一、组织的含义

组织工作是管理的四大职能之一，其实质就是研究如何合理、有效地进行分工。计划工作确定组织的具体目标，并对实现目标的途径进行大致的安排之后，为了使人们能更加有效地工作，还必须设计和维持一种组织结构，包括组织机构、职务系统和相互关系。也就是说，组织工作要把未达到组织目标而必须从事的各项工作或活动进行分类组合，划分若干部门，根据管理幅度的要求划分出若干层次，把每一类工作或活动所必需的职权授予各层次、各部门的主管人员，并规定上下左右的协调关系。此外，还需根据组织内外诸要素的变化，不断地对组织结构进行调整和变革。

(一)组织的一般含义

一般意义上的组织，泛指各种各样的集合，如企业、学校、机关、医院等，它们是为了一定的目标，通过分工与合作所构成的人的集合。巴纳德认为，由于生理、心理、物质、社会等方面的限制，人为了达到个人的目标或共同的目标，就必须合作，这样就形成群体、形成组织。他说：组织是“两人以上有意识的协调和活动的合作系统”。

根据巴纳德的观点，所有正式组织不论其级别和规模差别多大，均包含共同的目标、协作的愿望和信息沟通三个基本要素，组织的产生和发展只有通过这三个基本要素的结合才能实现。

1. 共同目标

这是针对每个组织成员而言的，是协作愿望的必要前提。没有目标就没有协作，同时也无法了解和预测组织对个人的要求和它的决策内容。企业组织的目标一般包括收益目标、稳定发展目标等。组织成员个人的行动与决策要与这些目标统一起来，就必须注意以下四个方面的问题：

(1)组织目标不仅要得到各组织成员的理解，而且必须为各个成员所接受。

(2)各个成员在理解目标时，协作性的理解和主观性的理解会发生矛盾。协作性理解是指组织成员脱离个人立场从组织的整体利益出发客观地理解组织目标；主观性理解是指以个人的主观想法来理解组织目标。当组织目标单一而具体时，二者发生矛盾的机会较少；当组织目标复杂而抽象时，二者就时常发生矛盾。管理者应当努力克服这一矛盾，让组织成员感到确实存在一个共同的目标。

(3)每个组织成员都具有组织人格和个人人格两个方面，因而必须对组织目标和成员个人目标加以区别。成员的组织人格是指个人为了实现组织的共同目标而采取合理的行动；个人人格是指为了满足个人目的而采取合理的行动。组织目标是外在的、非个体的客观目标，个人目标则是内在的、个体的主观目标。个人之所以对组织目标做出贡献，并非组织目标就是他的个人目标，而是他觉得有利于实现其个人目标。管理者应努力克服组织目标与个人目标的背离，正确处理好个人利益与集体利益的关系。

(4)组织为了适应环境的变化、求得生存和发展，必须经常改变目标。

2. 协作愿望

这是指个人为组织目标贡献力量的愿望。这种愿望能使每一个人的力量凝聚为一个整体力量，这对组织而言是不可缺少的一项要素。若是没有协作愿望，就不可能有持久的个人努力。但这种愿望也意味着个人行为控制权的转让与失去个体化。因此，巴纳德认为有两方面的问题值得我们注意：

(1)协作愿望的强度随着个人的不同有很大的差别，有的很强，有的很弱；有的消极，还有的持反对意见。

(2)个人协作愿望的强弱是经常变化的，组织中协作愿望强或弱的人数也在变化，并不是固定不变的。组织可以通过向成员提供各种奖酬刺激和说服教育两种措施来加强成员的协作愿望。

3. 信息沟通

信息沟通是将共同目标与协作愿望联系起来，使之成为一个有机整体的动态过程，它是一切活动的基础。通过信息沟通，使成员了解组织目标，产生协作愿望，采取合理行动。组织中的信息沟通必须依据以下原则进行：

(1)要使组织成员明了信息沟通的渠道，并使之习惯化、固定化，更多地强调职位而较少强调个人；

(2)每一个成员必须与组织有明确的正式沟通渠道；

(3)信息沟通的路线必须尽可能地直接或短捷；

(4)必须经常运用完整的信息沟通路线，以免发生矛盾和误解；

(5)作为信息沟通中心的各级管理人员必须称职，要具有综合能力；

(6)当组织在执行职能时，信息沟通的路线不能中断；

(7)每一个信息沟通都必须具有权威性，提高高级职位的权威性是提高组织信息沟通有效性的一个重要手段。

(二)组织的管理学含义

组织的管理学含义有静态与动态之分，其静态意义是指一个组织体系，一种组织结构；其动态意义是指一种组织活动。我们把组织作为管理的一项重要职能是从其动态意义上去理解的，其主要内容是：

(1)根据组织目标，在任务分工的基础上设置组织部门；

(2)根据各部门的任务性质和管理要求，确定各部门的工作标准、职权、职责；

(3)制定各部门之间的关系、联系方式和规范等。

二、组织结构设计的含义和内容

组织结构是组织内的全体成员为实现组织目标，在管理工作中进行分工协作，通过职务、职责、职权及相互关系构成的结构体系。组织结构的本质是组织成员间的分工协作关系。组织结构的内涵是人们的职、责、权的关系，因此也可以将组织结构称为权责结构。

(一)组织结构的内容

1. 职能结构

即完成组织目标所需的各项业务及其比例和关系，如一个企业有经营、生产、技术、后勤、管理等不同的业务职能，企业各项工作任务都为实现企业的总体目标服务，但各部分的权责关系又不相同，这是我们组织结构设计的首要任务。

2. 层次结构

即管理层次的构成，又称组织的纵向结构。如公司机构的纵向层次从上到下可以分为股东大会、董事会、总经理、各职能部门、基层部门、班组等，这样就形成了一个组织完整的纵向结构。企业可以根据自身的规模、选择的企业类型等因素来确定组织的层次结构。

3. 部门结构

即各管理部门和业务部门的构成，也称组织的横向结构。如企业可以根据自身的规模和类型有选择地设置财务部、人事部、营销部、研发部、生产部等。

4. 职权结构

即各职能层次、各部门在权力和责任方面的分工，各职能层次、部门之间的协作关系、监督与被监督的关系。例如，公司中的股东大会是全体股东组成的公司最高权力机关，董事会是股东会选举产生的、行使公司经营管理权的执行机关，经理是公司的辅助业务执行机关和日常管理工作的负责人，监事会是对公司生产经营业务活动进行监督和检查的常设机构。

组织结构设计处于组织工作的中心环节。组织结构设计就是把为实现组织目标而需完成的各项工作划分为若干性质不同的业务工作，然后把这些工作组合成若干部门，并确定各部门的职责和职权。组织结构设计的结果体现在组织守则上。组织守则包括组织系统图和职位说明书，表示各部门、各职位的职责与职权，以及各部门、主要职责之间的相互关系。

（二）管理幅度与管理层次

组织结构设计很大程度上其实是对管理幅度的确定和管理层次的划分，这二者决定了组织的基本形态。

1. 管理幅度与管理层次的关系

(1)管理幅度

组织的最高主管因受到时间和精力的限制，需委托一定数量的人分担其管理工作。委托的结果是减少了他必须直接从事的业务工作量，但增加了他协调受托人之间关系的工作量。因此，任何主管能够直接、有效地指挥和监督下属的数量是有限的。这个有限的直接领导的下属数量就是管理幅度。

(2)管理层次

由于同样的原因，最高主管的受托人也需要将受托担任的部分管理工作再委托给另一些人来协助执行，并以此类推，直至受托人能直接安排和协调组织成员的具体业务活动。由此形成组织中最高主管到具体工作人员之间的不同层次，即管理层次。

(3)管理幅度与管理层次之间的关系

一个组织管理层次的多少受到组织规模和管理幅度的影响。在管理幅度给定的条件下，管理层次与组织的规模大小成正比：组织规模越大，包括的成员越多，管理层次也就越多。在组织的规模既定的条件下，管理层次与管理幅度成反比：每个主管能直接控制的下属的人数越多，所属的管理层次就越少；相反，管理幅度减小，则管理层次增加。其中，起主导作用的是管理幅度，即管理幅度决定管理层次，这是由管理幅度的有限性决定的。同时，管理层次也对管理幅度起着一定的制约作用，这是因为管理层次具有较高的稳定性，这就要求管理幅度在一定程度上要服从既定的管理层次。

2. 管理幅度的确定

由于有效管理幅度是决定组织层次的基本因素，因此，确定合理的管理幅度是进行组织设计时的关键步骤。管理幅度可以用数据表示，但是不同组织这个数字都不一样，即使同一组织的不同部门这个数字也会有很大差异。那么这个数字怎么确定？我们可以从以下方面考虑：

(1)工作能力

若主管人员的综合能力、理解能力和表达能力强，则可以迅速把握问题的关键，就下属的请示提出恰当的指导建议，并使下属明确理解，缩短与每一位下属在接触中占用的时间。同样，若下属具备符合要求的能力，受过良好的系统培训，则可以在很多问题上根据符合组织要求的自己的想法去解决，从而减少向上级请示、占用上级时间的频率。这样的情况下，管理幅度可以适当放宽。

(2)工作的内容和性质

①主管所处的层次。主管的工作在于决策和用人，而处在系统的不同层次，决策和用人的比重各不相同。越是接近组织的高层，主管人员的决策职能就越重要，用于指导和协调下属的时间就越少，所以其管理幅度较之中层和基层的管理人员都要小。

②下属工作的相似性。下属从事的工作内容和性质相近，则对每个人的指导和建议也大体相同，这样同一主管对较多下属指挥和监督时不会有什么问题，管理幅度也要大一些。

③计划的完善程度。下属如果单纯地执行计划，而且计划本身制定得比较完善和详尽，计划对员工要求明确，那么，主管花费在对下属指挥上的时间就少；相反，下属如果不仅要执行计划，而且还要将计划进一步分解，或者计划本身就不完善，那么，对下属指导、解释的工作量就会大大增加，相应减少了管理幅度。

④非管理事务的多少。主管作为不同层次的代表，往往必须占用一定的时间去进行一些非管理事务，这些对管理幅度也会产生消极的影响。

(3)工作条件

①助手的配备情况。如果有关下属的所有问题不分轻重都由主管亲自处理，那么必定花费主管大量的时间，他直接领导下属的数量也势必减少。但是如果给领导配备助手，由助手跟下属进行一般联络，处理一些次要的问题，则可以大大减少主管的工作量，增加主管的管理幅度。

②信息手段的运用。利用先进的技术去搜集、处理、传输信息，不仅可以帮助主管更早、更全面地了解下属的工作情况，从而及时地提出忠告和建议，而且可以使下属更多地了解与自己工作有关的信息，从而更加自如、自主地处理分内的事务，这显然可以扩大主管的管理幅度。

③工作地点的相似性。不同的下属在地理位置上的分散会增加下属与主管以及下属之间的沟通困难，从而影响主管直属部下的数量。

(4)工作环境

组织环境稳定与否，会在很大程度上影响组织活动的内容和政策调整的频率与幅度。环境变化越快、变化程度越大，组织遇到的问题就越多，下属向上级请示就越经常和越必要；同时，上级因为要花更多的时间在关注环境变化的问题上，对下属的指导工作的时间和精力也就越少。因此，环境越不稳定，各层次主管人员的管理幅度就越受限制。

三、组织设计的程序

设计组织的结构是执行组织职能的基础工作，组织设计的任务是提供组织结构系统图和编制职务说明书。组织设计主要是针对三种情况：一是新建组织需进行组织结构设计，二是原有组织结构出现较大问题或组织目标发生变化，三是组织结构需要完善和调整。在三种不同的情况下，组织结构设计的基本程序都是一致的，一般包括以下三个步骤：

(一)职务设计与分析

组织系统图是自上而下绘制的，我们在研究现有组织的改进时，也往往自上而下重新划分各个部门的职责。但是，如果我们要设计一个全新的组织结构，却需要从最基层开始，是自下而上的。

职务的设计与分析是组织设计的最基础的工作，职务设计是在目标活动逐步分解的基础上，设计和确定组织内从事具体管理工作所需的职务类别与数量，分析担任每个职务的人员应负的责任、应具有的素质要求。

（二）部门划分

根据各个职务所从事的工作内容的性质以及职务间的相互关系，依照一定的原则，可以将各个职务组合成被称为"部门"的管理单位。组织活动的特点、环境和条件不同，划分部门所依据的标志也可能会不断调整。

（三）结构的形成

职务设计和部门划分是根据工作要求来进行的。在此基础上，还要根据组织内外能够获得的现有人力资源，对初步设计的部门和职务进行调整，并平衡各部门、各职务的工作，以使组织结构合理。如果再次分析的结果证明初步设计是合理的，那么剩下的任务便是根据各自工作的性质和内容规定各管理机构之间的职责、权限以及义务关系，使各管理部门和职务形成一个严密的网络。

四、组织设计的原则

现代的管理者通过对组织所处环境、采用的技术、制定的战略、发展的规模等方面进行大量的理论研究和实践探索，总结出了组织设计的五条基本原则：

（一）目标至上、职能领先原则

组织结构只是实现组织目标的手段，组织机构只是落实组织机能或职能的工具。因此，管理者在进行组织设计工作时，无论是决定选取何种形式的组织结构，还是决定配置哪些职位、部门和层次，都必须以服从并服务于组织目标实现为出发点。组织在一定时期内所要实现和开展的战略目标、核心职能，往往对组织结构的形式与构成起着决定性作用。对组织特定目标和职能的关注应该贯穿组织设计和变革工作全过程。

（二）管理幅度合理原则

所谓管理幅度，又称管理跨度或管理宽度，就是一个主管人员有效领导的直接下属的数量。一般来讲，任何主管人员能够直接、有效地指挥和监督的下属数量总是有限的。管理幅度过大，会造成指导监督不力，使组织陷入失控的状态；管理幅度过小，又会造成管理人员配备过多，管理效率降低。所以，保持合理的管理幅度是组织设计工作的一项重要原则。

（三）统一指挥原则

统一指挥指的是组织中的每个下属应当而且只能向一个上级主管直接汇报工作，就是我们俗话说的"一个人只能有一个婆婆"，以避免多头指挥。可以说，组织内部的分工越是细致、深入，统一指挥原则对于保证组织目标实现的作用就越重要。政出多门、命令不统一，一方面会使真正想做事的下属无所适从，另一方面也给了一些不想做事的下属以利用矛盾、逃避责任的机会。但是，这条重要的原则在组织实践中常遇到来自多方面的破坏，最常见的两种情况是多头指挥和越级指挥。

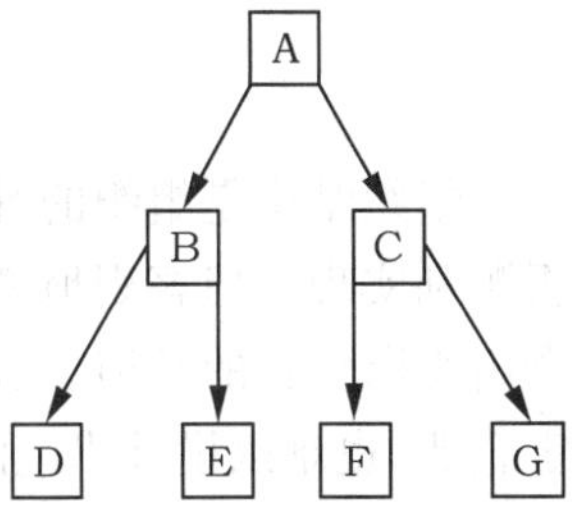

图 3.1　等级关系

1. 多头指挥

如图 3.1 所示，在正常情况下，D、E 只接受 B 领导，F、G 只接受C的领导，B、C不该闯入对方的领地。如果B指挥F或者是C指挥D，那么多头管理就出现了。F会因为B跟自己顶头上司C是相同层次的职务而服从这个命令。在实际工作中，经常会有这种情况出现，例如，营销部的主管有时也会安排生产部的员工做一些工作，生产部的主管也会给自己的下属分配工作，当这两项工作有冲突时，多头管理的弊端表现得更为明显。

2. 越级指挥

在正常情况下，A只能对其直接下属B、C直接下达命令，但是出于效率和速度的考虑，为了纠正某项错误或及时停止某些工作，A不通过B、C而直接向D、E或F、G下达命令。对于D、E或F、G而言，A是他们上司的上司，在通常情况下会积极执行。

这种行为经常反复就属于越级指挥，越级指挥常常是伴随多头管理同时出现。越级指挥所带来的危害是极大的，它不仅破坏了命令统一的原则，而且会引发越级请示的行为。长此以往，会造成中层干部在工作中的犹豫不决，增强他们的依赖性，使得中层干部也逃避责任，最终会导致中间管理层乃至整个行政管理系统的瘫痪。

为了防止上述现象的出现，在组织设计中要根据一个下级只能服从一个上级领导的原则，将各个管理职务形成一条连续的等级链，明确规定链中每个职务之间的责任、权利关系，严禁越级指挥或越权指挥；在指挥实践中，在管理的体制上，要实行各级行政首长负责制，减少甚至不设各级行政主管的副职，以防止副职篡权、越权，从而干扰本职工作，以保证统一命令原则的贯彻。

(四)权责对等原则

在进行组织设计时，既要明确每个部门或职务的职责范围，又要赋予其完成职责所必需的权利。使职权和职责保持一致是组织有效运行的前提，也是组织设计中必须遵循的基本原则。只有责任，没有职权或权限太小，会使工作者的积极性和主动性受到严重束缚；相反，只有职权而无责任，或者责任程度小于职权，则会导致组织中出现权力滥用和无人负责现象的并存局面。

(五)因事设职与因职设人相结合原则

组织中每个部门、每个职务都必须由一定的人员来完成规定的工作任务。组织设计必须确保实现组织目标活动的每项内容都能落实到具体的职位和部门，做到“事事有人做”，而不是“人人有事做”。这样，组织设计中自然就要求从工作的特点和需要出发，因事设职，因职用人。但这并不意味着组织设计可以忽视人的因素，忽视人的特点和人的能力，我们在设计组织结构时也要尽量兼顾组织内部现有人员的情况。组织设计必须保证有能力的人有机会去做他们真正胜任的工作的同时，使工作人员的能力在组织中获得不断的提高和发展。总而言之，要做到“人”与“事”的有机结合。

第二节　企业组织结构

组织结构是组织的“框架”，而“框架”是否合理、完善也在很大程度上决定了组织的目标能否顺利实现。但客观地说，设计一种适合各种组织的理想组织结构形式是非常困难的，因为每个组织所依托的环境、经营战略、技术要求和管理体制等都有各自的特点。即使是针对某一特定企业，也难以设计出能满足各种要求的组织结构形式，因为有许多要求实际上是相互矛盾的。比如，希望组织结构能适应迅速做出决策的要求，同时又要保证决策的高质量；既希望组织具有较强的创新和应变能力，又要保证相对稳定等。

实际上，组织结构也不是包治百病的灵丹妙药，也不能解决所有的组织问题。一个组织能否正常运转，除了要选择合理的组织形式以外，还取决于很多其他因素，如人员配备、工作激励、行为控制、组织文化等。组织结构的形式多种多样，以下主要介绍几种基本的形式。

一、直线制组织结构

这是最简单的组织结构，是一种集权式的组织结构形式，又称军队式组织结构。它的特点是组织中的职位按垂直系统直线排列，各级主管负责人行使统一指挥和管理职能，一般不设职能人员或只在上层组织配备少数职能人员协助主管人员工作。

由图 3.2 可见，这种组织结构设计简单、权责分明、信息沟通方便，便于统一指挥、集中管理。它的主要缺点是缺乏横向之间的协调关系，没有职能机构当领导的助手，容易产生忙乱现象。所以，一旦企业规模扩大、管理工作复杂化，领导者势必因经验、精力不够而顾此失彼，难以进行有效的管理。

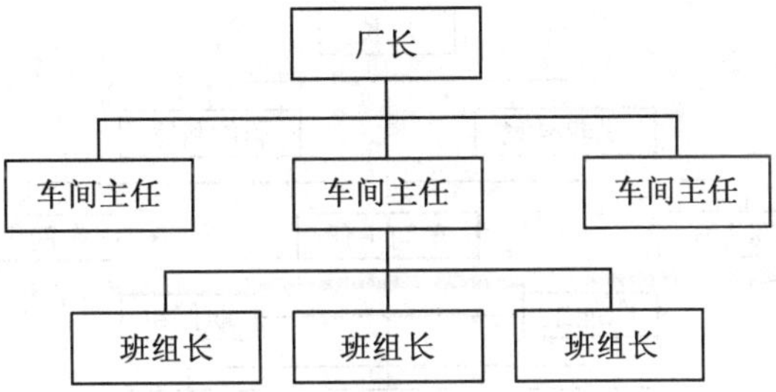

图 3.2　直线制组织结构

这种组织结构只有在企业规模不大、职工人数不多、生产和管理工作都比较简单的情况下才能适用。

二、职能制组织结构

职能制组织亦称 U 形组织，这种组织结构是指只设立若干职能机构或人员，各职能机构或人员在自己的业务范围内都有权向下级下达命令和指示，即各级负责人除了要服从上级直接领导的指挥以外，还是接受上级各职能机构或人员的领导。如图 3.3 所示。

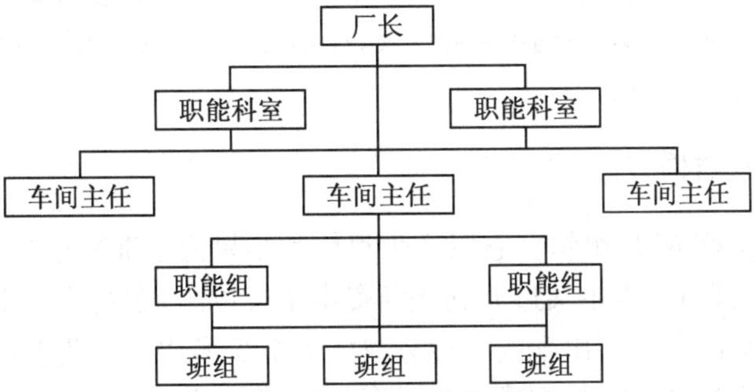

图 3.3　职能制组织结构

职能制组织设计的优点是：职能部门任务专门化，有利于发挥职能专长，这点对许多职能人员颇具激发力;可以降低费用,主要来自于各项职能的规模经济效益。职能型组织设计的主要不足是:多头管理妨碍组织的统一指挥,不利于明确划分职责与职权;各职能机构往往不能很好地配合,横向联系差;在科技发展迅速、经济联系日益复杂的情况下,对环境发展变化的适应性差;过于强调专业化,使得主管人员忽视本专业以外的知识,不利于培养上层管理者。这种组织结构是一种理想的模型,在现实的企业中应用得很少。

三、直线职能制组织结构

直线职能制组织结构是把直线制和职能制结合起来形成的。在直线职能制组织结构中,管理人员被分为两类:一类是对下级直接下达命令的直线指挥人员,另一类是为直线指挥人员提供建议和咨询、对下级进行业务指导的职能人员。这是一种以直线为基础,在各级行政负责人之下设置相应的职能部门,分别从事专业管理,作为该级领导者的参谋,实行主管统一指挥与职能部门参谋、指导相结合的组织结构形式。如图 3.4 所示。

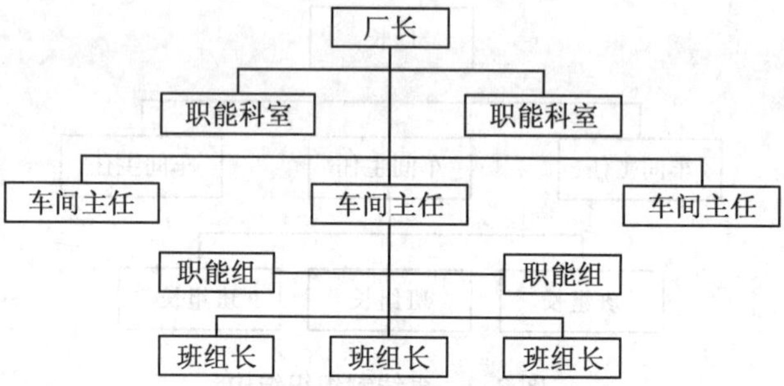

图 3.4　直线职能制组织结构

这种管理形式是在综合了直线制和职能制的优点和缺点的基础上形成的。因此,它既保持了直线制的集中统一指挥的优点,又吸取了职能制发挥专业管理的长处,从而提高了管理工作的效率。直线职能制的产生使组织管理大大前进了一步,所以各国的组织中采用这种组织形式的比较普遍,而且采用的时间比较长。我国目前大多数企业,甚至机关、学校、医院等都采用直线职能制的结构。

但是这种组织结构在管理实践中也有不足之处:权力集中于高层管理者,下级缺乏必要的自主权;各职能部门之间的横向联系差,容易产生脱节和矛盾;各参谋部门与指挥部门之间的目标不统一,容易产生矛盾;信息传递线路较长,反馈较慢,适应环境变化较难。实际上,这是典型的"集权式"管理组织结构。

四、事业部制组织结构

事业部制组织,又称 M 形组织。它以产生目标和结果为基准来进行部门划分和组合。事业部制是西方经济从自由资本主义过渡到垄断资本主义以后,在企业规模大型化、企业经营多样化、市场竞争激烈化的条件下出现的一种分权式的组织形式。所谓事业部结构,就是一个企业内按产品、地区或市场(顾客)分别成立若干事业部,事业部在总公司集中领导下进行分权管理的一种组织形式。例如,湖南的三一重工集团按产品类别来划分事业部,麦当劳公司则将自身划分为几大地理区域。另一些企业,如银行,通常以顾客类型为依据来进行部门划分。如图 3.5 所示。

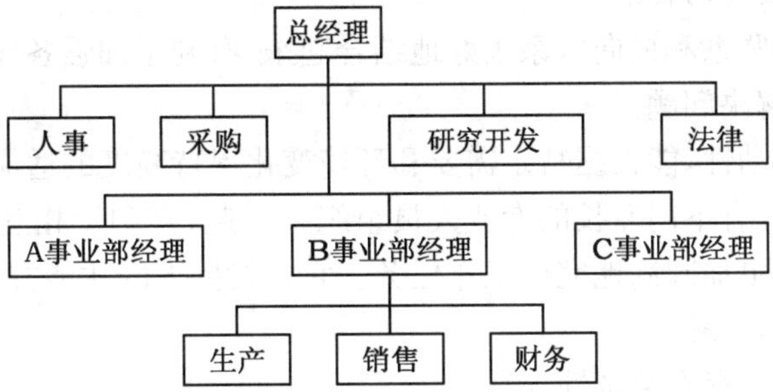

图 3.5　事业部制组织结构

(一)事业部制组织结构的主要优点

(1)提高了管理的灵活性和适应性。由于各事业部单独核算、自成体系，在生产经营上具有较大的自主权，这样既有利于调动各事业部的积极性和主动性，有利于培养和训练高级管理人才，又便于各事业部之间开展竞争，从而有利于增强企业对环境条件变化的适应能力。

(2)有利于高层管理者摆脱日常行政事务，集中精力做好有关企业大政方针的决策。

(3)便于组织专业化生产，便于采用流水作业和自动化等先进的生产组织形式，有利于提高生产效率、保证产品质量、降低产品成本。

(二)事业部制组织结构的主要缺点

(1)增加了管理层次，造成机构重叠、管理人员和管理费用增加。

(2)由于各事业部独立经营，各事业部之间人员互换困难，互相支援较差。

(3)各事业部经常从本部门出发，易滋长不顾公司整体利益的本位主义和分散主义倾向。

事业部制组织设计中，重要决策可以在较低的组织层次做出，与职能制组织相比较，它有利于以一种分权的方式来开展管理工作。事业部制组织一般适用于具有较复杂的产品类别或较广泛的地区分布的企业。

五、矩阵制组织结构

有的企业同时有几个项目需要完成，每个项目要求配备不同专长的技术人员或其他资源。为了加强对项目的管理，每个项目在总经理或厂长领导下由专人负责。其中，工作小组或项目小组一般由不同背景、不同技能、不同知识、分别选自不同部门的人员组成。组成工作小组后，大家为某个特定的项目共同工作。对于有这种需求的组织，建议采用矩阵制组织结构。矩阵制组织是将按职能划分的部门和按产品、服务或工程项目划分的项目小组组织起来而形成的一种组织结构形式。如图 3.6 所示。

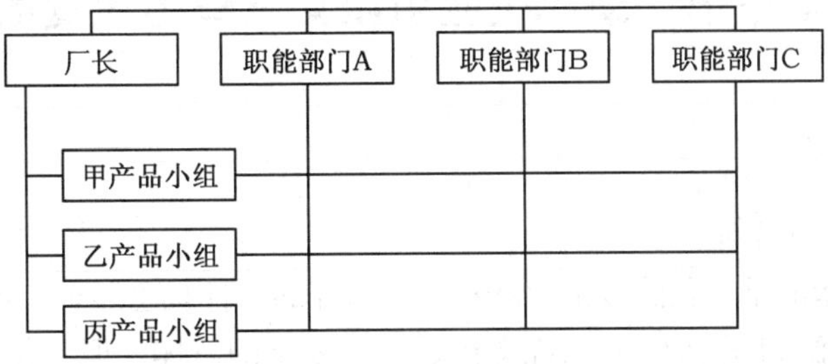

图 3.6　矩阵制组织结构

（一）矩阵制组织设计的优点

（1）将组织的纵向联系和横向联系很好地结合起来，有利于加强各职能部门之间的协调和合作，及时沟通情况、解决问题。

（2）具有较强的机动性，能根据特定需要和环境变化保持高度的适应性。

（3）把不同部门、具有不同专长的专业人员组织在一起，有利于相互启发、集思广益，有利于攻克各种技术难题、更加圆满地完成工作任务。它在发挥人的才能方面具有很大的灵活性。

（二）矩阵制组织的问题

（1）在资源管理方面存在复杂性。

（2）稳定性差。由于各个小组成员是由各职能部门临时抽调的，任务完成以后还是要回到原部门工作，容易使小组成员产生临时观点，不安心工作，从而对工作产生一定的影响。

六、立体多维型组织结构

这种组织结构是直线职能制、矩阵制、事业部制结合为一体的复杂机构形态。它是从系统的观点出发建立的多维立体的组织结构。这种组织形式由三方面的管理系统组成：按产品划分的事业部是利润中心，按职能划分的专业参谋部门是专业成本中心，按地域划分的是各地区管理机构。如图 3.7 所示。

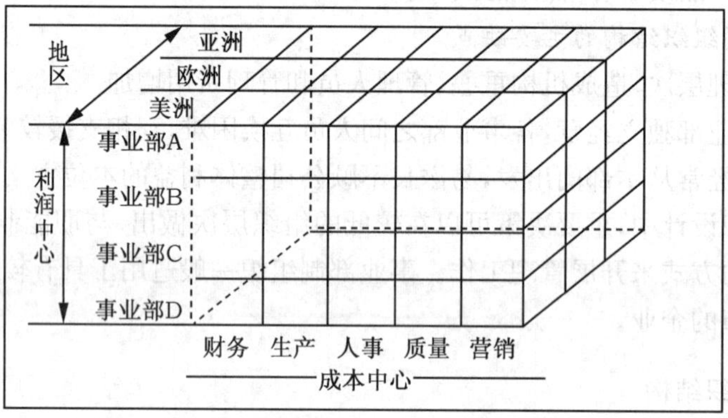

图 3.7　立体多维型组织结构

通过多维的立体组织结构，可以使这三方面的机构协调一致、紧密配合，为实现组织的总目标服务。立体多维型组织结构适用于多种产品开发、跨地区经营的跨国公司或跨地区公司，可以为这些企业在不同产品、不同地区增强市场竞争提供组织上的保证。

第三节　现代企业组织文化与组织变革

一、企业组织文化

（一）文化的含义与特征

管理学中，文化指的是一种除政治、经济、军事以外的一种观念形态。可见，文化这一概念所包含的内容是极其广泛和复杂的，所以说文化是一个复杂的总体。但文化又是可以为人们所感觉到的社会存在，一般表现为一定时期人们的知识、宗教、信仰、道德、习俗、心理等。

文化具有相对的稳定性和独立性。任何一种文化形态都是从社会经济结构发展起来的，并且要受这个结构的制约。但是文化形态一经产生，便具有相对的独立性和稳定性。这说明，一种文化形成后，其变化是相当缓慢的。

(二)企业文化的结构层次

从现代系统论的观点看，组织文化的结构由三个层次构成：表层文化、中介文化、深层文化。

表层文化是组织中的物化文化，是现代组织文化结构中表层的部分，人们可以直接感知并直观地把握。表层文化主要有组织的工作场所、办公设备、建筑设计、布局造型、社区环境以及文化环境等。

中介文化是由组织制度文化、管理文化和生活文化组成的。制度文化又表现为组织的规章制度、组织机构以及在运行过程中的交往方式、行业准则等。管理文化表现为组织的管理机制、管理手段、管理风格与特色。生活文化表现为组织成员的娱乐活动及成员的各种教育培训。可以说，中介文化是组织及其成员的一切行为方式所表现出来的精神状态和思想意识。

深层文化是一种观念文化，是全体组织成员共同信守的基本信念、价值标准、道德规范等的总和，它是组织文化的核心和灵魂。

(三)企业文化的功能

企业文化对一个组织而言具有至关重要的作用，这种作用是通过企业文化所具有的功能来实现的。

1. 自我内聚功能

企业文化通过建立组织全体成员共同的价值观培养组织成员的认同感和归属感，使组织与组织成员的目标整合起来。组织与员工之间建立起的相互依存关系，使个人的行为、思想、感情、信念、习惯与整个组织有机地统一起来，形成相对稳固的文化氛围，凝聚成一种无形的合力与整体趋向，从而能够激发员工发挥主观能动性，为组织的共同目标而努力。正是组织文化这种自我凝聚、自我向心、自我激励的作用，才构成组织生存发展的基础和不断成功的动力。

2. 自我改造功能

企业文化能从根本上改变旧有价值观，建立起新的价值观念，使之适应组织正常实践活动的需要。尤其是对于刚刚进入企业的新成员来说，他们原有的心理习惯、思维方式、行为方式可能与整个组织不和谐，因此必须使他们尽早认同和接受组织的价值观念和行为方式，并将之化成自己的价值观和行为方式，按照与组织一致的原则思想和行动。因此，企业文化具有某种强制性与改造性。

3. 自我调控功能

企业文化作为团体共同的价值观，通过不断地向个人价值观渗透和内化，使企业自动生成一套自我调控机制，以“看不见的手”操纵企业的管理行为和操作行为，是对企业成员一种软性约束。它可以让企业目标和个人目标有机统一起来，并自动转化为个体成员的自觉行动。

4. 自我完善功能

企业在不断的发展过程中所形成的文化积淀，通过无数次的辐射、反馈和强化，会随着实践的不断发展而不断更新和优化，推动企业文化不断改进和完善。一旦企业文化进入了这种不断深化和完善的良性循环，就会持续地推动组织走向卓越，同时企业的进步和提高又促进企业文化的丰富，完善和升华。

5. 自我延续功能

企业文化的形成是一个复杂的过程，往往会受到社会环境、人文环境和自然环境等诸多因素的影响。优秀的企业文化必须经过长期的耐心倡导和精心培育，以及不断的实践、总结、提炼、修改、充实得到提高和升华。企业文化一经固化，就会因具有自己的历史延续性而持久不断地起作用，即使组织的管理者发生了变动，企业文化的影响也不会立即消失。

（四）企业的跨文化管理

文化是一个重要的管理环境。各国的文化差异很大，不同文化对管理的方式、方法的接受程度是不同的。经济全球化将组织以及管理者置于多种文化交融的环境中，不同文化之间的冲突不可避免。如何在多种文化交融的环境中进行有效的管理，将是管理者要解决的一个难题。

在世界管理实践中，影响较大的有美国的管理与日本的管理。美国的管理可以说是西方管理实践的代表，而日本的管理则可以看作东方管理实践的代表。这两种管理有着明显的不同，形成这种区别的根本原因是管理所处的文化环境不同。

（五）我国文化的特点及对管理的影响

按照哲学家的划分，中国文化也属于东方文化。但是，中国文化既不同于印度的追求人的自身超脱的宗教文化，又不同于等级森严的日本文化。中国文化是在人与人之间的矛盾冲突中形成的。在这种文化中，人们习惯从关系中去体会一切，把个人看作群体的分子而非个人，是整个戏剧的角色而不是独立的演员。这样的文化有如下几个特点：

1. 强调“人和”的重要性

在我国的传统文化中，“人和”占有十分重要的地位。如果将“人和”这一哲学语言翻译为管理学用语，就是今天管理学中所说的人际关系的和谐。我国古代的思想家都认为：“人和”是实行组织目标最为关键的因素。孙武在《孙子兵法》中就指出“上下同欲者胜”；思想家孟子则更是直截了当地指出，天时、地利、人和是事业兴废的三要素，但是“天时不如地利，地利不如人和”。在我国，商人做生意都讲究“和气生财”。在这样的文化环境中成长起来的人，一般都希望有一个人际关系和谐的学习工作环境，尽量避免发生冲突。

“人和”对管理的作用是双重的，有利的方面是人们都愿意为营造一个良好的人际环境而努力，因此容易形成凝聚力，也比较容易沟通；不利的方面是，在制度化的组织中，理性的管理措施不易被接受，矛盾常常被掩盖；此外，过分追求“人和”，会抑制成员之间的竞争。

2. 强调集体主义

东方文化与西方文化最大的一个不同点是集体主义优先，个人从属于集体，人们从集体中感受自身的存在。如北宋思想家范仲淹倡导的“先天下之忧而忧，后天下之乐而乐”，在人们的整体行为中就有很大的影响；此外，先公后私、忠君报国、兼善天下等思想也体现着集体主义精神。

集体主义对管理的影响也是双重的。有利的方面是：它在组织成员的个人目标与组织的共同目标统一方面有重要的作用，能够有效地保证组织目标的实现；组织成员在组织的共同目标下团结起来，能够产生最大的集体合力。不利的方面是：过分强调集体主义，忽视合理的个人利益，最终会使成员丧失工作的积极性。

3. 重视人与人之间的伦理关系

中国社会长期受儒家伦理思想的影响，极其重视长幼尊卑的伦理关系，重人情，讲人治，看重感情投入，提倡“士为知己者死”。由于我国文化过分讲究人情伦理关系，因此形成了按照情、理、法的顺序办事的惯例。无论是治国安邦的大事，还是管理家务这样的小事，一般都是以情为先导、循理不循法。动之以情无效，然后才晓之以理、明辨是非、陈述利害；讲理不通，最后再诉诸公堂、依法办事。

重视人情的文化对管理的积极作用是:按照人们的感情需求,在不违反原则的前提下,将事情处理得合乎情理,会收到事半功倍的效果。但是,重人治,轻法度,难以做到奖惩分明,难以保证制度的公平性,管理最后也将无规矩可言。

二、塑造企业组织文化的主要途径

(一)选择价值标准

由于组织价值观关系整个组织文化的核心和灵魂,因此选择正确的组织价值观是塑造组织文化的主要战略问题。选择组织价值观有两个前提:一是要立足本组织的具体特点。不同组织有不同的目的、环境、习惯和组成方式,由此构成的组织类型也千差万别,因此必须把握本组织特点,才能获得广大员工和社会公众的认同和理解。二是要把握住组织价值观与组织文化各要素之间的相互协调。组织文化的各个要素之间只有经过科学的组织与匹配才能实现系统的整体优化。

(二)强化员工认同

组织的文化最终还是要落实到组织的各个成员,因此一旦选择和确定了组织的价值观和组织文化模式,就应该把基本认可的方案通过一定的强化灌输的方法使其深入人心。具体可以通过充分利用组织的一切宣传工具和手段树立英雄人物、培训教育等方法来进行。

(三)提炼定格

即把经过精心分析、全面归纳、科学论证和实践检验的组织文化予以条理化、完善化、格式化,加以必要的理论加工和文字处理,用精练的语言表达出来。一个完善的组织文化的构建需要一定的时间,如我国的东风汽车公司经过30年才形成"拼搏、创新、竞争、主人翁"的企业精神。因此,充分的时间、广泛的发动、认真的提炼是必不可少的。

(四)巩固落实

组织文化的巩固落实至少应该包括两方面工作:一是组织制定必要的制度作为保障,因为任何一种文化在转化为全体员工的习惯行为之前,要让每一位成员都自觉、主动地按照组织文化的标准去办事几乎是不可能的。例如,在高度文明和高度自律的新加坡,其背后有近乎苛刻的处罚制度做支撑。另一方面,组织的领导者也要起到表率作用,领导者是员工的楷模,他本人的行为就是一种无声的号召和导向,组织文化的巩固落实要求组织的领导者能观念更新、作风正派、率先垂范。

(五)丰富发展

任何一种文化都是特定历史的产物,当组织内外条件发生变化时,要不失时机地调整、更新、丰富和发展,这既是一个不断淘汰旧文化、生成新文化的过程,也是一个认识和实践不断深化的过程,组织文化由此循环往复达到更高的层次。

三、企业组织变革

(一)组织变革的影响因素

1. 环境

任何组织都是在一定的环境下生存和发展的。一个组织要持续发展,就必须适应周围环境。环境总是处于变化之中的,有时变化剧烈,有时变化缓慢。当环境变到足以阻碍组织发展时,就必须对组织进行调整和改革,以适应环境的变化。组织外部经营环境对组织的影响主要表现在以下三个方面:(1)对职务和部门设计的影响;(2)对各部门关系的影响;(3)对组织结构总体特征的影响。

2. 战略

组织结构只是实现组织目标的手段,因此组织结构的设计和调整必须服从组织战略的需要。适应战略要求的组织结构为战略的实施、组织目标的实现提供了必要的前提。

战略是实现组织目标的各种行动方案、方针和方向选择的总称。为实现同一目标,组织可在多种战略中进行挑选。战略选择的不同在两个层次上影响组织结构:(1)不同的战略要求不同的业务活动,从而影响管理职务的设计;(2)战略重点的改变会引起组织的工作重点改变,从而引起各部门与职务在组织中重要程度的改变,进而要求各管理职能部门之间的关系做相应的调整。

3. 技术

任何组织的生存与发展都离不开一定的技术。由于组织总是需要将某些投入转变为产出,该过程需要一定的技术。这一点在企业中表现得十分典型。技术以及技术设备的水平不仅影响组织活动的效果和效率,而且会作用于组织活动的内容划分、职务设置和工作人员的素质要求。譬如,信息处理的计算机化必将改变组织中的会计、文书、档案等部门的工作形式和性质。

总之,技术及其变化对企业组织结构设计的影响是比较突出的。例如,当今企业组织结构所发生的巨大变化,最主要的原因是信息技术的普及和采用。

4. 规模与组织所处的发展阶段

组织的规模对其结构的影响是明显的:规模小,组织结构可以简单;规模大,则结构复杂得多。组织的规模往往与组织的发展阶段相联系。有学者指出:在发展的不同阶段,要求有与之相适应的组织结构形态。

(二)企业组织结构发展的趋势

1. 扁平化趋势

经过长期的演变,企业逐渐形成了一套等级森严的金字塔形的层级组织体系,层级层次越来越多,信息处理和传递要经过若干环节,致使整个组织对外部环境变化的反应迟钝,内部管理难度加大,工作效率低下。20 世纪 80 年代以来,西方不少企业开始对这种传统模式进行大胆改革,减少管理层次,扩大管理幅度,组织结构呈现扁平化的发展趋势。

组织结构扁平化是为了适应组织环境日益复杂多变而提出来的。它的顺畅运作需要具备两个重要条件:一是现代信息处理和传输技术的巨大进步,能够对大量复杂信息进行快捷而及时的处理和传输,致使多数中间组织失去存在的必要,如经纪人、批发商以及某些零售商的作用将逐步弱化,生产者与消费者之间的鸿沟缩小、界限模糊,它们可以直接联系和接触,相互掌握对方信息;二是组织成员的独立工作能力大大提高,管理者向员工大量授权,组建各种工作团队,员工承担较大的责任,普通员工与管理者之间、下级管理者和上级管理者之间的关系由传统的被动执行者和发号施令者的关系转变为一种新型的团队成员之间的关系。

2. 柔性化趋势

组织结构柔性化的目的是使一个组织的资源得到充分利用,增强组织对环境动态变化的适应能力。

组织结构柔性化表现为集权和分权的统一。与一味强调分权的做法不同,集权和分权统一的关键是上级和下级之间通过一些直接和间接的交流渠道及时进行信息的沟通,适当地调整权限结构,保证组织的战略发展目标和组织的各项具体活动之间形成有机的联结关系。

组织结构柔性化还表现为稳定性和变革性的统一。适应组织结构不断变革的需要,组织结构分为两个组成部分:一部分是为了完成组织的一些经常性任务而建立的组织结构,这部分比较稳定,是组织结构的基本组成部分;另一部分是为了完成一些临时性任务而建立的组织结构,是组织结构的补充部分,如各种项目小组等。

3. 分立化趋势

分立化是指从一个公司里再分离出几个小公司,把公司总部与下属单位之间的内部性的上下级关系变成外部性的公司与公司之间的关系。它是以一种市场平等关系来联结公司总部与下属各个分公司和子公司之间的关系,是在产权关系上进行的变革,公司总部对所分立的分公司和子公司只通过股权渗透进行控制,所分立的分公司和子公司是独立的法人实体,拥有完全独立的经营地位。

分立化有两种方式:一种是横向分立,按照产品的不同种类进行分立。企业将一些有发展前途的产品分离出来,成立独立的公司,选派有技术、懂管理的人去经营,这样,可以最大限度地提高单个产品经营单位的自主权,在一个又一个的单位产品市场上形成自己的优势地位。另一种是纵向分立,按照同一类别产品的不同生产阶段进行上下游分立,通过纵向分立可以进一步集中企业的力量,提高企业的专业化生产水平。

4. 网络虚拟化趋势

随着市场竞争的日益加剧和经济全球化、信息化和知识化,越来越多的大公司认识到庞大的规模和臃肿的机构设置不利于企业竞争力的提高。因此,许多大企业在内部组织结构上进行重大调整,将传统企业固定的、封闭的集权式结构改变为开放式网络结构,形象地说,就是由"集权制"转变为"联邦制"。虚拟企业的产生就是企业组织结构整体形态变化的一个最典型的例子。具体来说,虚拟企业是一个外部化的网络组织。核心企业是这个网络的中心,在满足市场需求方面,它与网络中的其他企业紧密合作,因为它自身仅仅保留了部分关键功能。

虚拟企业也是在市场变化快、技术进步快、产品研制开发难度加大的形式下企业生存发展的一种模式。它的最大优势是具有灵活性,可以最大限度地利用市场的资源和协作的效率,最快地满足市场的需要,因为它不是一个固定的组织,而是一个在一定的利益条件下结合成的松散组织,在这个组织中,各部分的调整容易而且快捷。

(1)虚拟生产

虚拟生产的模式是指为快速响应市场需求,充分利用计算机技术和互联网技术打破传统的空间概念,组建管理扁平化、竞争与合作相结合的动态联盟,并围绕各自的核心竞争力开展生产活动的生产模式。

它的主要特征包括:在整个生产过程中,货物、信息和服务高度个性化综合,无论是产品、服务还是价格都是消费者选择和赋予的函数;生产部门能够快速对顾客的需求做出反应,按顾客要求定制不同种类、任意批量的产品;集成顾客、销售商、供应商以及生产者各方面的意见,在网络中进行动态的个性化设计,直到需求者满意为止;新的组织形式——虚拟企业的出现,它的核心是一种从必要的商务过程或资源(人或物理设备)中综合出来的新的生产能力,而不是它们的物理位置。生产是否在一个公司或是在一个合作的公司中进行并不重要。比如现代企业中的代工模式,就是典型的虚拟生产。

(2)虚拟经营

虚拟经营是适应多变的需求与竞争环境的一种动态企业的经营观的产物,是以内外部资源的合理整合与善用为宗旨，以内部机构的精简和外部协作的强化为目标，以灵活与适应性为原则，把企业的供应商、生产商、顾客或竞争对手等建立起来的动态合作网络作为新型财富创造的方式。虚拟经营以其鲜明的时代特色为全球知名企业广泛采用。目前市场中存在的连锁经营就属于此模式。

(3)虚拟管理

虚拟管理(Virtual Management)是网络时代的需求，它是指公司的成员分布于不同地点时的管理，也指团队成员并不一定由单一公司成员组成。它的理想状态是跨越时间、空间和组织边界的实时沟通和合作，以达到资源的合理配置和效益的最大化。

5. 学习型组织

(1)学习型组织的发展历程

学习型组织的最早提出可以追溯到20世纪70年代美国哈佛大学的克瑞斯·阿吉利斯(Chris Argyris)和D. A. 熊恩(D. A. Schon)。20世纪80年代开始，在企业界和管理思想界出现了推广和研究学习型组织的热潮，并逐渐风靡全球。

1994年，美国麻省理工学院的彼德·圣吉的《第五项修炼》的出版是学习型组织发展的一个新高度，该书的出版引起了对学习型组织更为广泛的兴趣、研究与实践。圣吉提出的五项修炼组织模型为学习型组织的研究提供了一个坚实的基础，并在实践中不断发展和深入人心。

(2)学习型组织的要点

要理解学习型组织，首先要对学习的方式有一定的认识。学习一般有三种类型：个人学习、组织学习和学习型组织。这三种方式是不断深入的，个人学习是基础，而学习型组织是最终要实现的目标。另外，学习型组织对人性的假设是“自我超越人”，有别于以往的人性假设(经济人、社会人、复杂人等)，其最大的特点是把组织成员看作不断成长的、可以通过学习而不断提高的人。

圣吉认为学习型组织必须具备五项技能，即自我超越、改善心智模式、建立共同愿景、团队学习以及系统思考。

①自我超越。自我超越就是学习不断理清并加深个人的真正愿望，集中精力，培养耐心，并客观地观察现实；学习如何扩展个人的能力，创造出我们想要的结果，并且塑造出一种组织环境，鼓励所有的成员自我发展，实现自己选择的目标和愿景。

②改善心智模式。心智模式是看待旧有事物而形成的特定的思维模式。心智模式一旦形成，将使人自觉或不自觉地从某个固定的角度去认识和思考发生的问题，并用习惯的方式予以解决。这在一个急剧变动的社会中会影响我们看待新事物的方式，影响我们采取正确的行动。而培养良好的心智模式可以帮助管理者做出有效和及时的决策，进而获得良好的组织绩效。

③建立共同愿景。共同愿景可以简单表述为：我们想要创造什么？它是被组织成员共同认可、向往、渴望的愿望和景象。建立共同愿景包含了四个要素：愿景、价值观、目的和使命、目标。

④团体学习。团体学习可以提炼出高于个人的团体智力，促使组织具有创造性的同时又产生协调一致的行动，并且成果会随着成员扩散到其他团体，进而在组织中形成学习的气氛。这是因为，学习型团体是由具有共同愿景的学习型的人构成的，同时，它又具有有机的特性，团体的共同“智商”在共同愿景的指引下要高于所有成员智商的总和。

⑤系统思考。企业作为一种开放式的组织系统，要不断地与外界环境进行物质、信息、能量等方面的交换，同时，组织内部又包含着人、物、财等许多子系统，相互作用，相互影响。那

么，企业在进行各项战略决策时，必须要从组织整体上做全局性的思考。

6. 企业再造

1993年，美国管理学家迈克尔·哈默和詹姆斯·钱皮以《再造企业——企业革命的宣言》一书，在美国和西方发达国家中掀起了一场企业管理革命。企业再造理论以一种全新的思想重新审视企业，并对传统管理学赖以存在的基础——分工理论提出了质疑，是管理学发展史中的一次巨大变革。

(1)变革的背景——分工和低效率

企业再造理论的出现，一个明确的指向就是亚当·斯密的劳动分工理论。在斯密看来，分工能够带来高效率：①分工可以促使劳动者生产知识的专业化，在较短的时间内使技能迅速熟练和提高，形成生产中的高效率；②分工可以使劳动者长时间专注于一项工作，节约或减少因为经常变换工作而耽搁的时间；③分工可以促使大量有利于节省劳动的机器和工作方法的出现。

但是，劳动分工在不断提高个人生产效率的同时，也给企业的持续发展套上了一道无形的枷锁。首先，分工将一个连贯的业务流程分解成数个支离破碎的片段，既导致劳动者的技能单一，也增加了各个业务部门之间的工作交流量，交易费用因此会大大增加。其次，在分工制度下，企业组织的主要形态是金字塔式的科层制，这种体制将人们的工作关系分为严格的上下级关系，束缚了企业员工的积极性、主动性和创造性。

因此，劳动分工的最终后果就是从整体上降低了企业的工作效率，以恢复业务流程本来面目为根本内容的企业再造理论便应运而生。

(2)变革的核心——重组流程

企业再造理论首要的内容就是提出了对企业业务流程的不同理解。哈默和钱皮将流程再造定义为，“针对企业业务流程的基本问题进行反思，并对它进行彻底的重新设计，以便在衡量绩效的重要指标上，如成本、质量、服务和效率等方面，取得显著的进展”；并强调打破原有分工理论的束缚，重新树立“以流程为导向”的思想。企业再造直接针对的就是被分工割裂得支离破碎的业务流程，其目的就是要重建完整和高效率的新流程。这种新的业务流程具有以下特点：

①工作单位发生变化——从职能部门变为流程执行小组；

②工作变换——从简单的任务变为多方面的工作；

③人的作用发生变化——从受控制变为授权；

④职业准备发生变化——从职业培训变为学校教育；

⑤衡量业绩和报酬的重点发生变化——从按照活动变为按照成果；

⑥晋升的标准发生变化——从看工作成绩变为看工作能力；

⑦价值观发生变化——从维护型变为开拓型；

⑧管理人员发生变化——从监工变为教练；

⑨组织结构发生变化——从等级制变为减少层次；

⑩主管人员发生变化——从记分员变为领导人。

企业再造理论认为，企业再造活动绝不是一次改良运动，而是重大的突变式改革。首先，企业再造对固有的基本信念提出挑战。企业在经营过程中会遵循一些事先假定的基本信念，这些信念往往会深深植根于企业内部，影响企业各种经营活动的展开，也影响企业业务流程的设计和执行，有长期历史的企业尤其如此。

其次,企业再造需要对原有事物进行彻底改造,不是仅仅满足于对组织的修修补补,而是努力开辟完成工作的崭新途径,即重建企业的业务流程,使企业产生脱胎换骨般的巨大变化。

然后,改革要在经营业绩上取得显著的改进。企业再造不是要在业绩上取得点滴的改善或逐渐提高,而是要在经营业绩上取得显著的改进。

【思考与练习】

1. 组织的含义有哪些?设计组织结构应考虑哪些基本原则?
2. 阐述企业组织结构的发展趋势。
3. 阐述影响组织变革的因素。
4. 如何理解企业文化的概念?

【案例分析】

普茨迈斯特员工抗议收购 向文波称不会裁员

"两个月前,在争夺印度最高楼项目时,我们两家还是竞争对手,现在成一家人了。"昨天下午,三一集团总裁唐修国在三一重工(600031.SH)收购德国工程机械巨头普茨迈斯特控股有限公司(Putzmeister,下称"普茨迈斯特")召开的新闻发布会上如此感慨。

在三一重工宣布26.54亿元人民币收购德国机械企业普茨迈斯特(Putzmeister Holding GmbH)90%的股份后,德国时间1月30日,数百名普茨迈斯特工人举行抗议活动,他们一是担心会失去工作机会,二是抗议一直被蒙在鼓里。

尽管三一重工高层昨日多次强调,公司不会裁员。但是,员工抗议仍然为三一重工的收购平添了一份不确定性。

"闪电收购"

"在不到4周前,我收到了梁的信件。半个月后我们见面,几个小时就达成了默契和一致。"普茨迈斯特年近80岁的创始人卡尔·习理德(Karl Schlecht Stiftung)在昨日的新闻发布会上介绍,这是一项闪电式收购。

三一重工总裁向文波介绍,习理德已在多年前全面退出对普茨迈斯特的管理,公司已经全部交由职业管理团队经营。习理德一直未能找到合适的家族继承人,再加上金融危机的影响,因此,最终决定将自己亲手创立的公司交给曾经的竞争对手三一重工。习理德的解释是,在他与三一集团董事长梁稳根交流后,感觉两人和双方的企业有着共同的"理念","他不仅认同普茨迈斯特的愿景与企业价值,也体现了我们公司的创业精神",因此迅速做出了转让决定。

梁稳根在给习理德的信中表达了强烈的合作意愿,并表示:普茨迈斯特对于三一和他个人来说,是无法用金钱来衡量的。梁稳根尊称习理德为老师,并称这位老人也是三一重工这家企业的老师。

在习理德给梁稳根的回信中明确表示,将三一重工确定为收购普茨迈斯特的唯一对象。不仅如此,为了表达诚意,习理德还在双方见面时提出交换手表,"表示我会严格遵守我们确定的时间表",于是,妻子25年前送给习理德的手表,和梁稳根独子第一份工资购得送给他的手表,成了这两家企业创立者交换的信物。

除了理念的契合,梁稳根认为中德之间经济合作的加强是双方能够迅速签订收购协议的大背景。据他介绍,三一德国是迄今为止中国在欧洲最大的实业投资项目,而三一去年在德国的采购总额超过了50亿元人民币。这或许给了习理德另一种信心。

习理德回应称:"这是一个中德示范性交易。"

"不裁员"

收购消息引发了普茨迈斯特员工的不满和抗议。

君合律师事务所合伙人李晓阳告诉《第一财经日报》,一般意义上说,一家企业的股东与其他投资人在商议相关重大事件时,确实没有义务和责任向员工说明,否则会产生员工情绪动荡、企业生产经营变化、资本市场波动等不利因素。

向文波昨天说:"不会解雇一名(德国)工人,双方会通过有效的分工和扩充普茨迈斯特的产品线来增加就业。"

向文波说:"三一重工的机械产品毛利率为10%左右,而普茨迈斯特的则是10%多一点,我们会把他们的部分制造(产能)转移到中国,通过产业链降低成本、提高利润。"

2011年,普茨迈斯特的销售额为5.6亿欧元,净利润为600万欧元,利润率显然低得可怜。

向文波昨天也表示,普茨迈斯特被收购后,原公司总裁罗伯特·肖毅(Norbert Scheuch)将任三一集团执行董事,普茨迈斯特80岁高龄的董事长习理德将成为三一集团的顾问。未来三一重工若在中国香港上市,将会给原股东部分股份。另外,三一重工将会使用全现金的方式来收购这家德国企业,并购成功后会拥有该企业的全部知识产权。

也有律师向记者表示,这次收购除了要得到中国发改委、商务部、国家外汇管理局等批准之外,可能还涉及国外相关政府及机构的核准,因而这次德国收购是否能顺利完成还存在不确定性。

思考:

(1)三一重工为何会收购德国普茨迈斯特?

(2)普茨迈斯特被收购之后,会对企业产生哪些方面的影响?

(3)三一重工如何应对收购后对普茨迈斯特的管理?

【实训操作】

同学们自由组合,假定每个同学带资10万元,组成一个公司,由同学自己决定自己的组织名称、组织类型、组织的生产服务项目,对小组里的同学进行分工,体验一下虚拟公司的组建和运作。

第四章

企业战略管理

【学习指导】

通过本章的学习,让学生了解企业经营战略的含义及产生与发展情况,熟悉企业经营环境及行业竞争特征,了解企业战略环境分析方法,掌握企业经营战略的类型,掌握战略决策的程序与方法,了解战略的实施、评价与控制。

【导入案例】　“超级乐视”:不能承受的产业之大

横跨 12 大行业,背负着远高于业内平均水平的高负债率,乐视生态的故事如何讲下去,业内人士似乎并不看好。2015 年 5 月 5 日,乐视一场名为“无生态,不电商”的发布会在北京举行。

自去年贾跃亭回国后,乐视就长期占据媒体视线的最前沿,在绝大部分人对何谓生态尚未有清晰的概念时,乐视以“无生态,不××”系列发布会频繁轰炸普通民众的眼球。

早在 2010 年上市之时,乐视的形象尚停留在视频网站的阶段。然而,随后的 5 年里,随着业务规模越铺越大,乐视这个气球也越吹越大。电视、影视、体育、商城、手机、汽车、农业、智能硬件、音乐……乐视的业务拓展速度之快和领域之广令人咋舌。

不过,对于普通投资者而言,乐视的故事讲得足够吸引人。过去半年的时间,乐视的股价翻了 5 倍之多。与股价齐飞的还有乐视的资产负债率,对外号称千亿市值的乐视如今资产负债率高达 66.2%。背负着远高于业内平均水平的高负债率,乐视生态的故事如何讲下去,业内人士似乎并不看好。

而对于乐视生态未来的走向,乐视高层与贾跃亭言行一致,在接受媒体采访时说的概念永远比干货多。《时代周报》记者在针对相关问题前后两次以书面形式发送采访提纲给乐视并与对方约访,在反复延期近两周后,最终乐视对《时代周报》记者的提问未作出任何应答。

贾跃亭称自己打造的是一个开放的闭环,目前乐视还停留在打造闭环的阶段,预计明年将对外开放。

“我们会累,前几年我们早就定了,主打生态闭环、生态型组织,也是乐视完成自我生态内的闭环,但 2016 年是乐视的开放年,乐视生态全面开放,这是我们的战略。”贾跃亭如是说。

对于大部分人来说,尚不知生态为何物,对乐视生态的运行模式更是无法理解。而在5月5日的生态电商发布会现场,从乐视智能终端事业群副总裁赵一成对生态电商的解释,或许可以看出所谓的乐视生态闭合与开放的关系。

“乐视生态的理念一直是打造开放的闭环,开放的闭环不代表不开放,也并不代表我们只为闭环而闭环,一定是相对开放、相对闭环。”赵一成告诉《时代周报》记者,目前乐视商城出售的商品绝大部分仍以乐视自己的产品为主,仅有少数能与乐视TV、乐视手机配套使用的音响、耳机来自其他品牌。

“未来乐视商城售卖的产品,一定是跟我们生态强相关和强化反的产品。”赵一成解释,乐视TV、手机,包括乐视新成立的乐意智能硬件公司生产的智能硬件,都属强相关产品。“强化反,是指只要围绕乐视生态的用户需求点出发的,又确属用户所需的,且能与我们的生态高度相关,内容产生积极商业价值的或者用户价值的品类或产品,未来都可作为乐视商城销售的核心产品。”不过,如何界定外部产品进入乐视商城的准入门槛,赵并未作出详细回答。

此外,其他企业进入乐视生态系统,也尚处于说说而已的阶段。

“乐视的生态构建并不出色,有很多产业布局还停留在概念阶段。”中投顾问文化行业研究员沈哲彦告诉《时代周报》记者,乐视如果将生态进行开放,需提高风险管控、不断完善其商业模式、提高技术水平,使其他合作者难以复制。

(资料来源:《时代周报》(广州),2015年5月13日。)

讨论:

1. 乐视产业布局与企业战略的关系?
2. 企业战略制定时,考虑的因素有哪些?
3. 如何有效制定企业战略?
4. 如何评价乐视发展战略?

第一节　企业经营战略环境分析

企业要在复杂多变的环境中求得生存和发展,必须对自己的现在和将来进行通盘的谋划。20世纪60年代以前,西方某些企业中开始出现对未来的谋划,但这不是现代意义上的战略,而是一种长期计划、公司计划。直到20世纪60年代美国的H. I. 安索夫的《企业战略》一书出版后,企业战略才具备了现代科学管理的概念,并广泛在企业管理学中应用。

人们对经营战略有着不同的认识和看法,总括一下,我们把企业战略概括为:企业战略是企业面对激烈变化、严峻挑战的环境,为求得长期生存和不断发展,而对企业主要目标、经营方向、重大经营方针、策略和实施步骤作出长远的、系统的和全局的谋划的过程。

企业是一个开放的经营系统,它的经营管理活动自然受客观环境的控制和影响。企业的产生、存在和发展不仅是因为它们的产品或服务能满足社会的需要,也是因为它们能适应自身所处的环境。因此,把握环境的现状及未来的变化趋势、利用有利于企业发展的机会、避开环境的威胁因素是制定企业战略的首要问题。企业战略环境分析就是要确定哪些外部因素会影响企业,这些因素将会发生哪些变化,这些变化会以何种方式影响企业,这些因素对企业影响的程度如何,等等。这些多主体、多层次发展变化的战略环境构成了一个系统的、以空间为坐标的宏观外部环境、微观外部环境和企业内部环境。

一、企业外部环境分析

(一)宏观环境分析

企业宏观环境是指那些来自企业外部对企业战略产生影响、发生作用的所有不可控因素的总和。企业宏观环境分析大体可以概括为六类:政治环境、经济环境、社会文化环境、技术环境、法律环境和生态环境,简称 PESTLE 分析法。

1. 政治环境

政治环境是指那些制约和影响企业经营与发展的政治要素的总和。政治是一种十分重要的社会现象。政治因素及其运用状况是企业宏观环境中的重要组成部分。政治环境中对企业起决定、制约和影响作用的因素主要有:政治局势、政党、政治性团体、地方政府的方针政策等。

2. 经济环境

经济环境是指构成企业生存和发展的社会经济状况及国家经济政策的多维动态系统,主要由社会经济结构、经济发展水平、经济体制和宏观经济政策四个要素构成。包括国民经济总体运行情况,通货膨胀率、银行利率、外汇汇率等项经济指标,经济体制、就业率、失业率、市场机制的完善程度等。

3. 社会文化环境

社会文化环境是指一个国家和地区的民族特征、文化传统、价值观、宗教信仰、教育水平、社会结构、风俗习惯等。对于社会文化进行分析,关键要考察:总人口、人口的地理分布和密度、家庭数量、年龄构成以及人口增长率对企业的生产和销售的影响;人们对生育、婚姻、生活方式、工作,对性别、种族,对教育、退休,对污染等方面的看法;现代家庭的独生子女化、老龄化、男女平等化等变化;国民教育情况等。

4. 技术环境

技术环境是指一个国家和地区的技术水平、技术政策、新产品开发能力以及技术发展动向等。在衡量技术环境的诸多指标中,整个国家的研究开发经费总额、企业所在产业的研发支出状况、技术开发力量集中的焦点、知识产权与专利保护、实验室技术向市场转移的速度、科技的最新发展趋势、信息与自动化技术发展可能带来的生产率提高前景等,都可以作为关键战略要素进行分析。

5. 法律环境

法律、法规作为国家意志的强制表现,对于规范市场与企业行为有着直接作用。行业戒律、法律法规是企业必须遵守的竞争规则、行为规则。企业在制定战略时,要了解既有法律的规定,特别是要关注酝酿中的法律,分析它一旦通过,给企业带来的是机会还是损害。

6. 自然环境

随着科学技术的发展,人类对自然环境、对人与自然的关系的认识逐步加深,人类对付自然的方法也越来越多。但不可否认的是,自然环境仍旧是不可忽视的重要外部环境。对企业来说,主要的自然环境因素有地理位置、气候条件、资源状况三项。

(二)微观环境分析

企业微观环境是指企业生存与发展的具体环境,是企业在日常经营中所要关心的外部客观因素与条件,企业微观环境分析一般从行业性质、竞争状况、顾客、供应商、利益集团等方面来进行。

1. 行业的特点

各行业的发展都有其具体的特点和特别的约束因素。市场经济环境中，需求是行业、企业发展的决定因素。需求具有多样性、变迁性、层次性等特点，也就是说，随着经济发展、生活水平提高，需求可能从无到有、从少到多，也可能下降乃至消失，这就对行业的发展产生了约束力和推动力，故行业的发展要注意本行业产品在未来市场的潜力。

2. 竞争状况

竞争首先来自同行。同行之间的竞争手段主要有价格竞争、新产品开发、服务质量提高以及促销等。

其次，竞争来自潜在进入者。然而，要进入一个新行业绝非易事，会碰到各种进入壁垒，包括现有企业的激烈反应。

再次，竞争来自替代产品的威胁，这些其他行业的产品或服务能提供相同或相似的功能。这些替代品往往是由那些高盈利的行业提供的，表现出价格优势，从而限制了企业所在行业的产品价格，抑制了行业利润水平。

3. 顾客

企业为了制定战略，应充分了解顾客需求的内容、趋势及特点，顾客的规模结构、消费心理、习俗及层次等，同时也应用产品、价格、销售渠道及促销手段等营销组合去满足顾客的需要，达到企业经营的目的。当然，顾客是需要创造的，要根据生产力发展的需要，积极引导消费，激发消费者产生正当的、新的消费需求，为企业开拓市场，打开经营的新局面。

4. 供应商

供应商对企业的生产经营有很大的影响力，它能以提价、限制供应、降低供货质量等条件来向企业施加压力。所以，企业既要设法与一些主要供应商尽力建立长期合同关系，以获得稳定的供应渠道及某些优惠条件，同时也要避免对某个供应商的过分依赖。

5. 利益集团

所谓利益集团，是指与企业发生相互作用和影响的、其成员面临共同问题、有共同利益和要求的社会群体。前面已介绍过的竞争者、供应商等都属利益集团的范围，企业面对的利益集团还包括金融界、新闻界、政府机构等。利益集团对企业实现其目标的能力与过程有着实际的或潜在的影响，而且有时对企业的命运会产生巨大影响。

6. 行业寿命周期分析

行业寿命周期是指从行业出现直到行业完全退出社会经济活动所经历的时间。行业寿命周期主要包括四个发展阶段：幼稚期、成长期、成熟期和衰退期。在制定企业战略时，识别本企业所在行业处于其寿命周期的哪个阶段，这对企业是十分重要的。

7. 行业环境其他方面的分析

行业环境其他方面的分析有：行业在社会经济中的地位分析，行业标准分析，行业中企业规模结构、企业数量结构、企业市场结构及企业组织结构分析，行业在发展过程中社会环境方面的限制分析等。

二、企业内部环境分析

企业内部环境是相对于企业宏观环境与行业环境而言的企业内部资源状况的总称，是企业生存和发展的内部因素，也是企业管理者通过管理活动可以控制的因素，它可以通过管理者的实践加以优化。

(一)企业的内部资源分析

企业资源是企业经营活动的基础,资源犹如组织的"血液",保证组织的正常运作。企业的资源总的来说分为五类:财力资源、人力资源、物力资源、技术资源、管理资源。对企业内部条件的分析也就从企业内部的这几项资源的分析开始。

1. 财力资源分析

对财力资源的分析首先要注重短期现金流量的分析,要保证企业有足够的现金流量应付日常经营;同时也要对企业中长期的资金来源加以分析,考察企业的资金来源、资金成本状况,以及投资项目的融资状况和项目回报的收益率等因素。

战略管理者要考虑财务资源中总资产的利用状况和企业获利能力以及本企业经济效益的考核、企业利润分析状况、财务成本和管理控制的状况。

2. 人力资源分析

对人力资源的分析主要从对企业管理者尤其是对企业高层战略管理者的分析开始,要了解企业领导者的经营业绩以及领导者的能力素质、威信、身体健康状况和心理健康状况。

对组织人力资源的分析也要注重对技术人员的分析,技术人员是组织技术创新的中坚力量,要了解他们的专业结构、职称情况、技术成果数量等,而且还要了解企业技术人员的工作满意度、思想状态等方面的状况。

对组织人力资源的分析也不能错过对企业操作性工作人员的分析,要了解他们的身体状况、劳动效率、工资福利、培训以及奖惩状况。

3. 物力资源分析

对组织物力资源的分析主要关心企业的制造设备状况,如人均固定资产值、设备平均使用年限、设备工艺特性等有关组织生产能力的因素的分析。同时,还要关心组织原材料和零部件供应状况。要分析组织的能源供应状况,以此来了解企业接受外部输入物料转化为产品和服务的输出的能力。

4. 技术资源分析

对组织技术资源的分析与上述对物力资源的分析相比,更着重于调查组织新技术的使用状况和企业将技术转化为生产力的状况,主要的分析内容包括企业的研发经费数额、新产品销售占总销售额的比例、新产品开发的效果、企业对技术市场信息的了解和把握状况、产品的平均技术性能指标、产品合格率、产品等级品率等,企业对技术资源的分析还包括企业追踪新技术并且运用新技术的能力。

5. 管理资源分析

以上四类分析不能对组织所拥有的管理能力加以分析,管理资源能够将上述四类资源高效率地组合在一起,创造出高的效益。对管理资源的分析应从以下方面入手:企业是否有组织结构图和有关各职位任务的文字说明,企业是否能够运用现代化的管理手段,拥有多少现代化管理手段,内部员工的沟通状况是否畅通无阻,内部员工对本企业组织状况有何看法,组织是否有完善的战略目标与计划,组织内部对权力的分配状况如何,组织决策的发生过程是否科学、有效,组织的气氛是否融洽,以及组织变革是否能顺利进行并产生效益。

(二)企业核心能力分析

核心能力又称核心专长、核心竞争力,是指企业依据自己独特的资源培育创造本企业不同于其他企业的最关键的竞争能力与优势。这种竞争能力与优势是本企业独创的,也是企业最根本、最关键的经营能力,凭借这种能力,企业才拥有自己的市场和效益。

核心能力体现的是一个企业的综合素质和能力，要准确全面地评价企业的核心能力是比较困难的。但可以从其构成内容上进行适当的定性和定量分析。分析的主要内容包括：

(1)企业是否有明确的主营领域，该主营领域是否有稳定的市场前景，以及本企业在该领域中与同行业竞争对手相比地位如何。

(2)要对企业在该领域中的主导产品进行分析，包括该产品的前景、市场地位、产品的差异性和延展性等。

(3)要对支持企业核心产品和主营业务的优势技术和专长进行分析，包括这种技术和专长的难度、先进性与独特性如何，企业是否能不断吸收新的技术和信息以巩固和发展自己的专长，这些专长是否得到了充分发挥，为企业带来何种竞争优势，强度如何等。

三、战略环境分析工具

企业战略环境的分析需运用各种模型对关键内、外部环境因素对企业的影响及其相互关系进行综合分析，目的是了解这些关键因素对企业影响的性质以及它们的相对重要性。

(一)战略环境要素评价模型

在找出企业的战略环境要素、搜集了有关信息、预测了关键要素的变化之后，战略环境要素评价模型可以帮助企业战略管理者对上述分析工作进行概括和进一步分析。由于主观判断在此模型中的影响，不应过分夸大此模型的作用。建立这个模型的主要步骤方法是：

(1)列出企业的主要机会和威胁。

(2)给每个因素确定一个权数。权数应在0(不重要)～1(很重要)之间。每一因素的权数说明这个因素在一个行业中对企业成功的重要性。各个因素的权数总和应该等于1。

(3)按四分制给每一个因素打分，以表明这个因素是企业的重大威胁(1分)、轻度威胁(2分)、一般机会(3分)、重大机会(4分)。

(4)将每一因素的权数和分数相乘得到某一因素的加权分数。

(5)将每一因素的加权分数相加，其总和就是一个企业的总加权分数。

无论这个模型包括多少重要机会或重大威胁，企业的总加权分数最高是4分，最低是1分，平均数是2.5分。得4分的企业正处于有吸引力的行业，而且有许多外在机会；相反，得1分的企业则处于无吸引力的行业，面临许多严重的威胁。

在外部因素评价模型中，列举的机会和威胁一般应控制在5～20个，表4.1是一个使用这一模型的例子。从中可以看到，政府放松管制是这个行业最重要的战略环境因素。例中公司面临两个机会：高层次人才向东部转移和计算机化的信息系统。这个企业有一个主要威胁，即利率上升。企业总加权分数是2.7，这表明该企业所处的行业只有略高于平均水平的吸引力。

表4.1 战略环境要素评价模型示例

关键战略环境因素	权数	分数	加权分数
利率上升	0.20	1	0.20
高层次人才向东部转移	0.10	4	0.40
政府放松管制	0.30	3	0.90
一个主要对手采取扩张战略	0.20	2	0.40
信息系统计算机化	0.20	4	0.80
总加权分数	1.00		2.70

(二)行业关键战略要素评价矩阵

行业关键战略要素评价矩阵是通过对行业关键战略要素的评价分值进行比较,展示出行业内各竞争者之间的相对竞争力量的强弱、所面临的机会与风险的大小,为企业制定经营战略提供一种用来识别本企业与竞争对手各自竞争优势、劣势的工具。

建立行业关键战略要素评价矩阵可按以下四个步骤进行:

(1)由企业战略决策者识别行业中的关键战略要素。评价矩阵中一般要求5～15个关键战略要素。具体由战略决策者通过研究特定的行业环境与评价结论,针对与企业成功密切相关的要素达成共识。在分析中,常见的关键战略要素有市场份额、产品组合度、规模经济性、价格优势、广告与促销效益、财务地位、管理水平、产品质量等。

(2)对每个关键战略要素确定一个适用于行业中所有竞争者分析的权重,以此表示该要素在行业中成功经营的相对重要性程度。每一要素权重值的变化范围为0(不重要)～1(很重要),且各个因素的权数总和应该等于1。

(3)对行业中各竞争者在每个关键战略要素上所表现的力量相对强弱进行评价。评价的分数通常取1(最弱)、2(较弱)、3(较强)、4(最强)。评价中必须注意各分值的给定应尽可能以客观性的资料为依据,以便得到较为科学的评价结论。

(4)将各关键战略要素的评价值与相应的权重相乘,得出各个竞争者在相应战略要素上相对力量强弱的加权评价值。最后对每个竞争者在每个战略要素上所得的加权评价值进行加总,从而得到每个竞争者在各关键战略要素上力量相对强弱情况的综合加权评价值。这一数值的大小就揭示了各竞争者之间在总体力量上的相对强弱情况。

表4.2提供了一个行业关键战略要素评价矩阵分析的示例。

表4.2　　行业关键战略要素评价矩阵示例

行业关键战略要素	权重	本企业		竞争者1		竞争者2	
		评价值	加权评价值	评价值	加权评价值	评价值	加权评价值
市场份额	0.20	3	0.6	2	0.4	2	0.4
价格竞争	0.20	1	0.2	4	0.8	1	0.2
财务地位	0.40	2	0.8	1	0.4	4	1.6
产品质量	0.10	4	0.4	3	0.3	3	0.3
用户信誉	0.10	3	0.3	3	0.3	3	0.3
综合加权评价值	1.00		2.3		2.2		2.8

表4.2中财务地位的权重值为0.4,表明其为关系到企业经营战略成败的最重要的战略要素;本企业在产品质量方面的评价值为4,表示在产品质量方面本企业力量最强;竞争者2在财务地位与综合力量方面均属最强,其得分分别是4与2.8;而竞争者1的综合加权评价值为2.2,表示其在综合力量方面最弱。

(三)SWOT分析

SWOT分析法就是对企业外部环境中存在的机会与威胁和企业内部能力的优、劣势进行综合分析,据此对备选的战略方案做出系统的评价,最终选择出最佳的竞争战略。

SWOT分析的具体做法是:根据企业的总体目标和总体战略的要求,列出对企业发展有重大影响的内部及外部环境因素,确定标准,进行评价,判断这些环境因素对企业的发展和战略制定分别是优势还是劣势，是机会还是威胁，然后将以上四个方面的要义按其重要程度分别列在一个表格中。如表 4.3 所示。

表 4.3　　克莱斯勒汽车公司的 SWOT 战略组合

	优势(S)	劣势(W)
内部条件	(1)1985～1987 年产品质量提高了 35% (2)劳动力成本比福特和通用低 (3)在航天工业中处于领先地位 (4)盈亏平衡点从 240 万辆降为 150 万辆 (5)拥有 50%的小型面包车市场	(1)购买美国汽车公司的负债资本比例上升为 60% (2)固定资产占 40% (3)缺少合资企业 (4)经营区域仅限于美国、加拿大、墨西哥
	机会(O)	威胁(T)
外部环境	(1)美元贬值 (2)航天工业每年增长 20% (3)消费者税后收入每年增加 5% (4)利息率下降 (5)通用公司的一种新车计划遇到问题	(1)外国汽车增加了对美国市场的占有 (2)中东局势不稳定使油价上涨 (3)福持公司推出一种节油型新车

注：WO 战略为建立一个航天工业的合资企业，在欧洲建立一个生产小轿车的工厂；
SO 战略为收购一个航天行业内的公司，增加 50%的小型面包车的出口量；
WT 战略为将负债资本降低为 30%；
ST 战略为增加广告费 50%。

SWOT 分析法为企业提供了四种可供选择的战略，如图 4.1 所示。

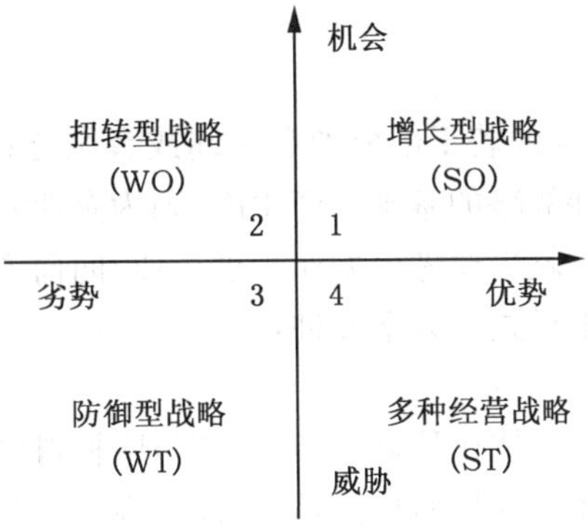

图 4.1　SWOT 分析

位于第 1 象限的企业拥有强大的内部优势和众多的环境机会，可以采取开发市场、增加产量等增长型战略。

位于第 2 象限的企业有外部机会但缺少内部条件，可以采取扭转型战略，改变企业内部的不利条件。

位于第 3 象限的企业既有外部威胁，内部状况又不佳，应当采取防御型战略，以避开威胁和消除劣势。

位于第 4 象限的企业拥有内部优势而外部存在威胁，应利用自身优势开展多种经营，避免或减轻外在威胁的打击，分散风险，寻找新的发展机会。

在使用SWOT分析方法的过程中，要将企业内、外因素有机地结合起来，需要企业决策层具有敏锐的洞察力、崇高的理想、远大的抱负以及高超的决策艺术。克莱斯勒公司所采用的SWOT战略组合就很好地说明了这一切，即将多种因素结合从而产生一个可供选择的战略：战略选择的陈述不要一般化，要尽可能地具体化(见表4.3)。

第二节　企业经营战略的类型

一、战略态势的选择

所谓战略态势，就是在目前的战略起点上，决定企业的各战略业务单位在战略规划期限内的资源分配、业务拓展的发展方向。总的来说，企业及其战略业务单位可以采用四种战略态势：发展型战略、稳定型战略、紧缩型战略和混合型战略。在特定的内外部环境下，这四种战略都是合适的选择方案。因而，企业在作战略态势评估与选择时，不能只凭主观臆断和美好的愿望，而应审时度势，果断做出明智的抉择。

当然，在现实世界中，这四种战略态势并不是被相同程度地采纳的。美国管理学者格鲁克(Glueck)在对358位企业经理15年内的战略选择进行深入研究之后发现，以上四种战略态势被使用的频率分别是：发展型战略54.4%，稳定型战略9.2%，紧缩型战略7.5%，混合型战略28.7%。

(一)发展型战略

发展型战略又称扩张战略，是一种充分利用外部环境所给予的机会，充分发掘和运用企业内外部资源，以求企业在现有规模基础上向更高一级目标发展的战略。这一战略又有三种形式：

1. 一体化战略

“一体化”一词意指：将独立的若干部分加在一起或者结合在一起成为一个整体。一体化往往是企业在实行密集型发展战略的基础上产生的，因为企业实行了密集型发展战略，市场占有率越来越大，实力有所增强，就需要考虑如何扩展企业、向何方向发展的问题，一体化战略便应运而生。一体化战略的基本形式有以下3种：

(1)纵向一体化战略

纵向一体化战略又称垂直一体化战略，是将生产与原材料供应，或者生产与产品销售联结在一起的战略形式。纵向一体化的战略目标是：巩固企业的市场地位，提高企业竞争优势，增强企业实力。依据一体化的方向划分，纵向一体化可分为前向一体化和后向一体化两种。所谓前向一体化战略，是指企业获得对分销商或零售商的所有权或控制力的战略。越来越多的制造商(供应商)通过建立网上直销体系实现了前向一体化。而后向一体化战略则是指企业获得对供应商的所有权或控制力的战略。如果企业当前的供货商不可靠，要价太高或者不能满足需要，那么，后向一体化对企业特别适用。

(2)横向一体化战略

横向一体化战略是指企业通过购买与自己有竞争关系的企业或者与之联合及兼并来扩大营业，获得更大利润的发展战略。该种战略的目标是扩大本企业的实力范围，提高其竞争能力。

横向一体化战略一般是企业在竞争比较激烈的情况下进行的一种战略选择。这种选择既可能发生在产业成熟化的过程中，成为增加竞争实力的重要手段，也可能发生在产业成熟之后，成为避免过度竞争和提高效率的手段。例如，电子商务的爆炸式增长已经使全球范围内的电信企业出现了疯狂的并购，这些企业试图通过横向一体化增强竞争力。

(3)混合一体化战略

混合一体化战略就是上述两种一体化战略同时加以运用的一体化战略主要适用于一些特大型企业。只是它在造就大企业方面虽有明显作用，但实施起来难度较大，风险较大，因此必须更加谨慎。

2. 多元化战略

多元化战略也称多角化或多样化经营战略，最初是由著名的产品市场战略专家安索夫在20世纪50年代提出的。一般有两种含义：一是指一个企业同时在两个或两个以上行业中经营，如机械、电子、化工、食品等；二是指企业同时生产或提供两种或两种以上的产品或服务。

按照现有业务领域和将来的业务领域之间的关联程度，多元化战略主要有两种实现形式，即中心多元化和混合多元化。相关多元化又称中心多元化，是指虽然企业新发展的业务具有其新的特征，但它与企业原有的业务具有战略上的适应性，它们在技术工艺、销售渠道、市场、管理技巧、产品等方面具有共同的或是相近的特点。非相关多元化又称混合多元化，即企业新发展的业务与原有业务之间没有任何战略上的适应性。

(1)中心多元化战略

中心多元化是合理组合企业投资的有效途径，能使企业在保持核心业务的同时分散风险。另外，中心多元化还能使企业将其竞争优势运用于多个有关的业务。当分散的业务与企业原有业务的结合能增强企业的优势或机会，并降低企业劣势及风险时，企业就会选择中心多元化战略。

中心多元化战略一般通过以下方式实现：

①生产与企业原产品极其相似的产品。例如，生产香皂的企业生产厨房清洁剂；生产面包的企业生产饼干等。

②扩展利用企业的技术，将现有技术加以改进制造其他产品。例如，生产化肥的企业生产农药或其他农用产品。

③利用企业的生产能力，提高生产能力利用率。例如，生产一次性圆珠笔的企业将业务扩展到生产一次性打火机、一次性剃须刀等产品。

④充分利用已有的原材料资源。例如，生产家具或纸制品的企业开设一个可以利用其木材边角料生产玩具、木雕等其他木制品的企业。

⑤收购可以使本企业大大提高经营能力的企业。例如，妇女化妆品经营商收购专门经营珠宝或其他妇女用品的企业，因为这些业务所服务的对象具有相同的购买方式和价值观念。

⑥利用企业的商标或信誉。例如，耐克公司在运动鞋之外生产的运动服、背包就是利用其已被市场接受的"耐克"商标，雀巢公司在咖啡之外生产柠檬茶也是在利用其"雀巢"商标。

(2)混合多元化战略

有些企业，特别是一些大型的企业，有时会兼并另一个能代表良好投资机会的企业。这时，兼并的着眼点是兼并结果所反映的未来财务能力的协同作用，而很少考虑兼并活动与现有业务的协同性。这种重视利润而多元化结果往往与企业原业务有较大距离的多元化战略，便是混合多元化战略。

企业一般通过以下方式实现混合多元化战略：

①现金流动量较大但发展机会较少的企业,可以兼并机会较多但现金流入量较少的企业,从而实现现金和机会的平衡。例如,产品生产周期长、资金占用量大的企业,可以经营一些短、频、快项目,以弥补其主要业务的现金需要,获得理想的投资组合。

②具有周期性销售特性的企业,可以兼并或自我形成具有与企业销售周期相反的业务,以平衡企业的经营周期性。

③负债量较大的企业,可以兼并负债较少或不负债的业务,以平衡企业的资本结构,提高企业的举债能力。

④在企业内形成几个相互无关的业务群,而每个业务群内的业务是相关的。这样做既可以避免由于行业环境突然变化而形成的风险,又可以在每一个业务群内采取相同或相近的产品—市场—技术组合。

⑤兼并那些能提供高于目标水平利润量的任何业务。

3. 集中战略

集中战略是指企业以某一产品、某一市场或某一技术为目标,投入所有资源进行优势发挥,以快于以往的速度增加企业目前产品或服务的销售额、利润和市场份额。

实施这一战略的方法之一是识别一个企业的销售、利润或市场份额下降的原因。可能的原因有:

(1)在相关市场内缺乏一个完整的产品系列(产品系列缺口)。

(2)通往相关市场或在相关市场内的销售渠道体系缺乏或不充分(销售缺口)。

(3)现有市场潜力没有得到充分利用(利用缺口)。

(4)竞争对手的销售(竞争缺口)。

我们可以采用如图 4.2 所示的增长策略来满足这些缺口。

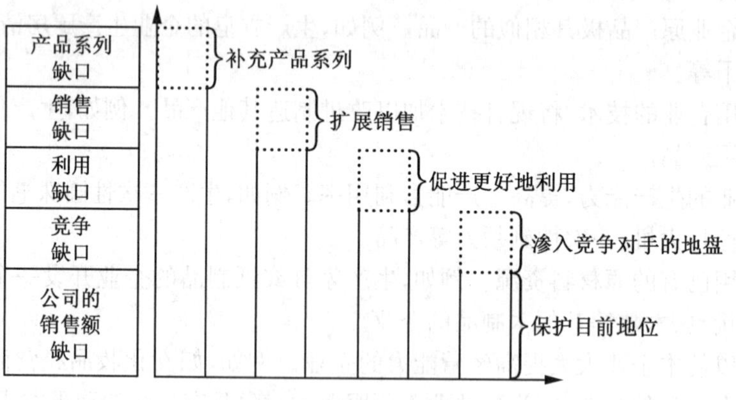

图 4.2 缩小缺口的增长战略

集中战略比较适合那些对企业的产品或服务的需求正在增长的场合。大多数企业在建立之初都会选择集中战略的道路,以提高知名度、增加销量、取得一定的市场份额、建立自己的独特品牌和顾客忠诚度。但集中战略的风险较大,一旦企业的产品或服务的市场萎缩,企业就会遇到困境。因此,一般企业都不会仅仅使用这一种增长态势,随着企业产品和市场的变化,会适时进行战略调整和变化。

(二)稳定型战略

稳定型战略也称维持战略,是一种保持现有产销规模、市场占有率和稳固现有竞争地位的战略。这种战略一般适用于外部环境相对稳定、内部条件没有明显的优劣势，或者在资金、技术、原材料供应和销售渠道等方面还不具备发展条件的企业。

稳定型战略具有以下三个方面的特征：一是企业对过去状况很满足并决定追求与过去相同或相似的目标，二是企业每年所期望获得的成就能够以大体相同的速度增长，三是企业继续用基本相同的产品或服务来满足用户的需要。

在具体的实施方式上，美国的一些管理学家将稳定型战略划分为以下四种类型：

1. 无变化战略

无变化战略似乎是一种没有战略的战略，采用这一战略的企业除了每年按通货膨胀率调整其目标外，其他都保持不变。采用该战略的企业可能是基于以下两个方面的原因：一是企业过去的经营相当成功，并且企业内外环境没有发生重大变化；二是企业并不存在重大的经营问题或隐患，因而企业战略管理者没有必要进行战略调整，或者害怕战略调整会给企业带来利益分配的困难。在这两种情况下，企业的管理者和职工可能都不希望企业进行重大的战略调整，因为这种调整可能会在一定时期内降低企业的利润总额。

2. 维持利润战略

这是一种以牺牲企业未来发展来维持目前利润的战略。维持利润战略注重短期效果而忽视长期利益，其根本意图是渡过暂时性的难关，因而往往在经济形势不太景气时被采用，以维持过去经营状况和效益，实现稳定发展。但用得不当的话，维持利润战略可能会使企业伤了元气，影响长期发展。

3. 暂停战略

在一段较长时间的快速发展后，企业有可能会遇到一些问题使得效率下降，这时就可采用暂停战略，即在一段时期内降低企业的目标和发展速度。例如，在采用购并发展的企业中，往往会在新收购的企业尚未与原来企业很好地融合在一起时，先采用一段时间的暂停战略，以便有充分的时间重新实现资源的优化配置。从这一点来说，暂停战略可以充分达到让企业积聚能量、为今后的发展做准备的功能。

4. 谨慎实施战略

如果企业外部环境中的某一重要因素难以预测或变化趋势不明显，企业的某一战略决策就要有意识地降低实施进度，步步为营，这就是所谓的谨慎实施战略。譬如，某些受国家政策影响比较严重的行业中的企业，在国家一项可能的法规公布之前，就很有可能采用谨慎实施战略，一步步稳固地向前发展，而不是不问青红皂白地大干，置未来政策于不顾。

（三）紧缩型战略

紧缩型战略又称撤退战略，指一种缩小企业规模或压缩生产线甚至撤销某些经营业务或产品的战略。当企业外部环境与内部条件的变化都对企业十分不利时，企业只有采取撤退措施，以转移阵地或积蓄力量，准备东山再起。

企业紧缩战略主要有剥离、抽资转向和清算三种形式。

1. 抽资转向战略

抽资转向战略是企业在现有的经营领域不能维持原有的产销规模和市场份额，不得不缩小产销规模和市场占有率，或者企业在存在新的更好的发展机遇的情况下，对原有的业务领域压缩投资、控制成本以改善现金流，为其他业务流域提供资金的战略方案。另外，在企业财务状况下降时，也有必要采取抽资转向战略，这一般发生在物价上涨导致成本上升或需求下降使财务周转不灵的情况下。

针对这些情况，抽资转向战略可以采取以下措施来配合进行：

(1)调整企业组织。包括改变企业的关键领导人，在组织内重新分配责任和权力等。其目的是使管理人员适应变化了的环境。

(2)降低成本和投资。包括压缩日常开支、实行更严格的预算管理、减少一些长期投资项目等，也包括适当减少培训、广告、研究开发、公共关系等活动。

(3)减少资产。包括出售与企业基本生产活动关系不大的土地、建筑物和设备；关闭一些工厂或生产线；出售某些在用的资产，再以租用的方式获得使用权；出售一些盈利产品，以获得急需使用的资金等。

(4)加速收回企业资产。包括加速应收账款的回收期、派出讨债人员收回应收账款、降低企业的存货量、尽量出售库存产成品等。

抽资转向战略会使企业经营主方向发生转移，这有时会涉及经营基本宗旨的变化，其成功的关键是管理者清晰的战略管理概念，即必须决断是对现在的企业业务给予关注还是重新确定企业的基本宗旨。

2. 放弃战略

在采取抽资转向战略无效时，企业可以尝试放弃战略。放弃战略是指将企业的一个或几个主要部门转让、出卖或者停止经营。这个部门可以是一个经营单位、一条生产线或一个事业部。

放弃战略与后面所要讲的清算不同，它需要找到肯出高于企业固定资产时价的买主，所以企业管理人员应说服买主，认识到购买企业所获得的技术或资源，能使对方利润增加。而清算一般意味着基本上只包括资产的有形价值部分。

在放弃战略的实施过程中，通常会遇到一些阻力，包括：

(1)结构上或经济上的阻力。即一个企业的技术特征及其固定资本和流动资本妨碍其退出，如一些专用性强的固定资产很难出售。

(2)公司战略上的阻力。如果准备放弃的业务与企业的其他业务有较强联系，则该项业务的放弃会使其他有关业务受到影响。

(3)管理上的阻力。企业内部人员，特别是管理人员对放弃战略往往持反对意见，因为这会威胁他们的职业和业绩考核。

克服这些阻力，可以采用以下方法：在高层管理者中，形成“考虑放弃战略”的氛围；改进工资、奖金制度，使之与“放弃”方案不冲突；妥善处理管理者的出路问题等。

3. 清算战略

清算是指卖掉企业资产或停止整个企业的运行而终止一个企业的存在。

显然，清算战略对任何企业来说都不是最有吸引力的战略，而且通常只有当所有其他战略都失败时才启用它。但在确实毫无希望的情况下，尽早制定清算战略，企业可以有计划地逐步降低企业股票的市场价值，尽可能多地收回企业资产，从而减少全体股东的损失。因此，清算战略在特定的情况下，也是一种明智的选择。

要特别指出的是：清算战略的净收益是企业有形资产的出让价值，而不包括其相应的无形价值。

(四)混合型战略

混合型战略是其他三种战略态势的组合，其中组成该混合战略的各战略态势称为子战略。根据不同的分类方式，混合型战略可以分为不同的种类。

1. 按照各子战略的构成不同分类

(1)同一类型战略组合

所谓同一类型战略组合,是指企业采取稳定、发展和紧缩中的一种战略态势作为主要战略方案,但具体的战略业务单位是由不同类型的同一种战略态势来指导。例如,健力宝集团在饮料业务上采用后向一体化的增长战略从国外引进易拉罐生产线,同时又采用混合多元化战略生产高档运动服装,进而又在其运动服装厂中采用前向一体化战略,在全国各地设立零售商店直接出售其产品。

从严格意义上来说,同一类型战略组合并不是"混合战略",因为它只不过是在某一战略态势中的不同具体类型的组合。

(2)不同类型战略组合

这是指企业采用稳定、发展和紧缩中的两种以上战略态势的组合,因而这是严格意义上的混合型战略。

不同类型的战略组合与同类型的战略组合相比,其管理上相对更为复杂,因为它要求最高管理层能很好地协调和沟通企业内部各战略业务单位之间的关系。事实上,作为任何一个被要求采用紧缩战略的业务单位管理者都多少会产生抵抗心理。例如,总公司决定对A部门实行紧缩战略,而对B业务单位实行发展战略,则A部门的经理人员往往会对B部门人员产生抵触和矛盾情绪,因为紧缩战略不仅可能带来业绩不佳和收入增长无望,更有可能对自己管理能力的名誉产生不利影响。

2. 按照战略组合的顺序不同分类

(1)同时性战略组合

这是指不同类型的战略被同时在不同战略业务单位执行而组合在一起的混合型战略。战略的不同组合可以有许多种,但常见的主要是以下几种:

①在撤销某一战略经营单位、产品系列或经营部门的同时增加其他一些战略经营单位、产品系列或经营部门。这其实是对一个部门采取放弃或清算战略,同时对另一个部门实行发展战略。

②在某些领域或产品中实行抽资转向战略的同时,在其他领域或产品中实施发展战略。这种情况下,企业实行紧缩的战略业务单位还并未恶化到应该放弃或清算的地步,甚至有可能是仍旧有发展潜力的部门,但为了为其他部门提供发展所需的资源,只有实行紧缩战略。

③在某些产品工业务领域中实行稳定战略而在其他一些产品或部门中实行发展战略。这种战略组合一般适用于资源相对丰富的企业,因为它要求企业在并没有靠实行紧缩而获取资源的情况下以自己的积累来投入需要增长的业务领域。

(2)顺序性战略组合

顺序性战略组合指一个企业根据生存与发展的需要,先后采用不同的战略方案,从而形成自身的混合型战略方案,因而这是一种在时间上的顺序组合。常见的顺序性战略组合为:

①在某一特定时期实施增长战略,然后在另一特定时期使用稳定战略。这样做能够发挥稳定战略的"能量积聚"作用。

②首先使用抽资转向战略,然后在情况好转时再实施增长战略。采用这种战略的企业主要利用紧缩战略来避开外界环境的不利条件。

二、竞争战略

竞争战略是公司层下属各分部或事业部根据企业总体战略目标的要求而在其特定的经营

领域中采用的战略。其重点是一般竞争战略的选择,即如何与竞争对手相抗衡。

竞争战略有成本领先战略、差异化战略和目标集中战略三种形式。

(一)成本领先战略

成本领先战略的核心内容是要在较长时间内保持企业的产品或服务成本处于同行业的领先地位,并以此获得比竞争对手更高的市场占有率,同时使企业盈利处于同行业平均水平之上。

成本领先战略从20世纪70年代起由于经验曲线概念的流行而得到日益普遍的应用。采用这一战略要求企业积极建立起达到有效规模的生产设施,在经验基础上全力降低成本,抓紧成本与管理费用的控制以及最大限度地减少研究开发、服务、推销、广告等方面的成本费用。尽管企业对质量、服务及其他方面不能忽视,但贯穿于这一战略的中心是使成本低于竞争对手。

成功的成本领先战略通常贯穿整个企业的各项活动中,休现为高效率、低费用、对浪费用、对浪费不能容忍、预算得到严格控制、很宽的控制幅度、奖励同节约成绩挂钩、雇员广泛参与成本控制活动。

企业采用成本领先战略的主要原因是获得成本领先带来的收益。在以下两种情况下,努力争做产业中成本领先者非常有效:(1)市场由很多对价格敏感的顾客组成;(2)几乎没有什么实现产品差异。因此,成本领先战略适用于在市场竞争中价格竞争占有主导地位的行业。在这些行业,所有企业生产的都是标准化的产品或服务,差异很小,因而价格竞争成为市场竞争的主要手段。如钢铁、煤炭、石油、水泥、木材等行业的企业,采用成本领先战略会取得较好的效果。

采用成本领先战略可能会给企业带来以下风险:竞争者可能会模仿这一战略,并因此使整个产业盈利水平降低;所在产业的重大技术突破可能导致该战略失效;购买者可能将兴趣转移到价格以外的其他特色上。

(二)差异化战略

这一战略的指导思想是企业提供的产品或服务标新立异,形成一些在全行业范围内与众不同的特征,因而赢得一些顾客群体的信任,使其他企业的产品或服务难以与之竞争。

差异化可以表现在产品概念的三个层次上,即产品功能、产品形体和销售条件。

产品差异化的核心层次是产品的功能。用户购买产品,首先是对该产品功能的需求,如产品的质量、速度、效率、可靠性与适用性等。如果产品的功能有较大的优势,竞争对手就难以与之抗衡。

产品差异化的第二层是产品的形体,即外观质量,主要表现在产品的外形设计、款式、色彩等方面。用户接触产品是从其外观质量再到内在质量的,形体方面有特色的消费类产品,往往能刺激顾客的消费欲望,使其对产品的良好评价产生晕轮效应。

产品差异的第三层次是产品的销售条件,包括送货上门、安装、调试维修、保证和其他一些促销手段。这个层次的差异化是企业产品的延伸,企业向用户提供的产品,必须通过该层次的活动才能充分发挥其功能,并为用户服务。

差异化战略利用用户对品牌的忠诚以及由此产生的对价格敏感性的下降,使企业能尽可能地避开竞争,同时能使企业在追求高利润时不必追求低成本。当然,差异化战略也不意味着企业可一味地忽视成本,但此时成本已不再是其首要考虑的战略目标了。

差异化不能保证一定有竞争优势,在标准化产品能够充分满足顾客需求,或者竞争者有可能迅速模仿的情况下,情况更是如此。

同时，采取差异化战略还会面临以下风险：顾客并没有对某种特色产品价值给予很高的评价，从而使他们不接受该产品的高价位。

（三）目标集中战略

目标集中战略是通过满足特定消费群体的特殊需要，或者集中服务于某一有限区域市场，来建立企业的竞争优势及其市场地位的战略。

这种战略的最突出特征是企业专门服务于总体市场的一部分，即对某一类型的顾客或某一地区性市场作密集经营。目标集中战略实施的基础是细分市场的划分与定位。企业应在与行业中其他细分市场之间具有明显差异性的目标细分市场上经营，寻找自己集中发展的前景。

实施这一战略的前提是：企业能以更高的效率、更好的效果为某一狭窄的战略对象服务，从而超过在更广阔范围内竞争的对手。结果是企业或者实现差异化优势，或者实现低成本优势，或者二者兼得。

目标集中战略的适用条件是：

(1)行业中存在有特殊需求的顾客，或在某一地区存在有特殊需求的顾客。

(2)没有其他竞争对手试图在上述目标细分市场上采取集中战略，或者虽有这种竞争对手，但其力量相当薄弱。

(3)企业经营实力较弱，不能追求广泛的市场目标。

(4)产品在各细分市场的规模、成长速度、获得能力、竞争强度等方面有较大差别，因而使细分市场有一定的吸引力。

采用目标集中战略也会面临以下两个方面的风险：一是可能众多的竞争者认识到这一目标集中战略的成功所在进而纷纷效仿，二是消费者的偏好转向市场中的标准化产品。

三、国际化经营战略

（一）企业国际化战略模式

经济全球化势不可挡，国际竞争国内化、国内竞争国际化愈演愈烈。整合国际资源增强企业竞争实力、努力抢占国际市场是企业发展的战略选择。企业国际化经营战略是指从事国际化经营的企业（国际企业）通过系统地评估自身的经济资源以及经营使命，确定一个较长时期内企业的主要任务和目标，并根据变动的国际环境拟订必要的行动方针，为求得企业在国际环境中长期的生存和发展所作的长远的、总体的谋划。

针对全球多个市场，国际企业市场战略是如何组合的呢？从实践来看，企业一般采用以下三种模式：

1. 单一进入战略

许多企业的管理人员在选择市场进入方式的过程中，常常不自觉地采用一种简单化的“一刀切”方式，即不管目标市场环境如何，一律采用单一的进入方式。例如，“我们公司只考虑出口方式”，或者“我们公司的技术一概不转让”等。这种战略方式简单，不必对环境做出缜密细致的调查，决策过程简单明了；但是也有缺点：可能使企业丧失许多机会，也可能在某些国家采用了错误的方式，造成“不该进的进了，该进的却进错了”的后果。

2. 程序渐进战略

这种战略主张对不同的市场采取“先近后远，先易后难”的进入方式。目标市场的选择通常是：本国市场——相邻国家市场——区域市场——全球市场；进入方式通常是：从低风险到高风险，从低控制程度到高控制程度，随着经验的积累，一步一步地发展。这种战略相比较而言更能适应具体环境，花费的时间和费用较少，但缺点是忽视对企业长期战略的竞争优势的考虑，过于按部就班，有可能丧失最佳的时机，造成很大的机会成本损失。

3. 系统选择战略

这种战略要求管理人员对全球市场和企业本身可供选择的方式作系统分析，然后综合比较做出选择。尽管理论上比较完美，但实践中却很难，因为这种调查分析工作量很大，对管理人员素质要求高，一般企业很难做到。例如，选择市场进入方式有时要考虑多种因素，结果各有利弊，很难直接比较，另外在环境因素中有许多数据不完全，诸如消费者偏好、汇率走势等，而且估计也是非常不确定的。

(二)进入国际市场的一般形式

1. 商品出口

商品出口是国际经营活动的初级形式。直接出口和间接出口是公司进入国际市场的两种模式。直接出口模式是公司直接进入国外市场销售产品；而间接出口模式下，公司并不直接参与国外市场上的营销活动，间接出口主要通过中间商来进行。

(1)直接出口中，企业对出口产品的经营管理保留部分或全部的控制权，企业要参与国际营销活动，如市场调查、寻找客户、办理出口手续等。其优点是企业可以加强控制，更有效地按企业自身的意图实施出口战略，有利于积累国际营销经验，培养营销人才。但是这种方式要求企业投入的资源也较高，需要大量的人力物力，另外风险也较大。直接出口形式有直接卖给用户和直接卖给国外中间商如代理商、经销商和零售商这两种。

(2)间接出口中，企业的产品出了国界，而企业的营销活动仍在国内进行，企业并不参与该产品的国际营销活动。间接出口风险最低，资金、人力等资源投入较少；但是企业控制海外营销活动能力较差，学习国际经营的潜力较小，一般适合中小型企业。也有些大企业把间接出口作为进一步发展的跳板，如IBM和通用电器等巨型跨国公司便采用间接出口方式渗透到某些次要市场。间接出口方式主要有：外贸收购、外贸代理、委托出口管理公司代理与联营出口等。

2. 特许经营

这是由特许经营者向转让者支付一定的转让费而获得专利、商标、产品配方或其他任何有价值方法的使用权。

特许经营一般比较适用于中小企业，但是大公司也用来进行市场测试或占领次要市场。例如，美国安氏啤酒(Anheuser-Busch)就用此战略在以色列、菲律宾等国经销"百威"啤酒。其缺点是可能培养出新的竞争对手，所以企业绝不能将技术等转让给有明显竞争倾向的受权人，或必须将核心技术控制住。

3. 契约式生产

在这种模式下，公司允许地方制造商按契约要求组织生产，但市场方面的任务仍由公司负责，它的优点是可以较低的投资风险进入国外市场。目前，契约式生产正在成为进入国际市场的一种重要模式。

4. 契约式经营

在这种模式下，公司向提供条件的东道国合作伙伴派出管理专家和提供专有技术。这些管理专家起着合作公司顾问的作用，可以参与企业的日常管理，因而可以要求获得某些信息或专门报告，这对了解市场情况和随后的商业介入非常有用。

5. 合资

在这种模式下，合资双方分享所有权、风险和企业的控制权。在特殊情况下，合资一方也可以通过协商控制商场活动。

6. 公司拥有

在这种模式下，企业可以更加严密地进行战略控制和生产决策，以实现其在东道国市场上获得更大经济利益和发展潜力的目标。

为了选择合适的国际化经营市场战略，企业应该首先合理估计企业内部条件，并明确以下问题：企业将承担多大的风险？设计的回收期是多长？在做有关生产和销售的决策时，企业希望进行何种程度的控制？公司的短期目标和长期目标是什么？在对企业内部做适当估计后，就可以进一步估计国外市场的条件。

第三节　企业经营战略的选择、实施、评价与控制

在组织决定采取何种战略或者战略组合之后，战略管理过程并未结束，战略思想必须转变为战略行动。战略实施会影响到组织的上上下下，涉及组织所有职能部门和业务领域。

一、战略选择方法

(一)波士顿咨询集团矩阵(BCG 矩阵)法

这一分析方法由美国一流管理咨询企业波士顿咨询公司提出。该方法依据经营组合概念，假定所有公司(企业)都是由两个以上的经营单位(分厂)所组成，有若干在经济上存在明显区别的产品/市场片。在一个公司内部的这些经营单位合称该公司的经营组合。经营组合概念提出，公司必须为经营组合的每一经营单位分别制定战略。

在图 4.3 中，用高、低两种因素来衡量矩阵四个方位的市场变化状况，据此，所有经营单位都可列入四种战略类别的一种。

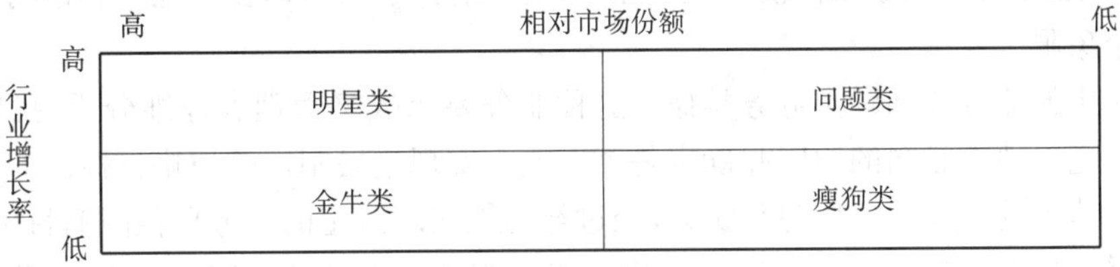

图 4.3　波士顿矩阵

1. 问题类

这类产品处于产品生命周期的增长期。因此，企业需要投入大量资金，迅速扩大投资，购买相应的设备，招聘一定的员工并加以培训以适应工作要求。在这种情况下，企业有了足够的资金和战略，就会向明星类转化。

2. 明星类

明星类的企业由于其市场占有份额高，也许能够提供用于发展的资金。但在明星类行业市场上，竞争激烈，企业要保持其双高的竞争地位，就需要大量资金、人力、物力支持。明星类产品的发展后期，按照产品寿命周期理论曲线将会朝着金牛类发展，如计算机网络和移动电话等都处于双高的战略市场地位之中。

3. 金牛类

该类产品市场处于产品生命周期的成熟期，企业产品成本低、利润高，能为企业带来大量的现金收入和利益。处于这一市场地位的企业无须注入大量资金，只需要一定的资金保持具

有较高市场份额的竞争优势。因此，采用多样化战略管理的企业就可以把金牛类产品中获得的大量资金抽出一部分用于新产品研究与开发，或支持问题类和明星类的战略业务项目。

4. 瘦狗类

该类产品既没有相对市场占有率，也没有行业发展的潜力。因此，被人们形象地称为“鸡肋”，食之无味，弃之可惜。处于这一地位的产品盈利减少，或者出现亏损。处于这类市场地位的企业应该尽早采取措施，撤退或转向其他领域。

（二）战略群模型

战略群模型是对波士顿矩阵加以修正后得出的一种企业战略选择方法，其主要内容体现在图 4.4 中。

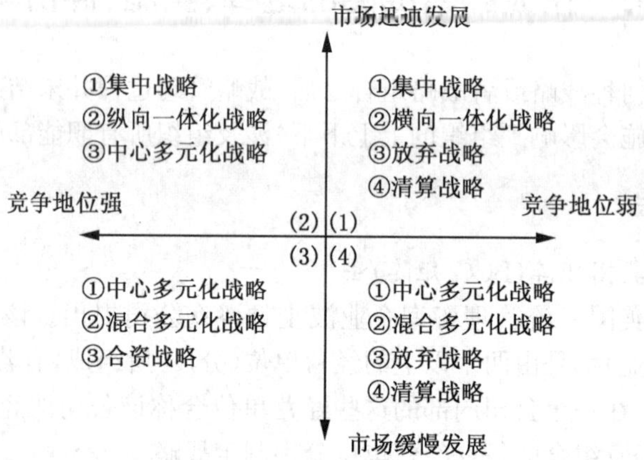

图 4.4　战略群模型

与波士顿矩阵类似，战略群模型也将业务单位划分成四种，即竞争地位和市场发展相互组合成的四个象限。

象限 1 中的业务与问题类业务类似。这种业务要求战略管理者仔细分析，找出在迅速发展的市场上竞争地位较弱的原因并确定是否有能力实现过去制定的战略目标。如果认定企业还具备尚未体现的潜在竞争优势和实力，经过努力能实现既定的业务单位战略目标，那么企业仍旧可以采取集中战略，或者用横向一体化战略来扩充企业的竞争实力。相反，若分析的结果是在战略规划期内企业无法获得更多的竞争优势和实现既定的战略目标，那么，企业可考虑放弃和清算战略。

象限 2 中的业务与明星类业务类似。首先选择的战略应当是集中战略，因为企业目前的战略实施情况是令人满意的。但是，如果企业拥有超过集中战略所需的资源量时，就可以考虑纵向一体化战略，因为这有助于更好地接近用户和供应商，从而保护企业的利润和市场份额。当然，企业也可尝试中心多元化战略，但这对资源的要求要大得多。

象限 3 中的业务相当于金牛类业务。这些业务一般具有现金流入大、内部发展对资源的需求少的特点。所以，对它们既可以采取各种多元化战略，也可以采取联合投资的做法，以实现进入更有发展前途的业务领域的目标。

象限 4 中的业务对应于波士顿矩阵中的狗类业务。对于这类业务，如果企业管理者经过分析确认这种缓慢的市场发展和相对弱的竞争地位将继续下去，那么就应当实施紧缩型的抽资转向战略，或者干脆采用放弃战略和清算战略，以尽可能地收回被其占用的资源。但如果这类业务的转向和清算战略较困难(如受沉没成本和资产专用性影响),企业也可以考虑进行一定的多样化经营,力图从相关和不相关的业务领域中获取发展机遇。

二、战略实施

成功地制定战略不能保证成功地实施战略,因为从来都是做事情(战略实施)比准备做事情更加艰难。战略制定同战略实施有着重大的区别:战略制定是在行动之前安排力量,战略实施则是在行动中控制力量;战略制定侧重于效果,战略实施则侧重于效率;战略制定主要是思维过程,战略实施则主要是行动过程;战略制定需有直觉与分析能力,战略实施则更加需要激励与领导才能;战略制定可能只需要对少数人进行协调,战略实施则需要对许多人进行协调。

(一)年度目标

这是战略实施的必要条件,是一项组织所有成员都直接或者间接参与完成的活动,积极参与确定年度目标有利于增强员工的认同感和责任意识。企业确定年度目标的目的可以归纳如下:年度目标是企业行动方向、努力途径以及成员活动的指导方针;年度目标通过向利益相关者给出各项活动的合理性,使企业经营行为具有合法性;年度目标提供了衡量业绩的标准;年度目标提供了激励员工,使他们识别自我的重要源泉;年度目标激励管理者和员工努力工作;年度目标提供了组织结构设计的基础。

(二)政策

组织的政策有利于解决重复出现的问题,也有利于指导战略实施。广义地讲,政策是指为支持和鼓励实现既定目标的各项工作而制定的具体指导方针、方法、程序、规则、形式及管理规范。政策是战略实施的工具,明确了组织实现目标过程中可以做和不可以做的事情,为各种奖惩活动设置了边界、约束条件和极限。

(三)资源配置

这是战略实施中的一项重要管理活动。战略管理促使资源按年度目标要求的优先级次进行配置。任何资源配置计划的真正价值,都在于实现目标。因此,战略管理本身有时也称为"资源配置过程"。所有企业至少拥有四种用来实现预定目标的资源:人力、财力、物力和技术。资源的作用必须通过计划、用人、控制和责任承担等才能得到发挥。

(四)处理冲突

由于争夺有限资源以及目标间的依赖性,展开的竞争常常带来一系列的冲突。冲突可以视为双方或更多当事人在一个或多个问题上的分歧。例如,负责收银事项的经理人员确定的在给定年份将坏账减少50%的目标,会与业务部门确定的销售额增加20%的目标发生冲突。目标会导致冲突还在于管理人员和战略家必须在如下矛盾之间进行权衡:短期利润与长期增长、盈利水平与市场份额、市场渗透与市场开发、成长与稳定、高风险与低风险、社会责任与利润最大化。

企业中的冲突实际上是不可避免的,冲突未必总是坏事。应对与解决的方法可以归纳为三类:规避、缓和与正视。规避主要是指将出现的问题看得轻松,希望冲突会自行解决,或者将相关冲突的个人(或群体)进行隔离;缓和是指缩小冲突双方的分歧,转而强调双方的相似点和共同利益,努力促成双方的妥协以达到不输不赢的状态。正视包括通过对双方的成员交换,促进相互理解,召开会议使群体双方各抒己见、求同存异等。

(五)克服变革阻力

变革阻力可以被认为是成功实施战略中最大的一个威胁。人们往往可能对战略措施采取抵制措施，因为他们不了解正在发生什么和为什么变革。变革阻力常见的形式有毁坏生产设备、缺勤及拒绝合作等。在这种情况下，变革必须能够被管理者和员工视作机会而不是威胁，因此，员工所需要的可能只是正确的信息。

战略管理实施过程就是要将重要的变革施加给个人和业务，战略实施能否成功取决于管理者是否具备营造有利于变革组织环境的能力。克服变革阻力的方式很多，常见的有强制变革战略、教育变革战略和自利变革战略三种。强制变革战略靠发布命令和强制实施变革，其优点是变革迅速，缺点是员工责任心不足和阻力较大；教育变革战略通过提供各种信息使人们充分认识到变革的必要性，其缺点是变革缓慢、难度大，但该战略有利于提高责任心和减少变革阻力；自利变革战略是努力让人们相信变革对他们有利，一旦劝说成功，战略实施会变得相当容易，当然，变革很少对所有人都有利。

三、战略评价与控制

当组织的内外环境发生变化时，设计完美的战略会变得过时。因此，战略家系统地检查、评价和控制战略的实施，是战略管理过程中的必要环节。

（一）战略评价的性质

战略管理过程做出的决策对组织具有显著而持久的影响。错误的战略会带来严重的后果，且结局很难改变。为此，大多数战略家都承认，战略评价对组织至关重要，及时评价可以使管理当局在局势恶化之前对现有问题和潜在问题采取有效措施。战略评价包括三项基本活动：(1)检查组织战略的内在基础；(2)比较实际结果和预期结果；(3)采取纠正措施，确保行动与计划一致。

充分、及时的信息反馈是有效战略评价的基础，战略评价的结果不可能比它所依赖的信息更为准确。如果高层管理者向下级施加太大的压力，可能会促使基层管理人员为了上级满意而伪造数据。

战略评价活动应当连续进行，而不只是在特定时期的期末或出了问题后才进行。评价战略采取连续而不是定期的方法，有利于建立经营过程需要的各种基准，并有效进行监测。有些战略需要在很多年内实施，因而，其实施结果可能在数年内不会表现出来。成功的战略家应能将耐心与决心有机结合，并在需要时及时采取纠正措施。

（二）战略评价的框架

1. 检查战略基础

组织应不断监视构成现行战略的外部机会、威胁和内部优势、劣势的变化情况。这个问题的重要之处不在于这些因素是否会发生变化，而在于它们何时变化、如何变化。战略评价中需要考虑以下一些问题：(1)我们的内部优势仍然是优势吗？我们是否增加了新的内部优势？如果是，是什么优势？(2)我们内部的劣势是否仍然是劣势？我们现在是否有了其他的内部劣势？如果是，是什么劣势？(3)我们的外部机会是否仍然是机会？我们现在是否有了其他的外部机会？如果是，是什么机会？(4)我们的外部威胁是否仍然是威胁？我们现在是否有了其他的外部威胁？如果是，是什么威胁？(5)我们是否有能力同竞争对手对抗？

2. 衡量组织绩效

衡量组织绩效的活动包括：将实际结果与预期结果相比较，考虑实际进程与计划的差距，评价个人绩效，检查在实现既定目标过程中已经取得的成绩。

常用于衡量组织绩效的指标有：投资收益率、版本收益率、盈利率、市场份额、权益负责率、每股收益、销售增长率和资产增长率。

除上述定量指标外，还有如下用于战略评价的定性问题：(1)战略与组织内部条件一致吗？(2)战略与外部环境一致吗？(3)战略与可利用的资源相匹配吗？(4)战略所涉及的风险程度可以接受吗？(5)战略实施的时间表适应吗？(6)战略可行吗？

3. 采取纠正措施

战略评价的最后一项行动是采取纠正措施，它要求组织通过各种变革为未来取得更大的竞争力而作出努力。可能出现的变革包括：调整组织结构、更换一个或多个关键人员、出售业务部、修改组织使命陈述、确定和修改目标、制定新政策、重新配置资源、采取新的绩效激励办法等。采取纠正措施并不一定意味着放弃现行战略或者制定新的战略。

纠正措施应当将组织置身于能够发挥内部优势和利用外部机会的有利位置，能够使组织规避、减少或缓和外部威胁，能够使企业弥补内部劣势。纠正措施应当有明确的贯彻落实时间界限和适当的风险防范。此外，纠正措施应当与组织内部条件及承担的社会责任保持一致。

(三)有效评价系统的特征

战略评价必须满足如下几项基本要求才能有效：首先，战略评价活动必须经济实用。太多的信息如同太少的信息一样有害，太多的控制同样弊大于利。其次，战略评价活动应当有实际意义，应当与组织目标相联系，应当向管理者提供有关可以控制、影响任务的信息。

战略评价不能干扰或左右决策，而是要促进相互理解、信任与普遍的认同，应有利于采取行动，并被直接送到根据这些信息采取行动的员工那里。在战略评价中，每一个部门都必须与其他部门合作。此外，战略评价应当简单明了，不应过于复杂，也不要有太多的约束，一个有效的评价系统需要进行检测的是其有用性而不是其复杂性。

四、企业危机管理

正如俗话所说的“天有不测风云，人有旦夕祸福”，对于企业而言，由于外部环境变化或内部管理不善，可能会陷入某种危机。鉴于危机可能造成的巨大危害，企业应当重视危机管理。越是在危机时刻，越是能体现一个优秀企业的素质与实力。

(一)危机的含义及特点

在现代汉语中，“危机”一词有两种解释：一是危险的祸根，如危机四伏；二是严重困难或生死存亡的紧要关头，如经济危机。

危机，有时也是指一个不稳定的时期。当危机来临时，如果能够及时采取有效措施，度过这个不稳定的时期，就是一个新局面的开始。所以，也可以说，危机是一个转折点。它是一个富有思辨色彩的词语，“有危险才有机会”。

为了正确地识别危机和有效地处理危机，必须掌握企业危机的特点。

1. 偶然性与未知性

很多危机事件是突发性的，多数是在人们毫无察觉和毫无准备的情况下发生的，让人们感到意外、吃惊，甚至会感到恐惧、害怕，同时，也会给企业带来一定程度的混乱。

2. 危害性与不利性

危机事件一旦发生，就会造成一系列的严重危害。譬如，空难、海难事故引发的危机，往往在危害企业的同时，还会危害当事人及其亲属的心理和生理健康。

从不利性来讲，不仅对企业不利，对公众、当事人、家属及社会等也很不利。

3. 严重性和受关注性

企业一旦发生危机，一般说来就不是小问题。它涉及面广、性质严重，很多企业在危机中垮台、破产。例如，巨人集团、郑州亚细亚、爱多公司等。

由于危机事件的严重性，所以，它不仅会引起公众与媒体的关注，甚至还会引起世界各国的关注。如2011年日本福岛核电站的核泄漏事故，在非常短的时间内就成为国内外大小媒体关注和报道的焦点。

4. 复杂性和普遍性

企业危机一般都具有复杂性的特点：一是造成危机的原因是很复杂的，既有内因，又有外因；二是在危机处理过程中，遇到的情况十分复杂，既有主观上的原因，又有客观上的原因。

例如，香港的百富勤，本来是一个知名度很高、业绩辉煌、硕果累累、人才济济的十分成功的企业。创办时仅有3亿港元注册资金，10年后增加了80倍，到1997年亚洲金融危机前夕，百富勤已成为除日本之外亚洲最大、实力最雄厚的投资商，并跻身世界500强之列。但是由于1997年它向印度尼西亚橡胶公司发放2.65亿美元半年期贷款，而该橡胶公司在亚洲金融风暴中屡屡失败，不能偿还百富勤的短期贷款，致使百富勤资金周转不灵，最终在1998年1月宣布破产。百富勤危机既有内部决策失误，又有东南亚金融风暴影响等原因，情况十分复杂。

再就危机的普遍性来说，大到一个国家，小到一个企业，都可能遭到危机的威胁。国内外各类企业发生的危机就足以说明，企业危机具有普遍性。

（二）危机管理的含义及危机处理的原则

危机管理包括危机处理及危机预防，它有广义和狭义之分。广义的危机管理是指企业领导与危机管理人员在危机管理理论与原理的指导下，依据危机管理计划对危机事件进行预测、监督、控制和处理的整个过程。

狭义的危机管理是指企业领导与危机管理人员运用危机管理的策略、措施与技巧来改变已经发生的危机事件所造成的被动局面的过程，也就是通常所讲的危机处理过程。

那么，当危机到来时，危机管理人员应当遵循哪些原则呢？

1. 真实性原则

真实性是危机管理的核心原则。当企业发生危机时，必须向公众如实反映事件发生的原因、已经和可能造成的后果、正在采取的措施或将要采取哪些补救措施，绝不能隐瞒事实真相，更不能嫁祸于人、推卸责任。即使有些情况暂时还不清楚，也要如实相告。

2. 及时处理原则

为了把危机事件造成的损失降到最低限度，在最短的时间内重塑或挽回企业原有的良好形象和声誉，必须坚持及时处理原则。对于抢救工作来说，“赢得了时间，就是赢得了形象”。有专家说：“高效率和日夜工作是做到快速反应不可缺少的条件。”

3. 冷静对待原则

危机发生后，处理人员应冷静、沉稳和镇静。不要因头绪繁多、关系复杂而使自己变得急躁、烦闷、信口开河。为此，事先要进行培训，要作充分的心理准备，才能应付自如。

4. 全面与公正的原则

在处理危机事件时，既要考虑内部公众的利益，又要考虑外部公众的利益。既要注意对公众现在的影响，又要考虑对公众未来或潜在的影响。要公平而正确地对待受害公众，要排除主观、情感等因素，绝不能站在公众的对立面，始终把公众的利益放在第一位。在维护和确保公众利益的同时再考虑本企业的利益。有时为了维护公众的利益，不惜暂时牺牲本企业的利益。

5. 准确性与客观性原则

危机事件发生后，由于各种原因，传播的信息容易失真，很容易带有传播者的主观色彩。为此，一定要坚持准确性与客观性原则，既要客观真实地传播，又要做到准确无误。要及时召开新闻发布会，通过正式渠道传播真实信息，避免猜测和小道消息给公众造成的不良影响。

6. 针对性与适应性原则

由于危机事件具有的不同类型和特点，所面临的环境也各不相同，为此所提出的处理措施、处理程序应当有较强的针对性与适应性，并且努力做到化解矛盾、妥善解决、不留后遗症。

7. 人道主义原则

当企业遇到危机、公众的生命财产受到威胁时，首先要遵循人道主义原则，以救人为主，把公司的经济损失放到第二位。这也是世界各国普遍遵循的原则。

8. 维护声誉原则

维护声誉是危机管理的出发点与归属。在危机管理的过程中，企业的工作人员及危机管理专家都要努力减少危机对企业信誉带来的损失，争取公众的谅解和信任。这是一个根本原则，也是目的之一。

总之，企业危机处理的总原则是：真实传播，挽回影响，减少损失，维护声誉。

【思考与练习】

1. 企业战略管理的含义是什么？谈谈你对企业战略管理的认识。
2. 企业经营面临哪些方面的宏观环境与微观环境？它们对企业的经营会带来哪些影响？
3. 公司经营竞争战略有哪些种类？各具有哪些特征？
4. 企业的一般竞争战略有哪些种类？各具有哪些特征？
5. 企业的国际化经营战略有哪些类型？企业如何进入国际市场？
6. 如何确保企业战略的顺利实施？
7. 企业危机具有哪些基本特征？对危机的处理要遵循哪些基本原则？

【案例分析】

与工商总局过招的淘宝

2015年初这场堪称贺岁大片的对战，始于1月23日国家工商总局公布2014年下半年网络交易商品定向监测结果，其中点名淘宝网：在购物网站的检测结果中，淘宝网正品率最低，仅为37.25%。1月27日，淘宝官方微博发了一篇名为《一个80后淘宝运营商小二心声》的公开信，对工商总局这份报告的调查方式和结果提出了质疑，直接喊话国家工商总局网络监管司司长刘红亮："您违规了，别吹黑哨！"

27号晚上，工商总局发布了三点官方回应。1月28日上午，工商总局官网发布了《关于对阿里巴巴集团进行行政指导工作情况的白皮书》，其中指出，阿里系网络交易平台长期存在大量违法经营问题。

28日下午，淘宝发声明向国家工商总局正式投诉刘红亮在监管过程中程序失当、情绪执法。两个小时后，淘宝官方微博发表文章，在文中，马云说，假货是所有商业模式发展的硬伤，假货不是淘宝造成的，但淘宝注定要背负这种委屈、这种责任，淘宝只能认下它、解决它。

1月30日，工商总局发布消息称，张茅局长在工商总局会见马云，马云称阿里巴巴将配合政府打假，加强日常线上巡查和抽检。国家工商总局发言人强调，此前发布的白皮书，是行政指导座谈会会议记录,不具有法律效力。至此,这场罕见的政企过招正式结束,双方握手言和。

思考:

1. 你认为淘宝在本次危机公关处理中采取了什么样的策略?
2. 你认为淘宝危机策略是否有效?
3. 在危机公关中,有效处理的关键步骤有哪些?

第五章

企业经营决策与计划管理

【学习指导】

企业决策与计划是企业管理过程中至关重要的两个方面，是企业管理的核心要素。在企业管理工作中，决策与计划密不可分，相互渗透；但是两者在概念、过程、作用、方法等方面又存在一定区别。本章通过理论阐述结合案例分析，把握企业经营决策与计划的核心要件，以期引导同学们在企业管理实践中学会制订计划、参与决策。

【导入案例】　　步步高的大西南战略

商业版块的步步高商业连锁股份有限公司2008年在深交所上市股票代码是002251，是中国连锁20强、中国快速消费品连锁10强。

步步高在1995年刚起步时，正是改革开放使中国发生巨大变化的时候，也是现代连锁经营在中国的萌芽时期。步步高在湖南湘潭市开出了湖南第一家连锁超市。

公司制定了"用现代商业的服务理念走中小城市道路"的发展战略，避开大城市的竞争，坚持立足中小城市，以密集式开店、"双核"多业态、跨区域的发展模式向消费者提供零售服务。

目前，步步高零售业的版图已经覆盖了湖南、江西、广西，进入四川、重庆多个地市，并战略性进入云南、贵州等省区。20年来，公司逐步发展成为拥有超市、家电、百货、购物中心、便利店、物流、电子商务、服装、餐饮等多业态的大型商业集团，拥有门店400余家。

2008年6月19日，步步高商业连锁股份有限公司登陆深交所，成为中国民营连锁超市企业首家上市公司。2014年，步步高并购广西最大零售企业南城百货。

（资料来源：http://www.bbg.com.cn）

讨论：

1. 步步高在过去20年中如何迅速发展？
2. 步步高在决策过程中主要考虑要素有哪些？

第一节　企业经营决策概述

在棋界有句话："一着不慎，满盘皆输；一着占先，全盘皆活。"它喻示一个道理，无论做什么事情，成功与失败取决于决策正确与否。科学的企业经营决策能使企业充满活力、兴旺发达，而错误的经营决策会使企业陷入被动、濒临险境。诺贝尔经济学奖得主西蒙甚至强调，管理就是决策，决策充满了整个企业管理过程。决策在企业经营管理中的重要地位由此可见一斑。

一、决策的概念和类型

（一）决策的概念

决策是人类社会的一项重要活动，它涉及人类生活的各个领域，诸如军事上的指挥、企业里的经营管理等。尽管决策对象在具体内容上有明显的差别，但就其本质来说是相同的，即都是一个从思维到作出决定的运筹过程，这个过程集中体现了人们在对客观事物全面、本质的认识基础上驾驭事物发展的一种能力。但是从本质上讲，古代决策大多是依靠个人经验来决断的，它是一种同小生产方式相联系的经验决策。

科学决策是现代管理理论的组成部分，它是在20世纪出现的。20世纪30年代，美国学者巴纳德和斯特恩最早将决策概念引入管理理论。后来，西蒙和马奇等人发展了巴纳德理论，创立了现代决策理论。现代决策理论认为，决策是决策者在占有大量信息和丰富经验的基础上，对未来行动确定目标，并借助一定的手段和方法对影响决策的诸因素进行分析研究后，从两个以上可行方案中选取一个满意方案的运筹过程。因此，科学决策并非瞬间的“拍板定案”，而是一个提出问题、分析问题、解决问题的系统分析过程。

简言之，所谓经营决策，是指一定组织（如公司、企业）为了实现自身既定的经营目标，通过科学的预测对多个方案进行反复比较、分析，围绕涉及组织命运和前途的、长远的重大问题，选择较优经营方案的过程。

（二）决策的类型

1. 按决策主体划分

从决策主体来看，可以将决策分为高层决策、中层决策和基层决策。

高层决策是指上层领导者所做的方向目标之类的重大决策，基本上属于非肯定型或风险型决策。这类决策立足于战略层面，复杂程度高，定型化少。例如，目前的汽车工业面对能源危机是否开发非石油型汽车、应该如何面对市场风险就属于高层决策的范畴。

中层决策通常是由中级管理人员所做的业务性决策。这类决策立足于业务层面，复杂程度适中，定型化较多。例如，某汽车生产企业一旦确定开发非石油型汽车，如何制定成本策略、如何针对客户群进行销售、如何做好售后服务都属于中层决策。

基层决策是由基层管理人员所做的执行性决策。这类决策立足于执行层面，复杂程度低，属于定量型、肯定型决策。例如，一个企业要购买原材料，它是有时间和批量规定的，按时按量进行采购不需要每次都重新决策，这属于基层决策的范畴。

2. 按决策层次划分

按决策层次划分，决策可分为战略决策、管理决策和业务决策。

战略决策指事关企业未来发展的全局性、长期性的重大决策。这种决策旨在提高企业的经营效能，使企业的经营活动与外部环境变化保持正常的动态协调。战略决策一般由企业最高管理层制定，故又称高层决策。企业经营目标和方针的决策、新产品开发决策、投资决策、市场开发决策都属于战略决策。

管理决策指为实施战略决策，在人、财、物等方面作出的战术性决策。这种决策旨在提高企业的管理效能，以实现企业内部各环节的高度协调和资源的有效利用。管理决策具有指令化、定量化的特点，其正确与否关系到战略决策的顺利实施。这种决策一般由企业中间管理层作出，故又称中层决策。生产计划决策、设备更新改造决策均属此类决策。

业务决策指在日常生产管理中提高生产效率和工作效率，合理组织生产过程的决策。属于这种决策的有生产作业计划决策、库存决策等。

战略决策、管理决策和业务决策之间没有绝对的界限，尤其是管理决策和业务决策在一些小型企业中往往很难截然分开。制定决策的各级管理层也不是不可逾越的，通常，为了发挥各级管理人员的积极性，提高决策的质量和心理效应，各管理层在重点抓好本层决策的同时，三个层次的决策者都应或多或少地参与相邻管理层的决策方案的制定。

3. 按决策事件的发生频率划分

按决策事件的发生频率划分，决策可分为程序化决策和非程序化决策。

程序化决策指在日常管理工作中以相同或基本相同的形式重复出现的决策。由于这类决策问题产生的背景、特点及其规律易被决策者所掌握，因此决策者可根据以往的经验和惯例来制定决策方案。决策理论将这种具有常规性、例行性的决策称为程序化决策。属于这种决策的有生产方案决策、采购方案决策、库存决策、设备选择决策。

非程序化决策指受大量随机因素影响、很少重复发生、常常无先例可循的决策。由于缺乏可借鉴的资料和较准确的统计数据，决策者大多对处理这种决策问题经验不足，因此在决策时没有固定的模式和规则可循。这样，决策者及其智囊机构的洞察力、思维、知识及对类似问题决策的经验将起重要作用。属于这种决策的有经营方向决策、目标决策、新产品开发决策、新市场开拓决策等。

4. 按决策分析的方法划分

按决策分析的方法划分，决策可分为确定型决策、风险型决策和非确定型决策。

确定型决策指决策者对每个可行方案未来可能发生的各种情况及其后果十分清晰，特别是对哪种自然状态将会发生有较为确定的把握，这时可从可行方案中选择一个最有利的方案作为决策方案的决断过程。确定型决策一般可运用数学模型求得最优解，如产量、利润决策可采用线性规划、量本利分析模型，库存决策可用库存模型，设备的更新改造决策可用技术经济分析方法等。

风险型决策指决策事件未来各种自然状态的发生是随机的，决策者可根据相似事件的历史统计资料或实验测试等估计出各种自然状态的概率，并依据其大小进行计算分析后作出的决策。风险型决策可采用决策收益表、决策树等方法。

非确定型决策指决策者无法确定决策事件未来各种自然状态的概率，完全凭借个人的经验、感觉和估计作出的决策。目前，关于这种非确定型决策，已经有一些准则供不同类型和风格的决策者选用。

5. 按决策的时间跨度划分

按决策的时间跨度划分，决策可分为长期决策与短期决策。

长期决策是对制定企业长远目标，中、长期计划及有关联合经营、资金投向、市场开发、产品转换、扩大规模等问题的战略性决策。

短期决策基本是指对一年之内要解决及执行的有关问题的决策。

经营决策在企业经营管理中占有十分重要的地位。为了使企业在决策中能达到预期的目的，科学地划分决策的类型，合理地采用不同的科学决策方法和手段十分重要。以上是对企业经营决策的一般分类，实际上，各种类型的决策常常是相互影响和交叉的。在经营决策中主要研究的是组织决策、战略决策、非程序化决策、风险型决策和非确定型决策。

二、决策的原则

经营决策原则是指经营决策必须遵循的指导原理和行为准则。它是科学决策指导思想的反映，也是决策实践经验的总结。在经营决策过程中要遵循各种各样的具体原则，如乐观原则、悲观原则、最小后悔值原则等。但是，从经营决策的基本原则来说，有许多是共同的，这些一般原则主要包括系统性原则、经济性原则、可行性原则、前瞻性原则、信息性原则、民主性原则、方向性原则、科学性原则等。

（一）系统性原则

应用系统理论进行决策，是现代科学决策必须遵循的首要原则。决策过程是一个具有明确目标，由许多相互制约、相互联系的要素所构成的有机整体。按照系统原则要求在制定决策时，首先应贯彻“整体大于部分之和”的原理，统筹兼顾，全面安排，各要素和单个项目的发展要以整体目标最满意为准绳；其次应强调系统内外各层次、各要素、各项目之间要协调、平衡、配套；最后要建立反馈系统，实现决策实施运转过程中的动态平衡。

（二）经济性原则

经济性原则，即研究经济决策所付出的代价和取得收益之间的关系，研究投入和产出的关系。经营决策必须以经济效应为核心，同时要把经济效益同社会效益结合起来，并且要尽量以较少的劳动消耗和物质消耗来取得最大的成果。如果一项经营决策所付出的代价远远超过其所得，那么这项决策就不是成功的决策。

（三）可行性原则

可行性原则的根本要求是以辩证唯物主义为指导思想，运用社会科学和自然科学的手段，努力寻找为达到决策目标的一切方案，并分析这些方案的利弊，以便从中择优。可行性分析是可行性原则的外在表现，是经营决策活动中的关键。只有经过可行性分析论证后选定的决策方案，才是行之有效的最佳方案。掌握可行性分析原则必须认真研究分析制约因素，这些制约因素包括自然条件的制约和决策本身目标系统的制约。可行性原则的具体要求就是在考虑制约因素的基础上进行合法性、选优性、全面性的研究分析。

（四）前瞻性原则

前瞻性原则是指预测未知的情况。预测是通过过去和现在的已知情况，运用各种知识和科学手段来推知未来的未知情况，它是经营决策的前提和依据。科学决策，就是采用科学的预见来克服没有科学依据的主观臆测，以防止盲目决策。经营决策是否正确，取决于决策者对未来后果判断的正确程度，不知道决策后的结果怎样，通常会造成决策失误。

（五）信息性原则

经营决策是靠信息来制定的，信息是决策的基础，信息的质量直接影响着决策的质量。因此，科学决策要求信息必须是准确、适用、及时的。进行决策必须广泛收集与之有关的全面系统的信息资料，然后进行归纳、整理、分析、加工，从而为正确的决策提供前提条件。当今的社会也是信息的社会，信息在决策中占有非常重要的地位，因而要求决策者在决策时一定要重视信息性原则。

（六）民主性原则

经营决策的民主性原则，也就是指决策者要充分发扬民主作风，调动决策参与者，甚至包括决策执行者的积极性和创造性。一起参与决策活动，并能够善于集中和依靠集体的智慧与力量来进行决策。民主性原则包括以下几个方面的具体要求：

(1)经营决策者要充分发扬民主作风，正确把握好集权与分权、集中和民主的关系。决策者既要适当地集权决策，又要合理地分权决策；既要反对家长作风，又要反对极端民主化，要把决策者行使决策权与决策参与者、执行者参与决策活动统一起来；不但要依靠群众、相信群众，还要领导群众、组织决策参与者和执行者。

(2)经营决策者要依靠集体进行决策。当今世界是一个技术、信息飞速发展的时代，市场存在复杂性、多变性和竞争性，由于个人能力有限，领导决策必须充分发扬民主，依靠集体决策。首先，注意发挥由专家组成的智囊团的作用；其次，根据实际情况组成一个决策集团，实行集体讨论、进行集体决策；最后，对于重大问题，还可邀请本系统以外的有关方面协助决策。

(3)经营决策者一定要切实保障决策参与者、决策执行者在决策活动中的权利和地位。决策参与者和执行者不仅是决策管理的对象，也是决策管理的主体。决策参与者和执行者有审议本系统的重大决策措施的权利，有监督决策方案的执行权利。领导决策人和他们应该相互合作、相互协调、群策群力，只要能切实保障决策参与者和执行者的权利和地位，就能调动他们的积极性、主观能动性以及使他们充满责任感。

(七)方向性原则

经营决策必须具有清晰的实际具体的方向目标，这个方向目标是根据企业自身的实际经营情况制定的，是经过审慎分析内、外部经营环境后确定下来的，因此要具有相对的稳定性，不能朝令夕改、随波逐流。因此，只要一经确定下来，就不能轻易变更。

(八)科学性原则

科学性原则是一系列经营决策原则的综合体现。现代化大生产和现代化科学技术、特别是信息论、系统论、控制论的兴起，为决策由经验到科学创造了条件，领导决策者的决策活动有了一个质的飞跃。现代领导者应该加强学习现代管理知识、遵循科学性原则，才可进行科学的决策。决策科学性有它的基本要求。

(1)决策思想科学化。经营决策者能否按照科学思想进行决策，是经营决策科学化的关键所在。科学的决策思想要求决策有合理的决策标准、系统的决策观念、差异化的思维逻辑以及民主的决策风格。

(2)经营决策方法科学化。现代经营决策已形成两类相互区别、相互补充的科学经营决策方法，即“软”技术和“硬”技术。“软”技术是指凭借许多专家的知识、智慧、经验，运用心理学、社会学的理论而归纳出科学判断的定性分析方法；“硬”技术是凭借运筹学、系统分析及电子计算机的知识，利用数理分析来进行判断的定量分析方法。经营决策者在决策时，必须将两种方法结合起来，根据实际探索出一套科学而适用的经营决策方法、技术以及手段。

(3)经营决策程序科学化。经营决策本身就是为了解决企业存在的问题。因此，科学的经营决策应该根据科学的程序来执行。执行程序的方法和态度是否科学，将直接影响经营决策方案的优劣。所以经营决策行为规范化、条理化是经营决策程序化的根本目的，只有在这个基础上，才能提高经营决策的效能、收到预想的效果。

(4)经营决策体制科学化。现代经营决策体制在宏观上是由以下五大系统组成的完整的结构，这五大系统分别是：

第一，经营决策系统，是由负责决策责任的经营决策者组成的，它有权在一定范围内就一些有关问题作出经营决策。

第二，信息系统，即专门收集、统计、储存、检索、公布，显示有关情报资料信息，设立在各级经营决策系统周围的一个组织机构。信息系统通常由获取信息、处理信息、储存信息和传输信息四个环节组成。经营决策的每个环节和步骤都不能离开信息系统而单独进行。

第三，智囊系统，是由各种不同专业的自然科学专家和社会科学专家组成的、专门为领导经营决策服务的研究咨询系统，它是广泛开发智力、协助经营决策系统决策的组织形式。智囊系统的任务就是对接受的某项经营决策进行咨询，运用现代运筹和预测的方法，通过利用信息系统提供的数据资料从不同角度、不同侧面对经营决策问题进行系统研究。

第四，执行系统，是指执行经营决策系统的各项经营决策指令并付诸实施。它是一个由低级到高级保证经营决策正确、逐步实施的系统。

第五，监督系统，就是对执行系统贯彻执行经营决策系统的指令情况进行全面的检查和监督，同时帮助经营决策系统进行自我调节，以保证指令顺利贯彻执行和经营决策目标顺利实现。

只有在这五大系统的基础上建立起来的经营决策体制，才能保证企业领导的经营决策信息广泛、咨询充分、执行分散、决策集中、监督独立、反馈及时，才能实现经营决策的民主化和科学化。因此，科学性原则的这些方面是相互联系、不可分割、缺一不可的。只有树立科学的经营决策思想、遵循科学的经营决策程序、采用科学的经营决策方法、建立科学的经营决策体制，才能使整个经营决策具有科学性。

以上论述的这些原则都是指导经营决策活动的基本原则，而不是经营决策过程中某个环节中几个个别经营决策类型的具体原则。因此，经营决策者要想不断提高经营决策水平，就要认真把握这些原则的基本精神，同时还要紧密联系工作实践。

三、经营决策的程序

在决策过程中，有经验的企业决策者往往不会轻率行事。他们会遵循一定的程序和步骤，将决策过程系统化、理性化，以此提高决策的准确性。科学的决策过程是一个动态的系统反馈过程。这一过程可用图 5.1 来表示。

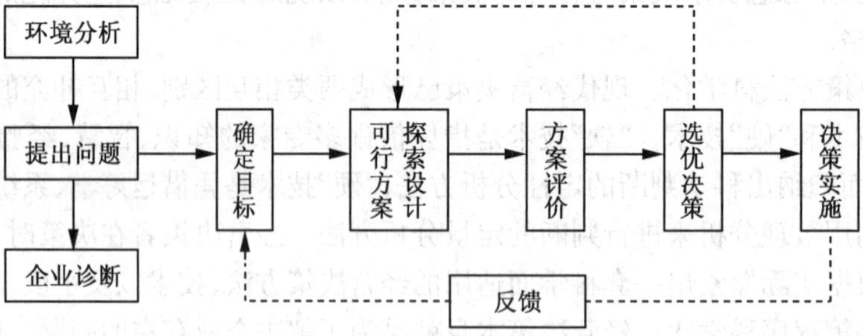

图 5.1　科学决策程序

(一)确定决策目标

决策目标的确定是企业进行决策的起点，决策的最终目的就是要达到既定的目标。目标确定得不明确或不合理，就会导致决策失误。企业在生产经营活动过程中往往会同时面临很多问题需要解决，这时应选择哪些问题作为决策的目标，就是决策首先要解决的问题。例如，企业的市场竞争能力较差，可能是由于产品结构不合理、促销手段不当、销售渠道不畅、价格不合理等原因造成的。于是便可以确定产品更新或调整、合理组合营销手段、选择最佳的销售渠道、降低产品成本和售价等多个目标。其中,有的目标是相关的或一致的,有的目标可能是相互矛盾的。因此,在多个目标中如何进行选择就是决策的首要问题。

确定决策目标的过程可以分为五个步骤:通过经营环境的调查分析和企业经营诊断,找出应达到的经营状态与实际经营状态之间的差距;根据存在的差距,找出主要问题及其产生的原因;根据主要问题确定初步目标;对初步目标进行可行性分析,遇到多目标时进行多目标的处理;在可行性分析的基础上,确定决策目标。具体过程如图 5.2 所示。

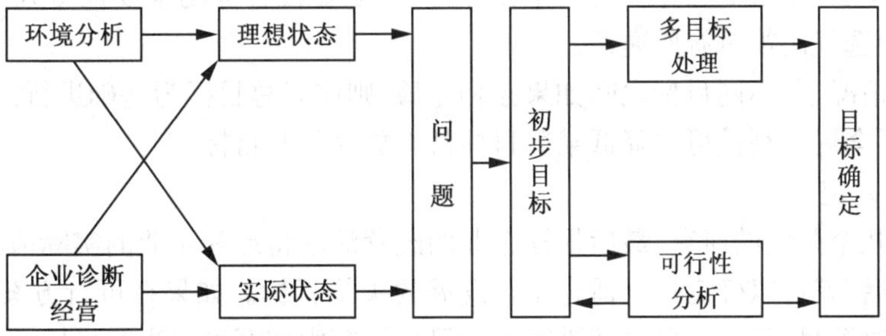

图 5.2　确定决策目标过程

1. 确定要解决的问题

决策目标是由决策所要解决的问题所决定的。确定决策的目标,必须将需要解决的问题的性质、结构及原因分析清楚。

问题就是差距。找出企业经营中存在的问题就是要从实际出发,分析在特定环境下经营所应达到的理想状态和实际所达到的现实状态有多大差距。

理想状态是由客观条件决定的,所以,要找出差距必须对企业经营的客观条件进行科学分析。客观条件是指企业所处的国际、国内、市场、技术、竞争等外部环境以及企业的内部条件,如资金、技术等。

现实状态是由主观条件决定的。主观条件是指经营战略与策略、经营结构、经营管理水平等。

找出差距主要有两种方法:一是横向分析法,即与国内外同行业企业的经营状况进行比较,分析本企业所处的地位,寻找差距的大小;二是纵向分析法,即分析比较企业经营活动的各项技术经济指标的变化趋势及幅度。

2. 明确决策目标

决策目标必须十分明确。目标过分抽象或不唯一,决策将无所遵循,决策目标的实现程度也难以衡量。明确决策目标要达到三个要求:(1)目标是单义的,并且是可计量的;(2)目标是可以分解的,并且可以落实和确定责任;(3)目标有明确的约束条件,并能事先明确。

在确定目标时,要明确四个问题:一是为什么要选定这些目标,即建立目标的必要性和可能性;二是选定哪些目标,即要分清目标的主次、先后、大小;三是要求实现目标的程度,即制定评价目标的标准;四是实现目标的保证程度,即实现目标的把握、需要具备的条件、具体的保证措施。

3. 多目标问题的处理

许多复杂的决策问题,目标往往是多个,有时各个目标之间还有矛盾。目标的多项性就造成决策标准的多元性,从而给决策带来一定的困难。所以,在确定目标时,要处理好多目标的问题。

处理多目标的问题要遵循三条原则:一是减少目标数量,二是根据目标的重要程度进行排序,三是进行不同目标之间的协调。

减少目标的数量是处理多目标的重要内容,一般可采取以下几种方法:(1)剔除从属性目标和必要性不大的目标;(2)合并类似目标;(3)把次要目标降为约束条件;(4)利用综合指标来替代单项指标。

当目标处理后,如果仍然存在若干个目标,此时就要按目标的重要性排列一个顺序,确定重要系数,以便选优决策时有所遵循。

在多目标情况下,不同目标之间如果互相矛盾,则应以总目标为基础进行协调。在协调过程中,有时为了全局的利益可以降低某些目标甚至放弃某些目标。

4. 目标的确定

经过上述几个阶段的研究,最后根据企业的经营活动特点和企业的实际情况,将多个可行方案综合比较后,就可以确定一个适合企业发展的决策目标。如果在可行方案进行比较时没有选出理想的决策目标,还可以重新进行可行目标的探索直至确定决策目标。

(二)探索设计可行方案

在决策过程中要探索和设计多个可行方案,以供决策时选择。可行方案必须具备三个条件:(1)能够保证经营目标的实现;(2)企业环境与内部条件都具有可行性;(3)方案的排他性。探索可行方案也是一个决策过程,这一过程如图 5.3 所示。

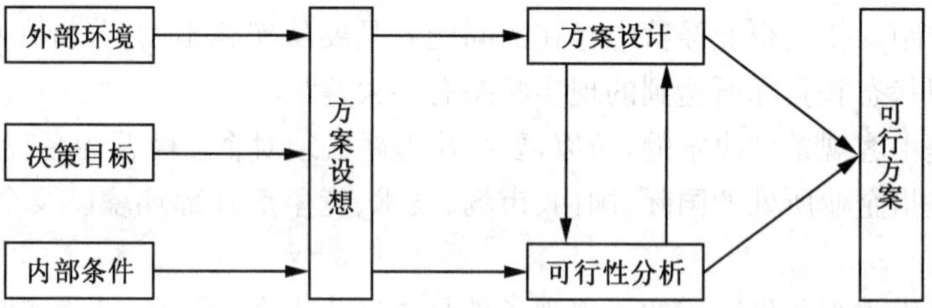

图 5.3 可行方案探索设计过程

制定可行方案的过程,分为四个具体步骤:(1)方案的初步设想;(2)方案设计;(3)方案的可行性分析;(4)改进设计,修正并确定可行方案。

方案的探索离不开三个基本要素:一是决策目标。方案的探索必须以实现决策目标为出发点。二是外部环境。可行方案的探索一定要充分利用外部环境提供的条件,并且充分利用外部环境所提供的各种情报信息。三是企业内部条件。在企业内部可能的条件下,充分利用企业现有的各种资源。

在保证实现决策目标的情况下,可行方案数量越多、质量越好,选择的余地就越大。因此,可行方案的设想,必须发挥创造性,广泛寻求,尽量将一切可能的方案挖掘出来。发挥创造性是探索与设计可行方案阶段成败的关键。在这个阶段,最好能将专家集中起来进行集体讨论,以便互相启发、集思广益。具体的方法有“哥顿法”“头脑风暴法”“主意激发法”等。

在广泛寻求决策方案的过程中,有些方案逐渐被筛选掉了,剩下的一些各有特点的方案设想则要进一步设计与论证。方案的设计与论证要解决四个问题:(1)这个方案的具体结构是什么;(2)这个方案有哪些约束条件;(3)这个方案执行的最优结果与最坏结果各自发生的概率估计;(4)应变措施及其细节。设计过程与论证过程是同步进行的,通过论证可以给改进设计提出课题和指明方向,改进设计后还要重新进行论证分析,反复多次,可行方案最后才能形成。

(三)方案的评价与选择

方案的评价与选择是决策过程中最关键的环节。具体过程如图 5.4 所示。

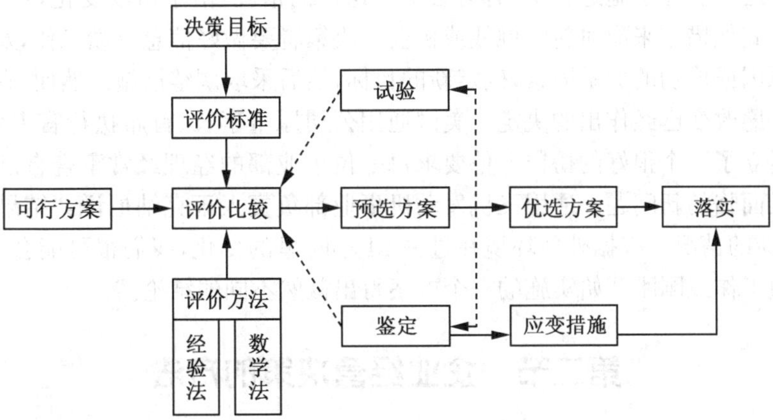

图 5.4　方案的评价与评选过程

方案的评价与选优要解决两个根本问题:一是合理选择衡量方案的标准,二是确定科学的选择方法。关于选择决策方案的标准,应根据决策的目标而定,决策目标不同,评价的侧重也有所不同。

1. 评价标准

决策方案的评价标准不是最优标准,只能是满意标准。一般可以将经营目标作为评价与选择的标准,或者将经营目标指标化,按各项指标的重要性系数进行评价。在决策方案评价比较之前,根据决策目标,制订一组评价指标,可以使评价选优工作标准化和简化。一组评价指标一般包括两大类:一类是耗费性指标,如投资费用指标、使用费用指标;另一类是效益性指标,如劳动生产率提高指标、成本降低指标、质量品种改善指标、销售增长率指标、利润增长率指标等。

2. 评价与选择方法

评价方案时要从系统的观点出发,从全局性、整体性利益出发,既要考虑企业的直接利益,又要考虑社会和消费者的利益,同时还要注意方案之间的具体差异,衡量利弊,以定优劣。

决策方案评选的方法通常有:经验判断法,即根据决策者的经验评选方案的方法;数学法,即通过建立各种数学模型和数学分析手段,求出最优解,从而对方案进行评选的方法;试验法,即在缺乏资料和经验以及无法定量分析问题时,通过典型试验取得经验数据,然后对方案进行评选的方法。

在对可行性方案进行评价之后,在选优过程中还应考虑三个因素,即代价、效益和风险。一般来说,人们总是选择代价低、效益高、风险小的方案。但在决策过程中,这三个因素往往是矛盾的。所以只能综合考虑在多项比较中选出最满意的方案,或以一个方案为主同时吸收其他方案优点的综合满意的方案。

为了保证决策方案的可操作性,在确定满意方案后,还应做一次最后的鉴定,其主要内容是:检查情报信息的可信度;检查方案分析时被抽象掉的某些因素对决策方案有无显著影响;

进行敏感性分析，测试影响决策的主要条件变化所能带来的误差和变动幅度，提出应变措施。经过鉴定，认为方案切实可行，方能付诸实施。

（四）方案实施的控制过程

方案的实施要有明确的时间表。在当今竞争激烈的市场环境中，速度已成为决策能否成功的关键因素之一。在实施过程中，有时会出现这样的情况：由于市场变化，企业需要改进原有方案或采取其他措施来应对新的挑战或机会。决策者要做好信息反馈工作，及时发现问题，分析问题的原因或成功的关键因素，确定新的目标，然后采取调整措施。然而，在许多企业中，决策者大多不愿改变已经作出的决定。美国通用公司原董事长、首席执行官韦尔奇在这方面为企业家们树立了一个很好的榜样。他要求每一位事业部的经理经常审查自己的工作计划，正视每天早晨面临的新问题。通用飞机发动机事业部负责人迈克纳尼说："结果是，你必须去面对、去适应新的情况。根据外部环境在过去 24 小时里的变化，我们很可能会对昨天刚刚达成一致的一项工作或刚刚开始实施的一个方案得出截然不同的结论。"

第二节　企业经营决策的方法

为了保证影响组织未来生存和发展的管理决策尽可能正确，必须采用科学的方法。决策方法可以分为两类：一类是关于组织活动方向和内容的决策方法，一类是在既定方向下从事一定活动的不同方案选择的方法。由于管理决策方法主要是在研究企业经营决策的过程中不断发展起来的，因此，下面主要介绍企业经营决策中常见的几种方法。

一、主观决策法

主观决策法是凭决策者的知识、经验、智慧和能力，根据客观条件和掌握的信息作出决策的方法。这种决策方法简便、灵活、省时、省力，最适用于受社会因素影响大、所含因素错综复杂的战略决策。这种方法的不足是严格论证较差，易受主观因素的影响。本书重点介绍德尔菲法和头脑风暴法两种主观决策法。

（一）德尔菲法（专家预测法）

德尔菲是古希腊城名，相传城中阿波罗圣殿能预卜未来，因而命名。德尔菲法是 20 世纪 60 年代初美国兰德公司的专家为避免集体讨论存在的屈从于权威或盲目服从多数的缺陷而提出的一种定性预测方法。为消除成员间相互影响，参加的专家可以互不了解，采用匿名方式反复多次征询意见和进行背靠背的交流，以充分发挥专家们的智慧、知识和经验，最后汇总得出一个能比较反映群体意志的预测结果。

德尔菲法的一般工作程序如下：(1)确定调查目的，拟订调查提纲。首先必须确定目标，拟订出要求专家回答问题的详细提纲，并同时向专家提供有关背景材料，包括预测目的、期限、调查表填写方法及其他希望要求等说明。(2)选择一批熟悉本问题的专家，一般至少为 20 人左右，包括理论和实践等各方面专家。(3)以通信方式向各位选定专家发出调查表，征询意见。(4)对返回的意见进行归纳综合、定量统计分析后再寄给有关专家，如此往复，经过三四轮意见比较集中后进行数据处理并综合得出结果。每一轮时间 7～10 天，总共约一个月即可得到大致结果。时间过短，因专家很忙，难以反馈；时间过长，则外界干扰因素增多，影响结果的客观性。

这种方法的优点主要是简便易行，具有一定的科学性和实用性，可以避免会议讨论时产生的因害怕权威而随声附和，或固执己见，或因顾虑情面不愿与他人意见冲突等弊病；同时也可使大家发表的意见较快集中，参加者也易接受结论，具有一定程度综合意见的客观性。但缺点是专家一般时间很紧，回答往往比较草率，而预测主要依靠专家，因此归根到底仍属专家们的集体主观判断。此外，选择合适的专家也较困难，征询意见的时间较长，对于需要快速判断的预测难以使用等。尽管如此，本方法因简便可靠，仍是一种常用的定性预测方法。

(二)头脑风暴法

在群体决策中，由于群体成员心理相互影响，易屈于权威或大多数人意见，形成所谓的“群体思维”。群体思维削弱了群体的批判精神和创造力，损害了决策的质量。为了保证群体决策的创造性、提高决策质量，管理上发展了一系列改善群体决策的方法，头脑风暴法是较为典型的一个。

头脑风暴法(Brain Storming)，又称智力激励法、BS法。它是由美国创造学家A.F.奥斯本于1939年首次提出、1953年正式发布的一种激发创造性思维的方法。它是一种通过小型会议的组织形式，让所有参加者在自由愉快、畅所欲言的气氛中，自由交换想法或点子，并以此激发与会者创意及灵感，使各种设想在相互碰撞中激起脑海的创造性“风暴”。它适合解决那些比较简单、严格确定的问题，比如产品名称、广告口号、销售方法、产品的多样化研究等，以及需要大量的构思、创意的行业，如广告业。

头脑风暴法的操作程序为：

(1)准备阶段。CI策划与设计的负责人应事先对所议问题进行一定的研究，弄清问题的实质，找到问题的关键，设定解决问题所要达到的目标。同时选定参加会议人员，一般以5～10人为宜，不宜太多。然后将会议的时间、地点、所要解决的问题、可供参考的资料和设想、需要达到的目标等事宜一并提前通知与会人员，让大家做好充分的准备。

(2)热身阶段。这个阶段的目的是创造一种自由、宽松、祥和的氛围，使大家得以放松，进入一种无拘无束的状态。主持人宣布开会后，先说明会议的规则，然后随便谈点有趣的话题或问题，让大家的思维处于轻松、活跃的状态。

(3)明确问题。主持人扼要地介绍有待解决的问题。介绍时须简洁、明确，不可过分周全，否则，过多的信息会限制人的思维，干扰思维的创新力和想象力。

(4)重新表述问题。经过一段时间的讨论后，大家对问题已经有了较深程度的理解。这时，为了使大家对问题的表述能够具有新角度、新思维，主持人或书记员要记录大家的发言，并对发言记录进行整理。通过记录的整理和归纳，找出富有创意的见解，以及具有启发性的表述，供下一步畅谈时参考。

(5)畅谈阶段。畅谈是头脑风暴法的创意阶段。为了使大家能够畅所欲言，需要制订的规则是：第一，不要私下交谈，以免分散注意力。第二，不妨碍及评论他人发言，每人只谈自己的想法。第三，发表见解时要简单明了，一次发言只谈一种见解。主持人首先要向大家宣布这些规则，随后引导大家自由发言、自由想象、自由发挥，使彼此相互启发、相互补充，真正做到知无不言，言无不尽，畅所欲言，然后对会议发言记录进行整理。

(6)筛选阶段。会议结束后的一两天内，主持人应向与会者了解大家会后的新想法和新思路，以此补充会议记录。然后将大家的想法整理成若干方案，再根据CI设计的一般标准，诸如可识别性、创新性、可实施性等进行筛选。经过多次反复比较和优中择优，最后确定1～3个最佳方案。这些最佳方案往往是多种创意的优势组合，是大家集体智慧综合作用的结果。

实践经验表明，头脑风暴法可以排除折中方案，对所讨论问题通过客观、连续的分析，找到一组切实可行的方案，因而头脑风暴法在军事决策和民用决策中得到了较广泛的应用。例如，在美国国防部制订长远科技规划中，曾邀请50名专家采取头脑风暴法开了两周会议。参加者的任务是对事先提出的长远规划提出异议。通过讨论，得到一个使原规划文件协调一致的报告。在原规划文件中，只有25%～30%的意见得到保留。由此可以看到头脑风暴法的价值。

二、确定活动方向的分析方法

这类方法可以帮助企业根据自己和市场的特点，选择企业或某个部门的活动方向，主要有经营单位组合分析法、政策指导矩阵等。

(一)经营单位组合分析法

这种方法是由美国波士顿咨询公司提出的。它认为，大部分公司都有两个以上的经营单位，每个经营单位都有相互区别的产品——市场片。公司应该为每个经营单位分别确定经营方向。

这种分析方法主张，在确定各个经营单位的活动方向时，应考虑企业(或该经营单位)在市场上的相对竞争地位和业务增长情况。相对竞争地位往往反映为企业的市场占有率，它决定了企业获取现金的能力和速度，因为较高的市场占有率可以带来较高的销售量和销售利润，从而使企业得到较多的现金流量。业务增长率对经营方向选择的影响是双重的：

(1)它有利于市场占有率的扩大。因为在稳定的行业中，企业产品销售量的增加往往来自竞争对手市场份额的缩小。

(2)它决定着投资机会的大小。因为业务增长迅速可以使企业迅速收回投资，并为取得投资报酬提供有利机会。

根据这两种标准，可以把企业的经营单位分成四种不同的类型(见图4.3)。企业应根据各种类型的不同特征，选择相应的经营方向和活动方案。

(1)金牛类经营单位的特点是市场占有率较高，而业务增长率较低。较高的市场占有率能够带来高额利润和高额现金。而较低的业务增长率只需少量投资。这样，金牛类单位就可以提供大量现金去满足整个公司的经营基础。

(2)明星类经营单位的市场占有率和业务增长率都较高，因而所需要和所产生的现金数量都很大。这种经营单位代表着最高利润增长率和最佳投资机会，因此应该增加必要的投资，扩大生产规模，以维持其有利的市场地位。

(3)问题类经营单位的业务增长率较高，而目前的市场占有率很低，这可能是企业刚刚开发的很有前途的经营领域。由于高增长速度需要大量投资，而较低的市场占有率只能提供少量现金。因此，企业应作出的选择是投入必要的资金，以提高市场份额、扩大销售量，从而转成“明星”。如果决策者认为某些刚开发的领域不可能转变成“明星”，则应及时采取放弃策略。

(4)瘦狗类经营单位的特点是市场份额和业务增长率都比较低。由于市场份额和销售量都比较小，甚至出现负增长，因此这种经营单位只能带来较少的现金收入和利润，而维持生产能力和竞争地位所需的资金甚至可能超过它们提供的现金收入，从而成为资金的陷阱。这种不景气的经营单位应缩小规模或放弃。

在利用经营单位组合分析法确定经营方向时，应采取以下步骤的工作：

(1)把公司分成不同的经营单位；

(2)计算每一单位的市场占有率和业务增长率；

(3)根据在企业中占有资产的多少来衡量各经营单位的相对规模；

(4)绘制公司的整体经营组合图;

(5)根据每一单位在图中的位置,确定应选择的经营方向。

利用经营单位组合分析法进行决策是以"企业的目标是追求增长和利润"这一基本假设为前提的。拥有多个经营单位的企业具有这样的优势:它可以将获利较高而潜在增长率不高的经营单位所创造的利润投向那些增长率和潜在利润都很高的经营单位,从而使资金在企业内部得到最有效的利用。表 5.1 列出了各类经营单位可以采取的决策及其相应要求。

表 5.1　　不同经营单位的决策选择

单位类型	对策选择	利润率	需要投资	现金流
明星	维持或提高市场占有率	高	高	零或略小于零
金牛	增加市场份额	高	低	为正且大
问题	提高市场占有率	零或负	非常高	为负且大
瘦狗	收获/放弃/清算	低或负	不需投资	正数

(二)政策指导矩阵

政策指导矩阵由荷兰皇家壳牌公司创立。这种方法用矩阵形式,根据市场前景和相对竞争地位来确定企业不同经营单位的现状和特征。市场前景由盈利能力、市场增长率、市场质量和法规限制等因素决定,分为吸引力强、中等和无吸引力三种;相对竞争能力受到企业在市场上的地位、生产能力、产品研究和开发等因素的影响,分为强、中、弱三类。这两种标准、三个等级的组合,可把企业的经营单位分成九种不同类型(见图 5.5)。

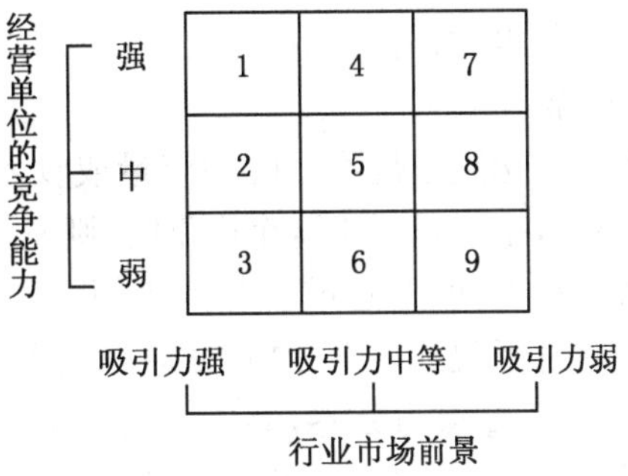

图 5.5　政策指导矩阵

根据经营单位所处的位置不同,应选择不同的活动方向。

处于区域 1 和 4 的经营单位竞争能力较强,也有足够理想的市场前景,都应优先发展,保证这些经营单位所需的一切资源,以维持它们有利的市场地位。

处于区域 2 的经营单位虽然市场前景很好,但企业未能充分利用;竞争实力已有一定基础,但还不够充分。因此应不断强化,努力通过分配更多的资源以加强其竞争能力。

处于区域 3 的经营单位可以采取两种不同的决策。由于企业在一定时期内的资金能力有限,只能选择少数最有前途的产品加速发展,而对其余产品则逐步放弃。

位于区域 5 的经营单位一般在市场上有 2～4 个强有力的竞争对手,因此没有一家公司处于领先地位,可行决策是分配足够的资源,使之能随着市场的发展而发展。

处于区域6和8的经营单位，由于市场吸引力不大且竞争能力较弱，或虽有一定的竞争实力（标志着已为此投资并形成了一定的生产能力），但市场吸引力很小，因此应缓慢地从这些经营领域退出，以收回尽可能多的资金，投入到盈利更大的经营部门。

处于区域7的经营单位可利用自己较强的竞争实力，去充分开发有限的市场，为其他快速发展的部门提供资金来源，但该部门本身不能继续发展。

处于区域9的经营单位因市场前景暗淡，企业本身实力又很小，所以应尽快放弃，抽出资金转移到更有利的经营部门。

三、选择活动方案的评价方法

确定了活动方向和目标以后，还应对可以朝着同一方向迈进的不同活动方案进行选择。选择是以比较为前提的，比较不同方案的一个重要标准是它们能够带来的经济效果。由于任何方案都需在未来实施，而人们对未来的认识程度不尽相同，因此方案在未来实施的经济效果的确定程度、人们评价这些经济效果的方法也不相同。根据这个标准，可以把评价方法分为确定型、风险型、非确定型三类。

（一）确定型评价方法

运用这种方法评价不同方案的经济效果时，人们对未来的认识比较充分，了解未来市场可能呈现某种状况，能够比较准确地估计未来的市场需求情况，从而比较有把握地计算各方案在未来的经济效果，并据此作出选择。

未来确定条件下的评价方法也很多，如量本利分析法、内部投资回收率法、价值分析法等，下面主要介绍量本利分析法的基本原理。

量本利分析法又称盈亏平衡分析法，它是根据产量（销量）、成本、利润的相互关系，分析决策方案对企业盈亏带来的影响，并据此评价、选择方案。

1. 盈亏平衡分析的基本模型

它是研究生产、经营一种产品达到不盈不亏时的产量或收入决策问题。这个不盈也不亏的平衡点即为盈亏平衡点。显然，生产量低于这个产量时，则发生亏损；超过这个产量时，则获得盈利。如图5.6所示，随着产量的增加，总成本与销售额随之增加，当到达平衡点A时，总成本等于销售额（即总收入），此时不盈利也不亏损，正对应此点的产量口即为平衡点产量，销售额即为平衡点销售额。同时，以A点为分界，形成亏损与盈利两个区域。此模型中的总成本是由固定成本和变动成本构成的。按照是以平衡产量Q还是以平衡点销售额R作为分析依据，可将盈亏平衡分析法划分为盈亏平衡点产量（销量）法和盈亏平衡点销售额法。

2. 盈亏平衡点产量（销量）法

即以盈亏平衡点产量或销量作为依据进行分析的方法，其基本公式为：

$$Q=\frac{C}{P-V}$$

式中，Q为盈亏平衡点产量（销量），C为总固定成本，P为产品价格，V为单位变动成本。

当要获得一定的目标利润时，其公式为：

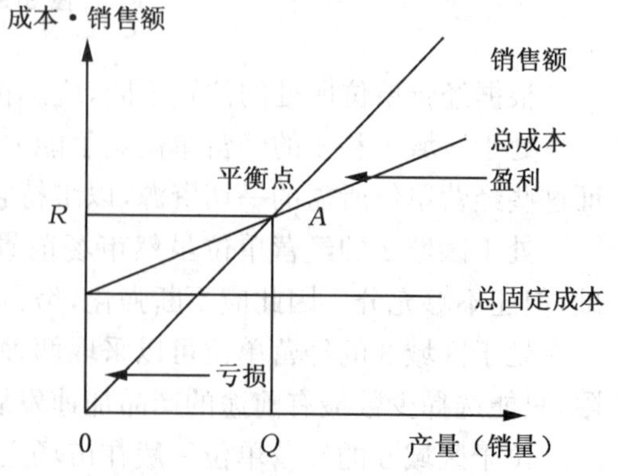

图5.6 盈亏平衡分析基本模型

$$Q=\frac{C+B}{P-V}$$

式中,B 为预期的目标利润额,Q 为实现目标利润 B 时的产量或销量。

【例 5.1】 某厂生产一种产品。其总固定成本为 200 000 元,单位产品变动成本为 10 元,产品销价为 15 元。

求:(1)该厂的盈亏平衡点产量应为多少?(2)如果要实现利润 20 000 元,其产量应为多少?

解:(1)$Q=\frac{C}{P-V}=\frac{200\ 000}{15-10}=40\ 000$(件)

即当生产量为 40 000 件时,处于盈亏平衡点上。

(2)$Q=\frac{C+B}{P-V}=\frac{200\ 000+20\ 000}{15-10}=44\ 000$(件)

即当生产量为 44 000 件时,企业可获利 20 000 元。

(二)风险型决策方法

风险型决策方法主要用于人们对未来有一定程度认识但又不能肯定的情况。这时,实施方案在未来可能会遇到好几种不同的情况(自然状态)。每种自然状态均有出现的可能,人们目前无法确知,但是可以根据以前的资料来推断各种自然状态出现的概率。在这些条件下,人们计算的各方案在未来的经济效果只能是考虑各自然状态出现的概率的期望收益,与未来的实际收益不会完全相等。因此,据此制定的经营决策具有一定风险。

风险型决策的评价方法也很多,下面主要介绍决策树法。决策树法是一种用树形图来描述各方案在未来收益的计算、比较以及选择的方法。决策树的基本形状如图 5.7 所示。其中,□表示决策点,由此引出的两条粗直线为方案分枝,表示决策时可采取的不同方案;①和②表示自然状态点,由此引出的细直线为概率分枝或状态分枝,表示方案在未来执行时可能遇到的几种不同的自然状态。

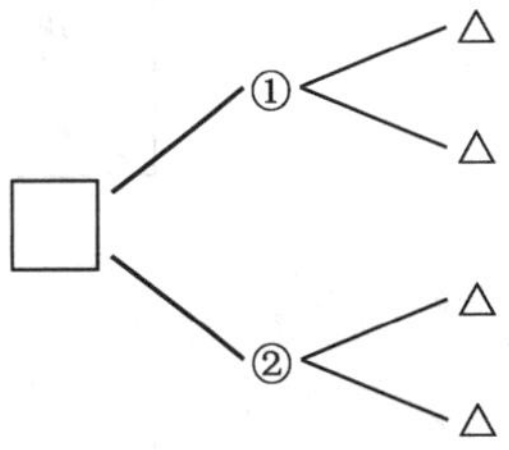

图 5.7 决策树基本图形

用决策树的方法比较和评价不同方案的经济效果,需要进行以下几个步骤的工作:

(1)根据可替换方案的数目和对未来市场状况的了解,绘出决策树形图。

(2)计算各方案的期望值,包括:

①计算各概率分枝的期望值,用方案在各自然状态下的收益值分别乘以各自然状态出现的概率;

②将各概率分枝的期望收益值相加,并将数字记在相应的自然状态点上。

(3)考虑各方案所需的投资,比较不同方案的期望收益值。

(4)剪去期望收益值较小的方案分枝,将保留下来的方案作为备选方案。如果是多阶段或多级决策,则需重复上述(2)(3)(4)项工作。

【例 5.2】 某公司计划未来 3 年生产某种产品,需要确定产品批量。根据预测估计,这种产品的市场状况的概率畅销为 0.2,一般为 0.5,滞销为 0.3。现提出大、中、小三种批量的生产方案,求取得最大经济效益的方案。有关数据如表 5.2 所示。

表 5.2　　各方案损益值　　单位:万元

自然状态及其概率 / 方案	畅销 (0.2)	一般 (0.5)	滞销 (0.3)
大批量	40	30	－10
中批量	30	20	8
小批量	20	18	14

决策树分析法的基本步骤为:

(1)从左向右画出决策树图形。首先从左端决策点(用"□"表示)出发,按备选方案引出相应的方案枝(用"—"表示),每条方案枝上注明所代表的方案;然后,每条方案枝到达一个方案结点(用"○"表示),再由各方案结点引出各个状态枝(也称概率枝,用"—"表示),并在每个状态枝上注明状态内容及其概率;最后,在状态枝末端(用"△"表示)注明不同状态下的损益值。决策树完成后,再在下面注明时间长度。如图 5.8 所示。

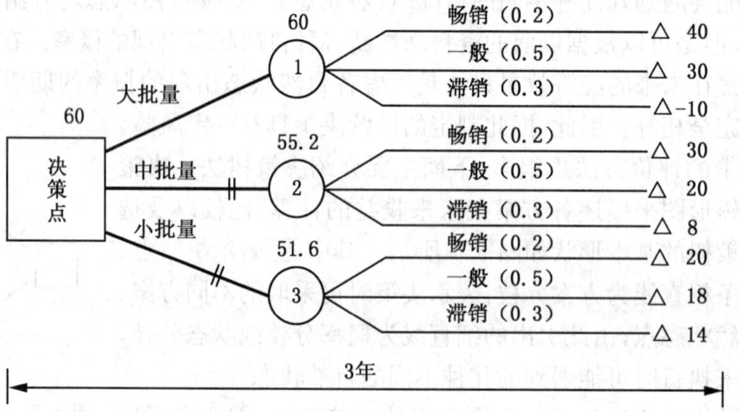

图 5.8　决策树图

(2)计算各种状态下的期望值。根据表 5.2 中的数据资料计算如下:

大批量生产期望值＝[40×0.2＋30×0.5＋(－10) ×0.3]×3＝60(万元)

中批量生产期望值＝[30×0.2＋20×0.5＋8×0.3]×3＝55.2(万元)

小批量生产期望值＝[20×0.2＋18×0.5＋14×0.3]×3＝51.6(万元)

(3)选择最佳方案。将各方案的期望值标在各个方案结点上;然后,比较各方案的期望值,从中选出期望值最大的作为最佳方案,并把最佳方案的期望值写到决策点方框的上面。同时剪去其他方案枝。此例中,大批量生产期望值最大(60 万元),故选中该方案。

(三)非确定型决策方法

这种评价方法适用于人们对未来的认识程度低于上述两种情况。如果人们只知道未来可能呈现多种自然状态,但对其出现的概率全然不知,那么在比较不同方案的经济效果时,就只能根据主观选择的一些原则来进行。

1. 乐观原则

如果决策者比较乐观,认为未来会出现最好的自然状态,所以不论采用何种方案均可能取得该方案的最好效果，那么决策时就可以首先找出各方案在各种自然状态下的最大收益值，即在最好自然状态下的收益值，然后进行比较，找出在最好自然状态下能够带来最大收益的方案作为决策实施方案。这种决策原则也称最大收益值规则。

2. 悲观原则

与乐观原则相反，决策者对未来比较悲观，认为未来会出现最差的自然状态，因此企业不论采取何种方案，均只能取得该方案的最小收益值。所以在决策时首先计算和找出各方案在各自然状态下的最小收益值，即与最差自然状态相应的收益值，然后进行比较，选择在最差自然状态下仍能带来最大收益(或最小损失)的方案作为实施方案。这种方法也称“小中取大规则”或“最小最大收益值规则”。

3. 折中原则

这种方法认为应在两种极端中求得平衡。决策时，既不能把未来想象得如何光明，也不能描绘得如何黑暗。最好和最差的自然状态均有出现的可能。因此，可以根据决策者的判断，给最好自然状态以一个乐观系数，给最差自然状态以一个悲观系数，两者之和为1，然后用各方案在最好自然状态下的收益值与乐观系数相乘所得的积，加上各方案在最差自然状态下的收益值与悲观系数的乘积，得出各方案的期望收益值，然后据此比较各方案的经济效果并作出选择。

4. 最小最大后悔值规则

决策者在选定方案并组织实施后，如果遇到的自然状态表明采用另外的方案会取得更好的收益，企业在无形中遭受了机会损失，那么决策者将为此而感到后悔。最小最大后悔值规则就是一种力求使后悔值尽量小的原则。根据这个原则，决策时应先算出各方案在各自然状态下的后悔值(用方案在某自然状态下的收益值与该自然状态下的最大收益值相比较的差)，然后找出每一种方案的最大后悔值，并据此对不同方案进行比较，选择最大后悔值最小的方案作为实施方案。

第三节　企业经营计划

一、企业计划的类型与作用

计划过程是决策的组织落实过程。计划通过将组织在一定时期内的活动任务分解给组织的每个部门、环节和个人，不仅为这些部门、环节和个人在该时期的工作提供了具体的依据，而且为决策目标的实现提供了组织保证。

(一)计划与决策的关系

计划与决策是何关系？两者中谁的内容更为宽泛，或者说哪一个概念是被另一个涵盖的？管理理论研究中对这个问题有着不同的认识。

有人认为，计划是一个较为宽泛的概念：作为管理的首要工作，计划是一个包括环境分析、目标确定、方案选择的过程，决策只是这一过程中某一阶段的工作内容。比如，法约尔认为，计划是管理的一个基本部分，包括预测未来并在此基础上对未来的行动予以安排；西斯克认为，“计划工作在管理职能中处于首位”，是“评价有关信息资料、预估未来的可能发展、拟订行动方案的建议说明”的过程，决策是这个过程中的一项活动，是在“两个或两个以上的可择方案中作一个选择”。

而以西蒙为代表的决策理论学派则强调，管理就是决策，决策是管理的核心，贯穿整个管理过程。确定目标、制订计划、选择方案，是目标及计划决策；机构设置、人事安排、权限分配，是组织决策；计划执行活动的检查以及检查时点、检查手段的选择，是控制决策。因此，计划仅是决策过程中一个阶段的工作内容，决策不仅涵盖了计划，而且涵盖了整个管理过程，甚至就是管理本身。

我们认为，决策与计划是两个既相互区别又相互联系的概念。说它们是相互区别的，因为这两项工作需要解决的问题不同。决策是对组织活动方向、内容以及方式的选择。我们是从"管理的首要工作"这个意义上来把握决策的内涵的。任何组织，在任何时期，为了表现其社会存在，必须从事某种为社会所需要的活动。在从事这项活动之前，组织首先必须对活动的方向、内容和方式进行选择；计划则是对组织内部不同成员在一定时期内行动任务的具体安排，它详细规定了不同部门和成员在该时期内从事活动的具体内容和要求，但计划与决策又是相互联系的，这是因为：

(1)决策是计划的前提，计划是决策的逻辑延续。决策为计划的任务安排提供了依据，计划则为决策所选择的目标活动的实施提供了组织保证。

(2)在实际工作中，决策与计划是相互渗透，有时甚至是不可分割地交织在一起的。

决策制定过程中，不论是对内部能力优势或劣势的分析，还是在方案选择时关于各方案执行效果或要求的评价，实际上都已经孕育着决策的实施计划。反过来，计划的编制过程，既是决策的组织落实过程，也是决策的更为详细的检查和修订的过程。无法落实的决策，或者说决策选择的活动中某些任务无法安排，必然导致该决策一定程度的调整。

(二)计划的类型

计划是将决策实施所需完成的活动任务进行时间和空间上的分解，以便将其具体地落实到组织中的不同部门和个人。计划的分类可以依据时间和空间两个不同的标准。

1. 从时间上看，可以将计划分为长期计划和短期计划

长期计划与战略决策相对应，因此又称为战略计划，它描述了组织在较长时期(通常为5年以上)的发展方向和方针，规定了组织各个部门在较长时期内从事某种活动应达到的目标和要求，绘制了组织长期发展的蓝图。战略决策和战略计划规定的长期目标需要组织各个部门在未来不同阶段的具体活动中去实现。短期计划便是因此而产生的，它具体规定了组织各个部门在目前到未来的各个较短的时期阶段，特别是在最近的时段中，应该从事何种活动，从事该种活动应达到何种要求，因而为各组织成员近期的行动提供依据。与战略决策和战术决策的区别相联系，长期计划的目的在于组织活动能力的再生和扩大，因而其执行结果主要影响组织的发展能力；短期计划的目的在于已经形成的组织活动能力的充分利用，因而其执行结果主要影响组织活动的效率以及由此决定的生存能力。

2. 从空间上看，亦即根据职能标准来分类，可以将计划分成业务计划、财务计划以及人事计划

组织是通过从事一定业务活动立身于社会的，业务计划是组织的主要计划。长期业务计划主要涉及业务方面的调整或业务规模的发展，短期业务计划则主要涉及业务活动的具体安排。比如，作为经济组织，企业业务计划包括产品开发、生产作业以及销售促进等内容。长期产品计划主要涉及产品新品种的开发，短期产品计划则主要与现有品种的结构改进、功能完善有关；长期生产计划安排了企业生产规模的扩张及实施步骤，短期生产计划则主要涉及不同车间、班组的季、月、旬乃至周的作业进度安排；长期营销计划关系到推销方式或销售渠道的选择

与建立，而短期营销计划则关系到现有营销手段和网络的充分利用。

财务计划与人事计划是为业务计划服务的，也是围绕着业务计划而展开的。财务计划研究如何从资金（本）的提供和利用上促进业务活动的有效进行，人事计划则分析如何为业务规模的维持或扩展提供人力资源的保证。比如，长期财务计划要决定为了满足业务规模发展从而资金（本）增大的需要，如何建立新的融资渠道或选择不同的融资方式，而短期财务计划则研究如何保证资金的供应或如何监督这些资金的利用效果；长期人事计划要研究如何为了保证组织的发展而提高成员的素质、准备必要的干部力量，短期人事计划则要研究如何将具备不同素质与特点的组织成员安排在不同的岗位上，使他们的能力和积极性得到充分发挥。

显然，不论是从时间上分解的长期计划与短期计划，还是从空间上分解的业务计划、人事计划与财务计划，都不应是分别孤立地制订的，而应相互衔接和平衡。

（三）计划的作用

从上述关于计划与决策的关系以及计划的类型的讨论中，可以推理出作为决策的组织落实过程的计划主要表现出以下三方面的作用：

1. 为组织活动的分工提供依据

为了达成决策选择的目标，组织需要从事一定的业务活动。组织的业务活动是由数量众多的成员在不同时空里进行的。为了保证不同成员在不同时空的活动中做出组织所需的贡献，他们所从事的活动必须相互协调。为此，必须进行科学的分工。计划的编制将组织的目标活动在时间和空间上进行详细的分解，从而为科学分工提供了依据。

2. 为组织活动的资源筹措提供依据

任何活动的进行都是对一定资源的加工和转换。为了使组织的目标活动以尽可能低的成本顺利进行，必须在规定的时间提供组织活动进行所需的规定数量的各种资源。资源提供不及时，或者数量不足，可能导致组织活动中断；而数量过多，则会导致资源积压，从而不仅会增加资金的占用，甚至会造成资源的浪费。计划将组织活动在时空上的分解，通过规定组织的不同部门在不同时间应从事何种活动，告诉了人们何时需要何等数量的何种资源，从而为组织的资源筹集和供应提供了依据。

3. 为组织活动的检查与控制提供依据

不同组织成员由于素质和能力的不同，对组织任务和要求的理解也可能有区别；不同环节的活动能力并不总是相互平衡的；此外，组织整体以及组织的各个部分在活动中所面对的环境特点与事先的预计可能不完全吻合。因此，组织的各个部分在决策实施中的活动情况与目标要求不一定完全相符，可能会出现偏差。这种偏差，如不及时发现并针对原因及时采取措施，不仅会导致组织活动的失败，而且可能危及组织的生存。要及时发现可能存在的偏差，就必须对组织活动的实际情况进行检查。计划的编制为检查不同部门、不同成员在不同时期的活动情况提供了客观的标准和依据。

二、企业计划的编制

计划编制本身也是一个过程。为了保证编制的计划合理，确能实现决策的组织落实，计划编制过程中必须采用科学的方法。

（一）计划编制的程序

1. 搜集资料，为计划的编制提供依据

计划是为决策的组织落实而制定的，了解决策者的选择，理解有关决策的特点和要求，分析决策制定的环境特点和决策执行的条件要求，是编制行动计划的前提。由于计划安排的任务需要组织内部不同环节的组织成员利用一定的资源去完成，因此计划的编制者还需搜集反映不同部门和环节活动能力以及外部有关资源供应情况的资料，以便为计划编制提供依据。

2. 目标或任务分解

目标或任务分解是将决策确定的组织总体目标分解落实到各个部门、各个活动环节，将长期目标分解为各个阶段的分目标。通过分解，确定组织的各个部分在未来各个时期的具体任务以及完成这些任务应达到的具体要求。分解的结果是形成组织的目标结构，包括目标的时间结构和空间结构。目标结构描述了组织中较高层次的目标（总体目标与长期目标）与较低层次目标（部门、环节、个人目标与各阶段目标）相互间的指导（如总体目标对部门目标、长期目标对阶段目标）与保证（部门目标对整体目标或阶段目标对长期目标）关系。

3. 目标结构分析

目标结构分析是研究较低层次的目标对较高层次目标的保证能否落实，即分析组织在各个时期的具体目标能否实现，从而保证长期目标的达成；组织各个部分的具体目标能否实现，从而保证整体目标的达成。如果较低层次的某个具体目标不能充分实现，则应考虑能否采取有关补救措施，否则就应调整较高层次的目标要求，有时甚至可能导致整个决策的重新修订。

4. 综合平衡

(1)分析由目标结构决定的或与目标结构对应的组织各部分在各时期的任务是否相互衔接和协调，包括任务的时间平衡和空间平衡。时间平衡是要分析组织在各时段的任务是否相互衔接，从而保证组织活动顺利地进行；空间平衡则要研究组织各部分的任务是否保持相应的比例关系，从而保证组织的整体活动协调地进行。

(2)研究组织活动的进行与资源供应的关系，分析组织能否在适当的时间筹集到适当品种和数量的资源，从而保证组织活动的连续性。

(3)分析不同环节在不同时间的任务与能力之间是否平衡，即研究组织的各部分是否能够保证在任何时间都有足够的能力去完成规定的任务。由于组织的内外环境和活动条件经常发生变化，从而可能导致任务的调整，因此在任务与能力平衡的同时，还需留有一定的余地，以保证这种将会产生的调整在必要时有可能进行。

5. 编制并下达执行计划

在综合平衡的基础上，组织即可为各个部门（如业务、人事、财务、供应）编制各个时段（长期、年度、季、月等）的行动计划，并下达执行。

（二）计划编制的方法

计划工作效率的高低和质量的好坏在很大程度上取决于编制计划的方法。

1. 滚动计划法

滚动计划法是根据计划的执行情况和环境变化定期修订未来计划，并逐期向前推移，使短期计划、中期计划和长期计划有机地结合起来。滚动计划可以避免各种不确定因素带来的不良后果。由于这种方法在每次编制修订时，都要根据前期计划执行情况和客观条件的变化，将计划期向前滚动、延伸，故称滚动计划。

这种编制方法的特点是：

(1)计划分为若干个执行期，近期计划内容规定得详细、具体，是计划的具体实施部分，具有指令性；远期的内容较粗略笼统，是计划的准备实施部分，具有指导性。

(2)计划执行到一定时期，就要根据实际情况和客观条件的变化对以后各期的计划内容进行适当的修改、调整，并向前延续一个新的执行期。

例如，某电子公司在2010年制定了2011～2015年的五年计划，采用的是滚动计划法。到2011年底，该公司的管理者就要根据2011年计划的实际完成情况和客观条件的变化，对原定的五年计划进行必要的调整和修订，据此编制2012年至2016年的五年计划，以此类推。如图5.9所示。

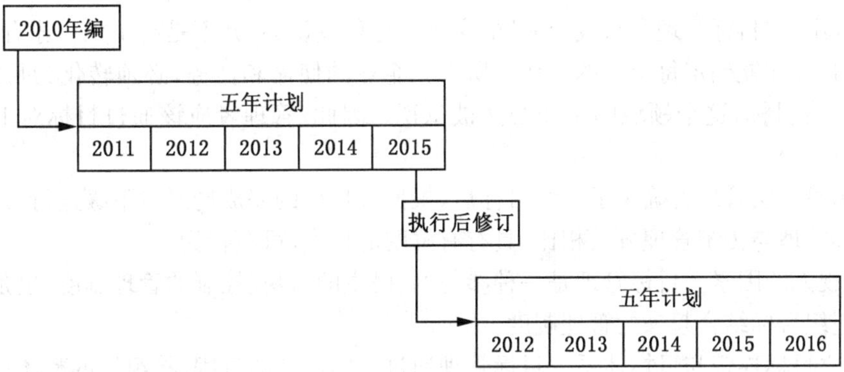

图5.9 滚动计划法

2. 投入产出分析法

投入产出法是20世纪40年代由美国经济学家列昂惕夫首先提出的。它主要是根据各部门经济活动的投入与产出之间的数量关系来进行分析。所谓投入，就是将人力、物力投入生产过程，其中被消耗的就是生产性的消费；所谓产出，就是生产一定数量和种类的产品。

投入产出分析法作为一种综合计划方法，首先要根据某一年份的实际统计资料求出各部门之间的一定比例，编制投入产出表，然后计算各部门之间的直接消耗系数和间接消耗系数（合计便是完全消耗系数），进一步根据某些部门对最终产品的要求算出各部门应达到的指标，并据此编制综合计划。

这种方法的主要特点是：

(1)反映了各部门的技术经济结构，是合理安排各种比例关系，特别是进行综合平衡的一种有效工具。

(2)在编表过程中，不仅能充分利用现有统计资料，而且能建立各种统计资料指标之间的内在关系，使统计资料系统化。

(3)由于通过表格形式反映经济现象，涉及的数学知识不深，因而易于理解，并且易为计划工作者所接受。

(4)适用范围较广，不仅可用于国家、部门或地区等宏观层次的计划制订，而且可用于企业的计划安排。

3. 网络计划法

网络计划法于20世纪50年代后期在美国产生和发展，目前在组织活动的进度管理特别是企业管理中得到广泛应用。这种方法是以网络图的形式来制订计划，通过网络图的绘制和相应的网络时间的计算，了解整个工作任务的全貌，对工作过程进行科学的统筹，并据以安排组织和控制工作的进行，以达到预期的目标。

网络图是计划法的基础。任何一项任务都可分解成许多步骤的工作，根据这些工作在时间上的衔接关系，用箭线表示它们的先后顺序，画出一个各项工作相互关联并注明所需时间的箭线图，这个箭线图就称为网络图。

4. 目标管理

目标管理也称成果管理，它已发展成各种组织实施计划的一种主要管理手段并风行全世界。在层层展开组织目标、落实组织计划方面，目标管理通常被认为是一种有效的管理模式。

"目标管理"的概念是管理专家彼得·德鲁克1954年在其名著《管理实践》中最先提出的，其后他又提出了"目标管理和自我控制"的主张。德鲁克认为，并不是有了工作才有目标，而是相反，有了目标才能确定每个人的工作。所以，"企业的使命和任务，必须转化为目标"。如果一个领域没有目标，这个领域的工作必然被忽视。因此，管理者应该通过目标对下级进行管理。

当组织最高层管理者确定了组织目标后，根据分目标的完成情况对下级进行考核、评价和奖惩。目标管理与传统管理方式相比，具有有鲜明的特点，可概括为：

(1)重视人的因素。目标管理是一种参与的、民主的、自我控制的管理制度，也是一种把个人需求与组织目标结合起来的管理制度。

(2)建立目标连锁与目标体系。目标管理通过专门设计的过程，将组织的整体目标逐级分解，转换为各单位、各员工的分目标。从组织目标到经营单位目标，再到部门目标，最后到个人目标。

(3)重视成果。目标管理以制订目标为起点，以目前完成情况的考核为终结。工作成果是评定目标完成程度的标准，是人事考核和奖惩的依据，也是评价管理工作绩效的唯一标志。

目标管理的具体做法分为三个阶段：第一阶段为目标的设置，第二阶段为实现目标过程的管理，第三阶段为测定与评价所取得的成果。

(1)目标设置是目标管理最重要的阶段，它是一项繁重而重要的工作，要求建立一个以组织目标为中心的一贯到底的目标体系。目标的设立需要建立在对外部环境和内部环境条件充分分析研究的基础上，要从企业外部和企业内部两个方面寻找确定目标的依据。

组织目标一经设定，企业从上到下都要紧紧围绕确定的目标、赋予的责任、授予的权利，结合各自的特点，运用固有的技术和专业知识，为实现目标寻找最有效的途径。目标管理重视结果，强调自主、自治和自觉。

(2)领导在目标实施过程中的管理是不可缺少的。首先，要进行定期检查，利用双方经常接触的机会和信息反馈渠道自然地进行；其次，要向下级通报进度，便于互相协调；再次，要帮助下级解决工作中出现的困难问题，当出现意外、不可预测事件严重影响组织目标实现时，也可以通过一定的手续修改原定的目标。为保证目标的顺利实现，在实施阶段要着重抓好以下两方面的工作：

①权限下放和自我控制。目标管理强调重视成果的思想，强调权限与目标一致的原则。在目标制订过程中，上级必须明确提出达到目标所必需的方针；并且，上级关心的应是下级是否根据方针达到目标，取得最终结果，至于下级采用什么方法和手段、通过什么途径来达到目标，则完全可由下级自主选择。

②实施过程的检查和控制。目标的实施如果没有检查，就会变成放任自流。检查可以促进各部门和个人认真地实现目标。目标实施过程的检查一般实行下级自查报告与上级巡视相结合。在对实施过程检查的基础上，将目标实施的各项进展情况、存在的问题等用一定的图表和文字反映出来，对目标值和实际值进行比较分析，实行目标实施的动态控制。通过检查，对

需要调整的目标，要经过规定的程序进行调整。

(3)目标管理的第三阶段是对目标的完成情况进行客观的评价。达到预定的期限后，下级首先进行自我评估，提交书面报告；然后上、下级一起考核目标完成情况，决定奖惩，同时讨论阶段目标，开始新循环。

目标管理重视自我评价，对完成某项任务感到满意，就会激起达到下一个目标的热情；若对完成情况感到不满意，就更能激起自我提高的愿望，力求提高自己的能力。

目标管理是一种科学的管理方法，在实施中需要强调以下几个优势：

一是目标管理对组织内易于度量和分解的目标会带来良好的绩效。对于那些在技术上具有可分性的工作，由于责任、任务明确，目标管理常常会产生立竿见影的效果；而对于技术不可分的团队工作，则难以实施目标管理。

二是目标管理有助于改进组织结构的职责分工。

三是目标管理启发了自觉，调动了职工的主动性、积极性、创造性。由于强调自我控制、自我调节，将个人利益和组织利益紧密联系起来，因而提高了士气。

四是目标管理促进了意见交流和相互了解，改善了人际关系。

但它的缺陷也有四点：

一是目标难以制定。组织内的许多目标难以定量化、具体化；许多团队工作在技术上不可分解；组织环境的可变因素越来越多，变化越来越快，组织的内部活动日益复杂，使组织活动的不确定性越来越大。

二是目标管理的哲学假设不一定都存在。行为科学理论对于人类的动机作了过分乐观的假设，实际中的人是有“机会主义本性”的，尤其在监督不力的情况下。

三是目标商定要上下沟通、统一思想。每个单位、个人都关注自己目标的完成，很可能忽略相互协作和组织目标的实现，滋长本位主义、临时观点和急功近利倾向。

四是奖惩有时不一定都能和目标成果相配合，也很难保证公正性，从而削弱了目标管理的绩效。

在实际中推行目标管理时，除了掌握具体的方法外，还要特别注意把握工作的性质，分析其分解和量化的可能；要提高员工的职业道德水平，培养合作精神，建立健全各项规章制度，注意改进领导作风和工作方法，使目标管理的推行建立在一定的思想基础和科学管理基础上；要逐步推行，长期坚持，不断完善，从而使目标管理发挥预期的作用。

【思考与练习】

1. 何谓战略决策、管理决策和业务决策？各自特点是什么？它们有什么关系？

2. 决策中的民主性原则和科学性原则都有哪些基本要求？

3. 决策过程包括哪几个阶段的工作？组织决策受到哪些因素的影响？

4. 何谓经营单位组合分析法？如何利用组合分析法帮助企业进行经营决策？何谓政策指导矩阵？这种分析方法有何特点？比较这两种分析方法。

5. 计划编制包括哪几个阶段的工作？

6. 何谓目标管理？其特点是什么？如何利用目标管理组织计划的实施？

【案例分析】

格力:“董明珠式增长”到头了?

2015 年格力营收从 2014 年的 1 378 亿滑落到 977 亿元,暴跌 400 亿元,居然没过千亿。要知道从 2012 年起格力连续三年每年增长 200 亿元,2012 年营收 1 001 亿元,2013 年 1 200 亿元,2014 年 1 400 亿元,几乎是踩着小数点完成任务,被业界戏称为“董明珠式增长”。

400 亿元是个什么概念?空调老三海尔 2015 年空调的营收是 162.5 亿元,老二美的空调营收是 645 亿元。格力减掉的相当于 2 个半海尔、半个美的。以董姐的能力,格力市场占有率都快 40%了,怎么会不过千亿元?难道是乾坤大挪移?

空调压力山大,董姐果断放弃 200 亿元增长目标,靠手机成功刷屏,用“开机画面”吸引眼球。2016 年董姐新的吸睛大招是电饭煲,在北京参加两会期间她搞了个百人饭局试吃;4 月 27 日,董姐在格力总部给 160 个企业家上公开课,照例又是请吃饭,会后大家排队购买格力电饭煲。

董姐的思维绝对是跳跃式的,格力从冰箱到手机再到电饭煲,2016 年又要买新能源汽车,为收购珠海银隆格力从 2 月停牌至今。

格力多元化效果如何?格力手机据说已经有二代产品上市,售价 3 000 元,可从不对外销售,销量扑朔迷离。晶弘冰箱由董明珠亲自站台推广多年,但并未计入上市公司报表,反正在主流品牌排名里看不到晶弘。

2015 年格力 977 亿元营收中空调有 837 亿元,占了 85.7%,生活电器只有 1.56%,其他业务占 2.75%。这个“其他”里不只有手机,还有智能装备。

2015 年格力在珠海成立了智能装备子公司,这几年制造企业都在搞智能工厂,做装备市场需求不成问题。不过按照董姐一贯的自主研发风格,以格力搞空调的底子,很难在这个领域快速占据优势。

董姐最大的优势是能赚钱,2015 年格力营收比美的少 400 亿元,净利润跌了 11%还有 125 亿元,只比美的少 2 亿元。格力空调毛利率高达 36%,傲视群雄。现金流更是一绝,2015 年经营性现金流 443 亿元,同比大涨 134%。库存怕什么,照样有经销商打款。

现金在手,心中不慌,营收没过千亿元,董姐出手依然大方。格力电器每 10 股派现 15 元,直追美的的 10 转 5 派 12 元。A 股难得的良心企业啊,就冲这,谁敢不给大姐点赞?

思考:

1. 通过查找相关案例,对格力多元化决策进行分析,并对决策结果进行讨论。
2. 作为大型企业,该如何有效开展决策活动?

第六章 人力资源管理

【学习指导】

人的自身发展是人类千百年来的追求，但在过去的很多年间，绝大部分企业都将雇员视为谋取利益的工具。直到20世纪七八十年代以后，越来越多的企业才开始认识到："人乃是企业最宝贵的财产。"

本章主要介绍人力资源管理的主要内容、工作分析的程序和方法、招聘的方法、员工培训的有关内容、绩效考核与薪酬管理的方法。

【导入案例】 **联想管理层突然变动：陈旭东接任刘军主管移动业务**

2015年6月1日晚间，联想集团宣布重大人事调整，联想集团执行副总裁、移动业务集团总裁、摩托罗拉移动管理委员会主席刘军离职，但将继续担任联想集团移动业务的特别顾问。

继任者是原神奇工场的CEO陈旭东。其将出任移动业务集团领导人及摩托罗拉管理委员会主席，任命从即日起生效。同时，陈旭东还将和贺志强一起担任神奇工场联席董事长，其CEO职位将交由神奇工场副总裁常程接任。

上述人事变动的消息是在一封署名为联想集团董事长兼CEO杨元庆的内部邮件中公布的。

不过，邮件并没有透露刘军的具体去向，只表示"刘军将离开现在的岗位，在一段时间内担任联想移动业务的特别顾问。"根据邮件的内容，目前刘军的两大职位——移动业务集团总裁、摩托罗拉移动管理委员会主席——将交由陈旭东担任，至于联想集团执行副总裁的职位还会不会继续保留，则没有说明。

联想官方在对凤凰科技的回应中表示，刘军不再担任执行副总裁的职位，现在的职位"只是特别顾问"。

在邮件中，杨元庆对刘军近年来在联想集团的业绩表示了肯定，称此次变动的原因在于进一步拓展移动业务，加强联想和摩托罗拉业务协同效应。

然而令外界疑惑的是，刘军的离职太过突然。就在上周，刘军还在联想Tech World大会上侃侃而谈，并没有表现出离职的迹象。而在刘军任职期间，联想的移动业务，包括手机、平板电脑和智能电视，都获得了不错的发展，移动业务在联想整体营业额中的占比从12%上升至

25%。

市场传言，刘军离职的原因或许与其领导下的手机业务和智能电视业务表现不佳有关。根据IDC的数据，2014年第三季度联想手机在中国内地的市场份额为12.8%，第四季度降低为9.5%，2015年第一季度联想的市场份额再次下降至8.3%，跌出前四名。

联想官方否认了这种传言，表示如邮件公告内容所示，刘军在职期间"移动业务一度实现了在中国市场的领先地位，并让联想智能手机和平板电脑均跻身全球前三。2014年，他在摩托罗拉收购中发挥了重要作用，为全球移动业务的发展建立了牢固的基础。"但官方依旧没有透露刘军的最终去向。

接任刘军的则是联想内部的新星陈旭东。出生于1970年的陈旭东于1993年加入联想，历任大区销售经理、西北区总经理、商用市场部助理总经理、销售商务部总经理、质量管理部总经理、助理总裁。2015年4月1日，陈旭东正式出任联想集团旗下互联网业务子公司神奇工场CEO。神奇工场是杨元庆所称的"彻底转型"中的重要一步，是联想目前非常重要的业务部分。

就在杨元庆刚公布联想集团高层变动的消息之后，陈旭东也向神奇工场的员工发了一份内部信，表示自己职位的变化意味着"神奇工场将在更多的领域与联想集团取得资源共享和协同效应，并有助于神奇工场面向更广阔的国际市场；这一调整也将极大提振投资人对神奇工场的信心"。

（资料来源：http://tech.ifeng.com）

讨论：

企业如何实施有效培养高级别管理接班人？

第一节　人力资源管理概述

一、人力资源的概念与特征

（一）人力资源的内涵

人力资源(human resources)的观念，起源于20世纪60年代。人力资源有三个层次的含义：一是指一个国家或地区所有人口所具有的劳动能力的总和，二是企业等组织雇用的全部员工所具有的劳动能力的总和，三是指一个人具有的劳动能力。这是国内学者比较普遍接受的人力资源定义。

我们认为，所谓人力资源是指存在于人体的智力资源，是指人类进行生产或提供服务，推动整个经济和社会发展的劳动者的各种能力的总称。企业人力资源是指人口资源中能够推动整个企业发展的劳动者的能力的总称。它包括数量和质量两个方面，而人才资源则指人力资源中具有创造能力的资源。

（二）人力资源的基本特征

人力资源是一种特殊而又重要的资源，是各种生产力要素中最具有活力和弹性的部分，与其他资源相比具有以下特点：

1. 自有性

人力资源属于人自身所有，具有不可剥夺性。虽然在从事雇佣劳动时，人力资源会阶段性地被雇主所使用，但劳动者仍拥有其终极所有权，这是区别于其他任何资源的根本特征。

2. 生物性

人力资源存在于人体之中，是一种“活”的资源，与人的生命特征、基因遗传等紧密相关。一般来说，从事劳动密集型岗位的劳动者对人力资源的体能要求较高，从事技术和智力密集型岗位的劳动者对智力、情感和经验等要素要求较高。此外，人力资源的生物性还表现在个人和社会角度的人力资源的再生性。

3. 时效性

人力资源的形成、开发、配置、使用和培训均与人的生命周期有关。首先，人的一生中都存在着人力资源的积累过程，但开发和被利用则仅是一生的中间阶段。其次，在这一阶段中，由于劳动者类型不同、层次不同，其发挥作用的最佳年龄段也不同。即使同为高级人才，社科类人才与技术类人才发挥作用的最佳期也不同；更进一步，即使同为技术型人才，IT产业人才与生物医学人才的最佳期也不尽一致。再次，人力资源只有在使用中才能发挥其作用，它不能像物质财富那样储存起来。如果是体力型的人力资源，不能使用不仅会造成浪费，还要消耗其他资源来维持它。作为智力型的人力资源，如果长期得不到开发使用，不仅会造成浪费，还可能因跟不上时代步伐而贬值。此外，一个人在一天中的不同时段，其特点也不一样，因而要求我们合理使用，使人的不同阶段的潜能得到最大限度的发挥。最后，人力资源的时效性也与其他管理手段有关，有效的管理能够长期使人力资源发挥最佳功效，无效的管理则会导致人力资源的浪费和流失。就是对于同一个人，不同时期不同的激励方式也可带来不同的效益。

4. 创造性

人力资源区别于其他资源的最本质特征在于它是“有意识的”。通过其智力活动，具有巨大的创造力，它不仅丰富了人们的生产和生活资料，而且不断增强着人自身的能力。正因为人力资源的这种创造性特征，所以从社会角度看，应给予科学的制度安排和制度创新来调动人的积极性和有效地配置资源；从企业角度看，应给予恰当的激励以提高人力资源使用效益；从个人角度看，应增加智力投资，选择最适合自己的专业，以使人力资本投资收益最大化。

5. 能动性

从人力资源开发的角度看，作为主体的人既是被开发、被管理的对象，又是自我开发、自我管理的主体。作为被开发的对象，人力资源开发的广度和深度取决于一定社会的外部制度性环境条件。劳动者的劳动力是被开发的对象，而开发的主体是社会、企业和单位。作为自我开发的主体，劳动者个人的主观能动性对于人力资源开发的效果具有重要的影响。在此，劳动者个人成为开发的主体，劳动者的能力成为开发对象。在一定条件下，人力资源开发程度和效果取决于个人的家庭影响和个人因素。可见，劳动者的自我开发与被开发是相互联系不可分割的整体。

个人因素对人力资源能动性的影响，常从自我强化、选择专业和职业、劳动态度和敬业精神三方面表现出来。

6. 连续性

对于物质资源，人们进行一次、二次开发后形成相对固定的产品，就此资源和产品而言，开发到此结束。但人力资源则不同，除了前述生物学意义上的生产再生产含义外，人力资源还是可连续开发的资源，尤其是智力型人力资源，其使用过程本身就是开发过程。在知识更新周期缩短、社会经济日趋国际化的时代，人力资源管理者应把自己管理的对象视作需要不断开发的资源，不断地加以有效开发利用，才能使人力资源不断增值。

（三）人力资源的作用

人力资源是现代经济增长的战略资源，是现代经济增长的决定因素。

所谓战略资源，是指经济发展依赖的资源，是指导和决定经济发展全局的根本性重要资源。在现代经济条件下，人力资源素质不断提高，其凝聚的知识、技术作用于物质资源，使高附加值的生产变为现实，对经济增长产生了巨大的决定作用。

人力资源作为现代科学技术知识的发明创造者和物质载体，是现代经济增长的决定因素。现代经济增长主要依靠新技术的推动，尤其第三次技术革命使社会技术基础从资本密集型、劳动密集型转向知识、智能密集型，促使人类开始迈入一个新的飞跃发展时期——知识经济时代，这一切都离不开人力资源的开发与使用。因此，人力资源是国民经济的第一资源，是构成社会经济运行的根本前提。

二、人力资源管理的概念与特征

（一）人力资源管理的含义

理论和实践的关系是一种相互促进的互动关系。一定的生产力水平会产生相应的社会实践，进而催生相应的理论和观点，这些理论反过来又指导实践，推动生产力的发展。人力资源管理概念的发展也正是如此。在不同管理实践的不同历史时期，人力资源管理的发展水平不同，其概念的内涵和外延也各不相同，所以要用发展的眼光审视人力资源管理的概念。

人力资源管理（Human Resource Management，HRM）就是对人力资源进行有效聚合、利用、开发和评价的过程，其内涵包括两个层面：在组织外部，主要是指人力资源的市场供求、竞争机制、劳动关系、监管、战略及生态环境等；在组织内部，主要包括员工招聘、工作分析、绩效考评、薪资、激励、培训、职业生涯等。

（二）人力资源管理的特征

人力资源管理是在传统人事管理的基础上发展起来的，知识经济初见端倪的发展时期赋予现代人力资源管理以不同的特征。

1. 人力资源管理的艺术性更突出，实践性更明显

管理本身具有科学和艺术二重性，它既强调理论又强调实践，人力资源管理沿袭了这一特征。由于对人的管理比对物的管理更灵活，更讲究因时因地制宜，其艺术性和实践性特征更突出。

2. 人力资源管理最具文化亲缘性

文化是人类全部物质与精神文明的结晶，是人类的价值模式、审美情趣、生活习俗等。文化有地域性、历史性等重要特征，不同地区、不同历史文化背景中，文化差异是非常大的，而文化又在最深层面上支配和影响人们的行为，所以以人为对象的人力资源管理最具文化亲缘性。

3. 人力资源管理最具创新性

人力资源管理的发展历程是一个不断趋向科学性和艺术性的过程，它的理论基础在不断完善，管理技术和方法在不断创新；人力资源管理的实践经历了雇员管理、人事管理、人本型人力资源管理和战略型人力资源管理等阶段；其科学基础经历了从单一的经济学到心理学和管理学的演变和融合的过程。这些都充分体现出人力资源管理是一个不断创新的过程，创新性是人力资源管理质的规定性。

三、人力资源管理的任务与内容

（一）人力资源管理的任务

人力资源管理是组织的基本管理职能之一，其基本任务就是：吸引、保留、激励与开发组织所需的人力资源，促成组织目标的实现，从而使组织在市场竞争中得以生存和发展。具体说

来，就是把组织所需的人力资源吸引到组织中来，将他们保留在组织之内，调动他们的工作积极性，并开发他们的潜能，从而获得人力资源的高效率的利用。

除了上述的基本任务以外，人力资源管理还有以下一些重要的任务：

(1)促使员工将组织的成功当作自己的义务，进而提高员工个人和组织整体的业绩；

(2)确保各种人事政策和制度与组织绩效间的密切联系，维护人事政策和制度的适当的连贯性；

(3)确保各种人事政策与组织经营目标的统一；

(4)支持合理的组织文化，改善组织文化中不合理的地方；

(5)创造理想的组织氛围，鼓励创造性，培养员工积极向上的作风，并为合作、创新和全面质量管理的完善提供支持；

(6)创造灵活的组织体系，确保组织反应的灵敏性和强有力的适应性，从而协助组织实现竞争环境下的具体目标；

(7)确保并提高组织结构、工作分工的合理性和灵活性；

(8)为员工充分发挥潜力提供所得的支持；

(9)维持并改进员工队伍的素质，维护并完善组织的产品和服务。

(二)人力资源管理的基本内容

1. 人力资源管理的基础背景研究——工作分析

工作分析是研究职位工作的内容、性质、职能并确定完成工作所需技能、责任和知识的系统过程。它是薪资、考核、激励等人力资源管理技术有效应用的基础和前提。工作描述和工作说明书则是这一工作成果的集中体现。

2. 人力资源的配置——招聘与流动管理

人力资源招聘主要解决人员的获取和有效配置的问题。主要包括制订招聘计划，以最为合适的招聘形式和测试形式对人员进行筛选，为企业获取最为经济且与企业发展相适应的人员。它是一个人力资源采购和市场选择的过程。流动管理则是人力资源在更大范围内整合、保持企业活力的重要手段。

3. 应用中的评价问题——考核

它是对企业现有人员的业绩表现加以衡量，以期更有效、更合理地配置企业现有人员。主要包括绩效管理系统设计、绩效考核体系设计、绩效考核方法设计，并对影响考核的因素及其对考核的制约加以分析。

4. 人力资源价值分配——薪酬

薪酬不仅是企业对其所有的员工所进行的价值补偿，更是对企业员工自身价值的一种肯定。这方面的内容主要涉及薪酬制度的制定、薪酬体系的设计、经营者的激励、薪酬日常管理与维护。

5. 人力资源开发的重要手段——培训

培训旨在使企业内人力资本增值、优化企业文化，是一种有效的沟通和激励手段。所有成功的企业都会有一套成功的培训机制予以支撑。培训重在培训体系的构建和培训方法的介绍，同时还包含培训组织管理的内容。

6. 人力资源行为机制——激励

激励旨在依据考核结果对现有人员进行奖惩，以此激发员工的工作热忱、提高其工作效率和经营绩效。在激励方面，首先对激励动力机制及运作机理进行阐述，然后对如何制订切实可行的激励计划和操作方案加以说明，在此创新性地引入竞争系数和淘汰率等指标。

四、人力资源管理与人事管理

在我国由计划经济体制向市场经济体制转型的过程中，企业人事管理也逐渐向人力资源管理转变，正确地理解人力资源管理的含义必须破除两种错误的看法：一种是将人力资源管理等同于传统的人事管理，认为两者是完全一样的，只不过换了一下名称而已；另一种是将人力资源管理与人事管理彻底割裂开来，认为两者是毫无关系的。其实，人力资源管理和人事管理之间是一种继承和发展的关系：一方面，人力资源管理是对人事管理的继承，人力资源管理依然要履行人事管理的很多职能；另一方面，人力资源管理又是对人事管理的发展，它的立场和角度完全不同于人事管理，可以说是一种全新视角下的人事管理，两者之间的区别如表 6.1 所示。

表 6.1　　人力资源管理与人事管理的区别

比较项目	现代人力资源管理	人事管理
管理视角	视员工为第一资源、资产	视员工为负担、成本
管理目的	组织和员工利益的共同实现	组织短期目标的实现
管理活动	重视培训开发	重使用、轻开发
管理内容	非常丰富	简单的事务管理
管理地位	战略层	执行层
管理性质	生产效益部门	单纯的成本中心

【小资料】　　人力资源管理职能的演进

18 世纪中叶～19 世纪中叶——人事管理初始阶段；
19 世纪末 20 世纪初——科学管理阶段；
20 世纪初至第二次世界大战——工业心理学阶段，产生专门的人事工作部门；
第二次世界大战后～20 世纪 70 年代——人际关系管理阶段；
20 世纪 70 年代以来——人事管理让位于人力资源管理。

第二节　企业人力资源规划与工作分析

一、人力资源规划

（一）人力资源规划的含义

人力资源规划有广义与狭义之分。广义的人力资源规划就是对人力资源管理工作进行筹划和安排，它是企业根据外部环境和内部条件统筹安排各项人力资源管理活动的过程。狭义的人力资源规划则是指企业科学地预测、分析自己在变化的环境中的人力资源供给和需求状况，制定必要的政策和措施以确保企业在人力资源的数量、质量上得到满足。狭义的人力资源规划仅包括与企业人员变化有关的内容，例如，招聘和录用新员工，人员的调配、晋升、解聘等。为了保证员工队伍的相对稳定，以实现组织目标，人力资源部门还需制定一系列的维护、保持、发展措施，即广义的人力资源规划，它包括企业总体规划、培训和发展、薪酬福利、绩效评估等。

人力资源规划的目标是：确保企业在适当的时间和适当的岗位获得适当的人员（数量、质量、层次和结构等），实现人力资源的最佳配置，最大限度地开发利用人力资源潜力，使企业和员工的需要得到充分满足。

（二）人力资源规划的内容

人力资源规划是多种多样的，它包括人力资源总体规划和业务规划。总体规划是指在计划期内人力资源管理的总目标、总政策、实施步骤及总预算的安排，它是根据企业战略确定的。人力资源业务规划是总体规划的展开和具体化，主要包括晋升规划、配备规划、补充规划、培训开发规划、工资规划以及员工生涯规划。

1. 晋升规划

晋升规划实质上是组织晋升政策的一种表达方式。对企业来说，有计划地提升有能力的人员，以满足职务对人的要求，是组织的一种重要职能。从员工个人角度上看，有计划的提升会满足员工自我实现的需求。晋升规划一般用指标来表达，如晋升到上一级职务的平均年限和晋升比例。

2. 配备规划

配备规划表示组织中、长期内处于不同职务、部门或工作类型的人员的分布状况。组织中各个部门、职位所需要的人员都有一个合适的规模，这个规模是随着组织内、外部环境和条件的变化而变化的。配备规划就是要确定这个合适的规模以及与之对应的人员结构是怎样的，这是确定组织人员需求的重要依据。

3. 补充规划

因为种种原因，如组织规模扩大，原有人员退休、离职等，组织中经常会出现新的或空缺的职位，就需要组织制定必要的政策和措施，以保证在出现职位空缺时能及时获得所需数量和质量的人员，这就是人员补充规划。

4. 培训开发规划

培训开发规划的目的，是为企业中、长期所需弥补的职位空缺事先准备人员。在缺乏有目的、有计划的培训开发规划的情况下，员工也会进行自我培养，但效果未必理想，也未必符合组织中职务的要求。当我们把培训开发规划与晋升规划、补充规划联系在一起时，培训的目的性就明确了，培训的效果也就明显提高了。组织通过培训开发，一方面可以使组织成员更好地适应正从事的工作，另一方面也为组织未来发展所需要的职位准备了后备人才。

5. 工资规划

工资规划对于确保企业的人工成本与企业的经营状况保持在一个恰当的水平有着重要的作用。企业未来的工资总额取决于员工的分布状况，分布状况不同，企业的人工成本是不同的。企业组织通过工资规划，有计划地扩大控制幅度，减少中高层次职位的数量，就会明显地降低工资总额。通过改变工作的分配方式、减少技术工种的职位数、增加熟练工种职位数，同样可以达到减少工资总额的目的。所以，如果事先没有通过工资规划有计划地控制成本，企业人工成本的控制就难以实现。

6. 员工生涯规划

员工生涯规划是指一个人工作生涯的人事程序。它是实现个人和企业双赢的重要工具：

对员工个人，借助职业生涯规划能够准确认识自身的个性特点和优劣势，进而确立人生方向，找准职业定位，并评估个人目标和现状的差距，充电增值，增强职业竞争力；对于企业，借助职业生涯管理能够深入了解员工的发展愿望和职业兴趣，为设计适合企业的组织结构进行人才盘点，使员工感到受重视，从而提升员工满意度和忠诚度，降低人力资源使用成本，稳定员工队伍。做好员工生涯规划，不仅能使员工在企业中发挥出应有的才能，帮助企业留住优秀员工，同时员工自身在企业组织内部也能得到极大的提升，最终实现企业和员工和谐双赢。

人力资源规划的内容涉及人力资源管理的方方面面，在制订人力资源的各项业务规划时，要注意各规划之间的平衡和协调。例如，员工通过培训提高了素质，在使用和报酬方面就应有相应的提高；企业从外部补充人员，就需要执行相应的培训规划等。

（三）人力资源规划的基本程序

人力资源规划作为人力资源的一项基础活动，其核心部分包括人力资源需求预测、人力资源供给预测和人力资源供需综合平衡三项工作。具体程序见图 6.1。

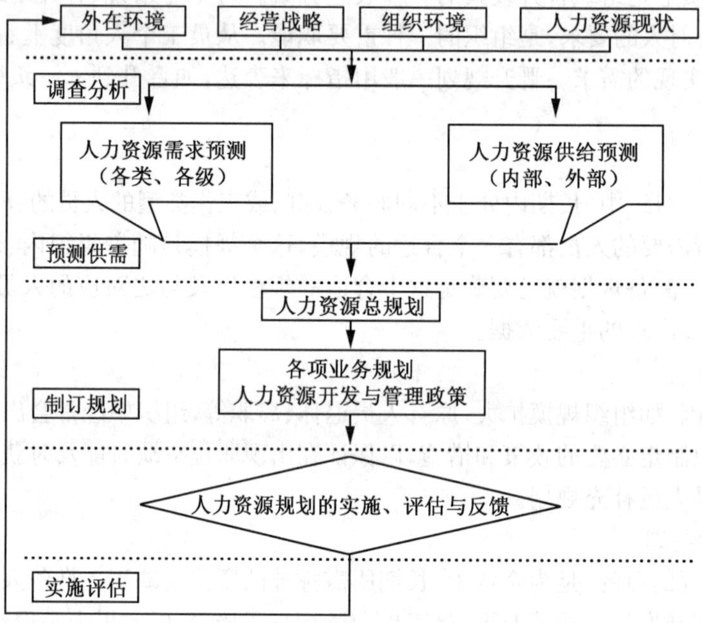

图 6.1 人力资源规划的程序

1. 调查分析准备阶段

这一阶段主要是调查研究以取得人力资源规划所需的信息资料，为后续阶段做准备。需要调查的信息包括：

(1)外部人力资源的供需调查，如劳动力市场结构、市场供给与需要的现状、教育培训政策与教育工作、劳动力择业心理、劳动力市场的影响因素等。

(2)内部人力资源供需与利用情况的调查分析，如现有员工的一般情况（如年龄、性别、知识与经验、能力与潜力、兴趣与爱好等）、人力资源的流动情况、人力资源的结构和现行人力资源政策等。

2. 人力资源供需情况的预测阶段

本阶段是人力资源规划中较具技术性的关键阶段。预测的目的是得出计划期各类人力资源的余缺情况，即得到“净需求”的数据。

(1)人力资源的需求预测，即根据企业发展的需要，运用定性和定量的方法，来测算企业未来所需要的人力资源总数和各类职员的数量。预测的依据是：组织机构设置和职位设置；现有员工的工作情况、定额及劳动负荷；未来的生产任务，生产因素的可能变动情况。

(2)人力资源的供给预测，包括内部预测与外部预测两个方面。一般来说，首先要进行内部人力资源供给的预测，以确定对外部人力资源的要求。

对于内部人力资源，不仅要研究现有人员的情况，更要预测在将来某一时刻，经过升迁、内部流动、离职后，组织内还存在多少人力资源可供利用。

对于外部人力资源，应该充分了解本地区的人口总量与人力资源率、人力资源的总体构成、人力资源的教育水平、劳动力的相对价格与平均价格、人力资源流动等情况。

3. 制订人力资源规划阶段

本阶段制订人力资源开发与管理的总规划，并根据总规划制订各项具体的业务计划以及相应的人事政策，以便各部门贯彻执行。这一阶段是人力资源规划中比较具体、细致的工作阶段。

4. 人力资源规划的实施、评估与反馈阶段

本阶段是人力资源规划的最后一个阶段。组织将人力资源的总规划与各项业务计划付诸实施，并根据实施的结果进行人力资源规划的评估，并及时将评估的结果反馈，修正人力资源规划。注意人力资源规划是一个长久持续的动态工作过程，它具有滚动性。

二、工作分析

在企业合理进行人力资源规划之后，在开始进行人力资源吸纳与招聘之前，必须针对企业的现有任务和发展的需要进行工作分析。只有进行科学的工作分析，才会有效地进行人力资源的获取、整合、使用、激励与开发，工作分析是人力资源管理的依据。

(一)工作分析的基本概念和术语

1. 工作分析的基本概念

工作分析又称岗位分析，就是企业在确定组织机构设置之后及实施人事安排之前，对企业各项工作岗位或职务的性质、任务、责任、权利以及担任各项工作的人员应具备的基本条件所进行的系统分析和研究。它的结果产生工作描述和任职说明。在人力资源管理中，工作分析、工作说明书与工作规范的设计是一项非常重要的工作。

工作分析是确定完成各项工作所需技能、责任和知识的系统过程。它是一种重要而普通的人力资源管理技术。工作分析的目的是为了解决以下六个重要的问题：

(1)工人完成什么样的体力和脑力劳动？

(2)工作将在什么时候完成？

(3)工作将在哪里完成？

(4)工人如何完成此项工作？

(5)为什么要完成此项工作？

(6)完成工作需要哪些条件？

以下三种情况才需要工作分析：(1)当新组织建立，工作分析首次被正式引进。(2)当新的工作产生时。(3)当工作由于新技术、新方法、新工艺、新系统的产生而发生重要变化时。当工作性质发生变化时，最需要进行工作分析，工作分析可帮助组织察觉环境正发生变化这一事

实。

2. 工作分析的基本术语

工作分析的基本术语有:工作要素、任务、职位、职务、职务分析(岗位分析)、职务描述(岗位描述)、职务规范等。职务分析活动,实际可以从不同个体的职业生涯与职业活动的调查入手,据此分析工作的职务、职位、职责、工作任务与工作要素,最后从不同层次上确定工作的性质、繁简、难易与承担的资格条件,即确定工作的职系、职组、职门、职等与职级。以上出现的若干专门术语是职务分析操作过程中经常出现的,也是在进行职务分析之前应当明确理解的。

(1)工作要素,是指工作活动中不能再继续分解的最小动作单位。

(2)任务,是一系列为了不同的目的所担负完成的不同的工作活动,即工作活动中达到某一工作目的的要素集合。如工人加工工件、打字员打字都是一项任务。

(3)职责,是指某人担负的一项或多项相互关联的任务集合。

(4)职位,是指某一时间内某一主体所担负的一项或数项相互联系的职责集合。职位与个体是一一匹配的,有多少职位就有多少人员。

(5)职务,是指主要职责在重要性与数量上相当的一组职位的集合或统称。

(6)职业,是指不同时间、不同组织中,工作要求相似或职责平行(相近、相当)的职位集合。

(7)职系,由两个或两个以上的工作组成,是职责、繁简、难易、轻重、大小及所需资格条件不同,但工作性质充分相似的所有职位集合。

(8)职组,是指若干工作性质相近的所有职系的集合。

(9)职门,是指若干工作性质大致相近的所有职系的集合。

(10)职级,是同一职系中职责的繁简、难易、轻重及任职条件充分相似的所有职位集合。

(11)职等,是指不同职系之间,职责的繁简、难易、轻重及任职条件要求充分相似的所有职位的集合。

(12)职业生涯,是指个人一生中所经历的一系列职位、工作或职业。

(二)工作分析的内容

工作分析包括两个方面的内容:一是确定岗位的具体特征,即工作描述;二是找出岗位对任职人员的各种要求,即任职说明。

1. 工作描述

工作描述就是确定工作的具体特征。它包括以下几方面内容:

(1)工作名称。在进行工作描述时应有其特定的名称,以便记载活动及收集资料。

(2)工作活动和程序。包括所要完成的工作任务,工作职责,完成工作所需要的资料、机器设备与材料,工作流程,工作中与其他工作人员的正式联系以及上下联系。

(3)工作条件和物理环境。包括正常的温度、适当的光照度、通风设备、安全措施、建筑条件,甚至工作的地理位置。

(4)社会环境。包括工作团体的情况、社会心理气氛、同事的特征及相互关系、各部门之间的关系等。此外,应该说明企业组织内以及附近的文化和生活设施。

(5)职业条件。由于人们常常根据职业条件来判断和解释职务描述中的其他内容,因而这部分内容特别重要。职业条件说明了工作的各方面特点:工资报酬、奖金制度、工作时间、工作季节性、晋级机会、进修和提高的机会、该工作在本组织的地位以及与其他工作的关系,等等。

2. 任职说明

任职说明主要包括以下内容:

(1)一般要求,包括年龄、性别、学历、工作经验;

(2)生理要求,包括健康状况、力量与体力、运动的灵活性、感觉器官的灵敏度;

(3)心理要求,包括观察力、集中能力、学习能力、分析与解决问题的能力、交际能力、性格与气质、事业心、合作能力、领导能力等。

(三)工作分析的基本方法

1. 访谈法

也称采访法,它是通过工作分析人员与员工面对面地谈话来收集工作信息资料的方法。访谈法适合脑力职务者,如开发人员、设计人员、高层管理人员等。

对于许多工作,分析人员不可能实际去做(如飞行员的工作),也不可能去现场观察(如外科医生的工作),这种情况下就需要对工作者本人进行访谈来收集有关的信息。访谈法的优点在于能够简单、迅速地收集工作分析资料,适用性强;缺点是被访谈者往往夸大其承担的责任和工作的难度,容易引起工作分析资料的失真和扭曲。

访谈法主要可以分为两种类型:个别访谈法和集体访谈法。

2. 问卷法

工作分析人员首先要拟订一套切实可行、内容丰富的问卷,然后由员工进行填写。问卷法适用于脑力工作者、管理工作者或工作不确定因素很大的员工,比如软件设计人员、行政经理等。

问卷法是通过将问题制作成问卷发给员工,让他们当场或在一定时间内填写的方式来收集信息的方法。这种方法成败的关键在于问卷设计的质量,一定程度上,一份设计良好的问卷可以将员工回答问题时可能出现的误差减至最小。问卷调查法的优点是能够迅速得到进行工作分析所需的资料,速度快;节省时间和人力,实施费用低;调查的样本量可以很大;调查的资料可以数量化,由计算机进行数据处理。缺点是设计理想的调查表要花费很多时间、人力和物力,设计费用高;填写调查表是工作者单独进行的,缺少交流;被调查者可能不积极配合与认真填写,从而影响调查的质量。

3. 资料分析法

如果工作分析人员手头有大量的工作分析资料,比如类似的企业已经做过相应的工作分析,比较适合采用本办法。这种办法最适合新创办的企业。

4. 直接观察法

直接观察法就是由工作分析人员观察所需分析的工作,记录某一时期该职位工作的内容、方式、过程和办法,并在此基础上进行分析的方法。工作分析人员直接对员工工作的全过程进行观察。该方法适用于工作周期很短的工作。比如保洁员的工作基本上是以一天为一个周期,工作分析人员可以一整天跟随保洁员进行直接工作观察。

直接观察法是最为简单的一种方法,它的优点是工作分析人员能够比较全面、深入地了解工作的要求和内容。缺点是通常适用于那些工作内容主要是由身体活动来完成而且重复性较大、重复期较短的工作,如装配线工人、保安人员;不适用于脑力劳动成分较高的工作或者处理紧急情况的间歇性工作,如律师、教师、急救站的护士等。

5. 工作日志法

工作日志法是由员工本人自行进行的一种工作分析方法。事先应该由工作分析人员设计好详细的工作日志单,让员工按照要求及时地填写工作内容,从而收集工作信息。

这种方法适用于工作循环周期短、工作状态稳定的职位,可用来确定工作职责、工作关系以及劳动强度等方面的信息。它的优点在于收集的信息比较全面，一般不容易遗漏；缺点是使用范围小、信息整理量大、工作较烦琐。

6. 工作参与法

也称职务实践法。顾名思义，就是工作分析人员直接参与员工的工作，扮演员工的工作角色，体会其中的工作信息。参与法适用于专业性不是很强的职务。

7. 典型事件法

如果员工太多或者职位工作内容过于繁杂，应该挑选具有代表性的员工和典型的时间进行观察，从而提高工作分析的效率。

上述工作分析方法既可单独使用，也可以结合使用。由于每个方法都有自身的优点和缺点，所以每个企业应该根据本企业的具体情况进行选择。

（四）工作分析的程序

1. 准备阶段

在这一阶段，主要解决以下几个问题：

(1)建立工作分析小组；

(2)明确工作分析的总目标、总任务；

(3)明确工作分析的目的；

(4)明确分析对象；

(5)建立良好的工作关系。

2. 计划阶段

(1)选择信息来源。

信息来源的选择应注意：①不同层次的信息提供者提供的信息存在不同程度的差别。②工作分析人员应站在公正的角度听取不同的信息，不要事先存有偏见。③使用各种职业信息文件时，要结合实际，不可照搬照抄。

(2)选择收集信息的方法和系统。

信息收集的方法和分析信息适用的系统由工作分析人员根据企业的实际需要灵活运用。由于分析人员有了分析前的计划，对可省略和重复之处均已了解，因此可节省很多时间。但是分析人员切记，这种计划仅仅是预定性质，以后必须将其和各单位实际情况相验证，才不致产生错误。

3. 分析阶段

工作分析是收集、分析、综合组织某个工作有关的信息的过程。也就是说，该阶段包括信息的收集、分析、综合三个相关活动，是整个工作分析过程的核心部分。

(1)工作名称。该名称必须明确，使人看到工作名称，就可以大致了解其内容。

(2)雇用人员数目。同一工作所雇用工作人员的数目和性别应予记录。

(3)工作单位。工作单位显示工作所在的单位及其上下左右的关系，就是说明工作的组织位置。

(4)职责。所谓职责就是这项工作的权限和责任有多大，主要包括：①对原材料和产品的职责。②对机械设备的职责。③对工作程序的职责。④对其他人员的工作职责。⑤对其他人员合作的职责。⑥对其他人员安全的职责。分析人员应尽量采用“量”来确定某一工作所有职责的情况。

(5)工作知识。工作是为圆满完成某项工作，工作人员应具备的实际知识。这种知识应包括任用后为执行其工作任务所需获得的知识，以及任用前已具备的知识。

(6)智力要求。智力要求指在执行过程中所需运用的智力，包括判断决策、警觉、主动、积极、反应、适应等。

(7)熟练及精确度。该因素适用于手工操作的工作。熟练程度可用“量”来衡量，它与精确度关系密切。在很多情况下，工作的精确可用允许的误差加以说明。

(8)机械设备工具。在从事工作时，所需使用的各种机械、设备、工具，其名称、性能、用途均应记录。

(9)经验。工作是否需要经验，如有需要，则应说明以何种经验为主、其程度如何。

(10)教育与训练。①内部训练，即由雇主所给予的训练，无论是否在企业中举行，只要该训练是为企业中某一专门工作而开办的即可。②职业训练，由私人或职业学校所进行的训练。其目的在于发展普通或特种技能，并非为任何企业现有某一特种工作而训练。③技术训练，指在中学以上含有技术性的训练。④一般教育，指所接受的大、中、小学教育。

(11)身体要求。有些工作包含必须站立、弯腰、半蹲、跪下、旋转等消耗体力的要求，应加以记录并作具体说明。

(12)工作环境。包括室内、室外、湿度、宽窄、温度、震动、油渍、噪声、光度、灰尘、突变等，各有关项目都需要作具体的说明。

(13)与其他工作的关系。表明该工作与同机构中其他工作的关系，由此可表示工作升迁及调职的关系。

(14)工作时间与轮班。该项工作的时间、工作的天数、轮班次数、长度都是雇用时的重要信息，均应予以说明。

(15)工作人员特性。它是指执行工作的主要能力，包括手、指、腿、臂的力量及灵巧程度，感觉辨别能力，记忆、计算及表达能力。

(16)选任方法。此项工作应用何种选任方法，也应加以说明。

总之，工作分析的项目很多，一切与工作有关的资料均在分析的范围内，分析人员可视不同的目的全部予以分析，也可选择其中必要的项目予以分析。

4. 描述阶段

仅仅研究分析一组工作，并未完成工作分析，分析人员必须将获得的信息予以整理并写出报告。通常，由工作分析所获得的信息以下列方式整理：

(1)文字说明。将工作分析所获得的资料以文字说明的方式表述和描述，列举工作名称、工作内容、工作设备与材料、工作环境及工作条件等。

(2)工作列表及问卷。工作列表是把工作加以分析，以工作的内容及活动分项排列，由实际从事工作的人员加以评判，或填写分析所需时间及发生次数，了解工作内容。列表或问卷只是处理形式不同而已。

(3)活动分析。该分析实质上就是作业分析。通常是把工作的活动按工作系统与作业顺序一一列举，然后根据每一作业进一步加以详细分析。活动分析多以观察及面谈的方法对现有工作加以分析，所用资料作为教育及训练的参考。

(4)决定因素法。这种方法是把完成某项工作的几项最重要行为列表，该项“需要性”在积极方面说明工作本身特别需要的因素，在消极方面说明有待排除的因素。至于工作分析的报告，其编排应该根据分析的目的加以选择，以简短、清晰的字句撰成说明式的报告初稿，送交有关主管和分管人员，获取补充建议后，再予修正定稿。

5. 运用阶段

此阶段是对工作分析的验证，只有通过实际的检验，工作分析才具有可行性和有效性，才能不断适应外部环境的变化，从而不断地完善工作分析的运行程序。此阶段的工作主要包括以下两部分：

(1)培训工作分析的运用人员。这些人员在很大程度上影响着分析程序运行的准确性、运行速度及费用，因此，培训运用人员可以增强管理活动的规范性。

(2)制定各种具体的应用文件。

(五)工作说明书的编写

1. 工作说明书的内容

工作说明书编写的过程中并无固定的模式。需根据工作分析的特点与要求具体确定编写的条目，工作说明书一般包括以下内容：

(1)工作概况，包括职务的名称、编号、职务所属部门、职务等级、说明书的编写日期等项目。

(2)工作说明，主要含以下几个方面：①工作概要，概括本职务的特点主要工作范围。②责任范围及工作要求，罗列任职人员需完成的任务、所使用原料及最终产品、需承担的责任，与其他人的联系，所接受的监督及所施予的监督等；③机器、设备及工具，列出工作中用到的所有机器、设备及辅助性工具；④工作条件与环境，罗列有关的工作条件，如噪声水平、可能遇到的危险、工作场所布局等。

(3)资格条件，即工作规范，指担任此职务的人员应具备的基本资格条件，如受教育水平、经验、培训、性别、年龄、身体状况、判断力、知识、技能等。

2. 对工作说明书编写的要求

工作说明书在企业管理中的地位极为重要，不但可以帮助任职人员了解工作、明确其责任范围，还可为管理者的某些重要决策提供参考。一份好的工作说明书应具备以下特点：

(1)清晰。整个职务说明书中，对工作的描述清晰透彻，任职人员读后，可以明白企业无须再询问他人或查看其他说明材料。避免使用原则性评价，专业难懂的词汇须解释清楚。

(2)具体。在措辞上，应尽量选用一些具体的动词，如“安装”“加工”“传递”“分析”“设计”等；应指出工作的种类、复杂程度，任职者需具备的具体技能、技巧，应承担的具体责任范围等。一般来说，由于基层工人的工作更为具体，其职务说明书中的描述也更具体、详细、简短扼要。

第三节　企业人员招聘与选拔

一、企业人员招聘概述

(一)招聘的含义

人力资源招聘是指企业为了发展的需要，根据人力资源规划和工作分析的数量与质量要求，从组织外部吸收人力资源的过程。

招聘是企业吸收与获取人才的过程，是获得优秀员工的保证。招聘实际上包括两个相对独立的过程，即招募(Recruitment)和选拔聘用(Selection)。招募是聘用的基础与前提，聘用是招募的目的与结果。招募主要是通过宣传来扩大影响，树立企业形象，达到吸引人应征的目的；而聘用则是使用各种技术测评与选拔方法，挑选合格员工的过程。很多组织往往忽视招募,只把工作重点放在选拔聘用上,这是不对的。因为这有可能导致错误的录用与错误的淘汰。应该注重招募的计划、时间、宣传、渠道选择等方面,因为它可以节约选拔与培训成本,提高人与职的适应性。

良好招聘活动必须遵循6R原则:恰当的时间(Right Time)、恰当的来源(Right Source)、恰当的成本(Right Cost)、恰当的人选(Right People)、恰当的范围(Right Area)、恰当的信息(Right Information)。

(二)招聘的内容

1. 招聘的前提

招聘有两个基本前提:一是人力资源规划,从人力资源规划中得到的人力资源净需求预测决定了预计要招聘的职位与部门、数量、时限、类型等因素。二是工作描述与工作说明书,它们为录用提供了主要的参考依据,也为应聘者提供了关于该工作的详细信息。这两个前提也是制订招聘计划的主要依据。

2. 招聘的内容

招聘内容主要由招募、选择、录用、评估等一系列活动构成。招募是企业为了吸引更多、更好的候选人来应聘而进行的若干活动。它包括招聘计划的制订与审批、招聘信息的发布、应聘者申请等;选拔则是组织从"人—事"两个方面出发,挑选出最合适的人来担任某一职位,它包括资格审查、初选、面试、笔试(心理测验)、体检、人员甄选等环节;而录用主要涉及员工的初始安置、试用、正式录用;评估则是对招聘活动的效益与录用人员的质量的评估。

(三)人力资源招聘的程序

完整的人力资源招聘一般包括招募、选拔、录用、评估四个阶段,如图6.2所示。

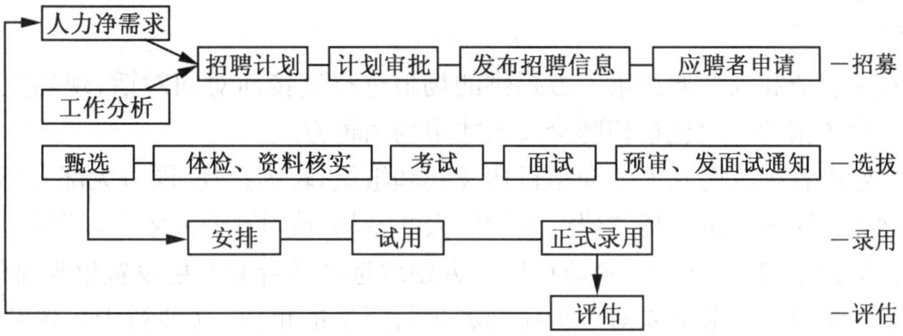

图6.2 人力资源招聘程序

二、人员招募与选拔

(一)人员的招募

招募是企业为了吸收更多的候选人来应聘而进行的若干活动,主要包括招聘计划的制订与审批、招聘信息的发布、应聘者提出申请等内容。

1. 招聘计划的制订与审批

招聘计划的具体内容包括:

(1)招聘的岗位、人员需求量、每个岗位的具体要求;

(2)招聘信息发布的时间、方式、渠道与范围;

(3)招募对象的来源与范围;

(4)招募方法；

(5)招募测试的实施部门；

(6)招募结束时间与新员工到位时间。

招聘计划由用人部门制定，然后由人力资源部门对它进行复核，拟订人员需求量、费用后，交上级主管领导审批，才能发布招聘信息。

2. 招聘信息的发布

招聘信息发布的时间、方式、渠道与范围是根据招聘计划确定的。但由于招聘岗位、数量、任职者的要求不同，招聘信息发布的时间、方式、渠道与范围也不尽相同。

发布招聘信息应注意以下问题：

(1)信息发布的范围。信息发布的范围越大，接受信息的人就越多，招聘费用也会增加。

(2)信息发布的时间。条件许可的情况下，招聘信息应尽早发布。

(3)招募对象的层次性。应根据招聘岗位的要求与特点进行。

3. 应聘者提出申请

应聘者可以通过信函向招聘单位提出申请，也可以直接填写招聘单位申请表。无论采取哪种方式，应聘者都应向应聘单位提供以下资料：

(1)应聘申请函(表)，且必须说明应聘的职位；

(2)个人简历，着重说明学历、工作经验、技能、成果、个人品格等信息；

(3)各种学历、技能、成果(包括获得的奖励)证明(复印件)；

(4)身份证复印件等。

(二)人员招聘的渠道

1. 外部渠道

(1)现场招聘

现场招聘是企业和人才通过第三方提供的场地进行直接面对面对话，现场完成招聘面试的一种方式。现场招聘一般包括招聘会及人才市场两种方式。

招聘会一般由各种政府及人才介绍机构发起和组织，较为正规，同时大部分招聘会具有特定的主题，比如“应届毕业生专场”“研究生学历人才专场”或“IT 类人才专场”等。通过毕业时间、学历层次、知识结构等的区分，企业可以很方便地选择适合的专场设置招聘摊位进行招聘。这种招聘会的组织机构一般会先对入会应聘者进行资格的审核，这种初步筛选节省了企业大量的时间，方便企业对应聘者进行更加深入的考核。但是目标人群的细分在方便企业的同时，也带来一定的局限性，如果企业需要同时招聘几种人才，那么就要参加几场不同的招聘会，这在另一方面也提高了企业的招聘成本。

人才市场与招聘会相似，但是招聘会一般为短期集中式，且举办地点一般为临时选定的体育馆或者大型的广场，而人才市场则是长期分散式，地点也相对固定。因此，对于一些需要进行长期招聘的职位，企业可以选择人才市场这种招聘渠道。

现场招聘的方式不仅可以节省企业初次筛选简历的时间成本，简历的有效性也较高，而且相比其他方式，所需的费用较少。但是现场招聘也存在一定的局限：首先是地域性，现场招聘一般只能吸引到所在城市及周边地区的应聘者；其次，这种方式也会受到组织单位的宣传力度以及组织形式的影响。

(2)网络招聘

网络招聘一般包括企业在网上发布招聘信息甚至进行简历筛选、笔试、面试。企业通常可以通过两种方式进行网络招聘：一是在企业自身网站上发布招聘信息，搭建招聘系统；二是与专业招聘网站合作，如中华英才网、前程无忧、智联招聘等，利用专业网站已有的系统进行招聘活动。

网络招聘没有地域限制、受众人数大、覆盖面广，而且时效较长，可以在较短时间内获取大量应聘者信息，但其中充斥着许多虚假信息和无用信息，因此网络招聘对简历筛选的要求比较高。

(3)校园招聘

校园招聘是企业到学校张贴海报，举办宣讲会，吸引即将毕业的学生前来应聘的方式。对于部分优秀的学生，可以由学校推荐，对于一些较为特殊的职位也可通过学校委托培养后，企业直接录用。

通过校园招聘的学生可塑性较强、干劲充足，但没有实际工作经验，需要进行一定的培训才能真正开始工作。不少学生由于刚步入社会，对自己定位还不清楚，工作的流动性可能较大。

(4)传统媒体广告

在报纸杂志、电视和电台等载体上刊登、播放招聘信息受众面广、收效快、过程简单，一般会收到较多的应聘资料，也对企业起到了一定的宣传作用。通过这一渠道应聘的人员分布广泛，但高级人才很少采用这种求职方式，所以招聘基层和技术职位的员工比较适用。该渠道的效果会受到广告载体的影响力、覆盖面、时效性的影响。

(5)人才介绍机构

这种机构一方面为企业寻找人才，另一方面也帮助人才找到合适的雇主。一般包括针对中低端人才的职业介绍机构以及针对高端人才的猎头公司。企业通过这种方式招聘是最为便捷的，因为企业只需把招聘需求提交给人才介绍机构，人才介绍机构就会根据自身掌握的资源和信息寻找和考核人才，并将合适的人员推荐给企业。但是这种方式所需的费用相对较高，猎头公司一般会收取人才年薪的30%作为猎头费用。

2. 内部渠道

(1)员工推荐

企业可以通过员工推荐其亲戚朋友来应聘公司的职位，这种招聘方式最大的优点是企业和应聘者双方掌握的信息较为对称。介绍人会将应聘者真实的情况向企业介绍，节省了企业对应聘者进行真实性的考察，同时应聘者也可以通过介绍人了解企业各方面的内部情况，从而做出理性选择。目前已经有许多企业采用这种招聘方式，如高露洁公司就鼓励员工推荐并设置了激励手段，如果应聘者被录取，介绍人将会得到一定的奖金。但采用该渠道也应注意一些负面影响：一些公司内部员工或中高层领导为了栽培个人在公司的势力，在公司重要岗位安排自己的亲信，形成小团体，这会影响公司正常的组织架构和运作。

(2)内部招聘

内部招聘是指公司将职位空缺向员工公布并鼓励员工竞争上岗，如中国移动就采用这种招聘方式。对于大型企业来说，进行内部招聘有助于增强员工的流动性，同时由于员工可以通过竞聘得到晋升或者换岗，因此也是一种有效的激励手段，可以提高员工的满意度、留住人才。内部招聘的人才一般对公司和业务已经比较了解，因此可以较快进入新角色，不需要公司大量的培训成本。但是这种方式也有一定的缺点，如果企业过多使用内部招聘，企业将缺乏新观点、新视角的加入，员工存在一定的思维惯性，缺少活力。

（三）人员的选拔

选拔是企业从人、事两个方面出发，挑选出最合适的人来担当某一职位，它包括资格审查与初选、面试、测试、体检与资料核实、人员甄选等环节。

1. 资格审查与初选

资格审查是对求职者是否符合职位的基本要求的一种审查。初选则是从合格的应聘者中选出参加面试的人员。主选人员往往凭个人经验，容易产生主观臆断，所以在条件许可的情况下，应当适当放宽面试人员的范围。

2. 面试

通过供需双方正式面谈，组织能够客观了解应聘者的业务知识水平、外貌风度、工作经验、求职动机等信息，应聘者能够了解更全面的组织信息。所以，面试是一个双向选择的过程。

从面试所达到的效果来看，面试可以分为初步面试和诊断面试：

(1)初步面试，类似于面谈，比较简单、随意。通常，初步面试由人力资源部门中负责招聘的人员主持，不合格的人员或者对组织不感兴趣的应聘者将被筛选掉。

(2)诊断面试，是对经初步面试筛选合格的人员进行实际能力与潜力的测试。这种面试由用人部门负责，人力资源部门参与；若招聘高级管理人员，则组织的高层领导也参加。

从面试的组织形式来看，面试可分为结构型面试、非结构型面试、压力面试、BD面试。

(1)结构型面试：指面试前，主考官根据已有的固定框架(或问题清单)对每个应聘者进行相同的提问。重点是了解应聘者在某个职位所需的知识或技能情况。

(2)非结构型面试：指面试前，主考官只是根据组织和职位的需要，提出一些开放式问题，如“谈谈你对某件事的看法”，“你有何兴趣与爱好”等。其目的是了解应聘者的能力与发展潜力。这种面试有很大的隐蔽性和随机性，要求应聘者有很好的理解能力。

(3)压力面试：这种面试往往给应聘者提出一个意想不到，通常是敌意或具有进攻性的问题，以此来了解应聘者承受压力、情绪调整的能力、应变能力和解决紧急问题的能力等。一般用于销售人员、公关人员、高级管理人员等。

(4)BD面试：即行为描述面试(Behavior Description Interview)，是基于行为的连贯性原理，从STAR——情景(Scene)、任务(Task)、行动(Action)和结果(Result)的过程来测试应聘者的行为模式与组织的适应性。其过程大致如下：首先，确定空缺职位的责任与能力，明确它们的重要性；然后，询问应聘者是否担任过类似职位，即“情景”；一旦有类似工作经历，则确定负责的“任务”；进一步了解，一旦出现问题他们所采取的“行动”以及“行动”的“结果”究竟如何。

3. 测试

测试是在面试的基础上进一步对应聘者进行了解的一种手段，以消除应聘资料和面试中的一些“伪信息”和主观臆断，增加应聘者的公平竞争，提高录用决策的正确性。

(1)能力测试。常见的能力测试主要包括一般智力测试、语言能力测试、运算能力测试、空间感判断能力测试、逻辑归纳能力测试、推理判断能力测试。

(2)人格和兴趣测试。研究表明，工作业绩不仅取决于员工的专业知识和能力，还与其心理状态、个性特征、人际交往能力等有关。

(3)体能测试。通过体能测试可以判断应聘者是否具备工作所需的身体条件。

(4)工作样本法。工作样本法要求应聘者实际完成或模拟完成一些空缺职位的职责。

4. 体检与资料核实

体检包括应聘者的健康检查和身体运动能力测试。

资料核实是对应聘者的教育状况、工作经历、个人品质、工作能力、个人兴趣情况等进行调查和核实。

5. 人员甄选

人员甄选决策有单一决策模式和复合决策模式两种:单一决策模式是从多个应聘者中为某一职位或某类性质相类似的职位甄选一个或若干个任职者的决策模式。复合决策模式即在一次招聘中为多个职位分别测定多个求职者,从“人—职位”双向选择的角度出发合理配置人员的决策模式。

(四)招聘管理工作

1. 招聘网络的开发与维护

企业的招聘人员的来源主要有学校、劳动力市场、中介机构、专业团体或组织、其他公司、熟人介绍等。为保证人员供给的数量和质量,企业应选择适合自己需求的人员供给渠道并与之建立良好的关系,从而形成自己的招聘网络。

2. 相关文件和工具设计

企业招聘过程中需要许多辅助文件和工具,包括申请表、面试评分表、书面通知、登记表等,企业要做好这些工具的设计开发,提高其科学性、实用性和有效性。

3. 对招聘人员的培训

参加招聘的既有人力资源管理人员,也有其他职能部门、业务部门的经理人员。企业有必要对这些人进行必要的培训,包括沟通技能、招聘标准、评分办法等。

4. 人才库的建设

企业固然可以委托猎头公司为自己招聘,但企业如果有自己的人才库,在招聘时就可以更加主动。这样,在企业需要人才时,才知道应该到哪里去找,以及怎样去找。

【阅读材料】　用人之道

在一次工商界的聚会中,几个老板大谈自己的经营心得。其中一个说:“我手下有三个不成才的员工,现正准备找机会将他们炒掉。”“为什么要这样做呢?他们为何不成才?”另一位老板问道。“一个整天嫌这嫌那,专门吹毛求疵;一个杞人忧天,老是害怕工厂有事;另一个浑水摸鱼,整天在外面闲荡鬼混。”第二个老板听后想了想,就说:“既然这样,你就把这三个人让给我吧!”

三个人第二天到新公司报到。新的老板开始分配工作:喜欢吹毛求疵的人,负责管理品质;害怕出事的人,让他负责安全保卫及保安系统的管理;喜欢浑水摸鱼的人,让他负责商品宣传,整天在外面跑来跑去。三个人一听,职务的分配和自己的个性相符,不禁大为兴奋,兴冲冲地走马上任。

过了一段时间,由于这三个人的卖力工作,居然使工厂的营运绩效直线上升,生意蒸蒸日上。

第四节　企业人力资源的考核与激励

一、企业人力资源工作绩效的考评

（一）工作绩效考评的概念

工作绩效考评就是收集、分析、评价和传递有关某一个人在其工作岗位上的工作行为表现和工作结果方面的信息情况的过程。

（二）工作绩效考评的作用

工作绩效考评是人员任用的依据，是决定人员调配和职务升降的依据，是进行人员培训的依据，是确定劳动报酬的依据，是对员工进行激励的手段。

（三）工作绩效考评的体系

工作绩效考评的内容一般包括德、能、勤、绩、个性等几个方面。工作绩效考评的主体有上级、同事、专家、自己、人力资源部门、下级等。

工作绩效考评根据目的不同可分为许多种，如评先进的考评，选拔人才的考评，晋升、晋级的考评，为评定工资或提薪、发放奖金而进行的考评，培训前的考评，对各级领导干部政绩、作风的考评，例行人事考核等。

上述内容可以综合成表 6.2。

表 6.2　　工作绩效考评的体系

考评目的		考评内容					考评主体						考评时间
		个性	德	能	勤	绩	上级	同事	专家	自己	人事	下级	
评选	先进	×	⊙	○	⊙	⊙	⊙	⊙		⊙			定期
	能手	×	△	⊙		⊙		⊙	⊙	⊙			
选拔	后备领导	○	⊙	⊙	⊙	⊙	⊙	○	○	⊙	⊙	⊙	不定期
	技术骨干	×	○	⊙	⊙	○		⊙	⊙				
	承包者	△	⊙	○	⊙	⊙	⊙		⊙	⊙	⊙		
晋升职称		×	○	⊙	⊙	⊙	⊙		⊙	⊙			定期
薪金及提升		×	△	⊙	⊙	⊙	⊙		⊙		⊙		定期、不定期
达标分析		×	○	○	○	⊙			⊙				定期、不定期
奖励		×	△	△	○	⊙							定期、不定期
培训		△	⊙	⊙	⊙	⊙			⊙				不定期
各级领导考评		△	⊙	⊙	⊙	⊙	⊙	⊙		⊙		⊙	定期
例行人事考核		○	○	○	○	○	⊙			⊙	⊙		定期

⊙重要　○较重要　△不太重要　×不重要

二、激励的概念与激励因素

（一）激励的概念

激励是通过奖励等手段激发行为主体采取某种行为的内在积极性，诱导某种所期望的行为发生，这些奖励就是激励因素。

(二)激励因素

1. 物质激励因素与精神激励因素

物质激励因素主要包括：基本薪金、变动报酬、股权期权、职位消费、养老计划等。

精神激励因素则主要包括：企业的控制权、职位晋升、个人的声誉、事业的成功感、政治地位、社会责任意识等方面的激励。

2. 内在激励因素与外在激励因素

企业的内在激励因素是指企业对其人力资本工作本身而提供的内在满足，包括：(1)工作性质方面的激励，如个人成长和发展的机会、对工作的胜任感、成就感、责任感、令人鼓舞的团队精神等；(2)工作条件方面的激励，如宽松的政策环境、满意的办公设备和设施、便利的交通通信条件、弹性的工作时间、体面的头衔、和谐的人际关系等。

企业外在激励因素是指企业员工工作的外在报酬，分为直接薪酬与间接福利。直接薪酬包括基本薪酬、短期奖励酬金，以及股票和股权收益等；间接福利包括社会保险、医疗保险、失业保险、养老保险等公共福利，交通费、住房补贴、工作误餐等个人福利，公休假、节日假、脱产培训等休假福利，贷款担保、托儿托老所、优惠品等生活福利。

此外，企业人力资本的激励因素还可分为短期激励因素和长期激励因素。但从企业的生存与发展，以及对企业人力资本激励的有效程度来看，在这众多的激励因素中，以基本薪酬、变动报酬(包括年度利润分享和收益分享)为主体的短期激励和作为长期激励的企业人力资本产权收益(包括股票收益和股票期权收益等)，是最根本、最有效的激励因素。

三、几种主要的激励理论

(一)马斯洛的需要层次理论

需要层次理论是由美国的心理学家亚伯拉罕·马斯洛于1943年提出来的。马斯洛认为，人的需要分为五种——生理需要、安全需要、社交需要、尊重需要和自我实现需要。他把这五种需求总结为五层(见图6.3)：

图6.3　马斯洛的需要层次

(1)生理需要，指维持人类自身生命的基本需要。

(2)安全需要，指人们希望避免人身危险和不受丧失职业、财物等威胁方面的需要。

(3)社交需要，希望与别人交往，避免孤独，与同事和睦相处、关系融洽的欲望。

(4)尊重需要，人们追求受到尊重，包括自尊与受人尊重两个方面。

(5)自我实现需要，是一种最高层次的需要。它是指人能最大限度地发挥潜能，实现自我理想和抱负的欲望。这种需要突出表现为工作胜任感、成就感和对理想的不断追求。这一层次的需要是无止境的。

马斯洛认为：人的需要是有层次的，是由最低层次需要逐渐向上发展到最高层次需要的，只有未被满足的需要才是行为的激励因素，当低一层次需要得到基本满足之后，较高层次需要才发挥对人行为的推动作用(即新的激励因素)；任何一个人在某个时候会有一个决定其行动方向的主导需要，人的行为主要受主导需要所驱使。马斯洛的需要层次论第一次揭示了人类行为动机的实质：需要是人类行为的导源，需要是人类内在的、天生的、下意识存在的，满足了的需要不再是激励因素。

需求层次理论对管理实践的启示：正确认识被管理者需要的多层次性，找出受时代、环境及个人条件差异影响的优势需要，有针对性地进行激励。

(二)赫茨伯格的"双因素"理论

1."双因素"理论的基本内容

双因素理论也称"保健—激励理论"(Motivation-Hyiene Theory)，是美国心理学家弗雷德里克·赫茨伯格(Frederick Herzbere)于20世纪50年代后期提出的。

赫茨伯格把激励因素分为两大类，即保健因素和激励因素。保健因素是指与工作环境和条件相关的因素，包括管理政策与制度、监督系统、工作条件、人际关系、薪金、福利待遇、职位地位、工作安全等因素。激励因素是指那些与工作本身有关的因素，包括工作成就感、工作挑战性、工作中得到的认可与赞美、工作的发展前途、个人成才与晋升的机会和工作的责任感等。赫茨伯格的观点与传统观点的比较如图6.4所示。

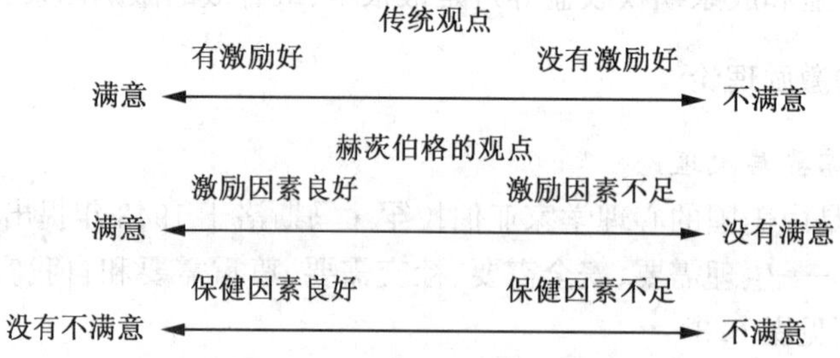

图6.4 赫茨伯格的观点与传统观点比较

2."双因素"理论对管理实践的启示

第一，管理者若想持久而高效地激励职工，必须改进职工的工作内容，给职工提供更大的激励和更多的满意机会，使职工在劳动和工作中感受到成就、责任和成长。管理者还需经常给予职工表扬和赏识，使他们感到自己受人重视和尊重。

第二，管理者也不应忽视保健因素，以消除职工的不满，保持职工的积极性。

(三)弗鲁姆的期望理论

1. 期望理论的基本内容

弗鲁姆认为，人们对某项工作的积极性的高低受两个方面因素的影响：一是这种工作对他的需要的满足程度或努力后取得的成果的价值(即效价)，二是实现的可能性的大小(即期望值)。在一项工作中人们受到的激励力可以表示为如下公式：

$$激励力=效价\times期望值$$

上述公式中，激励力是指一个人所受到的激励的强度，即激励作用的大小；效价是指目标满足个人需要的价值，即一个人对某一预期目标的估价；期望值是指经过个人努力后实现目标的可能性大小,即实现目标的概率。

2. 期望理论对管理实践的启示

首先,管理者要选择员工感兴趣、评价高,即认为效价高的项目或手段。其次,在制订工作目标时,工作的标准或目标不宜过高。目标过高,不会产生需要和动机,从而没有激励作用;目标太低,效价低,也不会产生激励作用。

(四)公平理论

公平理论是美国心理学家亚当斯于1965年提出来的,这一理论是通过个人所做出的贡献与所得报酬之间的关系来研究激励的。

1. 公平理论的基本内容

公平理论主要研究相对报酬对人们工作积极性的影响。

亚当斯认为,一个人在工作中做出成绩、取得报酬后,所关心的不仅是报酬的绝对量,更是报酬的相对量。有如下几种情形:(1)自己现在所得到的报酬与自己现在的付出的比;(2)别人现在所得到的报酬与别人现在的付出的比;(3)自己过去所得到的报酬与自己过去的付出的比。

2. 报酬分配方法对员工的行为的影响

公平理论认为,组织的报酬分配方法对员工的行为有以下影响:

(1)按时间付酬时,收入超过应得报酬的员工,生产率水平将会高于收入公平的员工。

(2)按时间付酬时,收入低于应得报酬的员工,产量或质量将降低。

(3)按产量付酬时,收入超过应得报酬的员工与收入公平的员工相比,产量增加可能不多,而可能主要提高产品的质量。

(4)按产量付酬时,收入低于应得报酬的员工与收入公平的员工相比,产量提高而质量下降。

3. 公平理论对管理实践的启示

管理者在管理过程中,首先要高度重视相对报酬的问题。其次,在绩效和薪酬设计时,尽可能地实现相对报酬的公平性。最后,当出现不公平现象时,要主动做好工作、积极引导,防止产生负面影响。

四、企业人力资源激励的方式——薪酬激励

(一)基本薪金

基本薪金是企业对其人力资本劳动或工作贡献的基础性回报。对企业的一般性人力资本来说就是“基础工资”(Wage),而对专业技术人员和经营管理者来说就是“薪水”(Salary)。在企业整个薪金报酬体系中,它是最为基础的收入报酬。由于企业人力资本在企业中的不同性质,其基本薪金的表现形式也大不相同。

对普通从事体力性劳动的一般员工来说,基本薪金一般有两种支付形式:一是计时薪酬,它是以劳动的投入量或工资时间的长短来衡量的。计时薪酬以员工所积累的人力资本水平具体确定薪酬级别,操作简便易行,有利于促进员工努力提高其人力资本水平,其缺点是与个人努力程度相关性不大。二是计件薪酬,它是以劳动产出量或工资绩效为基础来支付,实际中多以完成产品或工作件数加以衡量。一般来说,计件薪酬与工作绩效直接相关,有利于筛选绩优员工并激励员工努力工作,但操作难度大且易引起员工的情绪紧张。因而,在大多数情况下,企业一般人力资本的基本薪酬是计时薪酬与计件薪酬的结合。

对于专业技术人员、企业营销人员等专业人力资源来说，由于其产出量或工作成果较难度量和评价，而且工作的努力程度也难以监督，所以，这些专业人力资本的基本薪金一般表现为月薪或年薪的方式。这种月薪或年薪一般是根据工作职位的不同性质以及各种工作职位的人力资本相对价值的大小来具体衡量的。

对于企业经营管理者这些企业家型人力资本来说，其基本薪金可采用年度基薪的形式。实际的操作中，一般要依据企业的资产规模、销售收入、职工人数以及企业的经营管理难度和责任来具体衡量。

(二)变动薪金——年度奖金

变动薪金根据人力资源的薪酬获取依据的不同，又可以进一步分为利润分享和收益分享两种形式：

1. 利润分享

利润分享(Profit Sharing)是一种奖励性变动薪酬，是依据企业的利润或回报的某种衡量指标(如企业的投资回报率)来确定奖励性工资的一种报酬形式；或者说，是建立在整个企业经营的盈利能力基础之上，并使员工获得一部分企业剩余的短期激励机制。在美国，一般中高层经营管理人员的利润分红分别相当于年薪的25%和45%。

利润分享计划的一般步骤是：首先，确定绩效目标，定义具体的绩效度量标准、税前利润或投资收益等；其次，制订分享基金来源、规模及提取办法；再次，决定分享员工的范围、分享数额和水平、支付形式和支付周期等；最后，建立员工参与和支持系统，如提案审议委员会、员工关系沟通协调组及监督机构等。

现实中，企业利润分享一般有两种形式：一是基于现金的利润分享计划，二是基于股票的延期利润分享计划。

2. 收益分享

收益分享(Gain Sharing)是企业与员工分享同企业或团队业绩的改进有关的财务收益。它是根据企业经营绩效的改善，如生产销售的改进、顾客满意度的提高、成本的降低以及更良好的安全记录等，为参加计划的员工给付的激励性报酬。收益分享有别于利润分享，因为它使用的衡量标准是营业或业绩标准，而不是那些衡量盈利能力的标准。具体见表6.3。

表6.3　　现代收益分享计划的衡量标准

变　量	衡量标准
劳动生产率	每小时产出量
质量	次品数(每万)
材料浪费	材料损失占产量的百分比
安全	有记录的事故数量
顾客满意度	及时送货率

(三)产权收益

从激励的角度看，企业人力资源的薪金报酬只是其劳动报酬，而产权收益则是资本报酬；前者是一种短期激励措施，后者则是一种关系到企业人力“资本”运作的长期激励手段。目前，企业产权激励主要有两种方式：股权激励与期权激励。具体表现为三种形式：员工持股计划(Employee Stock Option Plan，ESOP)、管理层收购(Management Buy-outs，MBO)和股票期权(Executive Stock Options，ESO)。前两者是股权激励，后者是期权激励。

1. 员工持股计划

员工持股计划是对企业全体人力资本，尤其是对企业一般性人力资本进行长期激励的一种股权激励方式。它通过产权主体的多元化，可以优化企业资本结构，调动企业职工的积极性。从员工持股的形式上看，各国员工持股的实践归纳起来有三种基本形式：

一是员工购股，即员工通过各种方式购买企业的股份。这种大众持股的现象在美国最为典型，美国第二次世界大战后直至 80 年代，在上市公司股票交易中个人持股率占 60%～70%。转型国家为了实行产权变革，也发动广大职工购买国有企业的股份，例如匈牙利和波兰国有企业的私有化大都通过出售的方式完成。中国在进行国有企业改革的过程中，除了让职工和大众购买国有企业上市公司的股票外，也实行了职工内部集资、股份合作、优先购买企业股票等持股方案。

二是存量分股。例如，俄罗斯和东欧一些国家为了加快私有化进程，就把大量国有企业存量资产无偿分配给每个公民，特别是每个企业的职工，或者以极其廉价而近乎赠送的价格，把企业存量资产卖给内部职工。

三是利润共享股份。其实质就是利用利润的一部分为职工购买股票，使其拥有公司的股份。具体做法是：公司将一部分股份或把一部分银行贷款转交给 ESOP 信托基金，该基金购进公司股票，并按照贡献大小将一定股票记入相应的职工名下。这种方式的员工持股计划在美国最为盛行，英国、法国、德国等西方发达国家的许多公司也相继效仿。

2. 管理层收购

所谓管理层收购（MBO），即公司的经理层利用借贷所融资本或股权交易收购本公司的行为。通过收购，企业的经营者就从单纯的管理人员（Manager）转变为股东兼管理者（Owner-Manager）。

从企业的人力资本激励角度看，管理层收购实为针对企业高级人力资本而实行的股权激励形式。从某种意义上讲，管理层收购是对现代企业制度的一种反叛，因为其追求的是一种所有权和经营权的集中。从历史上看，随着生产规模越来越大、社会分工越来越细、生产内容越来越复杂，企业的所有者必须聘用管理人员和专业人士去管理企业，所有者与管理者开始在生产过程中逐渐分离。特别是股份公司出现以后，企业所有者从一两个人变成了千百万个股东，企业所有者和经营者分离成为一种趋势。但所有者和经营者过度分离也会对企业造成不利影响，比如经营者可能挥霍公款，同时盲目扩张企业规模，而忽视企业的利润，即代理人成本升高。管理层收购产生的体制基础正是现代企业制度中存在的代理成本问题以及由此产生的管理低效问题，通过管理层对公司的收购实现经理人对决策控制权、剩余控制权和剩余索取权的接管，从而降低代理成本，减少对经理人权力的约束。所以，国外标准意义上的管理层收购实际上是对过度分权导致代理成本过大的一种矫正。

富有中国特色的管理层收购则与另一个现实问题——明晰企业的产权结构紧紧纠缠在一起。在相当程度上，它是对那些发展过程中所有权不清的企业产权结构的厘清，是对企业创业者贡献的一种补偿，是为了解决企业的历史遗留问题应运而生的。具体而言，在中国转型经济条件下利用管理层收购进行企业改制、实现股权激励，无论在收购目标企业、参与收购的主体，还是收购的方式和途径等方面都与西方发达经济国家之间有着不同的特点：

首先，在中国，管理层收购的目标企业主要是国有中小企业、各类集体企业和民营企业。其目的是，厘清制约企业进一步壮大发展的产权制度障碍，并为具有现代企业经营管理知识和能力的经营者提供施展才华的空间。

其次,中国管理层收购的收购主体不像西方公司那样是纯粹的高级经理层,而大都是与职工持股制度相结合,由全体公司员工参与、经营者为主导的收购。

再次,从融资系统和收购方式来看,中国企业管理层收购的借贷融资手段和渠道与西方的资产收购、股票收购、综合证券收购等杠杆收购的方式不同,主要采取自筹资金或私募投资等渠道进行收购。

3. 股票期权

由于股票期权通常授予公司的经理层,因此经济学界也将其通称为经理股票期权。所谓股票期权,是企业资产所有者对经营者实行的一种长期激励的报酬制度。标准的股票期权是指经营者享有在与企业资产所有者约定的期限内(一般为 10 年)以某一预先确定的价格购买一定数量本企业股票的权利。行使本企业股票期权的经营者在约定期限内按照预先确定的价格购买本公司股票,如该股票价格届时上涨,那么,经营者在他认为合适的价位上抛出股票,就能赚得买进股价与卖出股价之间的差价。

一项完整的股票期权计划设计要素包括股票来源、授予对象、行权价格、授予数量和执行期限等。

第五节　企业人力资源的培训与发展

企业员工的培训与发展是企业人力资源开发的重要内容。从员工个人来看,培训和发展可以帮助员工充分发挥和利用其人力资源潜能,更大程度地实现其自身价值,提高工作满意度,增强对企业的组织归属感和责任感。从企业来看,对员工的培训和发展是企业应尽的责任,有效的培训可以减少事故、降低成本、提高工作效率和经济效益,从而增强企业的市场竞争能力。因此,任何企业都不能忽视对员工的培训和发展。

一、企业人力资源的培训

(一)企业人力资源培训的意义

从企业组织的角度看,人力资源培训可以提高企业领导管理水平和决策能力;提高中层执行人员组织的运作质量和能力;改变员工的工作态度,提高劳动生产率;也是创建企业文化的基础工作之一。

从企业员工的角度看,人力资源培训可以增强员工的就业能力,增加获得较高收入的机会,增强职业的稳定性。

(二)企业人力资源培训的过程

1. 确定培训需求

在决定是否需要进行员工培训时,企业要先分析所处的外部环境和内部条件,分析企业的发展战略以及它要求具备的各类人才,然后对现有人员进行评估,找出差距。如果这种差距可以通过培训解决,那么培训的需求就可以确定下来。培训需要分析,可以从以下两个方面进行:

(1)企业的外部环境分析。外部环境影响企业的发展战略和企业的经营方式,并由此决定对人力资源的数量、质量和结构的需求。企业环境的分析就是预测本企业未来在技术、市场及组织结构上可能发生什么样的变化。具体来说,环境分析包括技术发展趋势、市场的情况、竞争对手的情况、政策环境情况以及企业所处行业的发展状况等。

(2)企业内部条件分析。企业内部条件分析主要是分析企业现有人力资源状况与战略发展对人力资源的要求之间的差距。主要包括企业现有的运作效率、工作岗位的需求分析和个人需求分析等。

2. 制订培训计划

当企业确定通过培训来改变现有人力资源状况后,企业人力资源部门必须针对具体情况,制订企业人力资源的培训计划。培训计划包括设置培训目标、确定培训课程、选择培训方法、选择被培训人员和培训教师以及有关培训的活动安排等。

(1)设置培训目标。设置培训目标必须注意与企业的宗旨相容,要现实可行,培训结果可以测评。培训目标主要可分为三类:

①技能培养。高层领导主要是思维能力的提高,如分析与决策能力;低层则主要是与其工作相对应的操作技能的训练。

②知识传授。即结合企业的实际进行的,相关概念与理论的理解与纠正、知识的灌输与接受、认识的建立与改变等。

③态度的改变。涉及认识的改变,但态度的确立与改变与感情因素更为相关,这不同于单纯的知识传授。

(2)设计培训课程。培训课程的设计要依据培训目标,对不同的培训对象设计不同的课程,要注意课程内容的系统性与针对性。

(3)选择培训方法。培训通常有在职培训与脱产学习两种方式。在职培训主要有学徒培训、工作轮换、项目指导等具体方法;脱产学习主要有课堂培训、游戏训练、案例研究、小组讨论等方法。

3. 培训活动的实施

大型企业往往设有专门的培训中心或者教育与培训职能机构,由它们组织培训计划的具体落实。而中小企业一般由人力资源管理部门组织具体的培训。

4. 培训效果的评估

在企业培训的某一项或某门课程结束后,应对培训的效果进行评估,分析培训的投入与效果,从而找出培训的不足与经验,发现新的培训需要。具体来说,要统计各项培训的直接效果与间接效果,并结合各项培训的直接与间接费用,考察不同培训的投入产出效果。

二、员工的职业发展

为确保员工能够根据企业的目标尽量发挥其应有的潜能,企业应该为员工个人提供不断成长和发展的机会,最大限度地实现员工职业生涯的目标,提高员工的长期信任和忠诚。为此,必须研究个人的成长规律,分析职业生涯的过程以及职业管理的任务。

(一)个人的成长规律

个人的职业生涯只是人生成长过程中的一个阶段,因此,为了更好地揭示企业人力资源的职业生涯过程,首先必须分析个人的成长规律。

美国职业管理研究专家施恩(Schein)教授认为:一个人的人生发展周期是生物—社会生命周期、婚姻—家庭生活周期和工作—职业生涯周期交互作用的结果。如图 6.5 所示。

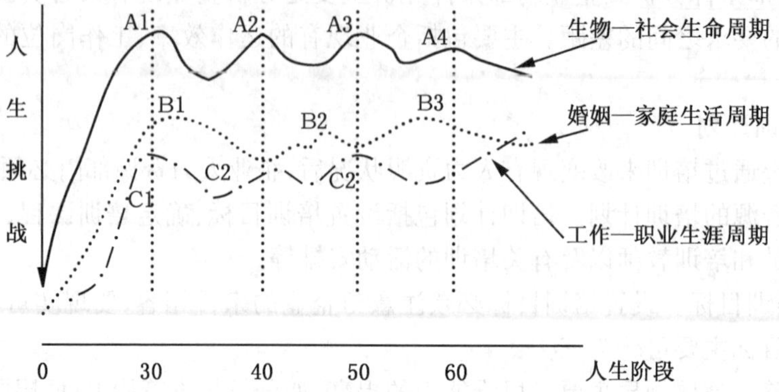

A1——青春期危机　B1——进入职业组织　C1——结婚生子
A2——青年期危机　B2——获取重要职位　C2——子女抚育
A3——中年期危机　B3——面临退休压力
A4——老年期危机

图 6.5　施恩的人生发展周期

施恩认为，人生就是在个人发展、婚姻家庭与职业生涯之间不断解决冲突、取得均衡的过程，职业发展的动力就来自于个人与组织的相互作用。

（二）个人职业生涯的发展阶段

个人职业生涯的过程实质上就是个人与组织相互作用、相互影响，持续不断探索均衡关系的历史过程。在这一过程中，每个人都在根据自己的天资、能力、动机、需要、态度和价值观等进行职业探索，逐渐形成自己的职业方向和职业领域，逐渐明晰自己的职业目标和职业路径。个人与组织相互作用的职业发展过程可以分为三个阶段：

首先是进入职业组织。个人面临的主要任务是：树立职业“理想”，为初步的职业意向选择接受相关教育培训，形成取得职业成功的预期态度和价值观，并第一次寻找工作。

其次是实现组织“社会化”。个人面临的任务是：承认组织现存的人力资本状况和政策，应付老成员的排斥和抵触，学会如何与同事一起工作、如何在与上司交往中取得进步，寻找个人在组织中的位置并取得认同。

最后是个人与组织相互接纳，达成心理默契。组织与员工正向默契的达成是企业人力资本协调与配置的理想目标。所谓心理默契，就是员工对企业具有极强的组织归属感（Organizational Commitment），这意味着员工对企业目标与价值观的认同和尊敬，对完成组织工作任务的由衷承诺、对组织的感情依恋和忠诚、对完成组织工作任务的能动积极性和奉献精神。企业员工组织归属感的养成是一个由浅入深、长期互动的渐进的过程，是由个人性因素、组织性因素和环境性因素等多种因素综合作用的结果；促进员工组织归属感的形成和升华，乃是人力资本配置的关键环节。

通过三个阶段的职业发展，人力资源个体最终形成适合自己的职业取向，即所谓的职业锚。施恩基于他对麻省理工斯隆研究院毕业生的案例调查研究，提出了能涵盖所有职业类型的五种基本职业锚：

（1）技术职能型职业锚。这类人在职业选择和决策时，倾向于那些能够保证自己在既定技术或职能领域不断发展的职业，如科学研究、工程技术、财务分析、营销系统等。虽然他们在职业生涯中也涉及一些管理职责，但他们从内心深处看不起或惧怕全面管理工作，职能性管理工作只是其技能性职业的辅助手段或职业进步的阶梯，一旦其职业生涯抛锚于既定的技术或职能区域，他们就会为此而投入全身的精力。

(2)安全稳定型职业锚。这类人极为重视长期职业稳定性和工作的保障性。他们比较愿意从事能提供丰厚的薪酬收入、体面的工作职位以及可靠的未来生活保障的工作或职业，如组织能够提供有效的薪酬津贴方案、地缘上具有优越感和安全感、工作环境熟悉稳定、有良好的养老保险计划或能够终身雇佣的职业等。安全稳定型职业锚可以区分为地理安全型和组织安全型两大类。

(3)管理权威型职业锚。这些人往往具有成为管理者或获得权威的强烈动机，自信自己具备被提升到总经理职位上所必不可少的能力及价值观。通向能承担较高职责、进行更全面管理的经理职位是他们根本的职业目标和追求。他们一般具备较强的分析能力、人际能力和情感能力。

(4)变革创新型职业锚。这类人大多具有企业家人力资本特性，拥有把握自己命运、要求有自主权来施展自己特殊才干的创造或创新能力。他们一般具有建立或创设某种完全属于自己的东西或杰作的行为倾向。这种职业锚具体涉及的职业类型多种多样。

(5)独立自主型职业锚。这类人有自己决定自己命运的价值倾向，在选择职业时图谋最大限度地摆脱组织约束。其中许多人有着强烈的技术—职能导向，但他们却不像技术职能型职业锚的人那样，到某个企业去追求这种职业导向，而是作为咨询专家独立工作，或者作为一家小企业的合伙人来从事技能性工作。

(三)员工的职业管理

所谓员工的职业管理，就是基于员工的职业锚和职业生涯目前所处阶段及今后发展趋向，将他们置于组织内最适宜的职业发展轨道上，使企业的组织需要及目标与员工个人需要及目标紧密契合的过程。

其一，在职业发展初期，为避免新成员进入企业之初的“现实震荡”，企业应给新员工提出较为现实的未来工作展望和明确的目标要求，鼓励和帮助员工做好个人的职业设计和规划，给予员工具有挑战性的第一份工作任务，以职业发展为导向进行工作绩效评估，通过阶段性的工作轮换明确每个员工今后进取和自我实现的“职业通道”。企业必须对早期职业的特定动力仔细加以评估，以保证员工带到组织中的、被社会化了的职业态度是一种最佳的心理契约，使组织需要与个人要求在确定下来的特定职业贡献区间相互契合。

其二，在职业发展中期，企业要积极激励员工主动寻找自己的职业锚，最大限度地发现自己职业发展的机会和空间。企业中期职业管理的关键是做好员工的晋升和和调配决策，培养员工的奉献精神。晋升决策要在“凭资力”和“凭能力”之间取得某种均衡，要处理好现有能力和潜在能力之间的关系，还要在正式化程序和非正式性规则之间做出取舍与调和。工作轮换和调配决策要以工作丰富化为基础，充分考虑个人的职业锚和家庭生活背景的影响。员工职业管理的深层次的基础和最高宗旨就是，要帮助员工实现自我价值，培养员工对组织的献身精神。

其三，在职业发展的后期，要通过退休计划为员工提供生活、心理、健康、财务和投资等方面的咨询帮助，使他们能够在不从事全日制工作的情况下维护一种自我成就感和回归大自然的心理状态，圆满地画上其职业生涯的句号。同时，要重新进行组织结构和工作设计及再造，清理和评定企业人力资本存量及职业管理信息系统，准备开始下一个职业管理周期。

【思考与练习】

1. 阐述人力资源管理的主要内容。
2. 讨论直线经理与人力资源经理在人力资源管理工作中的职责划分。
3. 激励理论有哪些内容？如何对人员进行有效的激励？
4. 讨论各种招聘面试方法的特点。
5. 结合实际，了解如何解决劳动争议。

【案例分析】

福　利

翰威特在最新的雇主调研中显示：被评为最佳雇主的企业员工对于福利的满意度平均要比其他雇主高出25%。

世界薪酬协会对福利的定义分为两个方面：第一类是为了保证或者维持员工的生活水平而提供的福利；第二类是员工在非工作期间得到的收入，也作为其中的一种福利。

现在市场上非常流行的，包括医疗保险、意外险，以及退休补充养老保险，都属于保证员工收入的福利，这些福利在人相对脆弱的时候，能够提供给他以保障。

在非工作期间，员工也要能够得到另外一些薪酬待遇。比如带薪休假，比如病假，甚至会有照顾病重家属假等。

很多企业提供的免费午餐也属于这个范畴，因为这是不在工作时间内员工依然可以享受的福利。

还有一类福利，可以称为弹性福利。这是为了更好地平衡员工的工作和生活，比如坐班时间可以分为朝九晚五，或者朝十晚六，或者弹性坐班制等灵活性福利。

康菲石油中国有限公司的"特色福利"有：

第一，对于家属的关爱。员工个人可以享受到的医疗保险、意外险还可以提供给家属。

第二，支持健康和健身计划。万科有这样一个例子，他们每年都会做员工体检，而员工体检的结果要作为主管考核的分数。如果你团队的健康状况比前一年低了，主管的考核分数就会受影响。而对于健身计划，可以做得非常灵活且不用花很多钱。在康菲，每周五都是"水果日"，尽管只是提供一些水果，却是一种健康生活方式的倡导。公司还会进行良好解压方式的宣传，包括去健身、优质睡眠、冥想训练等。

第三，工作场所和工作时间的灵活性。员工或员工的孩子过生日，主管就可让他下午不用上班。

第四，公益活动。康菲将健身计划与公益结合，如果你在特定的时间跑了多少圈，就可以获得相应的分值，公司配比相应的钱捐助给关爱学校。

第五，企业文化。康菲在做员工解聘时，有创新的员工辅助计划。一个公司的企业文化，很多时候不仅要看你如何对待在职员工，也在于如何看待离职员工。对于解聘员工，康菲会再延长3个月的薪酬福利，以减轻离职员工的生活压力。公司还会有离职转介的供应商，来帮助他们做未来职业的测评，以便他们尽快找到工作。

思考：

1. 福利在吸引和引进人才中将会起到何种作用？
2. 企业在设计或者实施福利时，应该如何有效实施福利计划？

第七章

生产运作管理

【学习指导】

本章主要介绍生产过程的概念与构成要素，生产过程的组织要求、生产过程的空间组织与时间组织的方式方法、生产计划层次、生产计划主要指标、编制生产计划的一些主要方法。通过本章的学习，要求学生重点掌握生产过程的组织要求，了解生产过程的空间组织与时间组织以及编制生产计划的主要方法，了解准时生产和敏捷制造的相关思想。

【导入案例】　春风动力面临的挑战

浙江春风动力股份有限公司（以下简称“春风动力”）作为春风控股集团的动力产业平台，是专业从事全地形越野车（ATV、UTV）、游艇、大排量摩托车及配套水冷发动机产品的研发、制造和销售的大型国际化企业。春风动力具有年产 50 万台水冷发动机及 30 万台整车的生产能力，年产值已超过 15 亿元，全地形车生产占国内行业份额已经达到 60%。目前公司已成功研发出具有独立自主知识产权的 12 种车型和 5 大系列新型水冷发动机。

面临挑战：

● 高度个性化定制，整车 BOM 不断变化，企业难以及时给出准确报价和交货日期，及时提供客制化 BOM，导致产、供、销协同难。

● 每辆整车 VIN 码与发动机、车架都有唯一的编码，质量追溯要求严格，全供应链与售后服务的质量管理更加复杂。

● 整车合理定价与单个订单利润亟待精细化成本管控。

● 落实企业国际化、差异化的高端产品战略，面对全球多地多个销售网，供应链业务协同处理困难，业务流程无法有效管控，需要有效的信息化平台实现对业务流程的管控。

解决方案：

春风动力采用金蝶 K/3WISE 财务、供应链、生产制造系统，并二次开发条码扫描、网上订单系统等满足春风动力个性化需求，搭建企业精细化企业运营平台，帮助春风动力实现高端差异化战略。关键应用如下：

● 通过 BOM 配置工具，生产技术部可以快速地配置 BOM，解决了由于小批量、多品种导

致 BOM 频繁增加的问题;

● 运行 MRP,订单驱动计划排产,保障整车准时组装交付;

● 科学管理生产过程,通过 K/3ERP 的投料单、生产物料报废/补料单,严控工废、料废、补料;

● 利用金蝶 K/3 的序列号管理和批号管理功能以及二次开发条码扫描,有效管理车架编码、发动机编码,实现质量全程跟踪;

● 利用客户成本 BOM 进行成本事前计划与预测,准确报价,确定目标利润;

● 运用 K/3 实际成本和成本分析,及时给出一款车和每一个订单的制造成本,实现成本的事中监控、事后分析,以弥补制造管理短板;

● 在总部 K/3 ERP 系统之外,在美国子公司搭建了以 K/3 供应链为基础、包括二次开发网上订单系统的电子商务系统平台。物料编码和基础资料等所有的基础数据在两个系统之间实现统一标准化,数据实时传输,两个系统之间无缝同步。美国零售商网络下达配件订单、整车订单、三包索赔订单、售车登记注册,满足售后服务的功能。经销商通过网上系统可以实时查询下达订单的状态、美国公司人员可以实时查询总公司发运订单的状态和整车信息,包括车架号码、颜色、数量、配置状态。

应用价值:

● 仅信息标准化、基础数据规范化带来的运营效率的提升超过 30%。

● 在制品从最高峰的 1 500 多万,减少到月均 500 多万。

● 每年原材料成本都能下降约 3%~5%。

● 订单准时交付率逐年提升,从 2011 年的 80%多上升到 2012 年上半年的 92%。

● 通过精细化的成本管控,高端差异化得以落地开花。在全球经济衰退的背景下,2012 年上半年全地形车的涨幅更高达 105%,实现了弯道加速。

● 已将 40 多个涉及财务、供应链、生产等各个业务领域的业务流程固化在 K/3 系统中。

● 两年多时间,在美国就已建立了过百个销售网点,通过信息化实现标准化、规范化运营和快速复制,全部实现有效管控。

讨论:

1. 现代汽车生产的工艺特点有哪些?

2. 如何有效实施生产运作管理系统,实现生产成本有效控制?

第一节　生产过程组织及其要求

一、生产与生产过程

(一)生产

生产是自有人类社会以来最基本的实践活动。在人类历史长河中,人类就是通过生产创造了一切社会财富,求得了生存和发展,生产的概念也随着社会生产力水平的提高不断延伸和扩展。

最初,人类以自然界作为基本财富资源,以自然为对象进行生产,形成了第一产业范畴意义上的生产概念。

之后,工业生产迅速发展,人类把“实物”生产列为创造财富的要素,强调有形的实物产品的生产。此时，生产是指物质产品的生产，包容了第一和第二产业的范畴。在生产物质产品的组织中，生产各种产品的活动随处可见。例如，我们能观察到一个有形的产品，如长虹的电视机是如何被制造出来的。

目前，由于社会生产力不断发展，服务业迅速兴起和发展，并且在社会经济中扮演着越来越重要的角色。在不生产物质产品的服务类组织中，生产职能不太明显。这种“生产”发生在你去银行提取存款、在航空公司预订机票，或是生病时到医院里接受治疗的时候。这类“产品”可能具有一些不太常见的形式，例如，在纸张上印上一个标记、安排好飞机上的座位，或是开好处方。传统的有形产品生产的概念无法反映这种现实。为此，人们进一步提出了创造效用说，将生产理解为一种创造和增加物品效用的活动，从而使生产的概念进一步扩大到了非制造的服务业领域，不仅包括了有形产品的制造，而且包括了无形服务的提供。

目前，人们对生产的定义仍有一定的分歧。一种认同度较高的关于生产的描述是：不管是制造型企业物质产品的生产，还是服务型企业服务产品的生产，就其本质而言，都是投入各种生产要素（土地、劳动、资本、信息、管理），经过生产过程的转换（包括反馈控制），最终输出产品或服务。如图 7.1 所示。

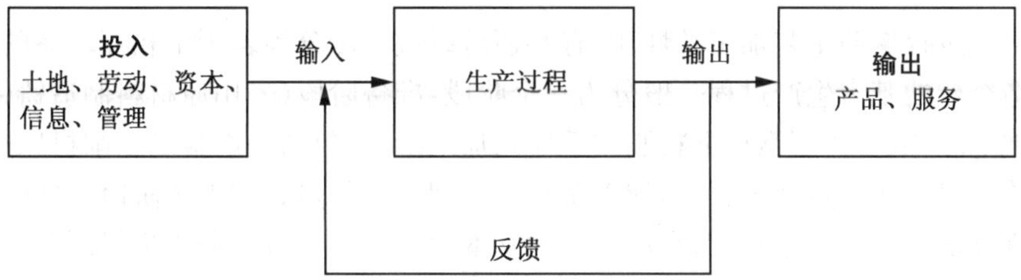

图 7.1　企业生产示意图

（二）生产过程

1. 生产过程的概念

生产过程是指从准备生产一种产品开始，一直到这种产品生产出来为止的全部过程。其基本内容是人的劳动过程。在某些生产技术条件下，生产过程的进行还需要借助自然力的作用（如家具生产过程中油漆的干燥、酿酒生产过程中的发酵等），这时，生产过程就是劳动过程和自然过程的结合。

理解这个概念要注意以下几点：

（1）生产过程与生产这两个概念强调的侧重点不同。生产主要强调的是人的劳动，不经过人的劳动，不成为生产；生产过程是将有关的转换组织在一起的一系列完整过程，强调的是形成产品的一个完整过程。

（2）产品是生产过程的出发点，生产过程必须围绕产品展开。不为产品生产而开展的生产过程或围绕不能充分满足人们需要的产品生产而开展的生产过程都是无效的。当然，由于社会分工和科技的进步，有些产品并不直接满足人们的最终需要，但它是用于制造人们最终需要的产品的中间部分，因此也是生产的有机组成部分。正确地认识产品，对于组织生产过程是非常有益的。

（3）生产过程的核心是转换。生产过程研究的重点是如何将不可能变为可能，将周期很长的转换过程缩短。

2. 生产过程的组成

现代企业产品生产过程需要经过设计、工艺制定、工艺装备制造、材料准备等一系列的过程。按生产过程的作用来划分，企业生产过程一般由以下几个部分组成：

(1)生产技术准备过程。生产技术准备过程是指产品在投入生产前所进行的各种生产技术准备工作，如产品设计、工艺设计、工艺装备的设计与制造、标准化工作、定额工作、调整劳动组织和设备布置等。对服务业而言，包括服务产品的设计、服务标准和制定、营业时间的确定等。如在机械制造中对生产设施的建造与维护、产品的开发与设计、设备与工具的开发安装、工时定额的确定等，存取款业务中一定量现金与单据的准备、计算机系统的调试等。

(2)基本生产过程。对于物质生产型企业，基本生产过程是指直接对加工对象进行加工而制成产品的过程。它可以划分为两种情况：一类是加工装配式生产过程，先分别通过各种加工作业制造零件，然后通过装配活动把零件组合成部件，最后装配成产品，如机械、电子等企业都采用这种生产过程；另一类是流程式生产过程，通过一系列化学或物理处理，使原料变成产品，如冶金、纺织、化工、水泥等企业都采用这种过程。对于服务业而言，基本生产过程则是指服务的核心内容。如顾客到银行办理存取款业务中的款项交接、清点、确认、账目登记等就是基本生产过程。

基本生产过程按照工艺加工的性质，有些还可以进一步分为若干个相互联系的生产阶段。如机械制造企业的基本生产过程一般分为三个阶段：准备阶段(先用原材料制造铸件、锻件、冲压件和其他毛坯，或直接用钢材下料制成毛坯)、加工阶段(包括经由金属切削机床进行加工的加工工艺阶段以及经由热处理、化学加工及其他处理加工的热处理工艺阶段)、装配阶段(由零件组成部件以及总装成产品)。而水泥工厂的基本生产过程一般可分为生料制备、熟料煅烧与水泥粉磨三个工艺阶段。

每个生产阶段又可以按劳动分工和使用设备、工具的不同划分为不同的工种和工序。工序对于合理组织生产过程、制定劳动定额、配备工人、检验挂号和编制生产作业计划、安排生产作业任务等都有至关重要的影响。它是组成生产过程的基本单位，是指一个或几个工人在一个工作地对一个或几个劳动对象连续进行的生产活动。这里，工作地是指工人使用劳动工具对劳动对象进行生产活动的地点，是由一定的场地面积、机器设备和辅助工具组成的。一般来说，制造业和门面服务的工作地都比较固定，而上门服务以及项目工作的工作地就不怎么固定。

工序按其作用不同，通常可以分为工艺工序、检验工序和运输工序等。其中，工艺工序是使劳动对象发生物理或化学变化的工序；检验工序是对原材料、半成品和成品的质量进行检验的工序；运输工序是在工艺工序之间、工艺工序与检验工序之间运送劳动者与劳动对象的工序。三者中以工艺工序最为重要。

(3)辅助生产过程。辅助生产过程是指为保证基本生产过程的正常进行，为基本生产过程做准备或铺垫的各种活动，这一过程是产品生产过程所必需的。如机床生产企业为保证机床制造而进行的蒸汽与压缩空气的生产、设备维修、劳动力供应、工具制造等，顾客到银行办理存取款业务时的排除、填单、咨询等过程。

(4)生产服务过程。生产服务过程是指为保证企业生产过程的正常进行所做的服务性工作，这一过程与产品的转换关系不很密切。如物料的保管、物料运输、理货试验、计量工作、污水处理、工作场所的美化等。

上述四个部分既有区别又有联系，其核心部分是基本生产过程，是企业生产过程中不可缺少的部分，其他部分则可根据具体情况（如生产规模的大小、管理体制、专业化程度等），通过专业化协作等方式，从企业的生产过程中剥离出来。如制造企业的物流，随着第三方物流企业的蓬勃发展，完全可以从企业的生产过程中分离出来。

（三）生产管理

生产管理是组织为了达成其目标，对生产系统与生产过程进行计划、组织与控制等一系列管理工作的总称。

生产管理有狭义与广义之分，前者以生产过程为对象，着重研究如何对生产过程进行有效的管理；后者以生产系统的设计、构建及其运行为对象，实行全方位的综合性管理。此外，随着社会、经济、技术的发展，随着计算机技术、网络技术的广泛使用，生产管理也不再囿于组织的边界，越来越多的企业将供应商与分销商或零售商看成是其生产管理系统与生产过程的延伸与延续，生产管理已经突破了组织的边界。

从内容上看，生产管理的基本内容主要包括：

(1)生产管理的理解、认识以及以此为基础的生产战略决策；

(2)生产系统设计、构建与管理；

(3)生产系统的运行与管理；

(4)上述三个方面的评估、改进、完善以及变革。

二、生产过程组织的要求

组织生产过程，就是要对生产过程的各个阶段和各个环节进行合理安排，从而使产品生产过程行程最短、时间最省、耗费最小、效益最高。要达到这一目的，在生产过程组织中必须达到以下几个基本要求：

（一）连续性

生产过程的连续性是指产品在生产过程的各个阶段、各个工序之间的流动，在时间上是紧密衔接的、连续不断的。也就是说，产品在生产过程中始终处于运动状态，不是在进行加工、装配、检验，就是处于运输或自然过程中，没有或很少有停顿和等待时间。

保持和提高生产过程的连续性，可以缩短产品的生产周期，减少在制品的数量，节约生产资金，加速资金的周转；可以充分利用设备和工作地，减少产品在停放等待时间可能发生的各种损失；有利于降低产品成本、保证产品质量、提高经济效益。

（二）平行性

生产过程的平行性是指生产过程的各项活动、各工序在时间上实行平行作业。只有组织可以平行进行的生产活动平行交错作业，才能真正达到连续性的要求。生产过程的平行性可以大大缩短产品的生产周期，在同一时间内生产更多的产品、提供更多的服务。

（三）比例性

生产过程的比例性是指生产过程各阶段、各工序之间在生产能力上要保持一定的比例关系，以适应产品生产的要求。这种比例关系主要是指生产环节的工人人数、设备数量、生产效率、生产面积等，都必须相互协调、相互适应。

保持生产过程的比例性，是保证生产顺利进行的前提，有利于充分利用企业的人力、资金、设备、生产面积等，减少产品在生产过程中的停顿、等待时间，从而保证生产过程的连续性并缩短生产周期。

(四)均衡性

生产过程的均衡性又称节奏性,是指企业及各个生产环节的工作都能按计划、有节奏地进行,使各个阶段、各个工序在相同的时间内,完成数量相等或稳定递增数量的产品或工作量,使各个工作地的负荷相对稳定,避免出现时松时紧的现象。

保证生产过程的均衡性,有利于劳动资源的合理利用,有利于设备的正常维护和运转,有利于提高产品质量,有利于减少在制品的大量积压,也有利于安全生产。

(五)适应性

生产过程的适应性是指生产过程的组织应具有灵活性,能适应多变的市场需求。随着科学的发展,人们的物质生活水平日益提高,企业产品必须满足顾客的个性化需求。市场需求的多样化和市场需求的快速变化使企业的生产系统必须面对和适应这样一个多变的环境。若不具备这种适应能力,那么很有可能由于不能适应市场变化而被淘汰。

生产过程的适应性,是在新的市场环境条件下检验企业竞争力的一个重要指标。提高生产过程的适应性,可以增强生产系统参与市场竞争的能力,可以使企业及时抓住转瞬即逝的市场机遇,以使企业在残酷的市场竞争中立于不败之地。

以上五项基本要求是相互联系、相互制约的,达到这些要求,才可以使企业的生产过程获得良好的经济效益。

第二节　生产过程的组织

一、生产类型

生产类型是指以生产专业化程度为标志划分的生产类别。它是影响生产过程组织的主要因素。企业的生产类型可以根据不同的分类标准进行划分。

(一)按生产性质分类

按照生产性质的不同,可以将企业的生产分为物质生产型生产和劳动服务型生产。

1. 物质生产型生产

物质生产型生产是指将生产要素输入,经物理、化学变化,转化为有形物品的生产类型。一般的制造型企业都以物质生产型为主。

2. 劳动服务型生产

劳动服务型生产的产出并不是物质产品,而是无形产品——服务。一般服务型企业的生产类型也以劳动服务型为主。

(二)按工艺特性分类

按照产品加工工艺特性,可以把生产分成加工装配式生产和流程式生产。

1. 加工装配式生产

所谓加工装配式生产,是指由工人借助机械手段将不同结构的各种零部件组合并装配成产品的生产过程。其生产的产品在结构上是可拆分的,产品是由零件或元件组成的。因此,产品在加工时,零件先分别加工,然后再组装成产品。由于产品加工工艺的这一特性,产生了零件加工时的平行性特征以及组织生产过程的连续性问题;又由于一个产品对其组成的零件有不同的数量要求,产生了组织生产过程的比例性问题,这就对生产过程提出了配套要求。因此,加工装配型生产一直是生产管理研究的重点。机床、汽车、家具、电子设备、服装等行业均属于这种类型。

2. 流程式生产

所谓流程式生产，是指把一种或数种原材料投入生产后，经过一系列设备装置进行化学处理或物理处理，最后制成产品的生产过程。在这一类型的生产过程中，原材料从一投入就按顺序经过各个工作地，直至产品产出。其工艺过程是不可停顿的，产品的物理结构也是不可分的。由于流程工生产的工艺流程是不可停顿的，因此不存在像加工装配型的平行加工、数量配套、时间衔接等问题。这类生产管理的主要问题是要保持原材料连续不断地投入、设备不出故障，并保持良好的运行状态。冶炼、造纸、化工等行业均属于这种类型。

（三）按组织生产的特点分类

按照组织生产的特点，可以将生产分为备货型生产和订货型生产。

1. 备货型生产

备货型生产是指在没有接到用户订单时，企业根据对市场需求状况的预测及目前的销售情况，按已有的标准产品或产品系列进行生产，通过成品库存来满足用户的随时需求。有时，企业预见到市场的某种需求，根据自己的想法生产出具体的产品，然后再推向市场，由顾客检验产品的适用程度，也属于备货型生产。大多数基础原材料企业流程式生产的产品，如水泥、煤炭、石油开采、石油化工、金属冶炼等，都属于这种类型。服务业中，大多数商业零售企业都采取这种生产组织形式。

该种生产方式的前提是有较稳定的需求，即在市场细分中有足够的份额足以支撑企业从事较大规模的生产。

2. 订货型生产

订货型生产是指按用户的订单进行生产，通过签订合同，按订单规定的品种、规格、质量要求、需求量、交货期、售价等要求组织生产。订单来源通常具有随机性和不稳定性，属于无存货生产。虽然产品在品种规格方面有一定的范围，但还是要针对用户的具体要求进行特殊设计和组织生产，对企业的生产技术水平和管理水平有较高的要求。

采用这种生产组织方式的前提是用户对这一类产品有一定的需求，但具体的要求不同。它要求企业必须拥有为用户提供该特殊要求产品的生产所需的生产条件和加工能力。大多数制造业中的大型专用产品企业都采取这种方式，如造船业、飞机制造业、大型发电机制造企业等；大多数的服务型企业也都采用这种生产方式，如除快餐外的餐饮业、出租汽车业务等；还有一些风险性较高的产品也采取这种方式。

备货型生产和订货型生产的主要区别如表 7.1 所示。

表 7.1　　备货型生产和订货型生产的主要区别

项目	备货型生产	订货型生产
产品	标准产品	按用户要求生产，无标准产品，大量变型产品与新产品
对产品的需求	可以预测	难以预测
价格	事先确定	订货时确定
交货期	不重要，由成品库存随时供货	很重要，订货时决定
设备	多采用专用高效设备	多采用能用设备
人员	专业化人员	多种操作技能人员

(四)按生产任务重复程度和工作地专业化程度分类

按生产任务重复程度和工作地专业化程度,可以将生产分为大批大量生产、成批生产、单件小批生产及项目型生产。

1. 大批大量生产

大批大量生产是指车间及其各生产环节在较长的时期内固定地大量制造同一种产品的生产类型。它具有以下几方面的特点:

(1)制造的产品品种少,同一种产品的产量大,经常重复生产一种或少数几种相似的产品,生产条件稳定,生产过程稳定地不断重复进行,各个工作地都只固定地完成一道或几道工序,工作地专业化程度高。

(2)在大量生产条件下,可以采用高效率的专用机器设备和工艺装备。

(3)工人操作简易,可实现工序作业标准化,有利于工人熟练掌握技术、提高工作效率。

(4)工序划分较细,生产过程连续性强,便于组织流水生产和自动化生产。

(5)劳动定额的制订和计划的编制易于做到准确,生产效率高。

大批大量生产的经济效益一般较高。流程式生产产品,如水泥、金属冶炼等,以及加工装配式生产产品,如电冰箱、电视机、滚珠轴承等,一般都采用这种生产方式。

2. 成批生产

成批生产是指在一定时期内重复轮番生产多种产品的生产形式,具有以下几方面的特点:

(1)制造的产品品种较多,各种产品往往是成批轮番生产,每种产品的数量不等,但都较大,生产条件较为稳定,各个工作地都担负较多的工序。

(2)当由制造一批产品改变为制造另一批产品时,工作地设备和工具就要作一次调整,以适应不同零件的加工要求。同时,随着工作地负责加工零件的不断变化,其承担的工序也需要不断变化。每批产品的数量越大,则工作地上调整的次数就越少,反之就越多。因此,合理地确定批量,组织好多品种的轮番生产,是成批生产类型生产管理的重要问题。

(3)由于生产产品品种较多,对工人技术水平和生产技能的要求也较高。

(4)一般不可能全部或大量采用自动化、半自动化的专用设备与专用工艺装配,而要根据产量的大小、工序的难易程度而定。

(5)生产计划的编制比较复杂,需要科学地确定各种零件投入的期量标准,严密地组织品种转换,以提高经济效益。

成批生产类型又可根据批量大小分为大批生产、中批生产和小批生产三种类型。

3. 单件小批生产

单件小批生产是指在一定时期内很少重复地生产同类产品的生产形式。它具有以下几方面的特点:

(1)制造的产品品种繁多,经常改变,每种产品的生产数量很少,只生产一件或少数几件。

(2)稳定性和重复性很低,生产的产品品种一般不重复,或虽重复生产但不定期。

(3)工作地专业化程度很低。

(4)除在某些特别的工艺、技术要求下采用专业设备、工具等外,基本上不使用专用设备,工艺装配系数很低。

(5)对工人的技术要求非常高。

(6)生产计划的编制非常复杂。由于设备的布置通常是按同类型的设备成组排列的,在生产过程中的移动路线复杂,常有迂回或倒流路线。因此,生产管理人员需要有丰富的工艺知识和经验，否则难以编制切实的作业计划。

属于本类型的生产企业有电站设备厂、造船厂、矿山设备厂等。

4. 项目型生产

项目是有明确目标要求的一次性工作。为完成一个项目而进行的生产就是项目型生产。项目型生产具有以下几方面的主要特点：

(1)生产的产品几乎没有重复性。

(2)不允许出现废品。如盖一栋大楼，不能在施工中或施工完成后倒塌。

(3)在生产过程中会遇到许多预想不到的情况，事先不能编制详细的加工工艺方案，因而项目前期的设计与计划就要考虑多种因素，并做出预案。

(4)没有固定的生产加工工艺，也没有固定的加工工序。如建筑安装业，由于建筑物的高度不同、要求不同，可能施工的方法就不同；建筑的地质条件不同，施工的工艺方法及所用的工具也就不同。

属于本类型的企业有维修业、软件开发业、咨询业等。

表 7.2 是区分工作地生产类型的参考数据。

表 7.2　　区分工作地生产类型的参考数据

工作地生产类型	工作地承担的工序数目
大量生产类型	1～2
大批生产类型	2～10
中批生产类型	10～20
小批生产类型	20～40
单件小批生产类型	40 以上

二、生产过程的空间组织

现代企业的生产要按照分工的原则，组织专业化生产，形成专门的生产组织，如分厂、车间、工段和班组等。企业必须为每一个生产组织提供合理、适当的空间来保证生产过程的顺利进行。在提供的空间内，以什么样的形式去配置生产单位，是使空间得以有效利用的基础。

在这里，我们主要分析空间组织中的工厂平面布置与车间平面布置两方面的问题。

(一)工厂平面布置

工厂平面布置的主要任务是将企业的基本生产单位、辅助生产单位、生产服务单位等组织在一起，并对其进行合理布置，确定其平面位置，并相应地确定物料的运输方式和运输路线以及消防、安全疏散路线，保证基本生产和辅助生产活动的正常高效运转。

1. 工厂平面布置的原则

(1)实物交换优先原则。这里所说的实物主要是指有一定体积、重量的有形物料，不包括无形物，如报表、数据以及人员的往来等。实物优先是指在进行空间安排时要优先考虑有形物料的搬运，使其总运输量最小。

(2)相互关系密切原则。即根据各单位之间相互联系的密切程度进行分类，将相互关系密切程度高的单元尽可能地安排在一起或就近安排。这里的相互关系，主要包括物料交换关系、人员往来关系和信息往来关系。如生产系统中的基本加工车间与原料库、成品库之间，基本生产车间与食堂之间就属于密切程度较高的单元。

(3)大物、重物少移动或不移动原则。在生产中,体积大的物料、重量大的物料在搬运中会遇到较大的困难,需要较大的空间或专门的设备工具,作业的效率会大大降低。为了少搬运大物、重物,在进行空间安排时可以考虑多移动对大物、重物进行加工的工具,在其上组装的零部件以及对其进行加工的人。

(4)安全原则。对于一些特殊的产品或服务的生产,在进行空间安排时,应确保安全。这里的安全不仅包括人身安全,还包括产品、原材料和半成品的安全。例如,基本生产车间人员最多,应该将食堂安排在基本车间附近,但如果产品为有毒品或其他危险品,则食堂应远离基本车间;再如,生产易燃易爆品的生产车间,就不应该离原料、半成品、成品库太近。

上述各原则可以单独使用,也可以结合使用,这要根据产品的具体特征来决定。实际中应突出其主要的影响因素。一般来说,应首先保证安全原则得到切实的贯彻,凡是与安全原则不相符的布局都应当作出调整。凡同时涉及人的移动与物的移动时,应优先考虑物的移动。当物品太小、太轻时,需要积累到一定数量才移动;太大、太重时,就要考虑人的移动。对于服务业而言,顾客的运动应是优先考虑的,其原则是顾客运动路线要最短、运动的空间和运动的方式要舒适、接受有效服务的时间要长、等待时间要短。

2. 工厂平面布置的方法

工厂平面布置的方法主要有物料流向图法和相对关系布置法。

(1)物料流向图法

这种方法主要是按照原材料、在制品、成品等物资在生产过程中总的流动方向和搬运量来进行工厂布置,特别适用于物料运量很大的工厂。如图 7.2 所示。

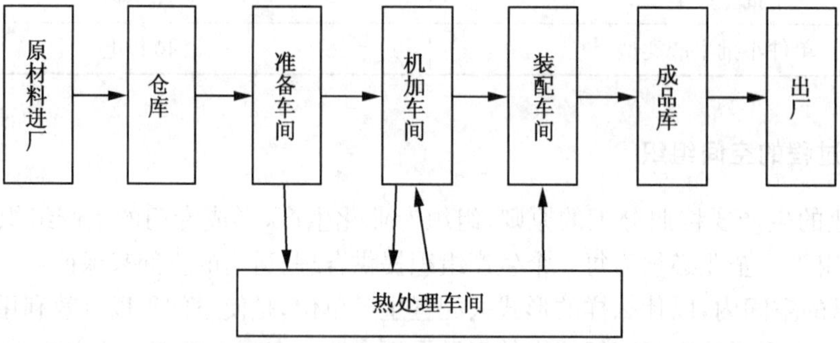

图 7.2 工厂总平面布置物料流向图

应用这种方法首先要有一个初步的工厂布置方案。根据初步方案和声场工艺的顺序,绘制物料流向图;并计算各组成部分的搬运量。各组成部分之间的运输距离可通过实地测量或计算确定。搬运次数和搬运量要根据生产计划、比较,确定一个最优方案,并根据最优运输方案来修正原先的工厂布置方案,使工厂总平面布置更趋向合理。最优化的运输方案就是要使全厂的搬运总量最小,特别是相邻单位之间的搬运量要最小。

(2)相对关系布置法

相对关系布置法,又叫作业相关图法,是由穆德提出的,是根据企业各组成部分之间关系的密切程度对其加以布置,得出较优的总平面布置的方法。应用相对关系布置法时,首先将企业各组成部分之间关系的密切程度划分为六个等级:①绝对需要临近(A);②临近特别重要(E);③临近重要(I);④一般接近(O);⑤临近不重要(U);⑥不能临近(X)。然后,列出导致不同程度关系的原因。使用这两种资料，将待布置的部门一一确定出相互关系，根据相互关系重要程度，按重要等级高的部门相邻布置的原则，安排出最合理的布置方案。

(二)车间平面布置

工厂平面布置只是对工厂的各个组成部分进行总体安排，确定相互的位置，至于各个组成部分的内部如何布置，就是车间(办公室)布置的问题了。车间布置是对车间内的各组成部分进行平面布置和立面布置。

车间平面布置就是合理地确定车间内各组成部分的位置，其重点是设备的布置。在进行车间平面布置时，要绘制车间区域平面图，确定车间各组成部分的相互位置及各方向的尺寸大小。车间平面布置的具体内容需要通过详尽的设备布局来落实，并且要通过设备布置来校验和修改。

1. 车间平面布置的原则

(1)机器设备应根据其性能和工艺要求安置排列，并保持适当距离，避免阻塞运输。

(2)尽量使产品通过各设备的运输路线最短。多设备看管时，工人在设备之间的行走距离最短。

(3)便于运输加工大型产品的设备应布置在有格式吊车的车间里，加工长棒料的设备尽可能布置在车间的入口处。

(4)确保安全。设备之间、设备与墙壁之间、柱子之间应有一定的距离，设备的传动部分要有必要的防护装置。

(5)便于工人进行操作。

(6)有利于充分利用车间的面积。

2. 车间平面布置的方法

在进行车间平面布置时，其空间安排有两种典型的专业化形式，即工艺专业化和对象专业化。而在车间空间安排的专业化形式确定后，其平面布置的方法主要有模型布置法、物料流向布置法、相对关系布置法等，这些方法与工厂平面布置的方法是一样的。

这里对车间平面布置的具体方法不再赘述，而只就车间空间安排的专业化形式加以说明。

(1)工艺专业化形式，又称工艺原则，是指按照生产过程的工艺特点来布置生产单位，如图7.3所示。在工艺专业化的生产单位内，集中了相同类型的设备、相同工种的工人，对不同各类的工件进行相同工艺方式的加工。

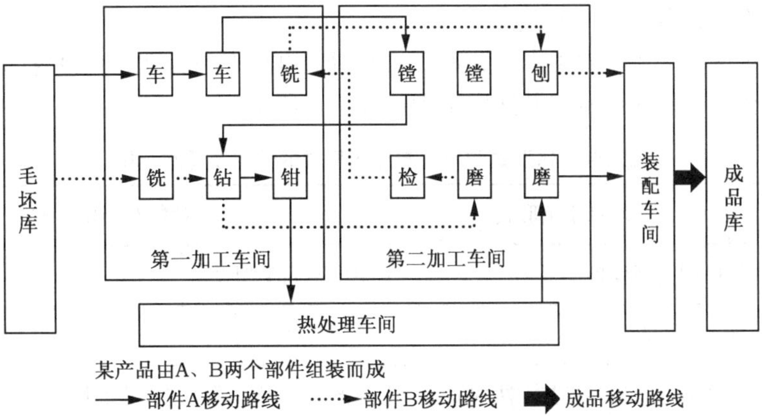

图 7.3　工艺专业化形式示意图

以机械制造类企业为例，按工艺专业化原则建立的生产单件，其具体组织形式如下：

①工厂：铸造厂、锻造厂、热处理厂、电镀厂等。

②车间：铸造车间、锻压车间、冷冲车间、机械加工车间、焊接车间、装配车间等。

③工段：如铸造车间的造型工段、造芯工段、熔化工段、清理工段、配砂工段等，机械加工车间的车工工段、铣刨式段、磨工工段等。

工艺专业化形式能较好地适应产品的品种变化，便于工艺管理，能充分利用生产设备和生产面积。但生产周期长，运输路线长，生产单位之间协作往来多，使计划管理、在制品管理、质量管理等各种管理工作变得复杂。

大多数服务企业都采用工艺专业化原则，如商场按电器部、服装部、首饰部等安排布置，医院按内科、外科等组织。

(2)对象专业化形式，又称对象原则，是指按照产品(部件、零件)的不同来设置生产单位，如图 7.4 所示。在对象专业化的生产单位里，配备了为加工某种产品(部件、零件)所需的全套设备、工艺装配和各相关工种的工人，使该制品的全部(或大部分)工艺过程都能在该生产单位内封闭地完成。

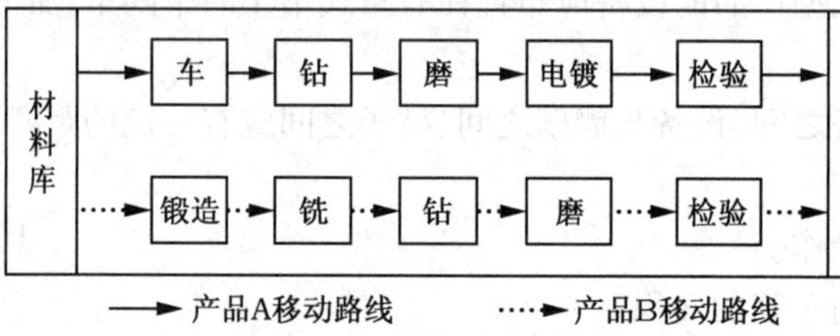

图 7.4　对象专业化形式示意图

按产品对象专业化原则建立的生产单位，其具体组成形式如下：

①工厂：汽车制造厂、电机制造厂、自行车厂等。

②车间：发动机车间、底盘车间、直流电机车间、交流电机车间。

③工段：曲轴工段、连杆工段、齿轮工段、定子工段、转子工段等。

对象专业化形式能使生产周期和运输路线缩短；减少车间之间的协作联系，简化计划管理，便于质量管理；可划小核算单位，有利于经济核算。但生产过程适应差，不便于工艺管理，不能充分利用生产设备和生产面积。

有些服务企业也采用了对象专业化原则，如银行、电信专门为大客户设置的客户经理等。

两种专业化组织形式的特点及适宜范围如表 7.3 所示。

表 7.3　　工艺专业化形式和对象专业化形式的特点及适宜范围

	工艺专业化形式	对象专业化形式
生产设备	集中同类型设备	集中不同类型设备
工人工种	同工种工人	不同工种工人
工艺方法	对产品进行相同工艺方法的加工	对产品进行不同工艺方法的加工

续表

	工艺专业化形式	对象专业化形式
完成工艺过程	只完成生产过程中部分工艺阶段或部分工序的加工任务,属于协作型生产过程	基本上独立完成该产品全部或大部分工艺过程,属于封闭型生产过程
适宜范围	适宜工艺类似、专业化程度较低的单件或小批生产类型	适宜专业方向明确,产品结构、产量、品种较稳定的大量或大批生产类型

三、生产过程的时间组织

生产过程的时间组织,是指要求各个生产单位之间、各加工工序之间在时间上紧密地衔接起来,以缩短生产周期的做法。

产品从投入生产开始,到最后制成产品为止所经过的时间,称为生产周期。这里的产品是广义的,包括零件、部件、整机等。因此,存在单件产品的生产周期和一批产品的生产周期的概念。在离散型生产过程中,生产周期与工件在工序间的移动方式有关。当一批产品数量大于2时,产品在各工序之间的移动方式一般有三种:顺序移动方式、平行移动方式和平行顺序移动方式。

(一)顺序移动方式

顺序移动方式是指一批工件在前道工序全部加工完毕以后,才整批地转移到下道工序进行加工的移动方式。

采用顺序移动方式,由于工件在工序间是整批转移,所以每一工件各道工序的加工是不连续的。每一工件在每道工序上的成批等待时间是$(Q-1)\times t_i$,一批工件的加工周期为T_{SX},具体情况如图7.5所示,T_{SX}的计算公式如式7.1所示。

$$T_{SX}=Q\sum_{i=1}^{m}t_i \tag{7.1}$$

其中,Q为工件加工批量;t_i为第i道工序的单件工时,$i=1,2,\cdots,m$;m为加工的工序数。

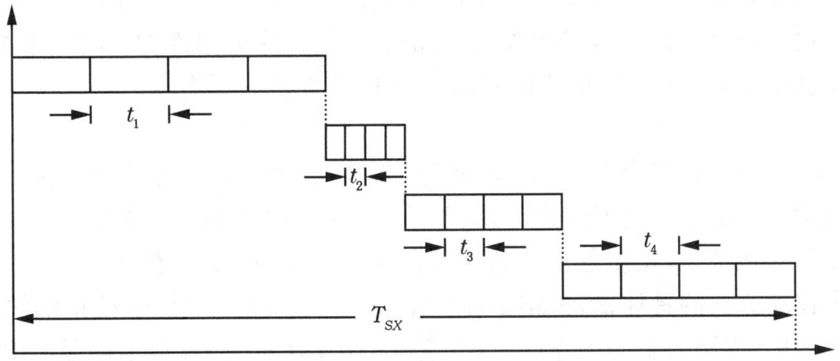

图7.5 顺序移动方式

【例7.1】 某产品生产4件,经4道工序加工的单件加工工时分别为40分钟、10分钟、20分钟、30分钟,在顺序移动方式下,将产品全部生产出来需要多长时间?

解:$T_{SX}=4\times(40+10+20+30)=400$(分钟)

顺序移动方式的组织与计划工作比较简单,由于一批工件集中加工、集中运输,所以有利于减少设备的调整时间和提高工效。但是工件中大多数都要等待加工和等待运输,因而生产周期长。这种方式适宜在产品批量不大、工序单件作业时间较短的情况下采用。

（二）平行移动方式

平行移动方式是指一批工件的生产中,每一个工件在上道工序加工完毕后,立即转移到后一道工序进行加工,工件在各道工序上成平行作业。

采用平行移动方式是工件在工序间单件转移,同一工件的各工序连续进行加工,不发生成批等待时间。一批工件的加工周期为 T_{PX},其具体情况如图 7.6 所示,T_{PX} 的计算公式如式 7.2 所示。

$$T_{PX}=(Q-1)\times t_L+\sum_{i=1}^{m}t_i \tag{7.2}$$

其中,Q 为工件加工批量;t_i 为第 i 道工序的单件工时,$i=1,2,\cdots,m$;t_L 为各工序中最长工序的单件工时;m 为加工的工序数。

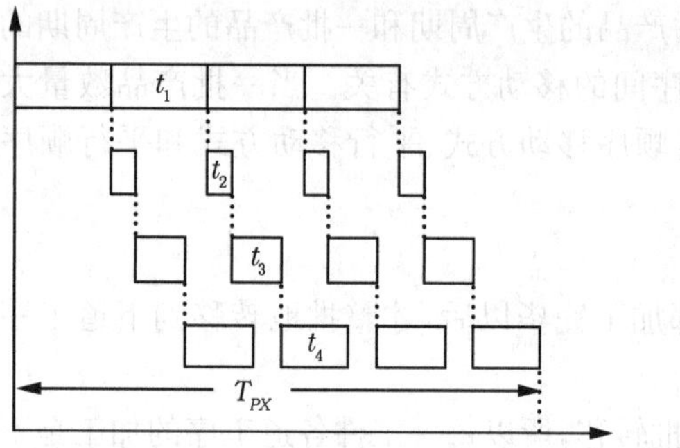

图 7.6 平行移动方式

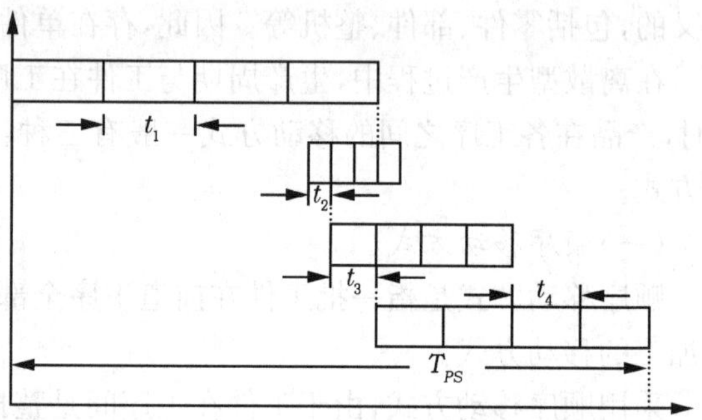

图 7.7 平行顺序移动方式

【例 7.2】 某产品生产 4 件,经 4 道工序加工的单件加工工时分别为 40 分钟、10 分钟、20 分钟、30 分钟,在平行移动方式下,将产品全部生产出来需要多长时间?

解:$T_{PX}=(4-1)\times40+(40+10+20+30)=220$(分钟)

在平行移动方式下,工件在各道工序间逐个运送,停歇时间短,因而它的加工周期在三种移动方式中最短。但是工件运送工作频繁,当前后两道工序的单件加工时间不相等时,会出现等待加工或停歇现象,设备空闲时间多而零碎,降低了设备的利用率。

（三）平行顺序移动方式

平行顺序移动方式是综合平行移动和顺序移动方式优点的一种结合。它要求一批工件在每一道工序的设备上加工时要连续进行,又不采取工件在工序间整批转移,使一批工件在各道工序上尽可能平行地加工,又使各工序的设备在加工过程中不发生停歇。

平行顺序移动方式的具体做法如图 7.7 所示。当 $t_i<t_{i+1}$ 时,令该批的第一个工件在 i 工序加工完成之后,立即向下一工序($i+1$ 工序)传送,以便使 $i+1$ 工序及早开工,提高前后工序的平行性;当 $t_i\geqslant t_{i+1}$ 时,为了保证 $i+1$ 工序生产的连续性,以该批工件的最后一件由 i 工序转到 $i+1$ 工序加工的时刻为基准,往前推 $(Q-1)\times t_{i+1}$ 时间作为该批工件 $i+1$ 工序的开工时间。

采用平行顺序移动方式,一批工件的加工周期为 T_{PS},其计算公式如式 7.3 所示。

$$T_{PS}=Q\times\sum_{i=1}^{m}t_i-(Q-1)\times\sum_{i=1}^{m-1}t_{jxi} \tag{7.3}$$

其中，Q 为工件加工批量；t_i 为第 i 道工序的单件工时，$i=1,2,\cdots,m$；t_{jxi} 为前后相邻两工序中取单件工时之较小者；m 为加工的工序数。

【例 7.3】 某产品生产 4 件，经 4 道工序加工的单件加工工时分别为 40 分钟、10 分钟、20 分钟、30 分钟，在平行顺序移动方式下，将产品全部生产出来需要多长时间？

解：$T_{PX}=4\times(40+10+20+30)-(4-1)\times(10+10+20)=280$（分钟）

（四）选择移动方式应考虑的因素

(1)企业内部的专业化形式。工艺专业化由于受设备布置和运输条件的限制，一般采取顺序移动方式；对象专业化则宜采取平行或平行顺序移动方式。

(2)工序工作量和零件重量。工序劳动量大且零件重，采用平行或平行顺序移动方式；反之，则宜采用顺序移动方式。

(3)设备调整所需时间。设备调整所需时间长，宜采用顺序移动方式；反之，则宜采用平行或平行顺序移动方式。

(4)生产类型。单件小批生产类型宜采用顺序移动方式；反之，大量大批生产类型则宜采用平行或平行顺序移动方式。

(5)任务紧急程度。加工任务紧急时，一般采用平行移动方式。

四、生产作业计划与控制

（一）生产计划概述

生产计划是关于企业生产系统总体方面的计划具体，是企业在计划期应达到的产品品种、质量、产量和产值等生产方面的指标、生产进度及相应的布置，是指导企业计划期生产活动的纲领性方案。

生产计划工作是指生产计划的具体编制工作。它通过一系列综合平衡工作，完成生产计划的确定。

（二）生产计划体系

在一定规模的企业，生产计划工作由一系列不同类别的计划所组成，也就是说，企业生产计划可以按不同的标准划分为不同的分类体系。其中，最主要的分类体系是按计划期的长短将生产计划分为长期计划、中期计划和短期计划三个层次。

1. 长期计划

长期计划通常又称远景规划，它的计划期跨度一般为 3～5 年，也可长达 10 年或更长。它是企业在生产、技术、财务等方面重大问题的规划，提出了企业的长远发展目标以及为实现目标所制订的战略计划。它包括产品和市场计划、资源计划和财务计划等几种战略计划。

2. 中期计划

中期计划的时间跨度一般为 1～2 年。它就是通常的生产总体计划，也称年度生产计划，包括生产计划大纲和产品出产进度计划两种。

生产计划大纲规定企业在计划年度内的生产目标。它用一系列指标来表示，以规定企业在品种、质量、产量和产值等方面应达到的水平。生产计划大纲的编制依据是对产品需求的预测，以及长期计划对当年提出的任务要求等。它的作用是通过问题指标来核算和检查全年的生产能力能否满足需要，以便对任务与能力进行平衡，并使达到平衡的计划保证应有的经济效益。

产品出产进度计划是将生产计划大纲具体化为按产品品种规格来规定的年度分月的产量

计划,一般每隔半年编制一次,也可以按更短的时间周期进行滚动更新。

3. 短期计划

短期计划的计划期在6个月以下,一般为月度计划或跨月计划,它包括物料需求计划、生产能力需求计划、最终装配计划以及在这些计划实施过程中的车间生产作业计划和物资供应计划。

物料需求计划是把产品出产计划分解为构成产品各种物料的需要数量和需要时间的计划,以及这些物料投入生产或提出采购申请的时间计划。

最终装配计划就是最终产品的短期出产进度计划。

生产能力需求计划即设备负荷计划,它根据零件的工艺路线和工时定额来预计各工作中心(设备组)在各时间周期中应提供的生产能力数量,然后经过与实有能力的平衡,编制出车间的生产作业计划。

车间生产作业计划工作包括作业分派、调度和生产进度的监控与统计工作。

物资供应计划反映外购物料的数量、时间等方面的需求,并对外购物料的实施过程进行控制。

(三)生产计划的内容、主要指标与制定步骤

1. 生产计划的内容

生产计划就是企业为了生产出符合市场需要或满足顾客要求的产品,所确定的在什么时候生产、在哪个车间生产以及如何生产的总体计划。企业的生产计划是根据销售计划制订的,它又是企业制订物资供应计划、设备管理计划和生产作业计划的主要依据。

生产计划工作的主要内容包括:

(1)调查和预测社会对产品的需求;

(2)核定企业的生产能力,确定目标,制定策略;

(3)选择计划方法;

(4)正确制订生产计划、库存计划、生产进度计划和计划工作程序以及计划的实施与控制工作。

2. 年度生产计划的主要指标

制订生产计划指标是企业生产计划的重要内容之一。企业生产计划的主要指标有:产品品种指标、产品产量指标、产品质量指标和产品产值指标。企业生产计划的主要指标从不同侧面反映了企业生产产品的要求。

(1)产品品种指标。产品品种指标是企业在计划期内出产的产品品名、型号、规格和种类数。它涉及企业“生产什么”的决策。确定品种指标是编制生产计划的首要问题,关系到企业的生存和发展。

这一指标既能反映企业在产品品种方面满足国家和社会需要的程度,同时也反映企业的专业化协作水平、生产技术水平和企业管理水平的情况。

(2)产品产量指标。产品产量指标是企业在计划期内出产的合格产品的数量。它涉及企业“生产多少”的决策,关系到企业能获得多少利润。产量可以台、件、吨等表示。对于品种、规格很多的系列产品,也可用主要的技术参数表示,如拖拉机用马力、电动机用千瓦等。需要注意的是:在产品产量指标中,不包括不合格品、废品、未经本厂加工而转售的产品等,但应包括计划期内生产的、供应本企业生产经营管理部门和非生产部门使用的成品和半成品。

(3)产品质量指标。产品质量指标是衡量企业经济状况和技术发展水平的重要标准之一。

产品质量受若干个质量控制参数控制。对质量参数的统一规定就形成了质量技术标准。在执行质量标准上有几种形式，即国际标准、国家标准、行业标准、企业标准等。产品质量指标包括两大类：一类是反映产品本身内在质量的指标，主要指产品的使用寿命、精度、安全性、可靠性与可维修性等平均技术性能，产品质量分等；另一类是反映产品生产过程中工作质量的指标，如质量损失率、废品率、成品返修率等。

(4)产品产值指标。产品产值指标是指以货币表示的企业在计划期内生产的产品数量。它解决了企业生产多种产品时，不同产品产量之间不能相加的问题。企业的产品产值指标应包括商品产值、总产值和净产值三种表现形式。

3. 生产计划的制订步骤

(1)确定目标，即确定产值、产量、质量、交货期等指标；

(2)评估当前条件，即对企业现有设备设施、劳动力、生产率、内部政策(聘用与解聘、加班、兼职、转包等)、成本等进行评估；

(3)预测未来的环境条件，对未来需求及其影响因素进行预测；

(4)确定计划方案；

(5)实施计划评价结果。

(四)生产计划的编制方法

1. 品种的确定

产品品种指标的确定一般采用收入利润排序法，它是把企业生产的每种产品销售收入和利润，按各自大小排序，然后将排序结果填入预先绘制好的收入利润坐标图上，针对产品所处位置加以分析的方法。其具体操作方法见例 7.4。

【例 7.4】 某企业生产 7 种产品，各产品预期销售收入、利润及各自所占名次如表 7.4 所示。试对各种产品的可生产性加以分析。

表 7.4　　各产品销售收入和利润排序

	A	B	C	D	E	F	G
销售收入(万元)	1 200	500	80	60	50	40	30
排序	1	2	3	4	5	6	7
利润(万元)	120	50	10	12	10	12	8
排序	1	2	5	3	5	3	7

解：先将每种产品的预期销售收入的名次及利润额名次，填入按收入大小和利润大小编排的坐标图中，得到图 7.8。

可以看出，有的产品处于坐标图对角线的上方，有的处于对角线的下方，有的处于对角线上。

对于处于图中左下角的产品(A、B)，销售收入高，利润大，应当生产。

对于处于图中右上角的产品(G)，销售收入低，利润小，要加以考虑。如果是老产品，应当考虑下马，尤其是若该产品处于产品寿命周期的衰退期，更应果断停产；如果是新产品，可能是由于它处于导入期，顾客不了解造成销售额低，可根据企业发展规划考虑是加大生产与销售力度，还是下马。

对于处于图中对角线上方的产品(C)，销售收入高，但利润小，其利润率较低，可考虑缩减

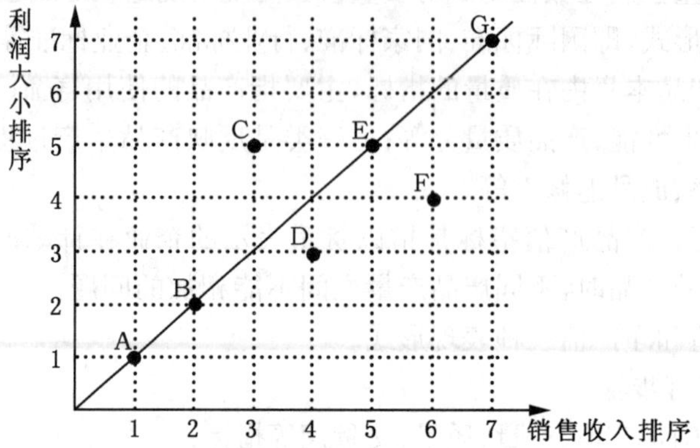

图 7.8 收入—利润次序

生产规模。

对于处于图中对角线下方的产品(D、E),销售收入虽不是很高,但利润较大,其利润率较高,可根据企业资源情况以及对市场需求的预测适当扩大生产规模。

2. 产量的确定

当企业生产的产品品种指标确定后,就应根据市场需求以及企业自身的资源情况、产品特性等确定每种产品的产量指标。一般来说,确定产量的方法主要有以下两种:

(1)盈亏平衡分析法。盈亏平衡分析法又称量本利分析法或保本点法。此方法在第五章已做介绍,在此不再赘述。

(2)线性规划法。线性规划法是合理利用资源、合理调配资源的一种应用数学方法,它的基本思路是在满足一定约束的条件下,使预定目标达到最优。在生产多品种的企业中,可采用线性规划模型求最优解。

有关线性规划法的具体操作,由于求解比较困难,一般借助于线性规划软件,在此不详述。

3. 制定期量标准

生产作业计划的核心任务是制定和贯彻期量标准。作业计划的期量标准是编制生产作业计划时所采用的时间和数量方面的标准数据。采用先进、合理的期量标准,不仅可以简化计划编制工作,而且可以提高计划编制的质量。

对于需求相对稳定,周期性重复生产的产品(工件),常用的期量标准有生产周期、生产间隔期、生产提前期、批量和在制品储备量等。其制定方法如下:

(1)批量和生产间隔期。批量是经过一次准备工作投入生产的同一种制品的数量。在这里,准备工作是指在生产一批产品之前,用于熟悉图纸、领取工具、调整设备工装、安装调整模具、准备砂箱型板等工作,以及在一批产品加工结束后的整理整顿工作。

经济批量法是一种常用的计算批量的方法。下面是利用其计算产品经济生产批量的数学模型。

当批量为 Q 时,全年所需的换产费用为:

$$F_1=K\cdot\frac{N}{Q} \tag{7.4}$$

其中,K 为每一次换产所需的换产费用(元),N 为制品的年产量(件/年)。

全年所需库存费用为:

$$F_2=\frac{1}{2}Q\cdot\left(\frac{P-R}{P}\right)\cdot H \tag{7.5}$$

其中,P 为制造该制品的生产率(件/天),R 为工件的平均日需求量,H 为该制品的库存费用(元/件·年)。

因此,总费用为:

$$F=F_1+F_2=K\cdot\frac{N}{Q}+\frac{1}{2}Q\cdot\left(\frac{P-R}{P}\right)\cdot H \tag{7.6}$$

经济批量的目标是找总费用最小时的生产批量,在数学上,可以用微分的方法求解:

$$\frac{\mathrm{d}F}{\mathrm{d}Q}=-K\cdot\frac{N}{Q^2}+\frac{1}{2}\left(\frac{P-R}{P}\right)\cdot H$$

令:

$$\frac{\mathrm{d}F}{\mathrm{d}Q}=0$$

则:

$$Q=\sqrt{\frac{2KN}{H}}\cdot\left(\frac{P}{P-R}\right) \tag{7.7}$$

生产间隔期是相邻两批同种工件投入(或产出)的时间间隔,在周期性重复生产的条件下,批量与生产间隔期有如式 7.8 所示的关系:

$$Q=R\times T_{jg} \tag{7.8}$$

其中,Q 为生产批量,R 为工件的平均日需求量,T_{jg} 为生产间隔期。

【例 7.5】 设某工件的年产量为 7 200 件,制造该工件的生产率为 120 件/天,该工作的平均日需求量为 20 件/天,每次换产的设备调整等费用为 50 元,该工件的库存费用为 1 元/(件·年)。试确定该工作的生产批量和生产间隔期。

表 7.5　　用以期定量法确定的生产批量

标准生产间隔期	1 年	半年	1 季	2 月	1 月	半月	1 旬	1 周	2 天	1 天
生产批量(件)	7 200	3 600	1 800	1 200	600	300	200	150	60	30

解:工件的经济生产批量 $Q=\sqrt{\frac{2KN}{H}}\cdot\left(\frac{P}{P-R}\right)=\sqrt{\frac{2\times 50\times 7\ 200}{1}}\cdot\left(\frac{120}{120-20}\right)$

$=1\ 018$(件)

根据表 7.5,可确定该工件的最佳生产批量为 1 200 件,生产间隔期为 2 个月。

(2)生产周期。生产周期是指从原材料投入生产的时候起,到成品完工的时候为止,其间经历的全部日历时间。机械产品的生产周期通常是毛坯制造、机械加工、部件装配和总装配等工艺阶段经历的时间,以及各工艺阶段之间的停顿时间之和。

生产周期是编制生产作业计划,确定产品及其零部件在各工艺阶段投入和产出日期的主要依据,是生产作业计划工作的一项重要期量标准。其制订方法如下:

①零件生产周期。在成批生产中,一批零件的生产周期与零件在工序间的移动方式有关。采用顺序移动方式时,可分别计算并由该批零件各工序的加工时间、换产时间、工序之间的等待时间和毛坯制造、机械加工工艺阶段之间的保险时间相加而得。

②装配周期。复杂的机电产品通常由多个部件组成。所以装配周期常分为部件装配和总

装配两个阶段。大型产品总装配的工序多、周期长，各部件可按总装配的工艺顺序陆续投入。因此从部件装配到总装配整个装配同期的长度，最好通过绘制产品装配周期图来确定。

③产品生产周期。产品生产周期是零件生产周期、部件装配周期、总装配周期和各工艺阶段之间的缓冲时间(保险时间)之和。成批生产中，由于各零件的生产间隔期和批量不相等，有的零件一月数投，有的则数月一投，零件制造和产品装配的生产间隔期也不相等，可能产品是每天连续均衡出产，而有的零件两三个月才投一批，所以计算产品生产周期意义不大。但是为了确定零件加工、部件装配和总装配的投产和出产周期，需要分别计算零件生产周期、部件装配周期和总装配周期。

(3)生产提前期。生产提前期是确定产品生产过程各工艺阶段的投入、产出日期，保证各工艺阶段相互衔接和保证合同交货期的重要依据，是成批生产重要的期量标准之一。

生产提前期是以成品的出产日期为基准，按产品工艺过程的反向顺序，以生产周期和生产间隔期为依据计算的。

生产提前期分为投入提前期和出产提前期。

投入提前期是指制品投入生产的日期比成品投入生产的日期应提前的天数。制品在某一工艺阶段的投入提前期比其出产提前期应提前一个该工艺阶段的生产周期。其计算公式如式 7.9 所示：

$$T_{ini}=T_{Oti}+T_{Cri} \tag{7.9}$$

其中，T_{ini} 为某制品 i 工艺阶段的投入提前期，T_{Oti} 为某制品 i 工艺阶段的出产提前期，T_{Cri} 为某制品 i 工艺阶段的生产周期。

出产提前期是指制品在某一工艺阶段的出产日期比其成品的出产日期应提前的天数。确定制品在某一工艺阶段的出产提前期，除了考虑应与后一工艺阶段的投入提前期相衔接之外，还应考虑要留有一定的缓冲时间(保险时间)。当制品前后工艺阶段的生产间隔期相同时，出产提前期的计算公式如式 7.10 所示。

$$T_{Oti}=T_{in(i+1)}+T_{Sai} \tag{7.10}$$

其中，T_{Sai} 为某制品 i 与 $i+1$ 两工艺阶段间的缓冲时间。

当前后两个工艺阶段的生产间隔期不相等时，其出产提前期需按式 7.11 计算，公式中要增加一项两个生产间隔期之差。

$$T_{Oti}=T_{in}(i+1)+T_{Sai}+(T_{JGi}-T_{JG(i+1)}) \tag{7.11}$$

其中，T_{JGi} 为某制品 i 工艺阶段的生产间隔期，$T_{JG(i+1)}$ 为某制品 $i+1$ 工艺阶段的生产间隔期。

生产提前期与生产周期、生产间隔期之间的关系，可用图 7.9 来表示。

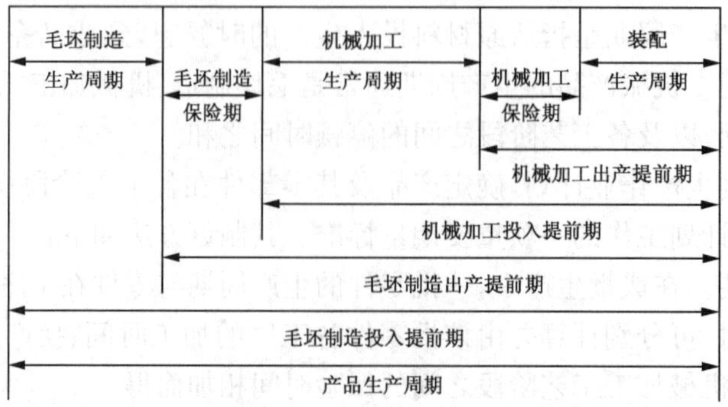

图 7.9　生产提前期与生产周期、生产间隔期之间的关系

4. 网络计划技术

网络计划技术是指许多相互联系与相互制约的活动(作业或工序)所需的资源与时间,及其顺序安排的一种网络计划方法。它起源于美国。1957年,杜邦化学公司首次采用一种新的计划方法,即关键路线法(CPM),第一年就节约了100多万美元,相当于该公司用于研究发展CPM所花费的5倍以上。1958年,美国海军武器局特别规划室在研制北极星导弹潜艇时,应用了名为计划评审技术(PERT)的计划方法,使北极星导弹潜艇研制工作从10年缩短到8年。统计资料表明,在不增加资源的既定条件下,采用PERT可以使进度提前15%~20%。网络计划技术在我国各类大型工程项目的管理中已经得到普遍应用。现在人们一般将CPM和PERT两者合称为网络计划技术。

有关网络计划技术的具体操作,由于难度较大,在此不详述。

第三节 生产运作管理的发展

一、准时生产

(一)准时生产的概念

准时生产(Just-In-Time,JIT),是指企业只在需要时,按需要的量,生产所需要的产品。JIT是一组活动的集合,其目的是在保持原材料、在制品及产成品最小库存的情况下进行大批量生产。

准时生产的基本逻辑是任何工序只在需要时才生产必要的制品。制造需要产生于市场对制品的实际需要。从理论上讲,当有一个产品卖出时,市场就对生产系统的终端—— 一般为总装配线,拉动一个产品,于是形成对前一道工序的订货。这一道工序又向上一道工序拉动物料,依次而上至原材料的投放工序。准时生产的思想就是通过倒流水拉动方式的生产线来实现的。看板系统是生产线物流、信息流合一的中枢神经系统,为了保证JIT拉动过程平衡进行,JIT要求生产流程各阶段都具有高质量、良好的供应商关系和对最终产品需求的准确预测。

JIT是在日本丰田生产方式的基础上发展起来的,因此,JIT也被称为"丰田生产模式"。JIT在20世纪六七十年代为日本其他企业所应用。毫无疑问,它对日本企业在国际市场上竞争地位的提升发挥了重大的作用。70年代后,这种先进科学的生产模式传播到欧美企业,当前已成为西方国家企业生产管理领域中具有战略性的课题。根据对日本、欧美100多家企业实施JIT的成效来看,JIT能够有效改善企业的生产率:库存平均减少50%,生产周期缩短50%~70%,人力资源减少50%,工厂空间占用减少50%,产品质量可提高1~3倍。

(二)准时生产的实施

实施JIT生产模式有以下要点:

1. 暴露问题和"瓶颈"

一位管理学者曾做过一个鲜明的比喻:如果用池子中的水代表生产系统中的库存,用石头代表企业生产系统中运营和管理存在的问题和"瓶颈",则水位高就隐藏了问题(石头),企业也许会认为每件事都做得很好。但当水位下降时,问题就出现了。通过缩小批量、降低系统库存,一些从前被库存掩盖的问题浮现出来。JIT生产可以发现其他生产方式下由于库存和人员过多而隐藏的问题。

2. 消除浪费

日本企业是消除浪费的真正信仰者和忠实执行者。丰田公司的滕野长定义了七种可以被消除的浪费，即过量生产的浪费、等待时间的浪费、运输的浪费、库存的浪费、有产品缺陷的浪费、多余动作的浪费、过程（工序）的浪费。

3. 改进产品设计

JIT 主要用于工序比较稳定的重复性生产系统——该系统不间断地生产数量较少的同类产品，通过产品、零部件的标准化和降低产品生产的复杂性，提高生产效率。

4. 改进工厂布局和流程设计

JIT 的实施要求工厂布局及流程应尽可能保证工厂物流、工作流平衡且不中断，尽可能减少物料的移动。生产工厂往往分割成许多专门的制造单元，单元的布局应该保证最有效地完成加工任务，负责这些单元中生产的平衡进行。单元布局通常采用 U 形格局。

企业生产流程是由一系列工作站组成的。为了使所有的操作都能够通过拉动机制联系起来，对各工作站的能力要进行平衡，尽量保证整个流程各工作站能力配置均衡，不会发生由于某个工作站能力的短缺造成整个生产流程发生停顿。

5. 改进人力资源

尊重人的作用是 JIT 发挥作用的关键原因。JIT 鼓励企业持续培训员工，提高他们掌握的技能种类和实际水平，使其成为多面手，能够承担生产线上的大部分工作。管理者把员工看成一项资产，而不是机器，坚持认为员工不仅要有效地完成工作，还要改善工作。公司尽量使用自动设备和机器来完成枯燥的、重复性的工作，这样可以使雇员解放出来去从事更重要的改善工作，充分发挥员工的体力和智慧。

JIT 鼓励团队合作。成立工人合理化建议小组和质量小组是日本企业实施 JIT 进行团队合作解决现场问题的典型。由员工自愿参加形成的质量小组每周碰面，讨论工作和解决问题。

JIT 强调“少人化”，即根据企业生产量的变动，弹性地增减各生产线上的作业人数。这样降低了劳动费用，从而降低了成本。

6. 全面质量管理

全面质量管理是保证实施 JIT 生产的基础。企业上下要积极主动地贯彻质量管理思想，深究造成产品缺陷的各种原因并采取相应措施加以改进，而且要持之以恒。实施 JIT 要坚持控制源头质量的原则，在工作之初就要做得十分正确。如果工人发现了质量问题，可以随时停止生产线，其他员工对问题将立即做出反应。

7. 拉式调度和看板生产控制系统

拉式调度是用于工厂车间作业控制的运作机制，看板生产控制使用符号来管理工厂的物流。在这种运作机制下，下游工序物料需求拉动上游工序的物料。它有别于传统意义上的推式调度：对每一个工序都下达高度指令推动其运作。从理论上讲，当有一个产品卖出时，市场就对生产系统的终端（一般为总装配线）拉动一个产品，于是形成对前一道工序的订货。这一道工序又向更上道工序拉动物料，依次而上至原材料的投放工序。

图 7.10 解释了看板系统的原理：流程 B 开始使用投放品存放站中的零件时，向流程 A 的产出品存放站发出“传送看板”，要求送下一批零件。这批零件送出的同时，向流程 A 发出“生产看板”，根据生产看板，新一批零件生产以后，移送到产出品存放站。

8. 与供货商紧密合作

加强与原材料或零部件供应商的合作对保证企业 JIT 有效实施起着重要的作用。如果企业与供货商同享生产计划和物料需求计划以及其他必要的数据，则可以保证企业建立起均衡

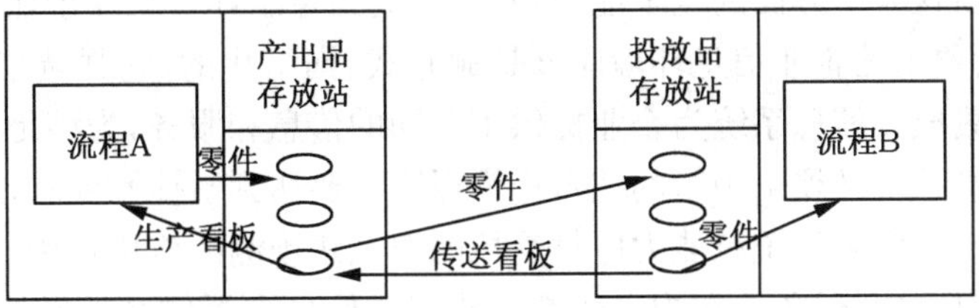

图 7.10　双卡看板系统

化生产系统。对供应商供货能力充满信心使得企业可以减少原材料库存数量，在企业内部保留最低限度的库存，要求供货商频繁小批量地运送必要的零件。紧密合作的供货商完全可以将产品运送到生产线上的某个指定地点而不仅仅是送到仓库。当供货商的产品质量可以完全保证时，对其供应的产品的验收程序甚至可以取消。另外，让供货商代表与公司工程师共同进行产品设计，可以明显地提高产品设计质量。

二、敏捷制造

(一)敏捷制造的起源

从 20 世纪 70 年代到 80 年代，为了挽回制造业竞争力下降的颓势，美国开始学习日本的成功经验。但由于文化、观念的差异和社会环境的区别，都没有取得广泛的效果。直到 20 世纪 80 年代后期，在检讨计算机集成制造(CIM)技术成果的基础上，由美国通用汽车公司和美国里海大学工业工程系共同提出的一种新的制造企业战略——"敏捷制造"最受重视。1991 年美国国会又委托里海大学的亚可卡(Lacocca)研究所编写一份题为《21 世纪制造企业战略》的报告，完善并重申了敏捷制造的概念。可以说，敏捷制造是美国针对当时各项技术迅速发展、渗透，国际、国内市场竞争日益激烈的形势，为维护其世界第一工业国的地位，维持美国人的高生活水准而提出的一种制造生产组织模式和战略计划。

(二)敏捷制造的概念

敏捷制造是指企业的运作具有敏捷性。敏捷性意指企业在不断变化、不可预测的经营环境中善于应变的能力，它是企业在市场中生存和领先能力的综合表现。实现敏捷制造要求制造企业采用现代网络通信手段，通过快速配置各种资源(包括技术、管理和人)，以有效和协调的方式响应用户需求，实现对变化需求的敏捷响应。敏捷制造思想的出发点是基于对市场发展和未来产品以及自身状况的分析，而不是单纯地利用先进技术代替人工，因而是一种更为尊重市场作用的运作管理。

敏捷制造的范畴涉及六个领域，即集成产品与过程开发/并行工程、人力资源管理、虚拟企业、信息与控制、过程与设备、法律障碍。它们可以分成两个层次的内容：第一层侧重从企业组织、结构和管理的角度研究敏捷制造的实现，其中最为重要的方面是提出了可以适用于网络经济环境的企业管理模式——虚拟企业，还包括一些管理理念上的创新，如质量流的概念等；第二层则侧重从技术的角度研究敏捷制造的实现方法和关键支持技术，这一层面的研究成果集中体现在拟实制造技术和支持拟实制造乃至敏捷制造的信息技术方面。

(三)敏捷制造模式的支撑技术

1. 企业运作信息系统

企业运作信息系统是敏捷制造能否成功实现的支撑环境。敏捷制造要求企业必须具备时间、质量、价格、创新这4个方面的竞争能力，其中的突出控制环节就在于如何发挥信息技术的潜力。敏捷制造所要求的企业信息环境应该是颁布式、网络化的，它强调信息系统必须是人、组织、技术三者的集成。信息系统为企业提供了不同的信息和服务，为满足网络经济环境下敏捷制造的要求，信息系统必须采用新的技术作为保障。要达到敏捷性要求，关键一点在于从信息系统的设计开始，就应使系统有能力应付受控的但无法预测的应用环境，充分考虑到它们未来可能适应的不同环境和任务。在构建作为敏捷制造信息支撑体系的敏捷信息系统时，需要着重考虑以下几点：

(1)利用大型计算技术，如巨型机、计算机集群、分布式计算乃至网络计算技术，迅速完成复杂的处理以满足高速、高效和灵活的需求。

(2)利用计算机支持协同工作技术，使系统易于调整以适应变化的需要。

(3)充分利用网络技术为用户提供快速、廉价的沟通模式的优势，在多个用户和多个供应商之间实现有效的交互。

(4)打破原有的设计模式和实现方法，充分遵循企业流程再造的思想，使系统在建立之初就体现敏捷性的可重构、可重用和可扩充。

(5)在信息系统结构中，要全面、客观地分析企业的运作与管理需求，充分细化功能单元，使其能够依据不同的管理职责和目标要求进行重组，以适应变化的市场要求。

(6)强调技术因素和商业因素的紧密联系。

2. 企业敏捷制造的主要支撑技术

(1)分布式网络通信技术。Internet、Intranet、Web等网络技术的发展使异地的网络信息传输、数据访问成为可能。特别是Web技术的实现，提供了一种支持成本低、用户界面友好的网络访问介质，解决了制造过程中用户访问困难的问题。

(2)计算机集成制造(CIM)技术。CIM系统工程项目主要包括生产计划管理、自动化制造系统技术信息管理、技术信息管理、工程数据库管理、办公自动化、决策支持、质量保证、库存管理等应用子系统的开发，各应用子系统平台集成、数据信息交换是企业间成功实施动态同盟的技术基础。

(3)计算机支持的协同工作(CSCW)技术。在一定的时间(如产品生命周期中的一个阶段)、一定的空间(如产品设计师和制造工程师并行解决问题这一集合形成的空间)内，利用计算机网络，小组成员共享知识与信息，避免潜在的不相容性引起的矛盾。同时，在并行产品开发过程中，多功能小组之间，多功能小组各专家之间由于各自的目的、背景和领域知识水平的差异必将导致冲突的产生，因此需要通过协同工作解决各方的矛盾、冲突，最终达到一致。

(4)工作流管理(WFM)技术。工作流管理技术的主要特征是实现人与计算机交互时间结合过程中的自动化，主要的内容是工作任务的整体处理过程、工作组成员间依据一组已定义的规则及已制定的共同目标所交换的文本文件、各种多媒体信息或任务。工作流管理系统是一个用于分布式环境中工作任务进程间的协调或协作式处理软件系统。

第四节　生产作业现场的5S管理

一、5S管理的定义

5S起源于日本，是指在生产现场中对人员、机器、材料、方法等生产要素进行有效的管理，这是日本企业一种独特的管理办法。开展以整理、整顿、清扫、清洁和素养为内容的活动，称为“5S”活动。因为这5个词在日语中罗马拼音的第一个字母都是“S”，所以简称为“5S”。

二、5S管理的相关定义

(一)整理(Seiri)

1. 整理的定义

区分要与不要的物品，现场只保留必需的物品。

2. 整理的目的

(1)改善和增加作业面积；

(2)现场无杂物，行道通畅，提高工作效率；

(3)减少磕碰的机会，保障安全，提高质量；

(4)消除管理上的混放、混料等差错事故；

(5)有利于减少库存量，节约资金；

(6)改变作风，提高工作情绪。

3. 整理的意义

把要与不要的人、事、物分开，再将不需要的人、事、物加以处理，对生产现场的现实摆放和停滞的各种物品进行分类，区分什么是现场需要的，什么是现场不需要的；其次，对于现场不需要的物品，诸如用剩的材料、多余的半成品、切下的料头、切屑、垃圾、废品、多余的工具、报废的设备、工人的个人生活用品等，要坚决清理出生产现场。这项工作的重点在于坚决把现场不需要的东西清理掉。对于车间里各个工位或设备的前后、通道左右、厂房上下、工具箱内外，以及车间的各个死角，都要彻底搜寻和清理，做到现场无不用之物。

4. 整理的要点

(1)把握要与不要的基准；

(2)确定需要放置的位置；

(3)确定不要的物品的处理基准。

(二)整顿(Seiton)

1. 整顿的定义

必需品依规定定位、定方法摆放，整齐有序，明确标示。

2. 整顿的目的

不浪费时间寻找物品，提高工作效率和产品质量，保障生产安全。

3. 整顿的意义

把需要的人、事、物加以定量、定位。通过前一步整理后，对生产现场需要留下的物品进行科学合理的布置和摆放，以便用最快的速度取得所需之物，在最有效的规章、制度和最简捷的流程下完成作业。

4. 整顿的要点

(1)物品摆放要有固定的地点和区域，以便寻找，消除因混放而造成的差错；

(2)物品摆放地点要科学合理。例如，根据物品使用的频率，经常使用的东西应放得近些(如放在作业区内)，偶尔使用或不常使用的东西则应放得远些(如集中放在车间某处)。

(3)物品摆放目视化，使定量装载的物品做到过目知数，摆放不同物品的区域采用不同的色彩和标记加以区别。

（三）清扫（Seiso）

1. 清扫的定义

清除现场内的脏污、清除作业区域的物料垃圾。

2. 清扫的目的

清除“脏污”，保持现场干净、明亮。

3. 清扫的意义

将工作场所之污垢去除，使异常的发生源很容易发现，是实施自主保养的第一步，主要是在提高设备稼动率。

4. 清扫的要点

（1）自己使用的物品，如设备、工具等，要自己清扫，而不要依赖他人，不增加专门的清扫工。

（2）对设备的清扫，着眼于对设备的维护保养。清扫设备要同设备的点检结合起来，清扫即点检；清扫设备要同时做设备的润滑工作，清扫也是保养。

（3）清扫也是为了改善。当清扫地面发现有飞屑和油水泄漏时，要查明原因，并采取措施加以改进。

（四）清洁（Seiketsu）

1. 清洁的定义

将整理、整顿、清扫实施的做法制度化、规范化，维持其成果。

2. 清洁的目的

认真维护并坚持整理、整顿、清扫的效果，使其保持最佳状态。

3. 清洁的意义

通过对整理、整顿、清扫活动的坚持与深入，消除发生安全事故的根源。创造一个良好的工作环境，使职工能愉快地工作。

4. 清洁的要点

（1）车间环境不仅要整齐，而且要做到清洁卫生，保证工人身体健康，提高工人劳动热情；

（2）不仅物品要清洁，而且工人本身也要做到清洁，如工作服要清洁，仪表要整洁，及时理发、刮须、修指甲、洗澡等；

（3）工人不仅要做到形体上的清洁，而且要做到精神上的“清洁”，待人要讲礼貌、要尊重别人；

（4）要使环境不受污染，进一步消除浑浊的空气、粉尘、噪音和污染源，消灭职业病。

（五）素养（SoYou）

1. 素养的定义

人人按章操作、依规行事，养成良好的习惯。

2. 素养的目的

提升“人的品质”，培养对任何工作都讲究认真的人。

3. 素养的意义

努力提高人员的修身，使人员养成严格遵守规章制度的习惯和作风。这也是“5S”活动的核心。

三、5S管理的效用

5S管理的效用可归纳为5S，即安全（Safety）、销售（Sales）、标准化（Standardization）、客户

满意(Satisfaction)、节约(Saving)。

(一)确保安全

通过推行5S,企业往往可以避免因漏油而引起的火灾或滑倒,因不遵守安全规则导致的各类事故、故障的发生,因灰尘或油污所引起的公害等,因而能使生产安全得到落实。

(二)扩大销售

拥有一个清洁、整齐、安全、舒适的环境,拥有一支良好素养的员工队伍的企业,常常更能博到客户的信赖。

(三)标准化

通过推行5S,在企业内部养成守标准的习惯,使得各项的活动、作业均按标准的要求运行,结果符合计划的安排,为提供稳定的质量打下基础。

(四)客户满意

由于灰尘、毛发、油污等杂质经常造成加工精密度的降低,甚至直接影响产品的质量。而推行5S后,清扫、清洁得到保证,产品在一个卫生状况良好的环境下形成、保管直至交付客户,质量得以稳定。

(五)节约

通过推行5S,一方面减少了生产的辅助时间,提升了工作效率;另一方面因降低了设备的故障率提高了设备使用效率,从而可降低一定的生产成本,可谓"5S是一位节约者"。

【思考与练习】

1. 何为企业的生产过程?一般可划分为哪几个过程?
2. 合理组织企业生产过程有哪些要求?
3. 工艺专业化和对象专业化各有什么优缺点?它们各自适合哪种情况?
4. 如何有效实施5S管理?指标有哪些?

【案例分析】

在我国,快速消费品行业产品和消费者的日常生活息息相关,作为市场流转速度较快的一类商品,产品本身的质量、价格、消费者满意度都是关乎产品市场竞争力的,只有搭建高效高质的生产制造系统,才能不断提升产品的市场竞争力,满足客户需求。

总的来说,快速消费品行业生产管理具有如下特征:

1. 产品生命周期短,市场反应速度要求不断提高。消费品因其本身的消费特性,从产品导入阶段、产品成长阶段、产品成熟阶段到产品衰退阶段通常周期较短。随着市场竞争加剧,生产周期不断被压缩,要想内部生产快速响应市场及客户的需求,生产的市场导向十分显著。

2. 生产过程具有不间断、工艺连续性强的特点。消费品行业企业多为流水线作业,多为批次生产,要求各工序安排准确。如果出现某一个工序问题,可能造成大面积停线,因此对于自动排产以及应急处理要求高。

3. 生产受客观因素影响较大,易出现生产波动,弹性大。典型连续流程式的生产方式有:面向库存、面向订单、混合生产等多种方式。生产形式多样化,容易受到原材料、库存、市场需求的影响,因此插单、跳单等现象多见,因此生产波动时的现场管理以及生产线跟踪尤为重要。

4. 单一产品利润低,多为批量化的规模生产。快速消费品通常价值不高,利润相对较低,一旦上线即为批量化生产，生产规模大。因此也容易出现原材料以及产成品的库存管控问题，市场供需平衡对企业生产管理的要求高。

5. BOM 结构多为链状配比型结构，结构层次少。快速消费品的产品结构通常比较简单，层次较少，变更情况少见，BOM 结构稳定。

6. 产品配方多，配方参数管理严格。尽管快消品的 BOM 结构相对稳定，但是产品的品类繁多，因此配方较多，管理难度较大。

7. 产品所需的原物料相对比较固定，但是需求量较大。一旦产品投产，其原物料相对固定，但是需求量比较大，现场物料管理、库存物料清算、仓库出入库管理，以及财务成本核算的工作量大、难度大。

8. 产品质量控管严格，产品的安全性要求高。作为关乎"民生"的产品，产品质量保证是企业的责任，因此在生产过程中的质量监管、产品安全性的保证都是十分重要的环节。生产的各个环节、每道工序都要严格把控，掌握现场相关参数数据，及时处理突发安全和质量隐患。

9. 生产现场管理复杂。尽管消费品行业多为流水线生产，但是对生产过程中的设备故障、质量报警等状况所产生的停线、质量问题都必须做出快速反应，及时反馈并高效处理。因此现场管理有必要可视化、透明化。

10. 现场数据统计需要精准。消费品产品生产量多，配方多，各个工具的生产参数必须及时有效地反馈到生产管理者，便于及时调整生产品类或数量。

11. 产品追溯体系完善有利于企业可持续发展。消费者满意度是快速消费品企业可持续发展的重要因素。产品一旦出现问题，售后服务的重点主要体现在对客户投诉的迅速反馈和有效处理，因此企业内部完善的追溯体系是解决该问题的重要工具。

12. 产品的合规性受到一定政策因素的影响。快速消费品因为贴近消费者，所以政府关注度较高，相关行业的规范、标准在不断完善，对于企业生产管理业造成一些配方变更、库存管理方面的问题，因此合规性也是快速消费品行业企业不得不面对的重要问题。

（资料来源：http://blog.e-works.net.cn）

思考：

1. 快速消费品的生产特点有哪些？

2. 如何确保快速消费品生产高效、稳健？

【实训操作】

某机械加工车间接到一批零件生产任务，零件批量为 30 件，该零件依次经过 5 道工序加工，各道工序单件时间顺次为 8、7、5、10、5 分钟，试计算该批零件按三种不同移动方式的加工周期。

第八章

企业财务管理

【学习指导】

本章主要介绍财务管理的有关概念、企业筹资的渠道和方式、影响投资的因素及短期投资、长期投资、成本和费用、收入和利润、固定资产、流动资产、负债、所有者权益等会计要素和项目的管理,并阐述财务分析的目的与方法。通过本章的学习,期望读者对企业财务管理有一个比较清晰的认识。

【导入案例】　一个小企业的财务管理之道

南京仁杰电子公司是一家成立于1995年的私营企业,注册资金300万元人民币。该电子公司的经营范围是代理国内和国际品牌的通信产品,属于商品流通单位,也负责对终极用户的安装。

成本控制是许多中小企业所普遍重视的,但成本的节约应该是一种有取舍、有原则的节约。为了节约人员的开支,该公司对成本的控制采取了不同情况不同对待的方法。对于少量的终极用户安装业务,多采用临时聘请熟识的工程队;对于机器的日常小规模维护,则采用对业务人员进行普及技术培训的方法;而针对高端机器的紧急修理则采取和上游厂商签订维护协议的方法。

中小企业应树立不断通过技术创新来降低产品成本的观念。从短期看,技术改造需要投入,开发新产品也需要投入,这都是增加成本的因素。但从长期看,不仅可以获取更大的效益,而且有利于争取竞争的主动权,它所带来的增利因素要大于其投入的成本因素。

这个公司财务部有4名会计,但他们的财务工作却对公司整体的运作起了强大的约束作用。南京仁杰电子公司推行的是"人人参与财务管理"的模式。在公司的走廊以板报的形式,由财务人员每天按照合同的具体条目更新现金回收状况。它的出现引起了公司每个人的关注:业务人员经常来查对,讨论并通过它来跟进自己负责合同的收款进度;主管也可以通过它来获得对二级经销商回款情况的估计。这样,每个人都可以从这里获得重要的信息。在公司,应收账款在收回前只不过被看成一项市场费用,如果还没收到货款,就不能算销售已经完成,也谈不上客户满意度,当然更不会给相应的销售人员支付佣金。"人人参与财务管理"的模式极大地调动了销售人员的积极性,杜绝了销售人员只管签订合同而不管实际收款的情况。

很多企业建立了销售收款责任制,销售人员不但要推销产品,还要负责收款,并把催讨货款与销售人员的奖金挂起钩来,这是防范应收账款风险的有效措施,但需注意激励和约束的平衡关系。如果企业的业务量较大,可以建立应收账款的计算机管理系统,利用计算机对客户实施适时监控。

南京仁杰电子公司对每月的销量进行细致的统计记录,并设定了管理软件中的库存模式,一旦存货低于警戒线便立即补货。长期经营的经验使他们公司的存货占用资金非常低。也因为他们的业务大体是订制的机器,所以和厂家的协调非常重要。该公司和长期合作的生产企业均有详细的协议。设置的付款比例是与买方合同的收款比例同步的,这样就大大降低了由于付款时间差距引起的大量占用现金的风险,也对厂家为机器设备安装期间提供的售后服务起到了一定的牵制作用。而对于小型设备突然出现的需求量浮动,他们采用向同行调货的方式实现,虽然比直接从供货商调货价高,但由于次数少,也比囤积大量库存占用流动资金要合算得多。

该公司规模不大,但却注重吸收先进技术,运用管理软件进行库存管理,在保证存货供应的同时,节约了存货上占用的资金。目前大多数的贸易类企业采取零存货的方式,按单订制直接供应给客户,避免了存货因价格变动导致损失的风险;也有很多企业实施企业流程再造(BPR)、企业资源计划系统(ERP),这些都是提高企业的运转速度的手段。

(资料来源:中华会计网,2006 年 8 月 1 日。)

讨论:

1. 南京仁杰电子公司为什么能保持较高的盈利水平?
2. 案例带给我们哪些启示?

第一节　财务管理概述

一、财务管理的概念

企业的生产经营过程,一方面表现为实物商品的运动过程,另一方面表现为伴随实物商品的价值形态的变化过程,是实物运动与资金运动的有机结合。从财务角度看,企业资金运动表现为资金的各种收支活动,包括筹资、投资、营运、分配四个紧密联系、相互依存的财务活动。同时,资金运动也体现出企业在组织财务活动过程中与有关各方所发生和形成的经济利益关系,包括企业与投资者、债权人、政府、被投资者、债务人、内部单位、职工等利益主体的财务关系。

财务管理就是企业组织这些财务活动、处理与各方财务关系的经济管理工作,是企业管理的核心。企业财务管理是通过价值形态对企业资金运动进行决策、计划和控制的综合性管理。

二、财务活动

(一)筹资活动

资金是企业最重要的生产经营条件。企业进行生产经营活动,必须筹集一定数量的资金,以满足构建固定资产、购买无形资产和流动资产、支付工资费用等方面的需要。根据生产经营的实际需要筹集一定数量的资金,是财务管理的首要任务。按照来源的不同,企业资金可分为权益资金和负债资金。权益资金是指投资者对企业净资产的权利，包括投资者投入的资本金及其形成的经营积累，包括实收资本或股本、资本公积、盈余公积、未分配利润。负债资金即借入资金，是指企业所承担的能以货币计量、需以资产或劳务偿还的债务。

1. 企业筹集的资本金

企业筹集的资本金分为国家资本金、法人资本金、个人资本金和外商资本金。国家资本金是指有权代表国家投资的政府部门或机构以国有资产投入企业形成的资本金。法人资本金是指企业法人或其他法人单位对企业合法投资而形成的资本金。个人资本金是指社会个人或本企业职工以个人合法财产投入企业形成的资本金。外商资本金是指外国投资者及我国香港、澳门、台湾地区投资者投入的资金。企业可以采取吸收货币资金、实物、无形资产或发行股票等方式筹集资本金。

2. 资本公积及盈余公积

资本公积是指企业在经营过程中由于接受捐赠、股本溢价以及法定财产重估增值等原因所形成的公积金，是指投资者或者他人投入企业、所有权归属于投资者并且投入金额超过法定资本部分的资本。盈余公积是指企业从税后利润中提取形成的、存留于企业内部、具有特定用途的收益积累。资本公积中的资本(或股本)溢价、接受现金捐赠、拨款转入、外币资本折算差额、其他资本公积和盈余公积可按照规定转增资本金。

3. 借入资金

借入资金是企业的负债，可分为流动负债和长期负债。流动负债包括短期借款、应付票据、应付及预收账款等。长期负债包括长期借款、应付债券和长期应付款等。

(二)投资活动

企业取得资金后，必然将资金投入使用，以谋求最大的经济效益。企业投资可分为广义投资和狭义投资两种。广义的投资是指将筹集的资金投入使用的过程，包括企业内部使用资金的过程以及对外投资使用资金的过程。狭义的投资仅指对外投资。无论是企业购买内部所需的流动资产、固定资产、无形资产，还是对外投资购买各种证券，都需要支付资金。而当企业变卖其对内投资形成的各种资产或收回其对外投资时，则会产生资金的收入。这种因企业投资而产生的资金的收支，是由投资引起的财务活动。

企业在投资过程中，必须考虑投资的规模，也就是在怎样的投资规模下，企业的经济效益最佳；而且，企业也必须通过投资方向和投资方式的选择，确定合理的投资结构，以提高投资效益。

(三)资金营运活动

资金的营运主要涉及生产过程，包括资金的投放、占用和耗费。企业应将筹集到的资金按照合理的结构投放于流动资产和非流动资产。供应过程完成从货币资金形态到固定资产和储备资产形态的转化。生产过程则完成将劳动资料和原材料投入生产，以货币支付工资和其他生产费用的资金耗费。生产过程中资金占用的具体形态是在制品和自制半成品。

生产过程完成，生产出合格产成品，形成成品阶段的存货。这时，生产资产转化为成品资产。生产过程创造了新的使用价值，也创造了新的价值。

企业在生产经营过程中发生的销售费用、管理费用和财务费用，也需用货币支付，作为期间费用处理。

企业在资金营运中，既要保证生产经营的需要，又要节约资金占用，以防止资金积压和浪费。

（四）分配活动

企业销售产品回收的货币要进行合理的分配。首先是用来补偿企业在生产经营过程中的耗费，以保证再生产的持续进行。企业利润按规定缴纳所得税、提取盈余公积后，在投资者之间进行分配。留存的盈余公积和未分配利润是所有者权益的组成部分，留在企业参加生产经营周转。

在资金运动过程中，涉及一系列的财务要素，包括资产、负债、所有者权益、利润、收入和费用。企业财务管理的对象就是企业的财务活动及其所涉及的财务要素和企业与有关各方面的财务关系。财务管理要遵循企业资金运动的规律，根据《企业财务通则》和有关法规、制度的规定，对企业的资金运动和涉及的财务要素进行预测、计划、控制、调节和监督，并处理好企业与有关方面的财务关系。

三、财务关系

财务关系是指企业在财务活动中与各方面发生和形成的经济利益关系。只要存在财务活动，就必然会产生财务关系。

（一）企业与投资者之间的财务关系

这是指投资者向企业投入资金、企业向投资者支付投资报酬所形成的财务关系。企业要正确处理好与投资者之间的财务关系，保障国家和其他投资者的权益不受侵犯，实现企业财产的保值增值，努力提高经济效益，给国家和其他投资者提供更好的投资报酬。

（二）企业与债权人之间的财务关系

这是指企业向债权人借入资金，并按照借款合同的规定按时支付利息和归还本金所形成的财务关系。债权人有约定期限收回借款、账款和取得利息的权利，企业则有按期归还的义务。重信誉、守信用、及时清偿欠款、互不拖欠，是处理企业和债权人之间关系的基本要求。

（三）企业与政府各相关部门之间的财务关系

国家税务、审计、物价、金融、工商行政管理等政府部门代表国家运用经济的、法律的和行政的手段进行宏观调控，行使检查、监督的职能。企业应正确处理与这些部门的财务关系，依法办理工商登记，及时缴纳税金，遵守物价纪律和金融管理制度，积极配合物价、审计部门的检查、监督，使企业的生产经营在公平的竞争环境中健康发展。

（四）企业与被投资者之间的财务关系

这是指企业以购买股权或直接投资的形式向其他企业投资所形成的经济关系。随着市场经济的不断深入发展，企业经营规模和经营范围不断扩大，这种关系将会越来越广泛。企业向其他单位投资，应按照约定履行出资义务，并依据其出资份额参与被投资者的经营管理和利润分配。

（五）企业与债务人之间的财务关系

这是指企业将其资金以购买债券、提供借款或商业信用等形式出借给其他单位所形成的经济关系。企业将资金借出后，有权要求其债务人按约定的条件支付利息和归还本金。企业与债务人的关系体现的是债权债务关系。

（六）企业与内部各单位之间的财务关系

企业对内部各部门、各车间（分厂）应健全内部承包经营责任制，实行内部经济核算，使内部各单位的责、权、利有机地结合起来，形成良好的考核和结算关系。

(七)企业和职工之间的财务关系

企业与职工之间的财务关系主要是指企业贯彻按劳分配的原则，根据职工所承担任务的完成情况和贡献大小，支付工资、津贴和奖金等与职工所发生的货币结算关系。

四、财务管理的目标

财务管理的目标，也称理财目标，是指企业进行财务活动所要实现的根本目的，它决定企业财务管理的基本方向。要充分研究财务活动客观规律，并根据实际情况和未来发展趋势科学确定财务管理目标。

(一) 企业目标及其对财务管理的要求

企业是营利性的经济组织，在竞争过程中，始终处于生存与倒闭、发展与萎缩的矛盾之中，必须能够实现生存、发展与盈利。这是企业目标的三个层面。

企业要长期、稳定地生存下去，必须保持以收抵支，能够偿还到期债务，减少破产风险，实现安全经营。企业要持续发展，就要增加物质、人力、技术、信息、管理等多种资源的投入，这都离不开资金的筹集。企业要盈利，就要对生产经营过程中的资金进行有效利用。因此，企业目标对财务管理的要求，就是要确保企业安全经营，为企业的发展筹集足够的资金，并对企业的资金加以有效利用。

(二) 财务管理目标的含义

我国财务管理目标经历了 1978 年以前的产值最大化阶段和改革初期的利润最大化阶段。实践告诉我们，这两种目标都不是财务管理的最终目标。关于财务管理目标，目前学术界主要存在以下五种观点。

1. 股东财富最大化

这是指通过财务上的合理经营，为股东带来最多的财富。持这种观点的学者认为，股东创办企业的目的是扩大财富。他们是企业的所有者，其投资的价值在于它能给所有者带来未来报酬，包括获得股利和出售股权换取现金。

2. 企业价值最大化

这是指通过企业财务上的合理经营，采取最优的财务政策，充分考虑货币的时间价值以及风险与报酬的关系，在保证企业长期、稳定发展的基础上使企业总价值达到最大。持这种观点的学者认为，财务管理目标应与企业多个利益集团有关。可以说，财务管理目标是这些利益集团共同作用和相互妥协的结果。

3. 企业经济增加值率最大化

有些学者认为，企业财务管理目标应当具有系统性、相关性、操作性和效率性，同时提出了满足以上四个特征的企业财务管理目标的最优选择——企业经济增加值率最大化。

4. 企业资本可持续有效增值

持这种观点的学者认为，资本可持续有效增值能较好体现财务管理的综合目标与效果，同时也是财务管理目标的回归。因为财务管理最终要落实于资金的管理，资本持续、有效地增加直接体现财务管理的效果。企业资本可持续有效增值计量时，可以用“所有者权益有效报酬率＝资产报酬率×有效增值乘数×资金有效回收率”这一关系式，这一计量过程对资金结构、资金回收以及资金使用都有所考虑，它一定程度上避免了虚假利润和短期效应问题。

5. 资本配置最优化

有的学者提出，新经济的出现对企业财务产生了巨大的冲击，经济体制、企业组织形式、理财观念的变化对企业财务目标产生了极大的影响，因此企业的财务管理目标应定位为资本配置最优化。

五、财务管理的环节和方法

财务管理的环节是指财务管理的工作步骤与一般程序，一般包括财务预测、财务决策、财务预算、财务控制、财务分析五个环节。与财务管理的五个环节相适应，财务管理的基本方法有财务预测方法、财务决策方法、财务预算方法、财务控制方法和财务分析方法。

（一）财务预测

财务预测是根据财务、会计历史资料，考虑现实要求，对企业未来的经营活动和经营成果进行科学的预计与测算。财务预测是财务管理的一项基础性工作。

（二）财务决策

财务决策是在财务目标的总体要求下，运用专门的技术与方法，从多种备选方案中筛选出最佳方案的过程。财务决策是财务管理的核心，关系到企业的兴衰成败。

（三）财务预算

财务预算是运用科学的技术手段和数量方法，对目标进行综合平衡，拟订各项经营措施，协调和制订各项计划指标的系统性工作。财务预算是在财务预测的基础上，以财务决策确定的方案编制的，是财务预测和财务决策的具体化。

（四）财务控制

财务控制是利用有关信息和特定手段，对企业财务活动施加影响或调节，以实现预算指标、提高经济效益。财务控制贯穿财务管理的整个过程，是落实预算任务、保证预算实现的有效措施。

（五）财务分析

财务分析是根据会计核算资料，运用特定方法，对企业财务活动过程及其结果进行分析和评价，找出影响财务指标的主要因素，分清责任，并提出改进措施。

六、财务管理的作用

（一）财务管理是企业经营决策的重要依据

企业经营决策的正确与否关系到企业的生存和发展。在决策过程中，要充分发挥财务管理的作用，运用经济评价方法对备选方案进行经济可行性分析，为企业领导正确决策提供依据。

（二）财务管理是企业聚财生财的有效工具

企业进行生产经营活动必须具备足够的资金。无论是开业前还是在生产经营过程中，筹集资金是保证生产经营活动的重要前提。企业在财务管理中要依法合理筹集资金，科学、有效地用好资金，提高资金利用效果，创造更多的利润。

（三）财务管理是控制和调节企业生产经营活动的必要手段

企业财务管理主要通过价值形式对生产经营活动进行综合管理，及时反映供、产、销过程中出现的问题，通过资金、成本、费用控制等手段，对生产经营活动进行有效的控制和调节，使其按预定的目标进行并取得良好的经济效益。

（四）财务管理是企业执行会计法规和财经纪律的有力保障

企业的生产经营活动必须遵守国家政策，执行国家有关会计法规、制度和财经纪律。资金的筹集必须符合国家有关筹资管理的规定，成本、费用开支必须执行规定的开支标准和范围，税金的计算和缴纳、利润的分配都必须严格按税法和财务制度的规定执行。企业财务管理工作在监督企业经营活动、执行会计法规、遵守财经纪律方面应起到保证作用。

第二节　企业筹资与投资

随着市场经济体制和现代企业制度的建立，企业筹资和投资管理已成为财务管理的首要任务。企业为了生产经营发展的需要，必须不断地研究新工艺、试制新产品、更新设备、开发新资源、以质高价廉的产品占领市场。这些规划的实施，必须要有一定数量的资金支持，由此产生了筹资问题；企业筹集到的资金，必须经济合理、讲求效益地投放到生产经营的各个领域。筹资和投资管理水平的高低，直接关系到企业的生存和发展。

一、筹资管理

企业筹资就是企业根据生产经营、对外投资和调整资本结构的需要，通过一定的筹资渠道，应用一定的筹资方式，经济有效地筹措和集中资金，以满足资金需要的财务活动。

（一）筹资渠道

企业的筹资渠道是指企业筹集资金的方向和通道，也就是企业筹集的资金从哪里来，通过什么途径得到。社会资本掌握在政府、企业、各种组织和个人手里，通过金融机构或资本市场予以聚集，从而供资金需求者使用。我国企业的筹资渠道主要包括政府财政资金、银行信贷资金、非银行金融机构资金、其他法人资金、民间资金、企业内部资金、国外和港澳台地区资金。

（二）筹资方式

企业筹集资金需要运用一定的方式。企业筹资方式是指企业筹集资金所采取的具体形式和工具，体现了资金的属性和使用期限。不同的筹资方式可以提供不同属性和使用期限的资金，筹资方式的不同对企业的资金成本以及企业的经营方式也会产生一定的影响，企业应该根据自身的特点和对资金需要的具体情况选择合适的筹资方式。一般而言，企业的筹资方式有以下几种：

1. 投入资本

投入资本是指企业以协议的方式筹集政府、法人、自然人等直接投入的资本，形成企业投入资本的一种筹资方式。

2. 发行股票

发行股票是指股份公司按照公司章程依法发行股票直接筹资，从而形成公司股本的一种筹资方式。它是企业筹集长期资金的一个重要途径。

3. 发行债券

企业按照债券发行协议通过发售债券直接筹资，形成企业债券资本的一种筹资方式。累计债券总额不超过公司净资产的40％。债券可以转让、继承或用作贷款的抵押物。

4. 借款

企业按照借款合同从银行等金融机构借入款项也是一种筹资方式。企业的借款可分为短期借款和长期借款。短期借款主要是从银行取得的流动资金贷款。长期借款主要包括从银行、投资公司和保险公司等金融机构获得的贷款。

5. 发行商业本票

发行商业本票是指大型工商企业或金融企业获得短期债券资本的一种筹资方式。

6. 商业信用

商业信用是指企业通过赊购商品、预收货款等商品交易行为筹集短期债券资金的一种筹资方式。

7. 租赁

租赁是指企业按照租赁合同租赁资产、分期支付租金,从而达到筹资目的的一种特殊的筹资方式。租赁包括经营租赁和融资租赁两种方式。

(三)筹资决策

企业筹资应遵循筹资成本最低和筹资与投资并重的基本原则,并以国家的有关制度、法规为准绳。筹资决策一般采用比较法,即比较不同方案的成本、条件、风险与效益的大小和优劣,从中选择最佳筹资方案。

1. 比较筹资成本

企业要获得一定数量资金的使用权,就必须为之付出一定的成本,而每种筹资方式的筹资成本又各不相同,通过比较不同方案的筹资成本,可以确定不同筹资方案的优劣。

2. 比较筹资条件

企业筹资时可能遇到出资者提出的许多附加条件,如贷款的担保、财产抵押等,企业要分析、比较各种筹资方式条件的优劣,选择相对有利的筹资方案。

3. 比较筹资风险

由于各种资金来源的风险程度及其影响不同,在筹资决策时需要注意判断各种筹资方案的风险程度。此外,还要正确处理筹资风险与风险报酬和筹资成本的关系。一般说来,筹资风险与风险报酬和筹资成本均成正比,企业应根据具体筹资方案的风险类型和客观条件,处理好避险与冒险的关系。

4. 比较筹资效益

不同筹资方案可能带来的预期效益是筹资决策的根本依据,无预期效益或筹资报酬率低于预期投资报酬率的筹资方案都不可取。

二、投资管理

(一)投资的概念和类型

企业投资是指企业将资金投入生产经营过程,期望从中取得收益的一种行为。在市场经济条件下,企业作为独立的经济实体,为追求利润最大化和企业价值的增长,总是通过投资行为来不断地扩大经营规模和经营范围,不断地寻找新的收入和利润来源,并通过投资来分散经营风险。所以,投资活动在企业的经营活动中占据着重要的地位,投资管理是企业财务管理的重要工作。

根据不同的标准,企业的投资可以分为直接投资与间接投资、短期投资与长期投资、对内投资与对外投资等。

直接投资是指把资金投放于生产经营性资产,以便获取利润的投资。在一般的工业企业,直接投资占很大的比重。间接投资又称有价证券投资,是指把资金投放于证券等金融资产,以便取得股利或利息收入的投资。

短期投资又称流动资产投资,是指能够在一年或者一个营业周期之内收回的投资,主要指对现金、应收账款、存货、短期有价证券等的投资。长期投资是指长于一年或一个营业周期才能收回的投资,主要包括对厂房、机器设备等固定资产的投资,也包括对无形资产和长期有价证券的投资。

对内投资又称内部投资,是指将资金投放在企业内部,购置各种生产经营用的资产。对外投资是指企业以现金、实物、无形资产等方式或是以购买股票、债券等有价证券的方式对其他单位投资。

企业投资的根本目的是为了谋取利润、提高企业价值。企业的投资受到经济、政治、文化、法律、市场、技术等各种环境因素的影响,是一个复杂的、充满不确定性的管理过程。企业要搞好投资管理,需要认真进行市场调查,把握好投资机会,做好项目的可行性分析,建立科学的决策程序,控制好投资项目的风险并做好资金规划和管理。

(二)影响投资的因素

1. 现金流量

现金流量是影响企业投资的首要因素。在投资决策分析中,通常把投资方案的全部资金支出称为现金流出量,把项目建成后全部可收回的资金(在有效年限内)称为现金流入量。用以分析投资方案经济效益的现金净流量等于现金流入量减现金流出量。

2. 货币的时间价值

现金流量的估算为评价投资方案奠定了一个基础,但是如果简单地将现金流入量和现金流出量对比,并不能得到正确的投资决策,特别是长期投资决策涉及的时间很长。等量货币在不同时间上的价值差异不能忽视,所以在做决策分析时还要考虑货币的时间价值问题。货币的时间价值是指在排除通货膨胀和风险性因素之后,货币在其使用过程中,随着时间推移发生的一种增值现象。也就是说,货币在不同时间的价值是不相等的,现在的1元钱比将来的1元钱更值钱。如将资金存入银行可以获得利息,资金用于企业生产经营活动可获得利润。这种由使用资金所实现的利息或利润就是货币时间价值的表现。货币时间价值的大小取决于时间的长短和利息率或利润率的高低。

3. 投资风险及风险价值

投资过程中的时间因素往往会影响预期的现金流量,主要是由于在决策过程中对未来情况的不确定性使投资活动具有一定的风险。对于有风险的投资活动,决策时不但要考虑货币的时间价值,还要对投资方案中相关因素对决策方案经济效果的影响程度加以分析,有时还要考虑投资的风险价值,即投资者由于承担风险而应取得的相应报酬。

4. 资金成本

资金成本是指在企业筹集和使用资金过程中的各项支出以及应付的利息和费用。在筹资过程中,资金成本是选择资金来源、拟订筹资方案的重要依据;在投资过程中,资金成本是评价投资项目可行性的主要经济标准之一。

5. 通货膨胀

在投资过程中,通货膨胀也是影响企业投资方案的重要因素。在没有通货膨胀的条件下,决策者可以很容易地利用货币这一不变的计量方法将投资项目的投入和产出综合成现金流量。但在通货膨胀条件下,企业收益的增长及其他的投入产出量会因通货膨胀而发生变化,例如,由于固定资产折旧费的计算依据是原始成本而不是重置成本,传统会计会歪曲企业实际的成本费用及收益水平。此外,在通货膨胀条件下,投资者所要求的投资报酬率会随着物价的上涨而上涨,因此在评价投资方案时应该确定通货膨胀对使用贴现率的影响。

(三)短期投资管理

短期投资是指能够随时变现、持有时间不超过一年的有价证券以及不超过一年的其他投资。短期投资的目的是获取货币的时间价值和风险价值。从广义上说,短期投资不仅包括对外投资,也包括企业内部对流动资产的投资。从这个意义上来看,短期投资管理的内容很广泛。对短期投资管理不善往往给企业造成财务困难,如现金量不足、偿还短期债务无力、存货积压等。这里主要讨论短期投资中购买股票、债券等有价证券形式的对外投资。

1. 短期证券投资的原因

短期证券是随时可以变现的各种有价证券。在证券市场比较发达的情况下,短期证券投资是企业短期对外投资的一种重要方式,企业可以随时在证券市场购入各种短期证券,也可以随时将这些证券转卖出去。这种投资一般只能获得较低的收益。企业进行短期证券投资主要是因为正常生产经营所需现金在经营周期内经常发生短期闲置,这些暂时闲置的资产不能给企业带来任何收益,从而失去了资产的作用。为了充分利用这部分资金,企业将它们投资于有价证券,这样既可以获取一定收益,又可以在生产经营急需大量现金时随时变现,保证生产经营的顺利进行。

2. 短期证券投资的管理

企业决定进行短期证券投资后,应及时对市场上的各种证券进行全面分析,根据企业承受经营风险和财务风险的能力,合理选择有价证券的数量和种类。为了充分利用资金、分散投资风险,企业应根据短期证券的种类、数量和到期时间进行最佳的投资组合。

(四)长期投资管理

长期投资是企业一项重要的经济活动。这种投资耗用资金量大,投资回收期长,对企业生产经营活动具有深远意义。长期投资决策的失误会影响整个企业的财务状况和生产经营,给企业造成重大经济损失。现代企业长期投资包括为获取投资收益或控股权而购买公司债券、股票的对外投资和为获取企业经营利润而进行的对内投资。

1. 证券投资和股票投资

证券投资是指企业购买债券以取得收益的一种投资活动。债券的发行价格因票面利率与市场利率不一致会产生折价或溢价,债券的市场价格受市场供求状况、经济发展状况、财政资金状况、金融政策、海外资金市场利率、政治因素等方面的影响。进行证券投资要考虑债券期限、信用以及利息,根据企业对现金的需求情况和债券风险选择比较合理的投资组合,力求降低投资风险。

购买股票是企业投资的另一种重要形式,这种投资相对于债券投资具有更大的风险。企业一定要对股票投资进行可行性研究,分析本企业的资金情况及发行企业的财务状况,慎重决定投资方向和选择具体的投资对象。对发行企业进行的分析主要有定性分析和定量分析两方面。定性分析的内容包括经济形势、宏观经济政策、产业和行业特点、企业经营状况、财务状况、竞争能力等。定量分析主要是对资产负债表、损益表、现金流量表等进行比率分析,考察投资的安全性及投资收益。投资规模的确定主要依据企业自身财力、股票价格变化和整个企业的投资组合。

2. 长期生产经营投资

长期生产经营投资是指投资回收期超过一年以上、以扩大生产能力和生产规模为主要目的的投资。这种投资数额大、时间长,还要受到社会环境多种因素的制约。如国家的产业政策、民俗习惯、社会供给和需求的水平与趋势、自然资源与生态环境等。这使投资的风险性明显加大，决策失误会遭受重大损失，甚至导致企业破产。因此，长期生产经营投资必须进行投资方案的可行性研究，运用科学而严密的决策方法，优选出投资省、质量优、工期短、效益高、回收快的方案。

3. 投资方案的经济评价方法

为了正确进行投资决策，对投资方案不仅要做定性分析，而且要做定量分析，尽量用数据说明问题，描述出投资方案及投资项目的面貌，为决策者提供选择的依据。长期投资方案的经济评价方法主要包括以下几种：

(1)投资回收期法。它是根据回收投资金额所需时间长短来判断方案是否可行。方案的投资回收期短，投资风险程度就小。

投资回收期＝全部投资额/年现金净流量

这种方法简单易行，但其缺点是不考虑货币时间价值，容易把长期效益高的方案漏选，影响投资的经济性。

(2)平均投资报酬率法。年均投资报酬率是投资方案的年平均收益额与原投资额的比率。企业可以根据各方案预期投资报酬率的大小评价方案优劣。

$$年均投资报酬率=\frac{年平均收益额}{投资额}\times 100\%$$

(3)净现值法。净现值是指一项投资的未来报酬的总现值超过原投资额现值的金额。净现值法是指通过计算投资方案的净现值来评价和选择投资的方案。运用此方案时，要把未来报酬的金额和原始投资都折算成现值。经过比较，若净现值为正数，说明方案可行；若净现值为负数，则方案不可行。

净现值＝未来报酬的总现值－投资金额的总现值

(4)现值指数法。现值指数是指投资方案未来收益总现值与投资额现值的比值，又称已折现的投资收益率或收益成本率。现值指数法是指依据各方案的现值指数的大小来评价和选择投资方案的方法。

现值指数＝未来收益的总现值/投资额的总现值

(5)内含报酬率法。内含报酬率是指一项长期投资方案在寿命周期内按现值计算的实际投资报酬率，即根据这个报酬率对投资方案的每年现金净流量进行折现，使未来收益的总现值正好等于该方案投资额的总现值，也即净现值等于零的报酬率。这种方法评价投资方案是否可行，是依据测算的内涵报酬率是否大于投资项目的资金成本。它可以正确反映各投资项目的真实报酬率是多少。因此，这种方法是世界各国对投资项目进行评价时普遍运用的方法。

第三节　企业的收入、成本、费用与利润

一、收入

收入是指企业在销售商品、提供劳务以及让渡资产使用权等日常活动中所形成的经济利益的总流入，一般称为营业收入。营业收入是企业生产经营的主要成果，在企业的生产经营活动中占有重要地位，也是评价一个企业生产经营活动的重要财务指标。一般来说，企业的营业收入主要指销售收入，包括主产品销售收入和其他销售收入。在企业对外投资的情况下，投资收益也是企业一项重要的营业收入。

营业收入的管理是企业生产经营管理的一个重要方面，关系到企业的生存和发展，只有获取预期的营业收入，才能补偿生产经营耗费，保证企业再生产过程的顺利进行。营业收入管理的内容主要包括预测、计划和控制。为了保证营业收入目标的实现，必须加强生产经营管理、改进技术、提高产品质量、改善服务态度，使预期的生产经营计划得以顺利实现。

（一）营业收入的预测和计划

企业的营业收入主要是由销售收入构成的，因此，营业收入的预测和计划主要是产品销售收入的预测和计划。

1. 产品销售收入预测

企业经过充分的调查研究搜集各种有关的信息和数据，运用一定的方法对影响企业产品销售收入的各种因素进行分析，预测企业在未来一定时期内各种产品的销售量及变化趋势。产品销售收入预测的主要环节包括：确定预测对象、制订预测规划；搜集、整理有关数据资料并进行分析比较；根据预测对象选择适当的预测方法，按照某种数学模型对销售情况做出定性分析和定量测算；分析预测误差；评价预测效果。

2. 产品销售收入计划

在市场经济下，企业自主经营、自负盈亏，生产什么、生产多少，都必须根据市场的需求来定，因此，销售计划的编制就显得更加重要和复杂。产品销售计划的编制主要是通过预测的销售量计算出其销售收入。销售收入按照各种产品分别计算，再汇总计算出计划期的销售收入总额。

（二）销售收入的控制

销售收入控制主要是根据销售计划对销售各个环节进行监督管理，最终实现既定的目标，它一般包括以下几项内容：

（1）不断调整推销手段，认真执行销售合同，扩大产品销售，最终完成销售计划；

（2）提高服务质量，做好售后服务工作；

（3）及时办理结算，加快货款同收；

（4）做好销售信息的反馈工作。

货款结算与回收一般由财务部门统一办理，但销售部门也应协助财务部门做好货款回收工作。货款回收关系到企业资金的周转速度、货款的拖欠和坏账损失，直接影响企业经营目标的实现。在销售合同中必须明确购销双方的责任和货款结算方式，还要审查对方的信誉等级。

二、成本、费用

（一）成本、费用的概念

费用是企业在获取收入的过程中，对企业所掌握或控制的资产的耗费，它是企业在生产经营过程中发生的各种耗费的货币表现。按照经济用途的不同，可分为生产成本和期间费用两大类。生产成本是在一定时期内为生产一定产品而发生的生产费用，包括生产过程中实际消耗的直接材料、直接人工、其他直接支出和制造费用。全部费用扣除生产成本以外的部分可列为期间费用，包括销售费用、管理费用和财务费用。成本和费用管理是对企业生产经营过程中各种费用的发生和产品成本的形成所进行的预测、计划、控制、分析和考核等一系列的管理工作。加强成本和费用管理，是扩大生产、增加利润和提高企业竞争力的重要手段。

（二）成本、费用管理的内容

成本、费用的管理主要包括三个环节：

1. 事前管理

成本、费用的事前管理包括制订目标成本和编制生产经营费用预算。目标成本预测要研究企业外部环境和企业内部生产经营条件的变化情况，了解这些变化对生产经营费用增减和产品成本升降的影响，在不同的方案中优选出最佳的设计方案，经过反复修正，确定出先进、可行的目标成本。生产经营费用预算是按照要素费用编制的计划期内为进行生产经营活动所预计支出的全部生产经营费用总额。它的基本部分反映按费用要素计算的各项费用数额及其比重，它的调整计算部分是在生产经营费用总额的基础上，加减有关调整项目，计算出全部商品产品计划成本。

2. 事中管理

成本、费用的事中管理主要是控制和监督生产经营费用的发生。为了有效地进行生产费用的控制和监督，企业要建立成本、费用控制监督体系，实行成本、费用的分级分口管理责任制。实施成本费用事中管理，必须明确成本、费用的界限，严格遵守成本、费用开支范围。在分清生产经营费用和非生产经营费用的同时，划清收益性支出与资本性支出的界限，划清成本、费用与营业外支出的界限，划清成本、费用与收益分配性支出的界限，划清产品成本与期间费用的界限，划清各个期间成本、费用的界限，划清各种产品成本的界限。此外，要健全各项成本、费用管理的基础工作，主要包括实行定额管理，严格计量、验收及物资收发领退制度，健全厂内计划价格和原始记录。

3. 事后管理

成本费用的事后管理主要是分析、考核成本计划和费用预算的执行情况，确认产生差异的外部因素和内部原因，并对管理薄弱环节提出改进措施，为下一期的成本、费用管理规划提供资料。

（三）成本、费用的预测和计划

1. 成本、费用预测

成本、费用预测是根据成本、费用特性，结合企业成本、费用的历史资料，根据企业将要采取的技术组织措施和影响成本高低的各种主要因素，对企业未来期间的成本、费用水平和变动趋势进行预测、测算，为经营决策和编制成本、费用计划提供数据和信息。成本、费用预测是成本、费用管理的起点，对企业把握未来成本变化方向，妥善安排资金，搞好经营管理，提高经济效益具有重要的作用。成本、费用预测的方法有很多，主要有历史成本法、定性分析法和因素分析法。企业经常应用的成本、费用预测的数学方法包括高低点法、散布图法和回归分析法。

2. 成本、费用的计划

成本、费用计划是在成本、费用预测的基础上编制的。成本、费用预测确定了计划期成本、费用目标，在此基础上编制的成本、费用计划，包括成本水平、费用支出计划以及节约开支措施。然后将计划指标进行分解，分级归口管理，明确各部门、车间在成本、费用管理中的责任，以便控制日常生产耗费，并据此考核各部门、车间成本、费用管理业绩，保证成本、费用目标的实现。

成本、费用计划可以由企业统一编制，即以财务部门为主，在采购、生产、销售等各部门配合下，根据企业生产经营计划，统一编制企业成本计划。规模不大、品种单一的企业可以统一编制成本、费用计划。

成本、费用计划也可以分级编制，即由财务部门下达成本、费用控制数额，各部门、各车间据此结合自身情况编制本部门、本车间的成本、费用计划，上报财务部门。财务部门再进行综合平衡，编制企业成本、费用计划，规模较大、品种繁多的企业应分级编制计划。

(四)成本、费用控制与考核

成本、费用控制是指在企业生产经营过程中,按照成本、费用计划,对构成产品成本和期间费用的所有耗费进行严格的计算、调节和监督,及时揭示差异,并采取有效措施纠正不利差异,发展有利差异,使产品实际成本被限制在一定的计划范围内。

成本控制的主要内容是进行成本分级归口管理。成本分级归口管理是指企业各级单位、各个部门分别进行相关成本控制,明确成本管理责任制度的一种管理方法。成本分级管理要求明确企业总部、车间、班组各级成本控制责任范围,正确处理上下关系;成本归口管理要求明确财务部门与各职能科室成本控制责任范围,正确处理左右关系。这样,在主管厂长领导下,形成以财务部门为主,连接上下,贯穿左右的整个企业的成本控制系统。

一般的成本、费用管理过程按照成本预测制订成本计划,并据此进行成本控制,试图使成本达到预定目标。但由于种种原因,实际成本往往会与目标不符。成本分析和考核即通过实际成本与标准成本或预算之间的差异分析,考核各级单位、各个部门管理业绩。

1. 成本、费用控制的步骤和要求

成本、费用控制是实现成本、费用目标和计划的有力手段。成本、费用控制适应管理定量化的要求,一般应遵循:制定成本、费用控制标准—执行标准—确定差异、分析原因—消除差异—考核奖惩的步骤。

为了按上述步骤有效地进行成本、费用控制,企业要将成本、费用目标分解为各项具体指标并层层下达,调动企业各级单位、部门和职工个人的积极性,从各个角度开展全面的成本、费用管理。

2. 产品成本控制

产品生产成本控制可采用标准成本控制法,其主要特点是把成本的事前计划、事中计划和事后分析考核结合起来。标准成本是指在一定条件下制定的直接材料、直接人工和制造费用的控制标准。按标准成本控制法进行产品生产成本控制主要包括以下各项工作:

(1)标准成本的制定。标准成本是按产品的直接材料、直接工资和制造费用来制定的。这三项成本都是以数量标准乘以价格标准而得出。其中,数量标准主要由工程技术部门制定,价格标准由会计部门会同有关责任部门研究制定。

(2)标准成本的执行。即根据各项成本标准,审核各项费用开支和各种资源的消耗,以保证成本计划的实现。它是对生产成本的日常控制。

(3)成本差异的分析和考核。通过核算确定实际消耗直接材料、直接人工和制造费用偏离标准成本的差异,并分析差异的程度和性质,找出差异的原因和责任,就可以采取措施消除差异,考核各部门成本指标执行的情况。

3. 期间费用的控制

期间费用的控制主要是搞好预算管理,加强审核控制,建立健全各项费用的管理制度,按制度规定控制费用支出。

三、利润

(一)企业利润的构成

企业要想在市场中谋求生存和发展,就必须以其收入抵补各种支出,并且实现利润。利润是企业一定会计期间的经营成果,在很大程度上可以代表企业的经济效益,也是会计核算的重要组成部分。从构成内容来看,利润既包括正常生产经营活动取得的营业利润,也包括通过投资活动取得的投资收益，还包括与正常生产经营活动无直接关系的事项引起的营业外收入和营业外支出。从构成层次来看，利润包括营业利润、利润总额、净利润。

1. 营业利润

营业利润是指企业一定期间取得的主营业务利润和其他业务利润减除期间费用后的余额。其计算公式为：

$$营业利润=主营业务利润+其他业务利润-期间费用$$

营业利润是企业利润的主要来源，能够比较恰当地反映企业管理当局的经营业绩。

2. 利润总额

利润总额是指企业一定期间各项收支相抵后的盈亏总额。其计算公式为：

$$利润总额=营业利润\pm投资损益+补贴收入+营业外收入-营业外支出$$

利润总额若为正数，则表示该企业盈利；若为负数，则表示该企业亏损。

3. 净利润

净利润是指企业一定期间的利润总额减去所得税后的金额。其计算公式为：

$$净利润=利润总额-所得税$$

(二)利润管理

利润管理主要包括利润的预测、计划、控制和分配。

1. 利润预测

利润预测是企业经营预测的一个重要方面，它是在销售预测的基础上，通过对产品销售数量、价格水平、成本状况进行分析和测算，预测企业未来一定时期的利润水平。利润预测要在了解企业过去和现在生产经营状况及所处的经营环境的基础上，运用一定的科学方法，对影响利润的各种因素进行分析，测算出企业未来的利润水平。

2. 利润计划

利润计划是在利润预测的基础上编制而成的，是对利润预测和经营决策的具体反应，以便在未来的经济工作中组织实施，实现企业的经营目标。

利润由主营业务利润、其他业务利润、投资净收益和营业外净收益组成。因此，在编制利润计划时，要先编制主营业务利润计划、其他业务利润计划、投资收益计划和营业外收支计划，然后再汇总编制成利润计划。主营业务利润计划和其他业务利润计划是在企业销售预测的基础上编制的，投资收益计划是根据企业的投资计划以及投资预测分析编制的，营业外收支计划是根据企业过去营业外收支资料及对未来营业外收支的预测分析编制的。

3. 利润控制

利润控制就是根据利润计划的要求对影响目标利润实现的各种因素进行管理，以便增加企业收入、压缩各种费用支出。利润是一项综合性指标，它集中体现了企业生产经营活动的财务成果。为了实现利润计划，必须全面完成各项生产经营计划，提高企业总体经济效益。利润控制主要包括以下内容：

(1)充分挖掘潜力，压缩各项费用支出，降低产品成本，提高产品质量，增加企业产品在市场上的竞争能力。

(2)面向市场，了解市场的需求变化，努力开发新产品，以满足市场的需求。

(3)经常搜集各种市场信息，积极调整生产经营策略，调整计划中的不实之处，保证生产经营目标的圆满实现。

(4)加强全方位的管理，建立健全经济责任制，充分调动全体职工的积极性，责权利相结合，保证生产经营计划的实现。

(5)充分利用企业的闲散资金进行投资，利用经济杠杆扩大投资收益。

(6)努力提高各类资产的使用效果，严格控制营业外支出，尽量减少各种类型的损失和浪费。

4. 利润分配

利润分配主要管理的是企业税后利润如何进行分配，有多少作为企业的公积金和公益金，多少用于按投资比例进行分配。在进行利润分配管理时，既要考虑企业的长远发展，留下一定的利润作为企业的发展基金，使投资者获得更多的长远利益；又要考虑投资者对近期利润的要求。利润分配管理的最终目标是利润最大化和财富最大化。

利润当年实现的利润，一般应按照如下顺序进行分配：

(1)弥补以前期间亏损(5年之后允许税前弥补)；

(2)缴纳企业所得税；

(3)弥补在税前利润补亏后仍存在的亏损；

(4)提取法定盈余公积；

(5)提取任意盈余公积；

(6)向投资者分配利润或股利。

公司股东会或董事会违反上述利润分配顺序，在抵补亏损和提取法定公积金之前向股东分配利润的，必须将违反规定发放的利润退还公司。

第四节　资产管理

资产是指由过去的交易或事项所形成，并由企业拥有或控制，能以货币计量，预期会给企业带来经济利益的资源，包括各种财产、债权和其他权利。

资产按其流动性一般分为流动资产和非流动资产两大类。流动资产包括货币资金、结算备付金、拆出资金、交易性金融资产、应收票据、应收账款、预付款项、应收保费、应收分保账款、应收分保合同准备金、应收利息、其他应收款、买入返售金融资产、存货、一年内到期的非流动资产、其他流动资产等；非流动资产包括可供出售金融资产、持有至到期投资、长期应收款、长期股权投资、投资性房地产、固定资产、在建工程、工程物资、固定资产清理、生产性生物资产、油气资产、无形资产、开发支出、商誉、长期待摊费用、递延所得税资产、其他非流动资产等。

资产管理主要是依据企业的生产经营任务，确定合理的资产总量及各类各项资产的比例，力求在保证生产的同时尽力压缩资金占用，不断提高资金使用效果。

一、流动资产管理

流动资产是指可以在一年内或超过一年的一个营业周期内变现或者耗用的资产。流动资产是企业资产的重要组成部分，它是企业在生产经营活动中参加循环周转、不断改变其形态的那部分资产。

(一)货币资金的管理

货币资金是指企业在生产经营活动中停留在货币形态的那部分资金，包括现金、银行存款和其他货币资金。货币资金管理主要是依据国家的现金管理规定和银行的结算方式，结合企业的具体情况，做好现金流量预测，编制货币资金收支计划，建立货币资金收支管理的制度。

(二)应收及预付款项的管理

企业的应收及预付款项是介于货币资金和存货之间的一种流动资产,主要包括应收票据、应收账款、预付货款、应收利息和其他应收款等。它们都是商业信用的产物。应收及预付款项的管理包括以下内容:

1. 信用预测

信用预测是信用计划和信用决策的基础,它通过采取直接或间接的方法,对企业客户的信用情况进行调查分析,根据客户的信用资格评估出客户的信用等级。

2. 编制应收账款计划

应收账款计划的主要内容是核定应收账款的成本,计算应收账款余额;借助账龄分析表掌握有关应收账款的信息;估计坏账损失比率,计提坏账准备金。

3. 信用决策

信用决策是企业根据自身的运营情况及信用预测的有关信息,制定具体的应收账款政策。其主要内容由信用期、信用标准、现金折扣比率和收款政策组成。

4. 应收账款控制

应收账款控制主要包括制定应收账款责任管理制度和催收账款的日常管理。

(三)存货的管理

存货是企业最重要的流动资产之一。企业的存货一般在总资产中占有很大的比重。存货主要划分为外购原材料、在制品和产成品。存货管理涉及企业供、产、销三个环节,具体包括两个方面:

1. 存货计划

为了更好地满足生产和销售的需要,企业的相关职能部门必须按期编制存货计划,为存货控制做好前期准备。存货计划主要包括材料采购计划、生产计划和销售计划。

2. 存货控制

存货控制的目的是为了在存货成本和效益之间做出权衡,在维持企业高效、连续运营的前提下,以最小的存货投资获得尽可能高的利润。存货控制涉及订货时间、货源、数量、价格和质量,要采用科学的存货控制方法,通过建立经济订购批量、经济投产批量等数学模型,控制存货投资,保持最佳水平。

二、长期股权投资管理

(一)长期股权投资的概念和类型

长期股权投资是企业长期(至少在一年以上)持有一个公司的股票或长期投资一个公司形成的投资。长期股权投资依据对被投资单位产生的影响,分为以下四种类型:

(1)控制,是指有权决定一个企业的财务和经营政策,并能据以从该企业的经营活动中获取利益。

(2)共同控制,是指按合同约定对某项经济活动所共有的控制。

(3)重大影响,是指对一个企业的财务和经营政策有参与决策的权力,但并不决定这些政策。

(4)无控制、无共同控制且无重大影响。

(二)长期股权投资的管理要求

长期股权投资应根据不同情况,分别采用成本法或权益法核算。投资企业对被投资单位无控制、无共同控制且无重大影响的，长期股权投资应采用成本法核算。采用成本法时，除追加或收回投资外，长期股权投资的账面价值一般应保持不变。被投资单位宣告分派的利润或现金股利，确认为当期投资收益。投资企业确认投资收益，仅限于所获得的被投资单位在接受投资后产生的累积净利润的分配额，所获得的被投资单位宣告分派的利润或现金股利超过上述数额的部分，作为初始投资成本的收回，冲减投资的账面价值。投资企业对被投资单位具有控制、共同控制或重大影响的，长期股权投资应采用权益法核算。采用权益法时，投资企业应在取得股权投资后，按应享有或应分担的被投资单位当年实现的净利润或发生的净亏损的份额（法规或公司章程规定不属于投资企业的净利润除外），调整投资的账面价值，并确认为当期投资损益。投资企业按被投资单位宣告分派的利润或现金股利计算应分得的部分，相应减少投资的账面价值。

企业应当定期对长期股权投资的账面价值逐项进行检查，至少于每年年末检查一次。如果由于市价持续下跌或被投资单位经营状况变化等原因导致其可收回金额低于投资的账面价值，应将可收回金额低于长期投资账面价值的差额确认为当期投资损失。

三、固定资产管理

（一）固定资产的特点和概念

固定资产是指企业为生产产品、提供劳务、出租或者经营管理而持有的、使用时间超过12个月的，价值达到一定标准的非货币性资产，包括房屋、建筑物、机器、机械、运输工具以及其他与生产经营活动有关的设备、器具、工具等。不同时具备使用年限标准和单位价值标准的工具及其他物品，列为低值易耗品，视为流动资产处理。固定资产的性质和条件决定了它是工业企业的主要劳动资料并且具有以下特点：

(1)固定资产一经构建并使用于生产过程，其价值是通过使用逐渐消减的，并分期转移到产品中去构成产品价值的一部分，不同于产品生产周期，因而其使用期限较长。

(2)固定资产在使用过程中，不是通过改变其物质实体并转化为产品来发挥作用的，而是以逐步转移其部分价值来作用于产品的生产过程，因此固定资产能以原有实物形态多次参与生产过程，发挥其应有的作用。

(3)固定资产的价值补偿是根据其在使用中的消耗程度以折旧的形式分次、逐步实现的，其实物形态在价值耗尽时，才予以整体更新。因此，固定资产的价值补偿和实物更新在时间上是分离的。

(4)企业购进固定资产时，需要一次全部垫支资金，由于其价值是一部分一部分地逐步转移和收回的，所以固定资产的投资是一次性的，而收回是分次的。

（二）固定资产的管理要求

1. 做好固定资产投资决策和计划工作

固定资产投资是实现固定资产再生产的手段。固定资产投资决策正确与否，将对企业的生产方向、经营规模以及经济效益产生较大的影响，因此，企业必须做好固定资产投资项目的预测和决策。同时，为了有计划地节约使用固定资产、不断挖掘固定资产潜力、提高固定资产利用效果、保证生产经营活动顺利进行，企业还必须对固定资产的占用、折旧、利用率进行计划和控制。

2. 正确提取折旧

固定资产在企业产品生产过程中，随着使用年限的增加，其价值不断转移，功能不断衰退。

因此，必须适时进行实物更新替换才能保证生产经营活动的正常进行，而正确提取折旧是实现固定资产实物更新的前提条件。

3. 建立管理责任制，加强固定资产事务管理

现代工业企业固定资产数量大、种类多、使用地点分散、涉及面广。为了保证固定资产的完整无缺，管好、用好固定资产，企业必须按固定资产的类别，由各部门归口管理，层层落实到班组、个人，加强使用人员对固定资产的管理责任。

4. 努力提高固定资产利用效果

工业企业固定资产利用效果的提高意味着用较少的固定资产占用完成同等量的生产任务，或者以同等的固定资产占用完成更多的生产任务，从而有利于企业减少固定资产投资、减少资金占用、提高劳动生产率、降低产品成本，从而提高企业经济效益。因此，企业必须努力提高固定资产利用效果。

四、无形资产管理

（一）无形资产的特征与分类

无形资产是指企业拥有或者控制的没有实物形态的可辨认非货币性资产，包括专利权、商标权、专营权、非专利技术、著作权、土地使用权。此外，企业商号、经营谋略、管理能力、产品质量、服务信誉、企业精神、企业文化、企业形象、职工素质等也属于企业的无形资产。无形资产所代表的是企业拥有的某些特殊权利或优势，虽然没有实物形态，但却能使企业获得高于一般盈利水平的额外经济利益，具有极大的潜在价值。无形资产所代表的特权或优势一般可以在较长时间内存在，企业可以长期受益。但是，它所提供的未来经济利益具有高度的不确定性。

为了便于对无形资产的管理，需要对无形资产进行科学、合理的分类：

(1)按无形资产取得来源的不同分类，可分为购入的无形资产、自行开发的无形资产、投资者投入的无形资产、接受抵债取得的无形资产、以非货币交易换入的无形资产、接受捐赠的无形资产。

(2)按无形资产有无使用期限分类，可分为有限期无形资产(如专利权、专营权、商标权、著作权、土地使用权)和无限期无形资产(如非专利技术)。

（二）无形资产的管理要求

无形资产管理是知识管理的核心内容，加强企业无形资产管理是知识经济对现代企业管理提出的迫切要求。搞好无形资产管理，要注重以下六个方面的工作：

1. 无形资产的培育和开发

无形资产是一个企业综合实力的集中体现，是企业的科技水平、设计水平、工艺水平、研发水平、管理水平和营销水平的凝结。无形资产的培育和开发是一项艰巨而复杂的系统工程，不能急于求成，要练好内功，按照培育和开发无形资产的既定战略一步一步地落实。

2. 无形资产的运作和经营

企业无形资产的升值比有形资产的扩张，可以具有更高的速度和更大的空间。一些国际知名企业的无形资产大于甚至几倍于企业的有形资产就是例证。无形资产经营是企业资产运营的高级阶段。知识经济时代的到来使各种无形资产——品牌、知识产权、软件、媒体内容和技能迅速升值。无形资产的运作与经营是企业资产经营的核心。在资产经营中要通过无形资产经营减少有形资产经营的投入，通过转换经营机制、提高管理水平、战略协同、文化融合、技术改造、资产重组、制度创新等确保并购成功。

3. 无形资产的转化与增值

无形资产转化为有形资产的过程就是无形资产增值的过程。要健全转化机制，增强转化动力。无形资产的生产和创造不同于一般有形产品的生产，它是一种高级的、复杂的、具有创新性和风险性的劳动，包含着更大的价值。企业要根据无形资产在市场上实现价值的大小，给予其创造者相应的奖励。此外，对无形资产还要按照国际通行的知识产权保护制度加以严格保护，使其所有者的正当权益不受侵犯，避免企业蒙受重大经济损失。

4. 无形资产的拓展和创新

作为一种知识形态存在的无形资产，其不断拓展和创新问题相比有形资产更为重要。创新是无形资产续存的生命力所在，无形资产需要企业相应的创新予以充分保障，这些创新活动包括企业观念创新、组织创新、管理方式创新、技术创新。

5. 无形资产的扩散和传播

所谓扩散，就是指无形资产通过市场或非市场途径传播。没有扩散和传播，无形资产就不可能产生巨大的经济与社会效益，就难以得到消费者的理解、认同和支持。企业无形资产的扩散与传播方式主要有三种：一是通过市场向消费者有效输送某种理念，二是传播与企业新产品、管理、形象有关的知识，三是利用公关手段实现无形资产能量的扩散。在无形资产的扩散和传播过程中，企业形象是最重要的内容，名牌是最直接的体现，互联网是最有效的渠道。

6. 无形资产的保持与维护

一是运用好法律手段。要通过法律手段确立无形资产的合法地位，主动配合执法部门整顿市场秩序，依法打假治劣，及时利用媒体揭露侵权行为。二是不断地调整与变化。要适应消费者的需要，在保持无形资产内在特色的前提下及时适应消费者习惯、偏好的变化，以使企业生产经营与市场和消费者的需要保持同步。三是保证质量。开发和创造无形资产需要高质量，维护无形资产也需要高质量，高质量是无形资产的灵魂和生命力所在。在无形资产运营中，应慎重选择联营或并购的企业，切不可为一时之利葬送自己数十年苦心经营的牌子。四是要不断创新。只有不断创新才能增强竞争力，才能巩固已取得的优势地位和避免竞争对手模仿，也才能真正不断地满足市场需求。

第五节　财务分析

一、财务分析的概念和目的

财务分析是以企业的财务报告等会计资料为基础，对企业的财务状况和经营成果进行分析和评价的一种方法。企业内部的管理者和企业外部的利益相关者需要了解企业的财务状况和经营成果，以便做出决策。为了更好地理解会计核算和会计报告提供的信息，需要借助于一定的指标和分析方法，以对会计资料进行系统化的分析、组织和报告。不同的主体对企业的财务状况和经营成果的关注重点不同，投资者和股东比较关心企业的盈利能力和成长趋势，债权人比较关心企业的偿债能力，政府比较关注企业的经营管理及纳税能力。

财务分析的目的主要包括：评价企业的偿债能力、评价企业的获利能力、评价企业的营运能力以及评价企业的持续发展能力等。

财务分析的基础是各种财务报告和日常会计核算资料。常用的分析方法有比率分析法和比较分析法等。

二、比率分析法

比率分析法是将企业同一时期的会计报表中的相关项目进行对比，得出一系列财务比率，静态地描述企业的偿债能力、营运能力和获利能力。通过将其与企业过去同期比率、预期比率及同行业企业比率或行业平均数进行比较，可以深入地了解企业经营中的财务信息，为企业所有者、潜在的投资者、债权人和经营管理者的经营决策提供依据。

（一）企业偿债能力分析

企业偿债能力是企业偿还各种到期债务的能力。企业的债务分为短期债务和长期债务，到期需要用现金和其他流动资产来偿还。企业的偿债能力分析分为短期偿债能力分析和长期偿债能力分析，通常都是以负债金额与可用于偿债的资产的比率来揭示。偿债能力分析的主要指标有流动比率、速动比率、债务比率等。

(1)流动比率，是指流动资产与流动负债的比率。用公式表示为：

$$流动比率=\frac{流动资产总额}{流动负债总额}$$

流动资产主要包括货币资金、应收票据、应收账款、预付款项、应收利息、其他应收款、存货、待摊费用、其他流动资产等，流动负债主要包括短期借款、应付票据、应付账款、预收款项、应付职工薪酬、应交税费、应付利息、其他应付款、其他流动负债等。流动比率越高，说明企业偿还流动负债的能力越强；反之，就越弱。但是，滞留在流动资产上的资金过多，必然影响企业的获利能力。通常认为流动比率以 2∶1 为好。

(2)速动比率，是指速动资产与流动资产的比率。可以用公式表示为：

$$速动比率=\frac{速动资产总额}{流动负债总额}$$

速动资产是把流动资产中变现能力较弱的存货，以及属于负资产的待摊费用扣除以后的余额，主要包括现金、应收票据、应收账款等。速动比率越高，企业短期偿债能力越强。一般认为，企业的速动比率在 1∶1 为好。但应收账款中可能隐藏着坏账，所以，不同行业的速动比率应该有所差别。

(3)债务比率，又称资产负债率，是指企业负债总额与资产总额的比率，是反映企业长期偿债能力的一个重要财务比率。可以用公式表示为：

$$资产负债比率=\frac{负债总额}{资产总额}\times 100\%$$

债务比率反映债权人所提供的资金占全部资产的比重，它是衡量企业利用债权人提供的资金进行生产经营活动的能力，也反映债权人发放贷款的安全程度。资产负债率越高，说明企业举债经营的程度越高，企业的偿还能力越弱。

（二）企业营运能力分析

企业的营运能力反映了企业的资金周转状况。通过营运能力分析，可以了解企业的营运状况和经营管理水平。评价企业营运能力的主要财务比率有：应收账款周转率、存货周转率等。

(1)应收账款周转率，是企业在一定时期内的赊销收入净额与应收账款平均余额的比率，它反映了应收账款回收的速度。可以用公式表示为：

$$应收账款周转率=\frac{赊销收入净额}{应收账款平均余额}$$

其中：

$$赊销收入净额=销售收入-现销收入-销售退回/折扣/折让$$

$$平均应收账款余额=\frac{应收账款期初余额+应收账款期末余额}{2}$$

从理论上讲，应收账款周转率应按赊销收入净额计算较为准确，但仅在企业内部分析使用赊销收入为宜。在与其他企业比较时，因为企业赊销资料是商业秘密，一般都采用赊销和现销总数，即销售净收入。

(2)存货周转率，又称存货利用率，是指销货成本与平均存货的比率。计算公式如下：

$$存货周转率=\frac{销货成本}{平均存货}$$

其中：

$$平均存货=\frac{期初存货+期末存货}{2}$$

存货周转率反映了企业存货周转的速度。存货周转率越高，说明企业存货占用的流动资金越少，即存货周转效率较高。所以，存货周转率不仅说明了企业资产方面的效率，也关系到企业的获利能力。存货周转率低，是企业经营不佳的一种表现。

(三)企业获利能力分析

企业获利能力是企业获取利润的能力。评价企业获利能力的财务比率主要有资本收益率、销售利润率、资产报酬率、股东权益报酬率等。

(1)资本收益率，是指企业所实现的净利润总额与实收资本(或股本)总额的比率。用公式可以表示为：

$$资本收益率=\frac{净利润}{实收资本(或股本)}\times 100\%$$

资本收益率可以衡量投资者投入企业资本金的获利能力，比率越高，说明企业运用资金的获利能力越强。通过与同行业平均水平的比较，可以评价企业的获利能力和生产经营状况。

(2)销售利润率，是指企业利润总额与销售净额的比率，它可以衡量企业销售收入的获利水平。用公式表示为：

$$销售利润率=\frac{利润总额}{净销售收入}\times 100\%$$

公式中的利润总额是企业的税前利润总额，净销售收入是产品销售收入扣除销售折让、销售折扣和销售退回之后的余额。这一比率说明了企业利润占销售收入的比例。销售利润率越高，说明企业通过扩大销售获取收益的能力越强。因此，它可以评价企业通过销售赚取利润的能力。

(3)资产报酬率，也称资产收益率、资产利润率或投资报酬率，是企业在一定时期的净利润与平均资产总额的比率。用公式表示为：

$$资产报酬率=\frac{利润总额+利息支出}{平均资产总额}\times 100\%$$

$$平均资产总额=\frac{期初资产总额+期末资产总额}{2}\times 100\%$$

资产报酬率主要用来衡量企业利用资产获取利润的能力，它反映企业利用资产的效率。

(4)股东权益报酬率，也称净资产报酬率、净值报酬率或所有者权益报酬率，它是一定时期企业的净利润与平均股东权益总额的比率。用公式表示为：

$$股东权益报酬率=\frac{净利润}{平均股东权益总额}\times100\%$$

$$平均股东权益总额=\frac{期初股东权益+期末股东权益}{2}\times100\%$$

股东权益报酬率反映了企业的股东获取投资报酬的高低。

（四）社会贡献水平分析

从国家或社会的角度评价企业，除了可以分析企业盈利水平和财务状况之外，还可以衡量企业对国家或社会的贡献水平，主要指标包括社会贡献率和社会积累率。

（1）社会贡献率，是指衡量企业运用全部资产为国家或社会创造或支付价值的能力。计算公式为：

$$社会贡献率=\frac{企业社会贡献总额}{平均资产总额}\times100\%$$

其中，企业社会贡献总额包括工资（含奖金、津贴等工资性收入）、劳动保险统筹及其他社会福利支出、利息支出净额、应交增值税、应交产品销售税金及附加、应交所得税、其他税收支出和企业净利润。

（2）社会积累率，是指企业上交国家财政总金额与企业社会贡献总额的比率，它衡量企业的社会积累水平。计算公式为：

$$社会积累率=\frac{上交国家财政总额}{企业社会贡献总额}\times100\%$$

其中，上交国家财政总额包括应交增值税、应交销售税金及附加、应交所得税、其他税收等。

必须指出的是，运用比率分析法时，任何一项财务比率都不足以判断企业的财务状况和经营成果。只有全面分析一组财务比率，并进行综合考察，才能做出合理的判断。

三、比较分析法

财务比率必须在与行业水平或本企业以往同期水平比较后才有意义，而要取得不同时期的数据，一般要编制比较财务报表，即采用将连续两年或两年以上财务报表并列填报在一起的形式，对有关数据进行比较、分析，揭示数据所代表的真实含义。

财务报表的比较分析法分为增减额比较法、增减百分数比较法和比重比较法。

比较绝对增减额和增减百分比是以较早的一年为基础，分别计算出报表中各项金额在各年之间的差额及其变动百分比，以便从年度间的比较中获得更多的有用信息。

比重比较法是将财务报表中的某一总和项目或关键项目（如资产总额或销售收入）的金额当作100%，将其他项目分别与之对比，计算出有关项目在报表中所占的比重，再比较各期相同项目比重的变化情况。

四、趋势分析法

趋势分析法实际上是财务报表分析、比率分析和比较分析的延伸。它通过较长时期（一般为5年或10年）的数据或比率比较，揭示财务报表上各个项目或重要财务比率的变动趋势，对企业未来的财务状况及经营成果做出相应的预测。

趋势分析法多采用直观的图解法，使分析者很容易在图表中发现一些在报表中不易发现的财务关系。

【思考与练习】

1. 什么是财务管理？财务管理的内容有哪些？
2. 如何理解财务管理的目标？
3. 常用的筹资渠道和筹资方式有哪些？
4. 如何对投资方案进行经济评价？
5. 简要叙述成本、费用与收入、利润管理的内容。
6. 资产管理的内容有哪些？
7. 财务分析的主要方法有哪些？

【实训操作】

以一家上市公司的年度财务报告为基本资料，对其进行财务分析。

第九章

质量管理

【学习指导】

通过本章的学习，了解质量的基本术语、质量管理的发展阶段，了解 ISO 9000:2000 版标准的构成、特点，理解质量、质量管理、全面质量管理、质量认证、质量体系认证的概念，学会运用质量管理常用的分析方法处理实际问题，掌握质量认证的类型、程序。

【导入案例】　长沙市食药监局责令金牛角王召回所有门店牛排产品

2016 年 12 月 5 日，长沙市食安办就近期媒体曝光市面上出现销售涉嫌掺杂猪肉、鸭肉的牛排的问题，发布官方权威的初步调查进展。

“问题牛排”事件曝光后，长沙市食安办高度重视，立即召集公安、食药监局、农委等部门对相关情况进行专项调查。

经初步调查核实，长沙金牛角王餐饮服务有限公司牛排类产品的供货商有两家，分别为上海品尚食品有限公司和福州厨帮食品有限公司，供货方式均为供货商直接从厂家发货配送至长沙金牛角王餐饮服务有限公司，无中间环节。

该两家供货商均持有有效食品生产许可证，其中，上海品尚食品有限公司负责配送澳洲牛扒 170g、金牛扒 150g、儿童牛扒 120g 三个品种，进货价以 500g 为单位换算分别为 44.85 元/500g、45.83 元/500g、47.5 元/500g；福州厨帮食品有限公司配送厨帮牛扒 170g、150g、120g 和厨帮牛仔骨 220g 四个品种，进货价以 500g 为单位换算分别为 40.53 元/500g、40.67 元/500g、40.38 元/500g 和 65.91 元/500g。长沙金牛角王餐饮服务有限公司在进货采购时，均索取了两家牛排类产品供货商的食品生产许可证、营业执照、产品出厂检测报告等资料，采购合同、委托加工协议、配送单等票据资料齐全，进货台账登记资料有记录可查。

目前，长沙市食药监局已责令长沙金牛角王餐饮服务有限公司召回所有门店牛排类产品，连同库存产品一并封存于其中央厨房冷库，总计 7 个品类 1 969.6 千克，并对 10 批次疑似问题牛排产品送国内具有合法检测资质和能力的第三方检测机构开展定量检测，检测结果将及时向社会公布。同时，对上海品尚食品有限公司长沙经销商（长沙市融侨食品贸易有限公司）检查发现的、标示生产企业为上海品尚食品有限公司的、无生产日期的 719 袋牛排产品和超过保质期的32袋牛排产品予以扣押,并立案调查。

此外,长沙市食药监局还组织对步步高超市在长沙的相关门店进行检查,全面清查下架封存相关产品。经查,步步高商业有限连锁股份有限公司索取了南京留香阁食品有限公司、台州启心食品有限公司有效经营资质、产品的出厂检测报告,留存了购销凭证、采购合同、配送单等资料。市食药监局现已封存上述企业疑似问题产品及库存产品2 125千克,并对4批次疑似问题牛排产品送检。

长沙市各区县(市)、各相关职能部门全面开展肉及肉制品专项整治,重点对牛排、牛羊制品相关生产、流通、餐饮企业进行专项摸排检查。组织专人对上述涉及的供货商在长沙地区其他的经销点及供货单位进行全面排查,并向其所在地食药监管部门发函,请属地监管部门就相关问题对其进行协查。排查、协查结果将及时向社会公布。

(资料来源:http://hunan.voc.com.cn)

讨论:

企业该如何建立有效的质量保证体系?

第一节 质量管理概述

质量是社会生产、生活中的一个永恒的话题,也是21世纪全球经济发展关注的主题之一。随着时代的发展、科学技术水平的提高和人类对客观事物认知的加深,质量不断被赋予新的生命和使命。当今各国经济的相互交融与全球贸易的不断深入,使得世界各国的企业管理者们都十分重视质量管理。掌握质量管理的内涵和质量管理的主要方法,也就成了管理人员必备的素质。

一、质量的概念

(一)产品的概念

ISO 9000:2000版中是这样定义的:产品是过程的结果。这就是说,任何一个过程的结果都可称为产品,如原材料、半成品、成品。通常产品可分为四大类:硬件、软件、流程性材料和服务。硬件、流程性材料通常是有形产品,而软件和服务通常是无形产品。

(二)质量的概念

ISO 9000:2000标准(GB/T19000—2000)中对质量的定义是:"一组固有特性满足要求的程度。"这个定义我们可以理解为:

(1)质量可存在各个领域或任何事物中,质量不仅是产品质量也可以是工序质量、工作质量。

(2)质量由一组固有特性组成。这些固有特性是满足顾客和其他相关方的要求的特性,并由其满足要求的程度来表征。以产品、过程或体系为质量载体,通过产品、过程或体系设计和开发及其后的实现过程形成的属性。如物理化学特性、感官特性、赋予的特性等。

(3)满足要求是指应满足明示的(如明确规定的),通常指隐含的(如组织惯例、一般习惯)或必须履行的(如法律法规、行业规范)需要和期望。以固有特性满足要求的程度来评定事物质量的优劣,如适用性、可靠性、经济性、外观的满意性等。

(4)顾客和其他相关的产品、体系或过程的质量要求是动态的、发展的和相对的。随时间、地点、环境而变化。

（三）质量的几个基本术语

1. 产品质量

产品质量是指产品能够满足使用要求所具备的特性，概括起来主要有以下四个方面：

(1)适用性。指产品适合用户使用的性能。

(2)可靠性。指产品在规定时间内、规定条件下，完成规定工作任务的能力大小或可能性。一般是指产品精度的稳定性、性能的持久性、零件的耐用性、安全可靠性、寿命的长久性等。

(3)经济性。指产品制造和使用过程中成本低、效益高、经济合理。

(4)外观的满意性。指产品美观大方，能满足人们在外形上对产品的需要，如光洁度、造型、特殊产品的特殊质量特性要求等。

2. 工程（工序）质量

工序质量是指工序能够稳定地生产合格产品的能力，通过常用工序能力表示。在产品制造过程中，影响产品质量或使产品质量发生波动的因素有许多。操作者、原材料、机械设备、工艺和环境统称质量因素。这五个因素对产品质量发生综合作用的过程称为工程。产品质量取决于工程质量，只有五大因素配合密切，才能够保证在稳定的、正常的工作状态之下生产，工程质量就高，产品质量就稳定可靠；反之，工程质量差，产品质量就差，甚至不合格。

3. 工作质量

工作质量是指企业的管理、技术和组织等工作对实现产品质量标准和提高产品质量的保证程度。工作质量取决于企业员工的素质，企业决策层的主导管理层和执行层的监督控制与落实作用。工作质量反映了生产中保证质量标准的工作质量水平：工作质量高，产品合格率就高；反之，废品率、返修率就高。

二、质量管理的概念及相关原则

质量管理(Quality Management)是指确定质量方针、目标和职责，并通过质量体系中的质量策划、质量控制、质量保证和质量改进来使其实现所有管理职能的全部活动。

（一）以顾客为中心

组织依存于其顾客，因而应理解顾客当前和未来的需求，予以满足并争取超过顾客的期望。

1. 实施本原则要开展的活动

全面地理解顾客对于产品、价格、可依靠性等方面的需求和期望，谋求在顾客和其他受益者（所有者、员工、供方、社会）的需求和期望之间的平衡，将这些需求和期望传达至整个组织，测定顾客的满意度并为此而努力，管理与顾客之间的关系。

2. 实施本原则带来的效应

对于方针和战略的制订使得整个组织都能理解顾客以及其他受益者的需求，对于目标的设定能够保证将目标直接与顾客的需求和期望相关联，运作管理能够改进组织满足顾客需求的业绩，人力资源管理保证员工具有满足组织的顾客所需的知识与技能。

（二）领导作用

领导者应当建立组织统一的宗旨和方向，创造并保持能使员工充分参与实现组织目标的内部环境。

1. 实施本原则要开展的活动

领导努力进取，起模范带头作用；了解外部环境的变化并对此作出响应；考虑包括顾客、所有者、员工、供方和社会等所有受益者的需求；明确地提出组织未来的前景；在组织的各个层次树立价值共享和精神道德的典范；建立信任感，消除恐惧心理；向员工提供所需要的资源和在履行其职责和义务方面的自由度；鼓舞、激励和承认员工的贡献；进行开放式的和真诚的相互交流；教育、培训并指导员工；设定具有挑战性的目标；推行组织的战略以实现这些目标。

2. 实施本原则带来的效应

对于方针和战略的制订使得组织的未来有明确的前景；对于目标的设定将组织未来的前景转化为可测量的目标；在运作管理方面，通过授权和员工的参与，实现组织的目标；在人力资源管理方面，具有一支经充分授权、充满激情、信息灵通和稳定的劳动力队伍。

(三)全员参与

各级人员都是组织的根本，只有他们的充分参与才能通过他们的才干为组织带来收益。

1. 实施本原则要开展的活动

员工承担起解决问题的责任，主动寻求机会进行改进，主动寻求机会加强自己的技能、知识和经验，在团队中自由地分享知识和经验，关注为顾客创造价值，对组织的目标不断创新，更好地向顾客和社会展示自己的组织，从工作中得到满足感，作为组织的一名成员而感到骄傲和自豪。

2. 实施本原则带来的效应

在方针和战略的制订方面，员工能够有效地对改进组织的方针和战略目标作出贡献；在目标的设定方面，员工承担起对组织目标的责任；在运作管理方面，员工参与适当的决策活动和对过程的改进；在人力资源管理方面，员工对自己的工作岗位更加满意，积极地参与有助于个人的成长和发展活动，符合组织的利益。

(四)过程方法

将相关的资源和活动作为过程来进行管理，可以更高效地达到预期的目的。

1. 实施本原则要开展的活动

对过程给予界定，以实现预期的目标；识别并测量过程的输入和输出；根据组织的作用识别过程的界面；评价可能存在的风险、因果关系，以及内部过程与顾客、供方和其他受益者的过程之间可能存在的相互冲突；明确地规定对过程进行管理的职责、权限和义务；识别过程内部和外部的顾客、供方和其他受益者；在设计过程时，应考虑过程的步骤、活动、流程、控制措施、培训需求、设备、方法、信息、材料和其他资源，以达到预期的结果。

2. 实施本原则带来的效应

在方针和战略的制订方面，整个组织利用确定的过程增强结果的可预见性、更好地使用资源、缩短循环时间、降低成本；在目标的设定方面，了解过程能够有助于确立更具有挑战性的目标；在运作管理方面，采用过程方法，能够以降低成本、避免失误、控制偏差、缩短循环时间、增强对输出的可预见性的方式得到运作的结果；可降低在人力资源管理(如人员的租用、教育与培训等)过程中的成本，能够把这些过程与组织的需要相结合，并造就一支有能力的劳动力队伍。

(五)系统管理

针对制订的目标，识别、理解并管理一个由相互联系的过程所组成的体系，有助于提高组织的有效性和效率。

1. 实施本原则要开展的活动

通过识别或展开影响既定目标的过程来定义体系，以最有效地实现目标的方式建立体系，理解体系各个过程之间的内在关联性，通过测量和评价持续地改进体系，在采取行动之前确立关于资源的约束条件。

2. 实施本原则带来的效应

在方针和战略的制订方面，运用系统管理可制订出与组织的作用和过程的输入相关联的全面的和具有挑战性的目标；在目标的设定方面，运用系统管理可将各个过程的目标与组织的总体目标相关联；在运作管理方面，运用系统管理可对过程的有效性进行广泛的评审，了解问题产生的原因并适时地进行改进；在人力资源管理方面，运用系统管理可加深对于在实现共同目标方面所起作用和职责的理解，能够减少相互交叉职能间的障碍，改进团队工作。

(六)持续改进

持续改进是一个组织永恒的目标。

1. 实施本原则要开展的活动

将持续地对产品、过程和体系进行改进作为组织每一名员工的目标；应用有关改进的理论进行渐进式的改进和突破性的改进；周期性地按照"卓越"的准则进行评价，以识别具有改进潜力的区域；持续地改进过程的效率和有效性；鼓励预防性的活动；向组织的每一位员工提供有关持续改进的方法和工具方面教育和培训，如 PDCA 循环、解决问题的方法、过程重组、过程创新；制订措施和目标，以指导和跟踪改进活动；对任何改进给予承认。

2. 实施本原则带来的效应

在方针和战略的制订方面，通过对战略和商务策划的持续改进，制订并实现更具竞争力的商务计划；在目标的设定方面，需设定实际的和具有挑战性的改进目标，并提供资源加以实现；在运作管理方面，对过程的持续改进涉及员工的参与；在人力资源管理方面，需向组织的全体员工提供工具、机会和激励，以改进产品、过程和体系。

(七)以事实为决策依据

有效的决策是建立在对数据和信息进行合乎逻辑和直观的分析基础上的。

1. 实施本原则要开展的活动

对相关的目标值进行测量，搜集数据和信息；确保数据和信息具有足够的精确度、可靠性和可获取性；使用有效的方法分析数据和信息；理解适宜的统计技术的价值；根据逻辑分析的结果以及经验和直觉进行决策并采取行动。

2. 实施本原则带来的效应

在方针和战略的制订方面，根据数据和信息设定的战略方针更加实际、更可能实现；在目标的设定方面，利用可比较的数据和信息可制订出实际的、具有挑战性的目标；在运作管理方面，由过程和体系的业绩所得出的数据和信息可导致改进和防止问题再发生；在人力资源管理方面，对来自员工监督、建议等的数据和信息进行分析，可指导人力资源方针的制订。

(八)互利的供方关系

组织和供方之间保持互利关系，可增进两个组织创造价值的能力。

1. 实施本原则要开展的活动

识别并选择主要的供方，把与供方的关系建立在兼顾组织和社会的短期利益和长远目标的基础之上，清楚地、开放式地进行交流，共同开发和改进产品和过程，共同理解顾客的需求，分享信息和对未来的计划，承认供方的改进和成就。

2. 实施本原则带来的效应

在方针和战略的制订方面，通过发展与供方的战略联盟和合作伙伴关系，可赢得竞争的优势;在目标的设定方面,通过供方早期的参与,可设定更具挑战性的目标;在运作管理方面,建立和管理与供方的关系,可确保供方按时提供可靠的、无缺陷的产品;在人力资源管理方面,通过对供方的培训和共同改进,可发展和增强供方的能力。

三、质量管理发展的阶段

(一)质量检验阶段

大约从20世纪初到40年代,质量检验作为专门的工序,设置检验组织和专职检验人员。检验人员按生产产品的质量标准检验产品合格与否,把不合格产品剔出来,不允许出厂。这一阶段的最大特点是"事后把关",虽然产品质量有了一定的保证,但生产出的废品给企业造成的损失已无法挽回,是一种消极的质量管理。

(二)统计质量控制阶段

20世纪四五十年代,概率论与数理统计原理在质量管理中得到应用,控制影响产品质量的各种因素,将"事后把关"转变成"事前预防",做到以防为主;通过"控制图"和抽样检验随时对生产过程进行观察、检验,寻找可能导致生产不正常的原因,并及时采取措施,预防不合格产品的出现。因此,在质量管理的发展上是一个很大的转折,由过去的消极管理转向为积极管理、主动管理。这一转折,在质量管理上的意义和作用都是重大的。但这种管理方法片面强调数理统计方法,忽视了组织管理工作和"人"的因素在质量管理中的作用;再加上这种方法仅仅对产品生产制造过程进行控制,忽视了影响产品质量的其他因素。

(三)全面质量管理阶段

20世纪50年代后期,科技和高精尖产品的发展对质量要求越来越高,如人造地球卫星、生产自动化的高精机械设备等,仅靠统计质量控制已明显不能满足要求。20世纪60年代,首先由美国通用电气公司的菲根·鲍姆博士提出了全面质量管理的概念(Total Quality Management,TQM),把质量管理的范围从工序控制扩展到产品设计、制造和使用等所有与质量有关的环节。对生产全过程进行质量管理,企业全体人员应该都具有质量意识和承担质量的责任。这一概念提出后在全球范围内得到了广泛的应用与实践,并得以推广。至今,该理论仍在实践中不断地发展和完善。

四、全面质量管理

全面质量管理的概念自1961年菲根·鲍姆在《全面质量管理》一书中提出后,世界各国在实践中不断总结创新,形成了较多的全面质量管理概念,但总的思想和原则是一致的,内涵是相同的。目前,应以ISO 9000族标准中对全面质量管理的定义最为确切。在ISO 9000族标准中是这样描述的:"一个组织以质量为中心,以全员参与为基础,目的在于通过让顾客满意和本组织所有成员及社会受益而达到长期成功的管理途径。"

全面质量管理关键在一个"全"字,可以理解为:

(一)全面质量的质量管理

质量管理应该是全面,不仅仅是对产品质量进行管理,还应对工程质量和工作质量进行管理,要达到价廉物美、低成本高效益、服务周到,以满足顾客、组织成员、社会的需要为目的。

(二)全过程的质量管理

它是指对产品生产经营全过程都要进行有效的质量管理,无论是产品的开发、设计,还是生产制造及产品使用都要把质量管理贯穿其始终,防患于未然,把不合格产品消灭在最初始过程中，保证达到原定的质量标准，并将这个过程不断循环，使产品质量不断改善提高。

（三）全员参与的质量管理

全面质量管理要提高企业全体员工的素质，无论是高层管理者、中层管理者还是基层生产者都要关心质量，树立质量意识和质量责任的观念，人人对质量负责。要对企业员工进行教育和培训，树立"质量第一"、"质量是企业的生命"的观念，建立全面质量管理制度，充分发挥企业员工参与质量管理的积极性和主动性。

（四）采用全面的、多样化的方法的质量管理

科学技术是不断发展的，影响产品质量的因素也是变化、复杂的。这就要求不能用静止的质量管理方法处理变化发展的质量问题，而要用全面的、多样化的方法，将这些方法有机结合起来形成系统的质量管理方法，提高质量管理工作的科学性和准确性，从而达到提高质量的目的。

另外，全面质量管理还强调：(1)下道工序就是用户的观点。以顾客为关注焦点，满足顾客要求并争取超越顾客期望，即"顾客第一"，并将用户的概念扩展到企业内部，下道工序就是上道工序的用户，不将质量问题留给下道工序、用户。(2)预防的观点。防患于未然，以防为主，严格把关，防检结合，零缺陷管理，确保产品质量。(3)定量分析的观点。以客观事实为依据，实事求是，用科学的方法分析，进行科学管理。(4)以工作质量为重点的观点。产品质量和服务质量均取决于工作质量，因此，应以工作质量为重点。

第二节　质量管理常用的分析方法

一、质量管理的基本工作方法——PDCA 循环

PDCA 循环又称戴明环，是美国质量管理专家戴明博士首先提出的，它是全面质量管理体系运转的基本方法。

PDCA 是英语单词 Plan（计划）、Do（执行）、Check（检查）和 Action（处理）的第一个字母，PDCA 循环就是按照这样的顺序进行质量管理，并且循环不止地进行下去的科学程序。其基本模型如图 9.1 所示。

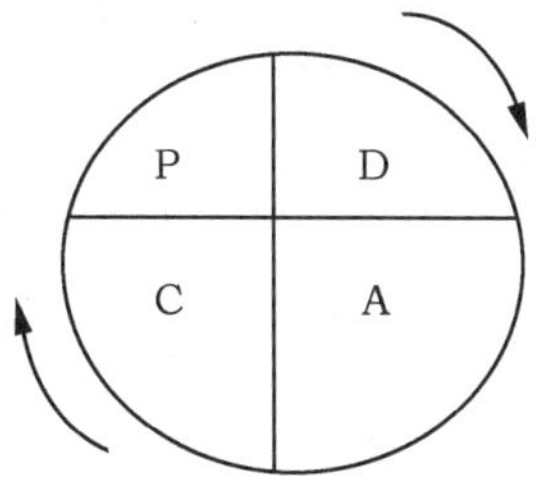

图 9.1　PDCA 循环的基本模型

PDCA 循环有如下三个特点：

（一）大环带小环

如果把整个企业的工作作为一个大的 PDCA 循环，那么各个部门、小组还有各自小的 PDCA 循环，就像一个行星轮系一样，大环带动小环，一级带一级，有机地构成一个运转的体系。

(二)阶梯式上升

PDCA 循环不是在同一水平上循环,而是每循环一次,就解决一部分问题,取得一部分成果,工作就前进一步,水平就提高一步。到了下一次循环,又有了新的目标和内容,更上一层楼。如图 9.2 所示。

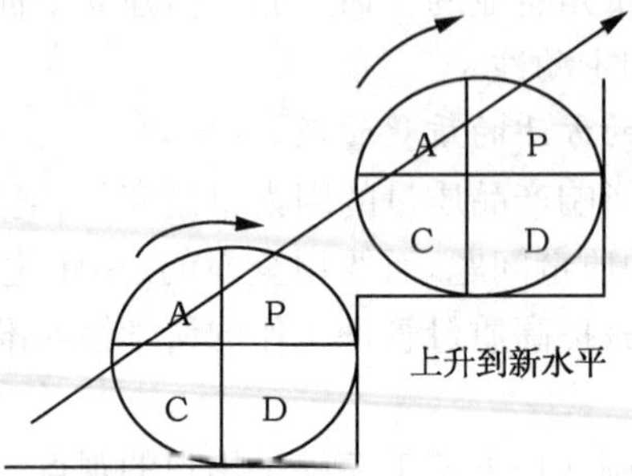

图 9.2　PDCA 循环的上升过程

(三)科学管理方法的综合应用

PDCA 循环的四个阶段又可细分为八个步骤,每个步骤的具体内容和所用的方法如表 9.1 所述。

表 9.1　　PDCA 循环的步骤和方法

阶段	步骤	主要方法
P	1. 分析现状,发现问题	排列图、直方图、控制图
	2. 分析各种影响因素或原因	因果图
	3. 找出主要影响因素	排列图、相关图
	4. 针对主要原因,制订实施计划	回答"5W1H": 为什么制订该措施(Why)? 达到什么目标(What)? 在何处执行(Where)? 由谁负责完成(Who)? 何时完成(When)? 如何完成(How)?
D	5. 执行、实施计划	
C	6. 检查计划执行结果	排列图、直方图、控制图
A	7. 总结成功经验,制定相应标准	制定或修改相关规程,检查规程及其他有关制度
	8. 把未解决或新出现的问题转入下一个 PDCA 循环	

二、质量管理的统计分析方法

质量统计分析方法就是把说明质量水平的各种事实数据化,应用统计学的原理,以最少费用收集必要的、少量的样品,通过有关的数理统计方法对数据加以整理分析,形成一整套数表和图形,从中找出质量运动的客观规律,发现并消除异常原因对质量的影响,使产品经常处在所需的统计分布状态。

(一)排列图法

排列图法又称主次因素法或巴雷特图法,是找出影响产品质量主要、次要因素的一种有效方法,如图 9.3 所示。

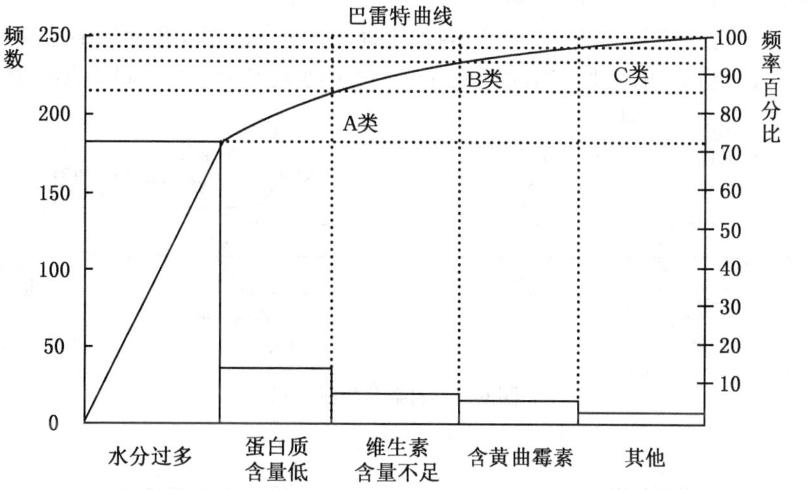

图 9.3 巴雷特图法

在排列图中,左边纵坐标表示频数,右边纵坐标表示频率(以百分比率表示),横坐标表示影响质量的各因素,按影响程度的大小由左至右等距离排列。直方图形的高度表示某个因素影响程度的大小,曲线表示各影响因素大小的累计百分比率,这条曲线称巴雷特曲线。通常把累计百分比率分为三类:0~80%为 A 类问题,是主要因素;80%~90%为 B 类问题,是次要因素;90%~100%为 C 类问题,是一般因素。

例如,某饲料产品的抽样检查得到统计情况如表 9.2 所示。

表 9.2　　某饲料厂饲料不合格统计表

原因	废品数(袋)	总计废品数(袋)	百分比(%)	累计百分比(%)
水分过多	182	182	72.8	72.8
蛋白质含量低	34	216	13.6	86.4
维生素含量不足	15	231	6.0	92.4
含黄曲霉素	13	244	5.2	97.6
其他	6	250	2.4	100
合　计	250	—	100	—

做排列图应注意以下事项:

(1)主要因素不应超过三个,否则就失去了找主要因素的意义;

(2)左纵坐标表示频数(影响程度),如件数、金额、工时等;

(3)为使横坐标不过长,当不太重要的项目很多时,一般列入“其他”栏内;

(4)确定了主要因素、采取相应措施以后,为了检查实施效果,还可重新画排列图。

（二）因果分析图法

因果分析图又称特性因素图，是用来寻找质量问题产生原因的一种方法。它是利用排列图找出了影响产品质量的主要因素后，找出主要因素产生的根源，集思广益，寻根究底，从大到小，从粗到细，将产品质量特性与影响质量的有关因素之间的关系用图表画出来，其形状像鱼刺、树枝，因此又称鱼刺图、树枝图（如图 9.4、图 9.5 所示）。

通过分析，把造成质量问题的各种原因系统地分出不同层次，并形象地用箭头表示它们之间的因果关系，以迅速、正确地找出问题所在，针对主要原因制定具体措施加以解决。

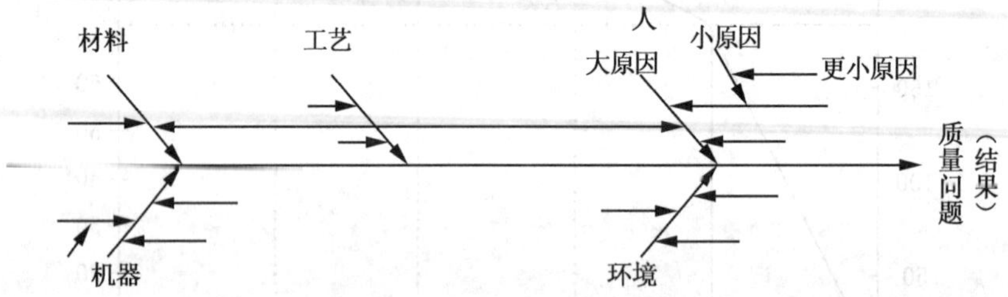

图 9.4　因果分析图（一）

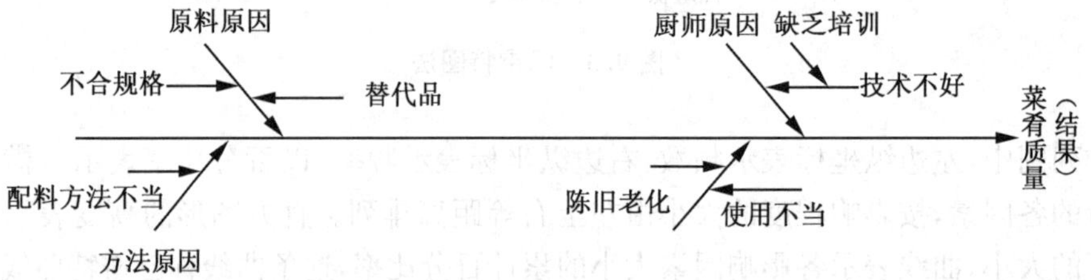

图 9.5　因果分析图（二）

做因果分析图应注意以下事项：

（1）影响质量问题的大原因有五大方面，即人、机器、材料、工艺、环境；

（2）充分发扬民主，集思广益，记录各种意见；

（3）原因分析从大到小，从粗到细，寻根究底，直到能具体采取措施为止；

（4）大原因不一定是主要原因，主要原因可用排列图或其他方法来确定；

（5）应到生产现场去查找落实主要原因的项目，再制定措施加以解决；

（6）采取措施后，应用排列图等调查实际结果。

（三）直方图法

直方图是用于工序质量控制的一种质量数据的分布图形，又称质量分布图。其做法是：对生产工序加工出来的产品进行抽样检测取得一批数据，通过对数据系统分析整理，适当分组统计，以组距为横坐标、频数为纵坐标，以组距为底、频数为高，画出一系列矩形连起来的图形。其目的是用来判断生产过程的稳定性，预测不合格产品率，以便采取措施、控制产品质量。

1. 做直方图

例如，某车床加工制直径 10.00±0.32mm 的小轴外径，试绘制该工序加工的频率直方图。

（1）收集数据。从工序生产的零件中随机抽取几个样本检测（一般 n 取 50、100、200）本例

$n=50$，测量结果见表 9.3。

表 9.3　　数据表

28	27	33	33	44	35	28	39	37	18
32	11	28	25	19	23	13	25	30	22
21	25	22	48	21	36	18	24	34	29
33	20	40	27	5	32	16	33	24	34
26	33	38	20	23	35	30	17	25	28

(2)分组。确定组数 K，一般凭经验确定，本例 $K=7$，如表 9.4 所示。

表 9.4　　数据分组经验数值

数据的数量	适当的分组数	一般使用的组数
50～100	6～8	7
100～250	7～12	10
250 以上	10～20	15

(3)确定组距 h，即组与组之间的间距。

$$h=(L_a-S_m)/(K-1)=(48-5)/6=7.1\approx7$$

其中，L_a 是收集数据中的最大值，S_m 是收集数据中的最小值。

(4)计算第一组的上下界限值。

$$S_m\pm h/2=5\pm7/2=5\pm3.5\text{，即 }8.5\text{ 或 }1.5$$

(5)计算其余各组的上下界限值。第一组的上界限值就是第二组的下界限值，第二组的下界限值加上组距就是第二组的上界限值，其余以此类推。

(6)计算各组的中心值 X_i。

$$X_i=\frac{\text{某组下界限值}+\text{某组上界限值}}{2}$$

(7)统计各组内所含的频数 f_i，整理频数分布表，见表 9.5。

表 9.5　　频数分布表

组号	组距	中心值 x_i	频数 f_i
1	1.5～8.5	5	1
2	8.5～15.5	12	2
3	15.5～22.5	19	11
4	22.5～29.5	26	16
5	29.5～36.5	33	14
6	36.5～43.5	40	4
7	43.5～50.5	47	2
8			50

(8)计算平均值 $X_{平}$。

$$X_{平}=a+h\cdot(\sum f_iu_i)/\sum f_i=10.074(\mathrm{mm})\text{（式中 }u_i\text{ 为各组简化中心值）}$$

(9)计算标准偏差。

$$S=h\sqrt{\sum f_iu_i{}^2/\sum f_i-(\sum f_iu_i/\sum f_i)^2}=0.085\ 2(\mathrm{mm})$$

(10)画直方图。以纵坐标为频数、横坐标为组距,画出一系列矩形即为直方图,如图 9.6 所示。

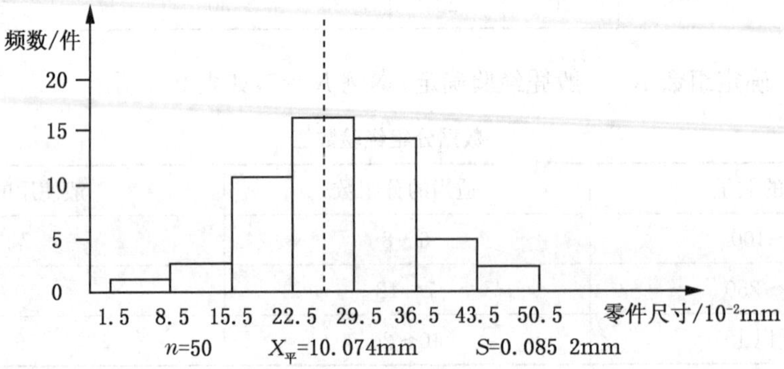

图 9.6　直方图

2. 直方图的应用

(1)直方图形状的观察分析

通过对直方图形状的观察分析,可揭示质量状况、判断生产过程的稳定性,从而根据具体情况采取积极的措施。常见的直方图形状产生的原因分析见表 9.6。

表 9.6　　几种常见直方图外观形状

图例	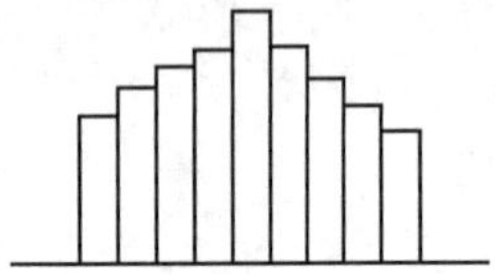 正态分布	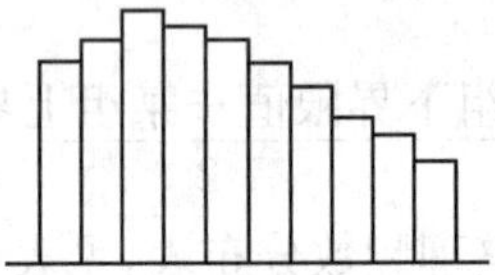 偏态分布	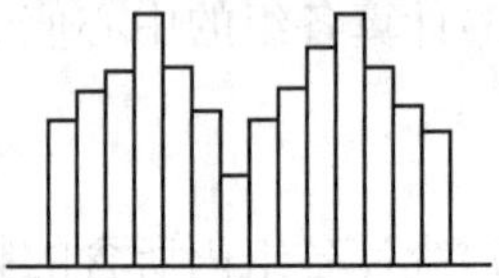 双峰分布
分析	生产情况正常,产品质量稳定	由加工者的加工习惯和心理影响造成的	由两组不同生产条件的生产产品混合在一起引起的
图例	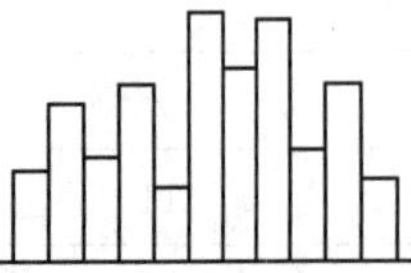 锯齿分布	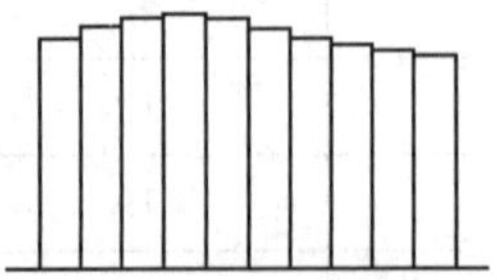 平顶分布	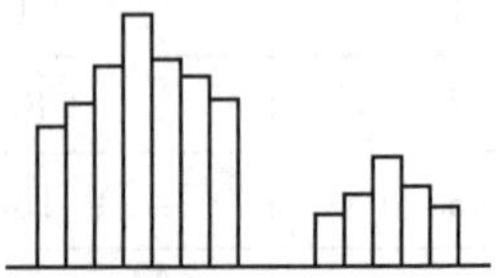 孤岛分布
分析	数据分组不当,读数不准,测量仪器精度不够	缓慢倾向作用所致,如加工具磨损、操作者疲劳等	由短时间内异常因素造成的,如材料质量变化、不熟练工人顶班等

(2)工序质量状态分析

当直方图为正态分布时,还需要进一步将直方图与公差范围进行比较来分析工序质量状态，以判断工序满足标准要求的程度。这种对比可归纳为以下六种情况，如表 9.7 所示，其中，B 为实际尺寸分布范围、T 为公差范围。

表 9.7　　　　工序质量状态分布

图例	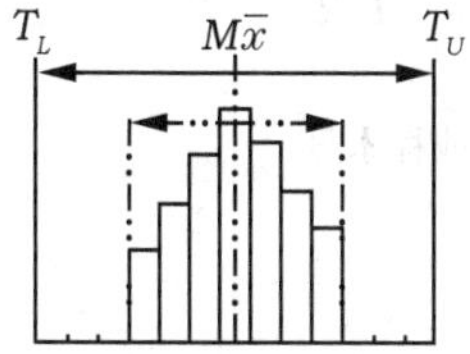 理想分布	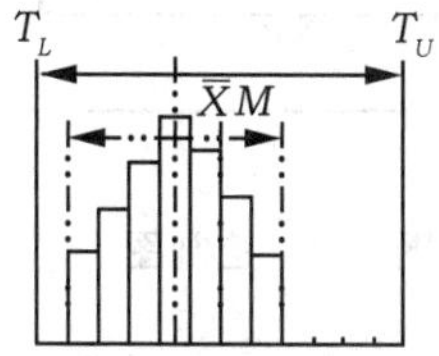 偏心分布	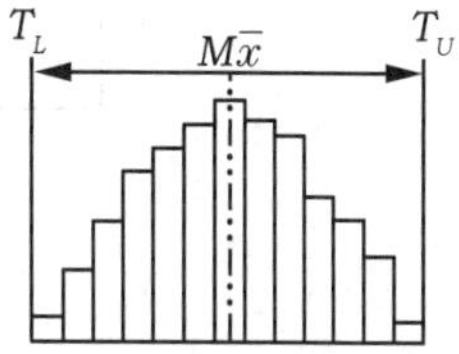 无富余分布
调整关系	图形分布对称，$\bar{X}$ 与 M 重合且实际尺寸分布两边，均有一定的余地	平均值 $\bar{X}$ 偏向公差范围内一边，有超差可能。调整成 $\bar{x}$，使其与 M 重合	图形分布对称，$\bar{X}$ 与 M 重合。但实际尺寸与公差范围没有余地，稍不注意就会超差。因此，应缩小分布范围
图例	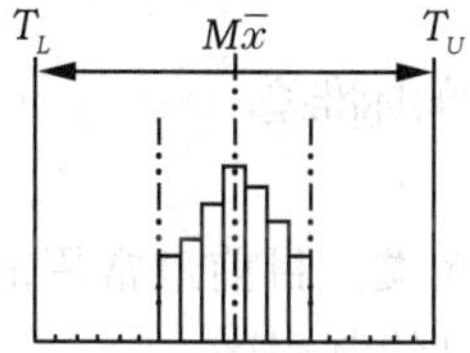 瘦型分布	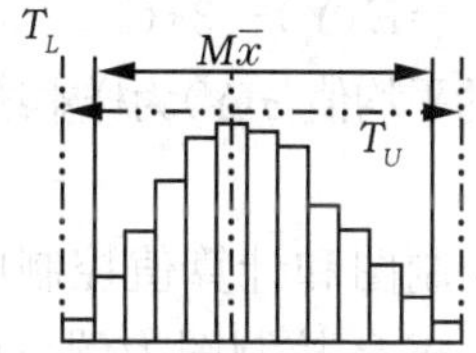 胖型分布	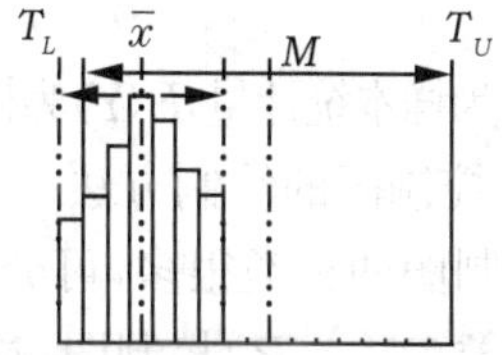 陡壁分布
调整关系	T 过分大于 B，质量过分满足标准，但成本很高	B 大于 T，出现超差的不合格产品，采取措施缩小 B 或放宽 T	$\bar{X}$ 过分偏离 M，已经出现超差或废品。采取措施，使分布中心 $\bar{X}$ 与公差中心 M 重合

(3)工序能力度量

所谓工序能力，是指工序处于稳定状态下的实际加工能力。通常用质量特性分布的 6 倍标准偏差来表示，即 $B=6\sigma$。为了掌握工序能力对工序质量要求的保证程度，需要计算工序能力指数(CP)，通过 CP 的计算值来评价工序能力的等级：若 CP>1.67，为特级；1.67>CP≥1.33，为一级；1.33>CP ≥1，为二级；1>CP≥0.67，为三级；CP<0.67，为四级。其计算公式为：

$$CP=T/B=T/6\sigma\approx(TU-TL)/6S$$

其中，S 为子样标准偏差。

(四)控制图法

1. 控制图的基本概念

控制图又称质量管理图或质量评估图。它是描述生产过程中产品质量状态的时间序列图，用来分析判断生产工序是否处于稳定状态。

控制制图上一般有三条线。其中，中心线(*CL*)常用实线表示，上控制线(*UCL*)和下控制线(*LCL*)常用虚线表示。一般把被控制的特征值用点描在图上，如果点全部落在 *UCL* 线和 *LCL* 线以内，而且点的排列正常(如成链状，靠近控制线，有周期性)，表示质量数据的差异是由于偶然因素引起的，整个生产处于控制状态，属正常；否则视为异常，需要采取措施。如图 9.7 所示。

根据正态分布特性，$\mu\pm3\sigma$ 范围所占的概率为 99.73%，而落在 $\mu\pm3\sigma$ 之外的概率只有

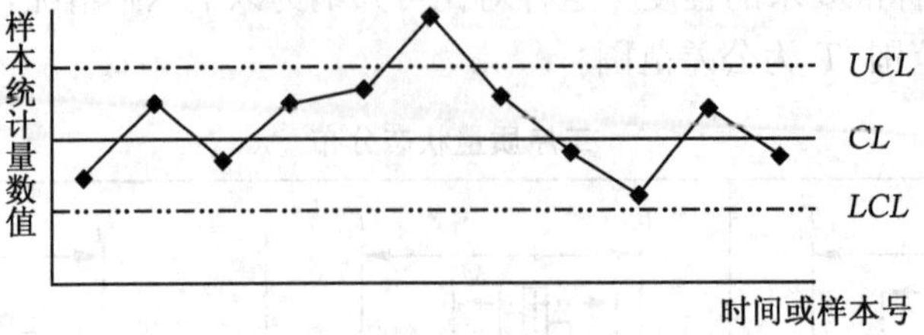

图 9.7 控制图

0.27%，因此，通常用"三倍标准差法"来确定控制界限，把中心线定在被控制的统计量的期望值上。其计算公式为：

$$CL=E(Y)$$
$$UCL=E(Y)+3\sigma(Y)$$
$$LCL=E(Y)-3\sigma(Y)$$

式中，Y 为样本统计量，$E(Y)$为样本统计量的平均值，$\sigma(Y)$为样本统计量的标准差。

2. 控制图的绘制方法

控制图的种类很多，可分为计量值控制图和计算值控制图两大类。目前最常用的是平均数和级差（$X_{平}-R$）控制图，这里仅以 $X_{平}-R$ 控制图为例来讲述其绘制程序。

(1)收集数据。间隔随机抽样，数据量应大于 100 个。

(2)数据分组。一般组数 $K=20\sim25$。

(3)将数据填入数据表。

(4)计算各组平均值。

$$\bar{x}=\frac{\sum_{i=1}^{n}x_i}{n}$$

(5)计算总平均值 $\overline{X}$。

$$\overline{X}=\frac{\sum_{i=1}^{k}\overline{X}_i}{k}$$

(6)计算各组的极差值 R。

$$R=X-x$$

式中，X 为组内最大值，x 为组内最小值。

(7)计算各组极差值的平均值 $\overline{R}$。

$$\overline{R}=\frac{\sum_{i=1}^{k}R_i}{K}$$

(8)计算中心线和控制上下线。

对于控制图：

$$CL=\overline{X}$$
$$UCL=\overline{X}+A_2\overline{R}$$
$$LCL=\overline{X}-A_2\overline{R}$$

对于 R 控制图：

$$CL=\overline{R}$$
$$UCL=D_4\overline{R}$$
$$LCL=D_3\overline{R}$$

式中，A_2、D_3、D_4 由子样大小 n 确定，可查表获得。

(9)画控制界限，用普通方格坐标纸或采用控制图纸画。

(10)打点，将打出的点子按组号顺序用直线连接起来。

(11)写上有关事项。

3. 控制图的观察分析

画出控制图后，对控制图进行观察分析，当满足下列条件时，可以认为生产过程基本处于控制状态：(1)点子未超越控制界限；(2)点子在控制界限内排列无缺陷，随机分布在中心线两侧。

有缺陷的点子排列：

(1)点子在中心线一侧连续 7 次以上出现；

(2)连续 7 个点子呈上升或下降的倾向；

(3)点子排列呈周期性变化；

(4)连续 3 个点子中，至少有 2 个点接近控制界面；

(5)点子连续在中心线一侧多次出现。

以上 5 种情况，表明生产过程发生了异常，应查明原因，采取相应措施加以消除。

(五)散布图法

1. 散布图的概念

散布图又称相关图，即将有关的各对数据用点描在直角坐标图上，用来分析判断影响因素和质量特性之间的相关程度。

2. 散布图的形式(见图 9.8)

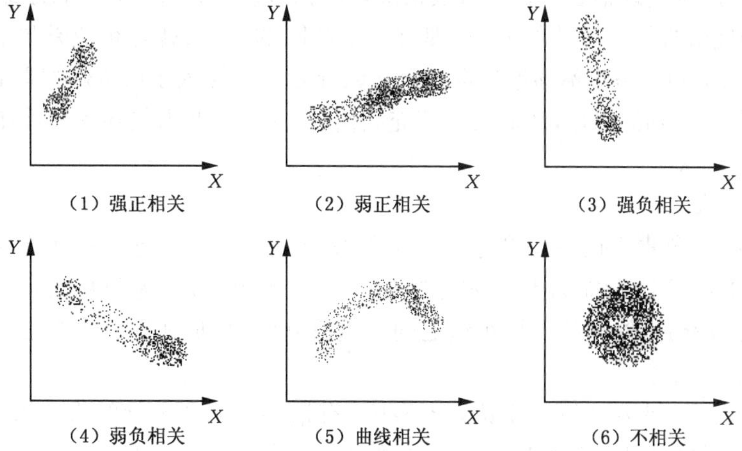

图 9.8 散布图的形式

三、六西格玛管理

六西格玛是一种能够严格、集中和高效地改善企业流程管理质量的实施原则和技术。它包含了众多管理前沿的先锋成果，以“零缺陷”的完美商业追求带动质量成本的大幅度降低，最终实现财务成效的显著提升与企业竞争力的重大突破。

(一)六西格玛起源

六西格玛(6σ)概念作为品质管理概念，最早由摩托罗拉公司的比尔·史密斯于1986年提出，其目的是设计一个目标：在生产过程中降低产品及流程的缺陷次数，防止产品变异，提升品质。六西格玛真正流行并发展起来得益于通用电气公司的实践。其总裁杰克·韦尔奇于20世纪90年代发展了六西格玛管理，总结了全面质量管理的成功经验，提炼了其中流程管理技巧的精华和最行之有效的方法，形成一种提高企业业绩与竞争力的管理模式。该管理法在摩托罗拉、通用电气、戴尔、惠普、西门子、索尼、东芝、华硕等众多跨国企业的实践证明是卓有成效的。为此，国内一些部门和机构在国内企业大力推广6σ管理工作，引导企业开展6σ管理。

(二)六西格玛含义解释

西格玛即希腊字σ的译音，是统计学家用于衡量工艺流程中的变化性而使用的代码。企业也可以用σ的级别来衡量其在商业流程管理方面的表现。传统的公司一般品质要求已提升至3σ，这就是说，产品的合格率已达99.73%的水平，只有0.27%为次货。很多人认为产品达到这一水平已非常满意。可是，根据专家研究结果证明，如果产品达到99.73%合格率的话，以下事件便会继续在现实中发生：每年有20 000次配错药事件，每年近15 000婴儿出生时会被抛落地上，每年平均有9小时没有水、电、暖气供应，每星期有500宗做错手术事件，每小时有2 000封信邮寄错误。由此可以看出，随着人们对产品质量要求的不断提高和现代生产管理流程的日益复杂化，企业越来越需要像6σ这样的高端流程质量管理标准，以保持在激烈的市场竞争中的优势地位。事实上，日本已把6σ作为他们品质要求的指标。

(三)六西格玛人员组织结构

1. 六西格玛管理委员会

六西格玛管理委员会是企业实施6σ管理的最高领导机构。该委员会主要成员由公司领导层成员担任，其主要职责是：设立6σ管理初始阶段的各种职位；确定具体的改进项目及改进次序，并分配资源；定期评估各项目的进展情况，并对其进行指导；当各项目小组遇到困难或障碍时，帮助其排忧解难等。成功的6σ管理有一个共同的特点，就是企业领导者的全力支持。6σ的成功在于从上到下坚定不移地贯彻。企业领导者必须深入了解6σ管理对于企业的利益以及实施项目所要达到的目标，从而对变革充满信心，并在企业内倡导一种旨在不断改进的变革氛围。

2. 执行负责人

6σ管理的执行负责人由一位副总裁以上的高层领导担任。这是一个至关重要的职位，要求具有较强的综合协调能力的人才能胜任。其具体职责是：为项目设定目标、方向和范围；协调项目所需资源；处理各项目小组之间的重叠和纠纷，加强项目小组之间的沟通等。

3. 黑带

黑带(Black Belt)来源于军事术语，指那些具有精湛技艺和本领的人。黑带是6σ变革的中坚力量。对黑带的认证通常由外部咨询公司配合公司内部有关部门来完成。黑带由企业内部选拔出来，全职实施6σ管理，在接受培训取得认证之后，被授予黑带称号，担任项目小组负责人，领导项目小组实施流程变革，同时负责培训绿带。黑带的候选人应该具备大学数学和定量分析方面的知识基础，需要具有较为丰富的工作经验。他们必须完成160小时的理论培训，由黑带大师一对一地进行项目训练和指导。经过培训的黑带应能够熟练地操作计算机，至少掌握一项先进的统计学软件。那些成功实施6σ管理的公司，大约只有1%的员工被培训为黑带。

4. 黑带大师

这是6σ管理专家的最高级别，其一般是统计方面的专家，负责在6σ管理中提供技术指导。他们必须熟悉所有黑带所掌握的知识，深刻理解那些以统计学方法为基础的管理理论和数学计算方法，确保黑带在实施应用过程中的正确性。统计学方面的培训必须由黑带大师来主持。黑带大师的人数很少，只有黑带的1/10。

5. 绿带

绿带(Green Belt)的工作是兼职的，他们经过培训后，将负责一些低难度项目小组，或成为其他项目小组的成员。绿带培训一般要结合6σ具体项目进行5天左右的课堂专业学习，包括项目管理、质量管理工具、质量控制工具、解决问题的方法和信息数据分析等。一般情况下，由黑带负责确定绿带培训内容，并在培训之中和之后给予协助和监督。

第三节 ISO 9000与质量认证

一、ISO 9000族标准的定义

国际标准化组织(International Organization for Standardization, ISO)成立于1974年2月23日，是由各国际标准化团体组成的世界性的联合会，是非官方组织。为了适用国际贸易和国际的技术经济合作与交流，提高世界各国的质量管理水平，在1987年推出了ISO 9000“质量管理和质量保证”系列标准。该标准在世界范围内产生了广泛而深刻的影响，并产生了所谓的“ISO 9000现象”。它标志着质量管理和质量保证标准走向了规范化、系列化、标准化、程序化的进程，目前国际标准化组织的104个成员国中，有70多个国家包括欧盟、美国、加拿大、澳大利亚、日本等几乎所有工业发达国家均等同采用ISO 9000系列标准作为本国国家标准。我国已于1992年等同采用了ISO 9000系列标准，发布为GB/T1 9000系列标准，并于1993年1月1日起开始实施。

在国际贸易中，要求提供按ISO 9000系列标准通过质量体系认证的证明，作为签订合同的一个条件，这已是一个趋势。一个企业应顺应国际潮流，积极主动地开展以GB/T1 9000系列标准为依据的质量体系认证，提高产品质量，提高产品在国际、国内市场上的竞争力，为稳定国内市场、走向国际市场提供了一把金钥匙。

ISO 9000族标准的定义：是由ISO/TC176质量管理和质量保证委员会质量体系技术委员会所制定的所有国际标准，它适用于任何企业和组织，包括制造业、服务性商业、建筑业等。

二、2000年版ISO 9000族标准构成

ISO组织已于2000年12月15日正式发布了最新标准——ISO 9000族：2000版国际标准。该标准和文件的构成如下：

◈ 第一部分　核心标准

ISO 9000：2000：《质量管理体系——基础和术语》

ISO 9001：2000：《质量管理体系——要求》

ISO 9004：2000：《质量体系——业绩改进指南》

ISO 19011：2000：《质量和(或)环境管理体系审核指南》

◆第二部分 其他标准

ISO 10012:2001《测量控制系统》

◆第三部分 技术报告若干份

ISO/TR 10006《项目管理指南》

ISO/TR 10007《技术状态管理指南》

ISO/TR 10013《质量管理体系文件指南》

ISO/TR 10014《质量经济性指南》

ISO/TR 10015《教育和培训指南》

ISO/TR 10017《统计技术在 ISO 9001 中的应用指南》

◆第四部分 小册子若干份

《质量管理原理》

《选择和使用指南》

ISO 9001《在小型企业中的应用指南》

三、2000 版 ISO 9000 族标准的特点

(1)面向所有组织,适用于任何组织、企业。

(2)文字通俗易懂,结构简明。

(3)明确八项质量管理原则与质量管理的基本理念。

(4)提倡用过程方法来识别和建立体系,操作性强。

(5)以顾客满意和持续改进为目的。

(6)强化最高管理者的领导作用。

(7)考虑所有相关方的互惠互利。

(8)增强与环境管理等其他管理体系的相容性。

四、质量认证

(一)质量认证的概念

质量认证是指由可以充分信任的第三方,证实某一鉴定的产品、过程或服务符合特定或其他技术规范的活动。这里的第三方是指独立于第一方(制造厂、卖方、供方)和第二方(用户、买方、需求方)之外的一方,与第一方和第二方没有直接的经济利害关系。

(二)质量认证的分类

1. 按认证的作用分

按认证的作用可分为安全认证和合格认证。前者是判断其是否符合规定的强制性标准的认证活动,后者是判断其是否符合国际、国家标准或行业标准要求的认证活动。

2. 按认证的对象分

(1)产品质量认证,指依据产品标准和相应技术要求,经认证机构确认并通过颁发认证证书和认证标志来证明某一产品符合相应标准和相应技术要求的活动。

(2)质量体系认证,是指供方的质量体系进行的第三方评定和注册的活动。评定的依据是质量体系标准,评定合格的证明方式是质量体系认证证书和认证标志,目的在于通过评定和事后监督来证明供方质量体系,符合并满足需求方对该体系规定的要求,对供方的质量管理能力予以独立的证实。

(3)认证机构的认可，是由权威性组织依据程序对某一团体具有从事特定任务的能力给予的正式认可。

(三)质量认证的原则

我国质量认证工作的主要原则为：

(1)以国际指南为基础同国际接轨；

(2)坚持公正性；

(3)认证工作统一管理；

(4)资源型认证与强制性制度相结合；

(5)检验机构实行国家授权与市场竞争相结合。

(四)质量认证的主要类型

(1)型式检验，指按规定的检验方法对产品的样品进行检验，来检验样品是否符合标准或技术规范。

(2)型式检验认证后监督——市场抽样检验，这是一种带有监督措施的型式检验。监督的办法是从市场上购买样品或从批发商、零售商的仓库中随机抽样检验，以证明认证产品的质量持续符合标准或技术规范要求。

(3)型式检验加认证后监督——工厂抽样检验，即从工厂发货的产品中随机抽样检验，以证明认证产品的质量持续符合标准或技术规范的要求。

(4)型式检验加认证后监督——从市场和供方双重抽样检验，这是第二种、第三种型式的结合。

(5)型式检验加工厂质量体系评定再加认证后监督——质量体系复查加上从工厂和市场抽样检验，即在批准认证的条件中增加了对产品生产厂质量体系的检查评定，在批准认证后的监督措施中也增加了对生产厂质量体系的复查。

(6)工厂质量体系评定，即对生产厂按所要求的技术规范生产产品的质量体系进行检查评定，批准认证后对该体系的保证性进行监督复查。此种认证常称为质量体系认证。

(7)批量实验，即依据规定的抽样检查方案对企业生产的一批产品进行抽样实验的认证。

(8)全数检验，即由经过认可的独立检验机构按照指定的标准对认证产品做100%的检验。

(五)质量认证的一般程序

1. 填报申请表

申请表按照规定的内容和格式向体系认证机构提出书面申请，并提交质量手册和其他必要的信息。体系认证机构在收到认证申请之日起60日内做出是否受理的决定，并书面通知申请者；如不受理申请，应说明理由。

2. 预备性考察

受理申请后，在开始正式评定之前，派人员去供方做预备性考察，目的在于了解供方的规模和生活特点，并和供方商定认证日程。

3. 提出评定费用

由认证机构按规定核定评定费用。

4. 确定质量体系认证依据

由认证机构和企业一起，根据需要确定。

5. 准备质量体系有关文件

围绕所选定的质量保证模式标准的各项内容，整理和完善有关质量文件和记录。对要保密的文件资料，供方事先申明，请求审核人员谅解。

6. 评定质量体系文件

由认证机构详细审阅和评定供方提供的质量体系文件，并提出不符合要求和重大遗漏的地方，以便供方在正式检查之前进行修改和补充。

7. 迎检准备

包括迎检资料、物质准备、接待工作准备等。

8. 现场评定

认证机构的评定组按照选定的质量体系标准、质量体系的有关文件，到供方生产现场进行初步评定。将评定结果书面通知供方，并对不符合要求的责令整改，审核结束后，审核小组编写审核报告，上报认证机构。

9. 整改

企业修改体系后，要向评定小组表明在规定的期限里已进行修改，满足了全部有关要求。

10. 批准注册发证，并予以公开公布

认证机构对合格企业批准注册发证，并予以公开公布。

11. 监督

质量体系认证注册有效期通常为 3 年，有效期内认证机构负责定期进行监督性检查，一般每年两次。如有重大问题，责令限期整改或注销注册。

12. 到期重评

质量体系认证注册有效期届满之前，供方可向认证机构提出延长有效期或重评申请。

【思考与练习】

1. 简述质量的几个基本术语的区别与联系。
2. 简述全面质量管理的特点。
3. 简述 PDCA 循环的八个基本步骤。
4. 举例说明“两图一表”法在质量管理中的应用。
5. 分析排列图、直方图、控制图三种质量管理常用工具的应用特点。
6. 简述 ISO 9000 族:2000 版标准构成。
7. 简述八项质量管理原则。
8. 简述质量认证的主要类型。
9. 简述质量认证的一般程序。

【实训操作】

审核组在审核某铸造厂时，在稀土铁硅合金熔炼车间的检验记录中看到，记录的“出炉温度”栏内填写的都是 1 100℃。现场操作没有看到测温仪表，审核员问：“对于温度你们是怎么检测的？”

检验员说：“应该用红外测温仪，但是我们觉得温度测得不准，因此我们的记录是凭经验写的。”

审核员要求出示测温仪的校准记录，检验员由办公室取来检定证书，证书表明该仪器是上个月刚刚送到区计量检定所校准完毕，结论是“合格”。审核员问检验员：“你们使用红外测温仪多长时间了?”

检验员不好意思地说:“也就这次为了认证才买的,大家使用不习惯,就没有用。”

审核员进一步查看《熔炼检验规程》,上面规定:“使用测温仪检测温度,应在熔炼温度达到1 100℃时出炉。”

既然测温仪刚刚校准完毕,说明仪器是好的,检验员不使用仪器测温,违反了《熔炼检验规程》的规定,是检验的有章不循。违反了标准“8.2.4 产品的监视和测量”中规定的“这种监视和测量应依据所策划的安排,在产品实现过程的适当阶段进行”。

检验记录上的记录栏“出炉温度”与《熔炼检验规程》所说的“熔炼温度”不同,文件矛盾,这违反了标准“4.2.3 文件控制”中的“a)文件发布前得到批准,以确保文件是充分与适宜的”。

思考:

上述案例中,导致质量监控过程失效的主要原因是什么?该如何改进。

第十章 企业物流及供应链管理

【学习指导】

通过本章的学习，掌握物流的定义、功能、要素和分类，掌握企业物流的相关概念和运营特点；掌握供应链的基本定义和供应链管理的含义、目标、特点。

【导入案例】 美企将与中方成立公司完成 C919 供应合同

在获得参与国产 C919 大飞机的四项合同后，美国霍尼韦尔公司正在紧锣密鼓地与中方公司洽谈成立合资公司以完成国产大飞机的供应合同。

霍尼韦尔(中国)有限公司航天航空集团亚太区总裁马浩翔(Mark Howes)3 月 23 日在 2011 年中国航空上海国际论坛期间接受采访时透露，正在与几家中国企业洽谈成立合资公司，共同合作完成公司已经获得的国产 C919 大飞机的相关合同。

马浩翔表示，目前，负责国产大飞机研制的中国商用飞机有限责任公司(简称中国商飞)已经选定霍尼韦尔为新 C919 客机四套主要子系统的供应商，霍尼韦尔为 C919 项目提供的系统包括电传飞控系统、机轮刹车系统、辅助动力装置，以及提供精准位置数据的惯性基准导航系统。

马浩翔透露，目前霍尼韦尔正在与几家中国公司洽谈，希望成立三家合资企业。其中，在机轮刹车方面，公司拟与湖南长沙的博云新材料公司成立合资公司；在飞控系统方面，公司拟与中航工业西安飞行自动控制研究所成立合资公司；在飞机辅助动力装置方面，公司拟与中航工业哈尔滨东安发动机公司成立合资公司；而在导航系统方面，公司拟与中航工业成都凯天电子股份有限公司合作。

马浩翔介绍："目前我们已经与上述几家签署了相关谅解备忘录，具体合作形式正在洽谈，股权比例可能是 50∶50，或者 51∶49，预计不久就有结果。"

马浩翔还透露，目前霍尼韦尔与中航工业就 8～11 个项目的合作还在紧密沟通中，双方已经成立了高层指导委员会，定期开会对项目进行讨论评估。

马浩翔指出："未来 90 天，双方有望签署四项备忘录：一是有关空中交通管理系统，二是小型飞机的发动机方面的开发生产合作，三是公务机和直升机的航电系统方面的合作，四是发动机和环境控制系统等机载部件的合作。”

（资料来源：锦城物流网，2011 年 3 月 25 日。）

讨论：

请描绘本案例中的供应链关系图。

第一节 物流与物流管理

一、物流概述

（一）物流的含义

1935 年，美国销售学会对物流进行的定义被人们认为是最早的物流概念：物流是包括于销售之中的物质资料和服务于从生产地点到消费地点流动过程中伴随的种种经济活动。

美国物流管理协会的定义：物流是对货物、服务及相关信息从起源地到消费地进行有效率、有效益的流通和储存，以满足顾客要求的过程，并对这个过程进行计划、执行和控制。这个过程包括输入、输出、内部和外部的移动以及以环境保护为目的的物料回收。

日本工业标准的定义：将实物从供给者物理性地移动到用户这一过程的活动，一般包括输送、保管、装卸、包装以及与其有关的情报等各种活动。

欧洲物流协会的定义：物流是在一个系统内对人员和商品的运输、安排及与此相关的支持活动进行计划、执行和控制，以达到特定的目的。

1980 年美国后勤管理协会的定义：物流是有计划地对原材料、半成品及成品由其生产地到消费地的高效流通活动，这种流通活动的内容包括为用户服务、需求预测、情报信息联络、物料搬运、订单处理、选址、采购、包装、运输、装卸、废物处理及仓库管理。

中国国家标准的定义：物品从供应地向接收地的实体流动过程。根据实际需要，将运输、储存、装卸、搬运、包装、流通加工、配送、信息处理等基本功能实施有机结合。

总体而言，理解物流的概念，应把握以下几个要点：

（1）物流的研究对象是“物”；

（2）物流是物的“流动”；

（3）物流是物的“物理性”流动。

（二）物流的三要素

物流包括许多具体活动，人们进行物流活动的方式多种多样，不管用什么样的方式进行什么样的具体物流活动，都要具备以下三个基本的要素，即流体、载体和流向。

1. 流体

流体指物流中的“物”，因为物流的目的是实现“物”从供应者向需要者流动。尽管为实现此目的，有一部分“物”要不断地储存在仓库中，但这也是流动的前提，是流动的一种形式，所有的“物”终究都要经过运输等形式实现空间上的移动。因此，总的来说，“物”是处于不断流动状态的。

2. 载体

载体指流体借以流动的设施和设备。载体分成两类，一类是指基础设施，如铁路、公路、水路、港口、车站、机场等，另一类是直接承载并运送物体的设备，如车辆、船舶、飞机、装卸搬运设备等。物流载体的状况，尤其是物流基础设施的状况，直接决定物流的质量、效率和效益。

3. 流向

流向指流体从起点到止点的流动方向。物流的流向有四种:一是自然流向,指根据产销关系所决定的商品的流向,这表明一种客观需要,即商品要从产地流向销地;二是计划流向,指根据政府部门的商品调拨计划而形成的商品流向,即商品从调出地流向调入地,这一点在计划经济时期体现得比较明显;三是市场流向,指根据市场供求规律由市场确定的商品流向;四是实际流向,指在物流过程中实际发生的流向。对某种商品而言,可能会同时存在以上几种流向。如根据市场供求关系确定的商品流向是市场流向,这种流向反映了产销之间的必然联系,是自然流向;实际发生物流时还需根据具体情况来确定运输路线和调运方案,这才是最终确定的流向,这种流向是实际流向。在确定物流流向时,理想的状况是商品的自然流向与实际流向一致,但由于计划流向与市场流向都有其存在的前提,以及载体的原因,商品的实际流向经常偏离自然流向。

(三)物流的功能

1. 物流的总体功能

(1)组织“实物”进行物理性的流动

这个物理性流动的动力来自五个方面:生产活动和工作活动的要求,生活活动和消费活动的要求,流通活动的要求,军事活动的要求,社会活动和公益活动的要求。

(2)实现对用户的服务

实现对用户的服务是物流的总体功能。某些物流领域,可以有利润中心、成本中心等作用,但是所有的物流活动都具有服务这个共同的功能特性。

(3)实现对物流资源和物流流程的整合

按用户要求,可将物流资源和物流流程重新加以整合,使之更优化、更合理,这是将物流资源和物流相关资源进行一定程度的集成,以创新物流体制、物流系统和物流服务组织,从而提升物流活动水平的一种方式。通过有效整合物流系统,物流资源尤其是闲置资源和没有充分利用的资源会得到最大限度、最优的利用,形成“1+1>2”的生产力局面,这种整合的效果是依靠管理来实现的。

2. 物流的具体功能

(1)包装功能

包装是保证整个物流系统流程顺畅的重要环节之一。包装可大体划分为两类:一类是工业包装,或称为运输包装、大包装;另一类是商业包装,或称为销售包装、小包装。工业包装的对象有煤炭、矿石、棉花、粮食等。工业包装的原则是便于运输、便于装卸、便于保管,能保质、保量、促销。工业发达的国家在产品设计阶段还考虑包装的合理性、搬运装卸和运输的效率性以及尊重搬运工人的能力(如每个包装单位不超过 24 千克,这样的重量女性也可以承受)等。商业包装的目的主要是促进销售,包装精细、考究有利于宣传和吸引消费者购买。

(2)流通加工功能

所谓流通加工,就是产品从生产到消费过程中的一种加工活动,或者说是一种初加工活动。它是社会化分工、专业化生产的新形式,是使物品发生物理性变化(如大小、形状、数量等变化)的物流方式。通过流通加工,可以节约材料、提高成品率,保证供货质量和更好地为用户服务,所以,对流通加工的作用同样不可低估。流通加工是物流过程中“质”的升华,使流通向更深层次发展。

(3)仓储功能

仓储中很重要的一项工作就是保管。保管同样是物流各大环节中十分重要的组成部分。产品离开生产线后到最终消费之前，一般都要有一个存放、保养、维护和管理的过程，也是克服季节性、时间性间隔，创造时间效益的活动。虽然人们希望产品生产出来后能马上使用，使物流的时间距离，即存放、保管的时间接近“零”，但这几乎不可能。即便从生产到用户直达运输，在用户那里也要有一段时间的存放过程，因此保管的功能不仅不可缺少，而且很有必要。为了防止自然灾害、战争、地震、海啸等人类不可抗拒事件的发生，还需要进行战略性储备。

(4)装卸搬运功能

装卸搬运是物流各环节连接成一体的接口，是运输、保管、包装等物流作业得以顺利实现的根本保证。装卸和搬运质量的好坏、效率的高低是整个物流过程的关键所在。装卸搬运工具、设施、设备不先进，搬运装卸效率低，商品流转时间就会延长，商品就会破损，就会增大物流成本，影响整个物流过程的质量。由于目前我国装卸作业机械化、自动化程度与发达国家相比还有很大差距，野蛮装卸造成的包装破损、商品丢失现象时有发生，重视搬运装卸环节显得非常重要。装卸搬运的功能是连接运输、保管和包装各个系统的节点，该节点的质量直接关系到整个物流系统的质量和效率，也是缩短物流移动时间、节约流通费用的重要组成部分。一旦装卸搬运环节出了问题，物流其他环节就会停顿。

(5)运输功能

运输是物流各环节中最重要的部分，是物流的关键。运输可以划分为两段：一段是生产厂到流通据点之间的运输，批量比较大、品种比较单一、运距比较长；另一段是流通据点到用户之间的运输，一般称为“配送”，就是根据用户的要求，将各类商品按不同类别、不同方向和不同用户进行分类、拣选、组配、装箱，按用户要求的品种、数量配齐后送给用户，其实质在于“配齐”和“送达”。

(6)信息功能

物流信息是连接运输、存储、装卸、包装各环节的纽带，没有各物流环节信息的通畅和及时供给，就没有物流活动的时间效率和管理效率，也就失去了物流的整体效率。产品从生产到消费过程中的运输数量和品种、库存数量和品种、装卸质量和速度、包装形态和破损率等信息都是物流活动质量和效率的保证。准确掌握物流各环节的状态等信息，是搞好物流管理的先决条件。当然，在搞好企业经营管理时，单单掌握物流信息是不够的，商流信息如销售状况、合同签约、批发与零售等信息，同行业企业商流、物流信息，乃至一个国家的政治、经济、文化信息，包括政治事件、经济政策、重大项目计划，股市、金融、保险、国民经济重要指标，失业率等信息，都是企业经营不可缺少的。因此，物流信息功能是物流活动顺畅进行的保障，是物流活动取得高效益的前提，是企业管理和经营决策的依据。充分掌握物流信息，能使企业减少浪费、节约费用、降低成本、提高服务质量，确保企业在激烈的市场竞争中立于不败之地。

(四)物流活动的分类

1. 按照物流业务活动范围分类

(1)社会物流

社会物流是全社会物流的整体，所以也称宏观物流。社会物流是指超越一家一户的以一个社会为范畴，面向社会的物流，这种社会性很强的物流往往是由专门的物流承担人承担的。社会物流主要研究再生产过程中随之发生的物流活动，研究国民经济中的物流活动，研究如何形成服务于社会、面向社会又在社会环境中运行的物流，研究社会中物流体系结构和运行等，因此带有宏观性和广泛性。

(2)行业物流

同一行业中的企业是市场上的竞争对手,但是在物流领域中常常互相协作,共同促进行业物流系统的合理化。行业物流系统化的结果使参与的各个企业都得到相应的利益。

(3)企业物流

企业物流从企业角度上研究与之有关的物流活动,是具体的、微观的物流活动的典型领域。企业物流又可以区分为以下具体的物流活动:供应物流、生产物流、销售物流、回收与废弃物物流。

2. 按照物流活动的空间分类

(1)地区物流

地区物流可按行政区域、经济圈、地理位置划分。地区物流系统(如大型物流中心)对于提高该地区企业物流活动效率、降低物流成本,以及保障当地居民的生活福利环境、稳定物价,具有举足轻重的作用。

(2)国际物流

国际物流是相对国内物流而言的,是不同国家之间的物流。它是国内物流的延伸和进一步扩展,是跨国界的、流通范围扩大的物的流通,是国际贸易的重要组成部分。

3. 按物流组织主体分类

(1)第一方物流

第一方物流指卖方、生产者或者供应方组织的物流。其核心业务围绕组织生产与供应商品展开,目前由企业自行组织,其中,供应物流、生产物流、销售物流占主导地位。

(2)第二方物流

第二方物流指买方、销售者或流通企业组织的物流。其核心业务围绕采购与销售商品展开。

(3)第三方物流

第三方物流指由专业物流组织进行的物流,物流业务是其核心业务。对于第三方物流企业,按性质可以分为物流实体公司、物流管理公司与物流技术公司。它们的主要功能是:

①提供基本的仓储和运输服务。如公共仓库和普通货运公司,以资产密集和标准化服务为基本特征。

②提供仓储和货运管理等增值服务。为客户提供集货配送、分拣包装、配套装配、生成条码、挂标刷标等,可为客户选择承运、协议价格、安排货运计划、优选货运路线和进行货运监测。

③提供一体化物流和供应链管理服务。为客户提供市场需求预测、自动订单处理、客户关系管理、存货控制和返回物流支持等。

二、物流管理

(一)物流管理概述

1. 物流管理的含义

物流管理,就是对物流过程中的包装、流通加工、存储、装卸与搬运、运输、物流信息等活动进行计划、组织和控制。

2. 物流管理的层次

从企业经营的角度看,物流管理是以企业的物流活动为对象,为了以最低的成本向用户提供满意的物流服务,对物流活动进行的计划、组织、协调和控制。根据企业物流活动的特点,企业物流管理可以从三个层面上展开。

(1)物流战略管理

企业物流战略管理就是站在企业长远发展的立场上,就企业物流的发展目标、物流在企业经营中的战略定位以及物流服务水准和物流服务内容等问题做出整体规划。

(2)物流系统设计与运营管理

企业物流战略确定以后,为了实施战略必须要有一个得力的实施手段或工具,即物流运作系统。作为物流战略制定后的下一个实施阶段,物流管理的任务是设计物流系统和物流网络、规划物流设施、确定物流运作方式和程序等,形成一定的物流能力,并对系统运营进行监控,及时根据需要调整系统。

(3)物流作业管理

根据业务需求,制订物流作业计划,按照计划要求对物流作业活动进行现场监督和指导,对物流作业的质量进行监控。

(二)物流管理的内容

1. 物流的业务管理

物流的业务管理是指对有关物流的业务活动进行的管理,主要包括以下内容:

(1)物流的计划管理

①物流长远计划。物流长远计划又称物流远景规划,是指在较长(一般在5年以上)时间对物流未来发展的规划。物流长远计划通常包括:预测未来的流量及构成,未来运输、储存的发展规模,物流机械化、自动化的发展水平,未来物流经济效果的分析等内容。

②物流年度计划。物流年度计划即在对物流活动的各种业务活动预测的基础上,在一个年度内所要达到的物流目标。它的具体内容与长远计划基本相同,所不同的是年度计划对长远计划更加详细、具体,更具有针对性。

③物流季、月、旬生产计划。这是物流部门具体执行年度计划,用于指导和组织日常物流活动的一种计划形式。物流季、月、旬生产计划,是各物流部门对各自的物流业务规定的物流数量、物流质量方面的具体生产计划。

(2)调整物流关系

①物流部门与产品生产部门的关系。生产部门是物资的制造者,它的生产数量、产品结构、生产周期等都直接影响着物资的实物流通量。因此,物流管理必须与物资生产部门相通,根据生产的状况来合理地安排物流活动。

②物流部门与销售部门的关系。物资销售部门是把产品出售给生产部门、消费者或下一级销售部门的单位。物资销售部门的物资来源和物资去向决定着物流的方向。物资销售部门物资销售量的多寡、快慢、品种等相应地对物流的数量、物流的组织提出了要求。

③物流部门的内部关系。在物流管理中,储存、装卸、运输、包装等物流环节都存在着相互依存的关系。物流管理要把各种物流活动有机、协调、合理地联系起来,使之尽可能达到同步运行,这对物流水平的提高具有十分重要的意义。

(3)物流经济活动管理

对物流各种经济活动进行管理,是物流管理中的一项重要内容。物流管理的目的,就是为了使人、时、物得到合理的运用,以取得最佳的经济效果。物流经济活动管理包括物流成本管理、物流费用分析、物流成果预测等。

(4)物流的系统管理

物流的系统管理主要通过物流信息系统和物流作业系统两方面的管理来实现。物流信息是组织、调整物流活动的眼睛。通过对订货、发货、库存等一系列信息的管理掌握生产、销售、物流信息,是物流信息系统管理的目的。物流信息为物流活动提供了科学的依据。物流信息管理又为物流信息的准确性、及时性、可靠性给予了必要的保证。物流的作业系统分别由包装、装卸、运输、保管等子系统组成,对上述这些子系统进行合理的组织、安排、调度是物流作业系统的管理。上述各子系统除了它们自身的活动规律以外,尚存在各个系统间的相互联系。对物流作业系统的管理不但要注意每一个系统的合理组织、正常运转,更要强调各系统间的协调、统一。

(5)物流的人才管理

物流管理同其他经济管理一样需要大量的人才,人才对物流管理水平起着决定性的作用。

①物流人才的合理运用。选用合理的、理想的人选在各个物流岗位、物流部门任职或工作,以发挥他们的聪明才智、调动他们的积极性,对物流管理起着重要的影响。人是天下第一可贵的资源。合理的物流系统的建立、物流新技术的发明和推广、科学的物流方案的设计与选定、物流经济效果的提高,都要依靠合格的物流人才来完成。

②物流人才的培养。物流需要人才,人才需要培养。根据物流发展的要求,培养和造就大量的物流人才已成为我国当前一项迫切的任务。除此之外,对物流在职人员进行在职教育和培训提高,也是物流人才培养的重要途径。因为在急剧发展变动的新的经济条件下,现有专业人才所具备的知识和能力,存在与新形势下物流管理的要求不一致的问题,需要不断地进行知识更新和提升专业技能。

物流管理人才应具备的管理技能主要包括以下几个方面:第一,物流管理人员的职能技能。职能技能是指掌握和管理各种物流技术的才能,它是以所在岗位的具体环境要求决定的。第二,物流管理人员的管理技能。物流管理人员必须有科学管理的知识,并能将其付诸实践。如怎样组织人力、物力进行卓有成效的物流活动,如何成功地制订物流工作计划,如何从实物方面、财务方面进行管理,如何为实现物流目标而工作等。第三,物流管理人员相互协调的技能。物流管理人员不仅要具备独立工作、管理的技能,还必须具有与其他人员相互配合、相互协调的技能。如与生产管理人员、销售管理人员的配合,各物流环节间的配合等。

2. 物流技术管理

物流技术管理是指对物流活动中的技术问题进行科学研究、技术服务的管理。物流技术在发展过程中形成了物流硬技术和物流软技术这种相互关联、相互区别的两大技术领域。

(1)物流硬技术及其管理

物流硬技术是指物流管理发展初期起主导作用的一门技术。它是指组织物资实物运动所涉及的各种机械设备、运输工具、仓库建筑、站场设施以及服务于物流的电子计算机、通信网络设备等。20 世纪 70 年代中期以前,物流活动是以硬技术为主导,以后硬技术又得到迅速发展,如专门从事原油、矿石运输的专用船只,集装箱车、船,立体自动化仓库等。

(2)物流软技术及其管理

物流软技术是指为组成高效率的物流系统而使用的应用技术。具体地说,是指各种物流设备的最合理的调配和使用。物流软技术能够在不改变物流硬技术即装备的情况下,充分发挥现有设备的能力,获取较好的经济效果。

(三)物流管理的阶段

物流管理按管理进行的顺序可以划分为计划阶段、实施阶段和评价阶段。

1. 物流计划阶段的管理

计划是作为行动基础的某些事先的考虑。物流计划是为了实现物流预想达到的目标所做的准备性工作。物流计划首先要确定物流所要达到的目标,以及为实现这个目标所进行的各项工作的先后次序。其次,要分析研究在物流目标实现的过程中可能发生的任何外界影响,尤其是不利因素,并确定对这些不利因素的对策。第三,作出贯彻和指导实现物流目标的人力、物力、财力的具体措施。

2. 物流实施阶段的管理

(1)对物流活动的组织和指挥

为了使物流活动按物流计划所规定的目标正常地发展和运行,对物流的各项活动进行组织和指挥是必不可少的。物流的组织是指在物流活动中把各个相互关联的环节合理地结合起来,形成一个有机的整体,以便充分发挥每个部门、每个物流工作者的作用。物流的指挥是指在物流过程中对各个物流环节、部门、机构进行的统一调度。

(2)对物流活动的监督和检查

物流活动实施过程的结果必须通过检查和监督才能得到充分了解。监督的作用是考核物流执行部门或执行人员工作完成的情况,监督各项物流活动有无偏离物流既定目标。各级物流部门都有被监督和检查的义务,也有监督、检查其他部门的责任。通过监督和检查了解物流的实施情况,揭露物流活动中的矛盾,找出存在的问题,分析问题发生的原因,提出克服的方法。

(3)对物流活动的调节

在执行物流计划的过程中,物流的各部门、各环节总会出现不平衡的情况。遇到上述问题,就需要根据物流的影响因素,对物流各部门、各个环节能力做出新的综合平衡,重新布置实现物流目标的力量,这就是对物流活动的调节。通过物流调节可以解决各部门、各环节之间,上、下级之间,物流内部和物流外部之间的矛盾,从而使物流各部门、各环节协调一致,以便紧紧围绕物流总目标开展活动,从而保证物流计划的实现。

3. 物流评价阶段的管理

在一定时期内,人们对物流实施后的结果与原计划的物流目标进行对照、分析,这便是对物流的评价。通过对物流活动的全面剖析,可以确定物流计划的科学性、合理性如何,确认物流实施阶段的成果与不足,从而为今后制订新的计划、组织新的物流提供宝贵的经验和资料。

按照对物流评价的范围不同,物流评价可分为专门性评价和综合性评价。专门性评价是指对物流活动中的某一方面或某一具体活动做出的分析,综合性评价是对物流活动在某一物流管理部门或机构全面衡量物流管理水平的综合性分析。

按照物流各部门之间的关系,物流评价又可分为纵向评价和横向评价。所谓纵向评价是指上一级物流部门对下一级部门和机构的物流活动进行的分析结果,这种分析通常表现为本期完成情况与上期或历史完成情况的对比。所谓横向评价,是指执行某一相同物流业务的部门之间的各种物流结果的对比,它通常能表示某物流部门在社会上所处水平的高低。

第二节　现代企业物流

企业物流指在生产经营活动过程中发生的物品实体流动及其相关活动,一般可分为企业内部物流和企业外部物流。企业内部物流主要是企业内部的生产经营过程中所发生的加工、检验、搬运、储存、包装、装卸、配送等物流活动。企业外部物流指企业生产经营活动中与供应链各企业或各环节相联系的物流活动。

一、企业物流的内容

（一）供应物流

企业供应物流不仅要保证完成供应的目标，而且还要以最低成本并以最少消耗、最大保证来组织供应物流活动。因此，要做好企业供应物流工作，难度是很大的。企业竞争的关键在于如何降低这一物流过程的成本，可以说这是企业物流的最大难点。为此，企业供应物流就必须解决有效的供应网络、供应方式、零库存等问题。

（二）销售物流

销售物流是企业为保证自身的经营效益，随销售活动将产品所有权转给用户的物流活动。在现代社会中，市场是一个完全的买方市场，销售物流活动便带有极强的服务性，以满足买方的需求，最终实现销售。在这种市场前提下，销售往往以送达用户并经过售后服务才算终止。因此，销售物流的空间范围很大，这便是销售物流的难度所在。在这种前提下，企业销售物流的特点，是通过包装、送货、配送等一系列物流活动实现销售。这就需要研究送货方式、包装水平、运输路线等，采取各种诸如少批量、多频次、定时、定量配送等特殊的物流方式达到目的。因而，销售物流的研究领域是很宽的。

（三）生产物流

生产物流指企业在生产过程中的物流活动。这种物流活动是与整个生产过程伴生的，实际上已构成生产过程的一部分。企业生产过程的物流大体为：原料、零部件、燃料等辅助材料从企业仓库或企业的“门口”开始，进入生产线的开始端，进一步随生产加工过程一个环节一个环节地流动（在流动的过程中，物料本身被加工，同时产生一些废料、余料），直到生产加工终结，流至生产成品仓库，企业生产物流过程即告终结。

（四）回收物流

企业在生产、供应、销售的活动中总会产生各种边角余料和废料，这些东西的回收是需要伴随物流活动的。而且在一个企业中如果回收物品处理不当，往往会影响整个生产环境，甚至影响产品的质量，也会占用很大空间从而造成浪费。

（五）废弃物物流

废弃物物流是指对企业排放的无用物进行运输、装卸、处理等的物流活动。虽然废弃物物流没有经济效益，但是具有不可忽视的社会效益。

二、现代企业物流系统

（一）物流系统的基本概念

物流系统就是指在企业活动中的各种物流功能，随着采购、生产、销售活动而发生，使物的流通效率提高的系统。它主要由运作系统和管理系统组成。运作系统就是在运输、库存、配送、包装等作业中，借助现代科学技术，实现自动化和高效率，同时使各项物流功能之间能有机连接起来的系统。管理系统就是企业物流活动中采购、生产、销售活动有机结合和协调起来从而提高物流运作效率的系统。

（二）企业物流系统与流通

流通作为一种经济形式而存在，是伴随着商品生产和商品交换而产生和发展的。流通过程不仅要解决商品所有权交换的问题，更要解决商品从生产地到使用地以实现商品使用价值转移的问题。商品所有权转移的活动称为商流。物流是指商品实体从供给方向需求方的转移，这种转移既要通过运输来解决空间位置的变化，又要通过存储来调节供求双方时间位置的矛盾。物流系统中的物不改变其性质、尺寸、形状，不创造物的形质效用，但创造了空间价值和时间价值。商流和物流有机结合才能有效地实现商品由供方向需方的转移过程。但是，在现实经济活动中，企业商流和物流各自具有不同的活动内容和规律。商流一般要经过一定的经营环节来进行业务活动；而物流则不受经营环节的限制，可以根据商品的种类、数量、交货要求、运输条件等，使商品尽可能由产地通过最少环节，以最短的路线，按时保质地送到用户手中，以达到降低物流费用、提高经济效益的目的。

企业商流与物流分离的方式主要有：(1)集中运输，使交易活动和配送活动分离；(2)强化区域物流中心功能，提高物流系统效率；(3)实现门到门直通物流，减少中间环节。

企业商流与物流分离的优点表现在三个方面：

(1)配送中心的仓库规模大，物流作业集中。同一地点处理的物流量大，便于采用机械化、自行化的保管设施和装卸机械，大幅度提高了物流生产率，同时也可以降低物流成本。

(2)配送中心实行回路配送，提高了运输设备利用率，降低了运输费用，对用户的服务质量也可得到改善。

(3)商流与物流分离使各部门职能单纯化，可以提高工作效率。但也应注意实现商流与物流分离必须创造一定的条件，如商品标准化、合同标准化等，还应该建立完善的信息系统，保证供应、制造分销、配送中心以及批发站之间的信息交换协同统一。

(三)企业物流系统与生产

企业生产系统为了制造产品，必须占据一定的生产空间，拥有一定数量的加工设备，按照制造工序逐步将原材料加工成半成品、成品。产品的制造过程中，每经过一道工序，被加工对象物的形状、尺寸或性质将发生一次变化，加工活动的直接目的就是制造产品，是生产系统中最主要的环节。加工设备或加工单元的位置一般是固定的，为了保证加工活动的连续进行，被加工的物料必须依赖于运输车辆、起重机械、搬运机械或人力，才能运送到各个加工环节；物料在加工环节之间的运动就是物流活动。在物流系统中，物不改变本身的形状、尺寸和性质，只有时间或空间的变化。加工活动和物流活动是生产系统的两个支柱。

物流系统对生产的影响表现在：

(1)物流为生产的连续性提供了保障。原材料的供应、半成品在加工点之间的流转、成品的运出，只有依赖物流系统才能不间断地进行，使生产活动得以继续下去。

(2)物流费用在生产成本中往往占有很大比重，物流系统合理化对生产系统降低生产过程消耗、增强市场竞争优势具有促进作用。企业生产系统必须向物流要效益才能改善自身的发展条件。

(3)物流状况对生产环境和生产秩序起着决定性的影响。在生产空间中，加工点处于固定位置，只要加工设备能正常运转，就不会对系统产生干扰。而物流在生产空间中始终处于运动的状态，物流线路纵横交错、上下升降，形成了遍布生产空间的立体动态网络。物流路线不合理，运行节奏不协调，都会造成生产秩序的混乱。物流活动不正常，物流系统中物料堆放不规则，也将对生产环境造成影响。

三、现代企业物流运作管理

(一)现代企业物流运作管理的一般认识

企业物流管理是指为了以最低的物流成本达到客户所满意的服务水平，对物流活动进行的计划、组织、协调与控制。物流管理是对原材料、半成品和成品等物料在企业内外流动的全过程所进行的计划、实施、控制等活动。现代企业物流运作管理是指社会再生产中，根据社会物质实体流动的一般规律，应用管理的基本原理和科学方法，对物流运作进行计划、组织、指挥、协调和控制的活动过程。现代企业物流运作管理的基本目的就是实现物流运作的优化与协调，以降低物流成本，提高物流效率、经济效益。主要包括对物流运作诸环节的管理，如对运输、存储和包装等环节的管理；对物流运作系统诸要素的管理，如对人、财、物和信息等要素的管理；对物流运作活动中具体职能的管理，如对物流活动的计划、质量、技术等职能的管理。

(二)现代企业物流运作管理的发展过程

1. 功能化物流运作管理

运输、仓储、包装等物流的功能是在生产活动和社会经济活动中产生的，通常被作为生产经营活动过程的辅助环节来完成特定的功能。由于社会生产力发展，产品交易市场空间扩大，整个生产销售活动中的运输、储存和包装等功能性物流由此得到关注。但是物流运作管理处于分散的、单一的组织与管理状况。

2. 系统化物流运作管理

系统化物流运作管理，就是指为了实现企业确定的物流系统的目标，提高向消费者和用户供应商品的效率，而对物流系统进行计划、组织、指挥、协调和控制的活动。它追求在合适的时间，以所期望的服务水准和最低的成本将原材料和产成品配置到指定的场所，以实现经营效益的最大化。系统化物流运作管理就是将与生产经营活动过程相关的原材料、在制品、零部件的流动和保管、制造支持以及销售物流加以整合的全过程管理。

3. 集成化物流运作管理

集成化物流运作管理就是实现供应管理、制造支持管理与实体分销管理的系统集成，包括从原材料、零部件等实体供应开始，通过生产加工过程的制造支持和产品实体分销链，直到将产成品送到最终用户手中为止的实物流动的全过程。主要包括功能集成、内部集成和外部集成。

(1)功能集成。就是实现相关功能的集成化管理，即用实体供应管理、制造支持管理和实体分销管理来替代各单个物流活动(如采购、运输、仓储等)的分散管理。

(2)内部集成。就是将实体供应、制造支持、实体分销作为一个完整系统的物流过程，实现其集成化管理，以使企业的物流活动得到有效的控制。

(3)外部集成。就是指在内部集成的基础上，将集成范围扩展到企业外，实现企业与供应商、顾客的集成化管理，通过加强相互间的协调与合作，进一步降低成本、减少风险、优化配置总体资源，提高整个集成化系统的运作效率，以获取更大的整体竞争优势。

4. 网络化物流运作管理

企业物流运作管理在现代信息技术和网络技术的支持下，能够整合企业内外各种物流资源，实现跨行业、跨区域的网络化物流运作管理。网络化物流运作管理就是对供应商和客户的上下游关系以及与此相关联的物流功能、物流资源、物流组织等进行管理，并以整个网络的最小总成本向客户提供最大的价值。

(1)现代物流运作管理必须对供应链中所有关键的商务过程实施精细管理、需求管理、订单执行管理、制造流程管理、采购管理、新产品开发及其商品化管理等。企业物流的网络化管理过程还包括从环境保护理念出发的商品回收渠道管理。

(2)一般物流运作管理主要关注企业内部的功能整合，而网络化物流运作管理则认为只有企业内部一体化是不够的，还需要实现企业内外一体化。网络化物流运作管理是一个高度互动和复杂的系统工程，需要考虑不同层次上相互关联的技术经济问题，进行成本效益权衡。

(3)物流网络化管理是通过协作整合外部资源来获得最佳的总体运作效果，是按照市场的需求，以品牌、知识、核心技术和创新能力所构成的网络系统来整合或重新配置社会资源。

第三节 供应链管理

一、供应链概述

(一)供应链的基本结构

1. 供应链的概念

对于供应链，目前国际上还没有统一的定义，各国学者在学术论文上的表述也各不相同。著名经营学家波特把供应链定义为“附加价值链”，他认为供应链是商品进入消费者手中之前行业与行业之间的联系。因为一件产品从原材料经过加工、流通等行业最终到达消费者手中的这段过程中，零件供货商、厂家、批发商和零售商等相关企业将通过某种附加的价值进行连锁。也有的学者把供应链称作“需求链”，即企业间为了满足消费者的需求进行业务联合。还有的学者认为供应与需求是不可分割的两部分，所以他们把供应链与需求链的概念相结合，统称为“供需链”。

本章基本上按照美国供应链协会的定义来说明，即“供应链这个目前在国际上通用的术语，涵盖从原材料的供应商经过开发、加工、生产、批发、零售等过程到达用户之间有关最终产品或服务的形成和交付的每一项业务活动”。

2. 供应链的构成要素

一般来说，构成供应链的基本要素包括：

(1)供应商：指给生产厂家提供原材料或零件的企业。

(2)厂家：产品生产的最重要环节，负责产品生产、开发和售后服务等。

(3)批发及物流：为实现将产品送到经营地理范围每一角落而设的产品流通代理企业。

(4)零售商：将产品销售给消费者的企业。

其中，批发及物流和零售商统称为流通业。

(二)供应链的四个流程

供应链一般包括物资流通、商业流通、信息流通、资金流通四个流程。四个流程有各自不同的功能及不同的流通方向。

1. 物资流通

这个流程主要是货物的流通过程，是一个发送货物的程序。该流程的方向是由供货商经由厂家、批发及物流、零售商等指向消费者。由于长期以来企业理论都是围绕产品实物展开的，因此目前物资流程仍被广泛重视。许多物流理论都涉及如何在物资流通过程中在短时间内以低成本将货物送出去。

2. 商业流通

这个流程主要是买卖的流通过程，是接受订货、签订合同等的商业流程。该流程的方向是在供货商与消费者之间双向流动的。目前商业流通形式趋于多元化：既有传统的店铺销售、上门销售、邮购等方式，又有通过互联网等新兴媒体进行购物的电子商务形式。

3. 信息流通

这个流程是商品及交易信息的流程。该流程的方向也是在供货商与消费者之间双向流动的。过去人们往往把重点放在实物上,因而信息流程一直被忽视。近年来随着管理理论的不断完善,国外越来越重视信息流通过程。有些学者甚至认为,亚洲一些国家的物流落后与它们把资金过分投入物资流通而延误对信息的把握不无关系。目前,业已形成的共识是:要建立一个完善的供应链管理机制,一个完备的信息流通体系是成功的关键。

4. 资金流通

这个流程就是货币的流通,为了保障企业的正常运作,必须确保资金的及时回收,否则企业就无法建立完善的经营体系。该流程的方向是由消费者经由零售商、批发及物流、厂家等指向供货商。虽然本书将资金流通独立于其他三个流通过程,但资金流通是其他三个流通过程的结果,只有正确把握其他三个流通过程,才可能保障资金流通畅通无阻。

(三)供应链的主要活动

根据供应链的概念,它涵盖从原材料供应开始,经过工厂的开发、加工、生产至批发、零售等过程,最后到达客户之间有关最终产品或服务的形成和交付的每一项业务活动。

因此,供应链的内容也涵盖了生产理论、物流理论和营销理论三大理论。供应链的主要活动包括:

1. 商品的开发和制造

(1)商品的规划、设计、商品化;

(2)需求预测和生产计划;

(3)商品生产和质量管理。

2. 商品的配送

(1)确保销售途径;

(2)按时配送;

(3)降低物流成本。

3. 商品的销售和售后服务

(1)销售。

(2)确保品种齐全并及时补充商品;

(3)管理销售数据和销售额,了解问题,确定活动方针。

二、供应链管理

(一)供应链管理的内涵

虽然目前供应链管理(Supply Chain Management)的概念仍处于不断完善的过程中,各国学者对供应链管理的概念表述不一,但有一点达成了共识:供应链管理代表的不仅是某种管理方法,而且是一整套管理理念,它是管理理论的又一次革命性的飞跃。

1. 供应链管理的概念

国际上对供应链管理有多种表述,如围绕顾客为中心这一角度将供应链管理定义为:"制造商与它的供应商、分销商及用户协同合作,为顾客所希望并愿意为之付出的市场提供一个共同的产品和服务。这样一个多企业的组织,最大限度地利用共享资源(人员、流程、技术和性能评测)来取得协作运营,其结果是得到了高质量、低成本、迅速投放市场并获得顾客满意的产品和服务。"

另外，从强调价值链的增值角度可将供应链管理定义为："供应链管理是计划、组织和控制从最初原材料到最终产品及其消费的整个业务流程，这些流程连接了从供应商到顾客的所有企业。供应链包含了由企业内部和外部为顾客制造产品和提供服务的各职能部门所形成的价值链。"

这一定义比较完整，它主要分成两部分。前半部分说明供应链管理所涉及的理论源于产品的分销和运输管理。但是它与后勤管理的定义还是有严格的区分，供应链管理更着重于从原材料供应商到最终用户所有关键业务流程的集成，许多非后勤管理的流程也必须集成到整个供应链中。供应链管理定义的后半部分说明价值增值是供应链的基本特征，有效的供应链必定是一个增值链。也就是说，在供应链中的各个实体，无论从事什么样的活动，其对产品转换流程的增值必须大于成本。

2. 供应链管理的重要性

在过去几年里，许多企业已经使制造成本降到了尽可能低的程度。产品质量在很长一段时间是竞争的分离器，现在也逐渐趋于同等水平，于是满足用户对于产品交付的特殊要求就成为获取竞争优势的下一个关键机遇。那些懂得如何改进供应链管理的公司就将获得全球市场上的成功。研究显示，优异性能与平均性能的供应链组织之间存在重大的成本差异，因此有效的供应链管理已经成为许多企业必须采取的一个战略步骤。

供应链管理能够通过分享信息和共同计划使整体物流效率得到提高。它能够使渠道安排从一个松散联结着的独立企业的群体，变为一种致力于提高效率和增加竞争力的合作力量。在本质上，它是从每一个独立参与者进行存货控制，变为一种渠道整合和管理。供应链管理还能增加渠道的竞争力，合作行为将减少风险，提高整个物流过程的效率，排除浪费和重复努力。在传统的渠道中，配置的大量存货构成了极大的风险。分享信息和共同计划可以排除或减少与存货投机相关的风险。

供应链管理的重要性在于：未来企业的竞争将是供应链与供应链之间的竞争。

（二）供应链管理的内容

一般来说，企业运营的链条由三部分组成，即资源接收、生产制造和产品交付，而企业对这些环节的计划和管理则贯穿始终，这就是供应链管理。多数供应链都是由许多企业运营环节组合而成，构成一个网络或者链中之链。因此，供应链管理的内容一般被理解为供应链计划中的五项基本活动及其相应的近期计划与远期计划。

从表 10.1 可看出，供应链管理的内容涵盖的范围广，对信息的要求高。目前的信息系统所能提供的计划和决策支持功能十分有限，它们主要负责管理性的事务处理，如成本核算、订单处理，同时对已经发生的事情进行统计和分析；它们也可以处理客户订单，但对于订单的获利性以及如何最好地向客户交付产品和服务仅提供有限的信息，它们所做的主要是事务处理。

表 10.1　　供应链管理内容

	近期计划	远期计划
采购	应该从供应商处购买什么规格和质量的原材料？何时到货？	谁应该成为策略供应商？应该与几个供应商建立特殊的关系，还是与多数供应商合作？
制造	为了更好地利用企业资源，应该如何安排生产？是否应该安排换班？	为了在全球范围内向客户提供快速反应，应该在哪里建设工厂？它们应该生产所有产品，还是只生产特定产品？
运输	如何安排车辆才能取得最佳的运输路线？	应该如何建立全球的运输网络？是否应该将此项业务外包？

续表

	近期计划	远期计划
存储	如何制订订单履行计划?	如何设计营销网络?如何储存物品?
销售	按照什么顺序履行对客户的承诺?优先销售是对我们最有价值的吗?	一个计划期间的销售预测如何?如果进行特别的促销活动,生产和分销网络能够应付销售高峰吗?

根据供应链管理的内容开发的供应链计划系统,能够随着发展和变化不断修正和强化计划的内容。因此,当前对企业管理系统的开发必须根据供应链管理的内容,如将ERP等软件进行必要的补充,将其开发成为供应链计划系统。这种系统将提供进一步的智能决策支持信息,覆盖已有的应用系统(如后勤管理、财务管理等),并从中提取信息,以加工成关于整个供应链管理的内容,并能够评估供应链中的各个环节、事件和客户需求变化对企业的影响。

(二)供应链管理的基本策略

供应链管理的要点之一是通过建立链上各个成员之间的伙伴关系,实现整个供应链上物资流、商业流、资金流和信息流的快速、准确的流动,最终实现供应链上整体最优。供应链管理的基本策略一般可划分为以下三部分:

1. 零部件及原材料供应管理的基本策略

在整个供应链网络中,对所有的零部件及原材料供应商进行分类,根据分类及分类因素,与不同的供应商发展不同程度的合作关系。分类的依据主要包括:

(1)供应的零部件及原材料对企业的重要程度;

(2)供应的零部件及原材料获得的难易程度和可靠程度;

(3)零部件及原材料供应市场的复杂程度;

(4)企业与供应方的相对优劣势。

考虑供应链上各个成员之间关系形态的合理性和优化,对不同类型的供应商采取不同的管理模式或合作模式。对于不同的供应关系,一般不可能用同一种模式进行管理或合作。比如,有的原材料由企业集团内部供应,有的则由企业集团以外其他企业供应,这两种不同的供应关系就不可能用同一种管理模式。目前较为常用的管理或合作模式有:战略合作伙伴、一般合作关系、集团统一管理、合同管理等。

考虑供应链上物流的合理性和优化,对于不同类型的原材料必须制订不同的采购策略和库存策略。这些策略的适用范围与具体内容,在当前的库存理论与物流理论中有很多描述,也有很多方法。但是这些方法都有一个基本思路:“用相对便宜的信息获取来避免相对昂贵的采购与库存。”供应链管理的策略就是通过致力于整个供应链上信息的快速、准确的流动,来减少不可预料情况的发生,从而避免不合理的采购和不需要的库存。

最后是实施整个零部件及原材料供应管理的集成。零部件及原材料供应链的构成一般都比较复杂,在实施策略中需要分步实施、重点突破。在一开始就要对供应链现状有效把握,找出差距,从改进潜力大的部分进行突破,这才是较为有效的办法。

2. 流通配送环节供应链管理的基本策略

现代企业拥有的供应链一般比较复杂,而其成品的附加增值远远高于零部件及原材料的附加增值,因此除了零部件及原材料供应管理之外,成品的流通配送环节的供应链管理也非常重要。供应链上各流通配送环节的成员间如果关系不合理或不友好,很可能对供应链上各成员造成高额流通成本。因此,这一部分可考虑的策略有:

(1)建立合理的配送渠道

在这一策略中,一般使用“业务流程重组”来建立合理的配送渠道。因为在流通配送的环节中没有产品工艺方面特点的约束,因此,可以从组织行为和工作设计的角度来考虑业务流程的重组,以减少流通配送环节,或者使流通配送环节更趋合理。

(2)合理设定各环节的库存

流通配送环节的库存一般都是成品库存。它同企业的原材料与零部件库存不同,对企业市场竞争力和服务质量起到至关重要的作用。合理的成品库存能够使企业满足市场的需要,而不合理的成品库存对企业和市场都是沉重的负担。因此,运用管理科学的一些优化方法和库存理论来解决流通配送环节合理的库存设置问题是至关重要的一项策略。

(3)降低流通配送过程中层层增加的成本

经过“业务流程重组”建立的合理配送渠道,使得供应链的成员趋于合理。但即使是合理的供应链成员,在流通配送环节仍然有降低成本的潜力。解决这一问题需要进行成本分解,对各个成本的构成因素分别制订目标,采用不同的方法来控制和降低成本。

3. 供应链上各个环节有机连接的基本策略

企业必须考虑整体集成问题,以实现供应链上各个环节的有机连接。这种连接的目的是实现物流、商流、信息流以及资金流在整个链上合理、快速、准确的流动。在一个供应链上,物流的起点是市场需求信息,由需求启动生产,由生产计划启动物流的运转。因此,要实现供应链上各个环节的有机连接,必须在供应链上建立一种有效的信息传递方式。要做到这一点,需要:(1)合理设定不同环节的衔接界面;(2)对各个环节信息沟通方式及信息内容进行统一化、标准化;(3)建立整个供应链上各个成员间有效的合作机制。

(四)供应链管理的步骤

1. 战略和运作目标的确立

一个完整的供应链中,各个成员间的关系是复杂的,成员间目标与利益既相同又矛盾,实施供应链管理必须要有系统的整体观点。因此,确立合理的战略和运作目标是实施供应链管理的第一步。企业必须将其业务目标同现有能力及业绩进行比较,找出现有供应链的不足,经过改善迅速提高企业的竞争力。除此之外,企业还应该同关键客户和供应商一起探讨、评估全球化、新技术和竞争局势,建立供应链的远景目标。

战略和运作目标具体包括:

(1)改进决策(属于战略目标范畴)。具体措施有:①提供更精确和及时的信息;②进行更全面的数据分析;③更加完整地评价各种可供选择的方案。

(2)提高市场地位(属于战略目标范畴)。具体措施有:①提高新产品引入市场的频率;②减少浪费并提供降价的可能;③改进质量和产品设计。

(3)控制成本(属于运作目标范畴)。具体措施有:①由供应商承担质量问题产生的成本;②提高库存周转率;③降低报废成本。

(4)控制质量(属于运作目标范畴)。具体措施有:①提高合格标准;②要求供应商应用统计过程控制;③开展部门乃至全公司的质量认证。

(5)改善交货情况(属于运作目标范畴)。具体措施有:①缩短交货期;②要求小批量、高频次地交货;③具体规定原材料运输和包装方法。

2. 供应链管理变革的设计实施

为了实现合理的供应链,如何改变供应链各成员的关系是实施供应链管理变革的关键。

它具体包括五个阶段:

(1)内部承诺和团队组建

为了理解和实现供应链管理的变革,内部承诺和团队组建是第一步。企业内部团队的成员必须有来自高层的授权和能加速后续阶段运行所需要的专业知识,并在组织中具有合作关系的信息。具体地说,团队应该包括利益相关者、技术专家、组织专家、高层管理者、强有力的领导以及合适的规模(8～10人)。

(2)合作伙伴的选择

对于发展长期合作关系来说,提供最低价格的不一定是最合适的。识别合适的伙伴需要对其能力进行更加广泛的考察。考察的具体内容包括:原材料和零部件供应环节中供应商的地理位置、绩效表现、技术能力、行业地位和传递信息能力等,原材料和零部件的费用、质量、重要性和可获得性等;配送环节中的成品库存容量、周转周期和费用等,配送的能力、费用、周期和传递信息能力等,销售环节中的销售渠道通顺度、销售费用和信息传递能力等,销售点的地理位置与地理分布情况;服务环节中的客户服务能力、响应时间、费用、服务地点的地理位置和传递信息能力等。

(3)供应链成员间的承诺和联合团队的组建

这个阶段的重点是得到供应链各个成员间建立长期合作伙伴关系的正式承诺,签订合作伙伴协议,确定合作的基调,巩固各成员的关系。这个阶段的联合团队成员同第一阶段相似,有利益相关者代表(包括关键的业务人员)、技术专家、组织专家、各方高层代表、强有力的领导或协调者,以及合适的团队规模。这个阶段签订的协议主要包括原则的陈述、承诺、目标、利益的分享、期望、保密性、回顾程序、联合团队成员以及终止条款等。

(4)绩效衡量以及改进计划

绩效的衡量主要考虑供应链管理中各个环节是否达到预期的效果。绩效衡量的定量化方法有很多种,可以参考管理学中的相关方法。

(5)行动实施和过程回顾

在行动实施阶段,供应链管理的各个成员最重要的是通过合作达到互利和将竞争优势的整个观念贯彻到该阶段。该阶段的要点包括:明确每一步行动的目标和时间范围,把责任分配给供应链联合团队的各个成员;制订详细的计划,包括供应链各个成员采取的行动的目标、时间和次序;由供应链管理各成员的高级主管定期召开会议,做出详细工作进程的简要报告;定期召开业务会议,保持供应链各成员间的信息通畅,使各成员有庞大家庭成员的感觉。

三、供应链管理原理

(一)供应链管理的原则

1. 根据客户所需的服务特性来划分客户群

传统意义上的市场划分基于企业自己的状况,如行业、产品和分销渠道等,企业随后对同区域的客户提供相同水平的服务;而供应链管理则强调根据客户的状况和需求来决定服务方式和水平。

2. 设计企业的后勤网络

应根据客户需求和企业可获利情况,设计企业后勤网络,如一家造纸公司发现两个客户群存在截然不同的服务需求:大型印刷企业允许较长的提前期,而小型地方印刷企业则要求在24小时内供货,于是它建立的是3个大型分销中心和46个紧缺物品快速反应中心。

3. 倾听市场的需求信息

销售和营运计划必须监测整个供应链,以便及时发现需求变化的早期警报,并据此安排和调整计划。

4. 时间延迟

由于市场需求的剧烈波动,距离客户接受最终产品和服务的时间越早,需求预测就越不准确,而且企业还不得不维持比较大的中间库存。例如,在实施大批量客户化生产的过程中,一家洗涤用品企业首先在企业内结束产品加工,然后才在零售店完成最终的包装。

5. 与供应商建立双赢的合作策略

迫使供应商相互压价的做法固然会使企业在价格上有所收益,但相互协作却可以在根本上降低整个供应链的成本。

6. 在整个供应链领域建立信息系统

企业的信息系统首先应该处理日常事务和电子商务;然后支持多层次的决策信息,如需求计划和资源规划等;最后应该根据大部分来自企业之外的信息,进行前瞻的策略分析。

7. 建立绩效考核准则

企业应该在整个供应链的范围内建立绩效考核准则,而不应该仅仅依据个别企业建立局部、单一的标准,供应链的最终验收标准是客户的满意程度。

(二)推式与拉式市场原理

根据对市场需求的把握方式的不同,市场中供应链系统可以划分为推式市场的供应链系统和拉式市场的供应链系统。

1. 推式市场的供应链系统

在一个推式市场的供应链系统中,应根据长期预测进行生产决策。一般来说,产品的制造商是利用从零售商仓库接到的订单来预测顾客需求的。推式市场的供应链系统对变化市场作出反应需要更长的时间,这可能会导致两种后果:一是该系统可能没有能力满足变化的需求方式;二是当市场对某些产品的需求消失时,该供应链系统的库存将过时。

在推式市场中经常会出现这样一种情况,即从批发商到制造商接到订单的变动性要比顾客需求的变动性大得多。这是由于制造商、批发商对需求信息的不正确把握所引起的。它们根据零售商的订单来预测顾客需求,然而,零售商为了提前期、批量订货、价格波动、安全库存等因素必然会使订单大于实际顾客需求,最后必然导致供应链上方即制造商处的需求变动程度增大,这就是所谓的“牛鞭效应”。这种效应会由于需要大量的安全库存而引起库存过多,产生更大和更容易变动的生产批量,还会产生产品过时和服务水平低下等问题。

具体地说,“牛鞭效应”还将导致资源的无效率利用,因为这时的计划和管理要难得多。例如,制造商不清楚应该如何确定生产能力。如果根据需求峰值确定,就会使大多数时间内制造商有昂贵的资源闲置。如果根据平均需求决定,就要求需求高峰期必须有额外的生产能力来补充。因此,在一个推式市场的供应链系统中,经常会发现由于紧急生产转换而引起的运输成本增加、库存水平高和制造成本高等问题。

2. 拉式市场的供应链系统

在拉式市场的供应链系统中,生产是由需求驱动的,因此生产是根据实际顾客需求而不是预测需求进行协调的。为此,拉式市场的供应链系统使用快速的信息流机制把顾客需求信息传送给制造机制,如销售点数据系统。

由于拉式市场的供应链系统能够通过外部实际需求信息的采集,更准确地预测零售商的订单进而缩短提前期，进一步来说，零售商的库存水平将随着提前期的缩短而减少，制造商面对的变动性也随着提前期的缩短而变小，而制造商的变动变小使得制造商库存能够降低。因此，在一个拉式市场的供应链系统中，经常能够看到系统的库存水平明显较低，管理资源的能力加强了，整个系统成本低于相应的推式市场的供应链系统。

正是由于同推式市场的供应链系统相比，拉式市场的供应链系统对需求信息的把握更加准确与及时，因此目前的供应链系统都在朝着拉式市场的方向进行改革。

（三）双赢策略

所谓双赢，源于英语“win-win”，主要是针对于单纯的输赢关系（lose-win）而言的。单纯的输赢关系认为市场中各个企业的竞争只出现一种结果，即一方亏损而另一方受益。在这种观念下的供应链必然存在局部优化但供应链全体未达到最优的问题。如果供应链中的成员只意识到它们的直接环境及其经营压力，那就存在追求局部最优化的倾向。这种态度还经常因受到供应链成员企业内部评价和报酬系统的影响而强化。如核心制造企业的采购者由于连续降低采购商品的单位成本而得到奖励，但并不了解供给的总成本或与质量和交货要求的相互作用，那么采购者有可能投机取巧，频繁地变动供应商。

如果供应商受到这种对待方式，那么它们别无选择，只能利用虚假现象寻求快速交易，因为可能没有第二次收益的机会。这样的供应商不会致力于提高业绩水平和产品质量，或者说，即使它们投资了也不会与其客户共享成功。它们会把这种机会保留起来，用于下一轮的价格谈判。

如果没有与现有客户继续进行业务往来的合作前景，供应商就得把大量精力用于寻找替代客户，而这种类似“选美比赛”结果的内在不确定性就会导致较低的成功率，进而会过多地分配资源，导致资源的浪费。

因此，供应链的各个成员必须考虑采用双赢策略来避免资源的浪费。它们必须相信合作关系与共同的未来。供应链的各个成员这样做不仅可以满足客户的直接需求，也符合供应链整体的长期利益。由于长期竞争与短期行为不同，短期内一个供应商或客户可能会因为失去竞争力而被取代，但是在供需基本平衡的长期竞争下，如果整个供应链太虚弱，不具备竞争力，它们将被整体淘汰。总之，合作的双赢策略是供应链各个成员的首选策略。

（四）战略合作伙伴关系

在双赢观念和双赢策略的指导下，供应链的各个成员必然会结成战略合作伙伴关系，共同面对激烈的市场竞争。战略合作伙伴关系是指供应链的各个成员间建立长期亲密的关系，供应链的各个成员就像伙伴一样合作。但这种合作的目的是要保证潜在的商业利益，以供应链内部各个成员团队合作优于相互竞争为原则。如果供应链的最终客户要得到最好的产品或服务，那么供应链的各方（包括原材料或零部件供应商、制造商、配送中心、批发商、零售商等）必须共同工作，且各方必定获利。战略合作伙伴关系能够取得较好的效果就是因为有关各方都能在供应链各方的成功中获利。

1. 结成战略合作伙伴关系的优势

供应链各方结成战略合作伙伴关系具有诸多优势：(1)能够获得最优的质量标准，提供优质的产品或服务；(2)缩短提前时间，增强对市场波动反应的灵活性；(3)减少库存、管理好成本和节省资金占用；(4)能够通过供应链各方长期信息交流的合作更好地进行计划配送；(5)减少制造商生产故障时间，增加生产能力；(6)减少进入市场时间，即减少确定市场和向市场介绍新产品和服务所需的时间；(7)能够借助来自客户和供应商良好的信息进行创新，并可以从各方获得技术资源。

结成战略合作伙伴关系很关键的一点就是供应链各方的信任。信任需要花很长时间才能建立起来，而供应链任何一方的不理智行为将破坏整个供应链的战略合作伙伴关系。

2. 战略合作伙伴的综合评价、选择步骤

战略合作伙伴的综合评价选择可以归纳为几个步骤，每一个步骤对企业来说都是动态的，企业可自行决定先后和开始时间，并且每一个步骤对于企业都是一次改善业务的过程。

(1)分析市场竞争环境

市场需求是企业一切活动的驱动源。建立基于信任、合作、开放交流的供应链长期合作关系，必须首先分析市场竞争环境。目的在于找到针对哪些产品市场，开发供应链合作关系才有效，必须知道现在的产品需求是什么，产品的类型和特征是什么，以确认用户的需求，确认是否有建立供应链合作关系的必要。如果已建立供应链合作关系，则根据需求的变化确认供应链合作关系变化的必要性，从而确认合作伙伴评价选择的必要性；同时分析现有合作伙伴的现状，分析、总结企业存在的问题。

(2)确立合作伙伴选择目标

企业必须确定合作伙伴评价程序，包括如何实施、信息流程如何运作、谁负责，而且必须建立实质性的目标，其中降低成本是主要目标之一。合作伙伴评价、选择不仅仅只是一个简单的评价、选择过程，它本身也是企业自身以及企业与企业之间的一次业务流程重组过程。

(3)制定合作伙伴评价标准

合作伙伴综合评价的指标体系是企业对合作伙伴进行综合评价的依据和标准，是反映企业本身和环境所构成的复杂系统不同属性的指标，按隶属关系、层次结构有序组成的集合。可根据系统全面性、简明性、稳定可比性、灵活可操作性的原则，建立供应链管理环境下合作伙伴的综合评价指标体系。不同行业、企业、产品需求和环境下的合作伙伴评价应该是不一样的，但涉及合作伙伴的基本评价标准应包括业绩、设备管理、人力资源、质量控制、成本控制、技术开发、用户满意度、交货协议等可能影响供应链合作关系的重要方面。

(4)成立评价小组

企业必须建立一个小组以控制和实施合作伙伴评价。成员以来自采购、质量、营销、生产、工程等与供应链合作关系密切的部门为主，成员必须具有团队合作精神和有一定的专业技能。评价小组必须同时得到制造商企业和合作伙伴企业最高领导层的支持。

(5)合作伙伴参与

一旦企业决定进行合作伙伴评价，评价小组就必须与初步选定的合作伙伴取得联系，以确认他们是否愿意与企业建立供应链合作关系，是否有获得更高业绩水平的愿望。企业应尽早让合作伙伴参与评价的设计过程。但企业的力量和资源是有限的，企业只能与少数的、关键的合作伙伴保持紧密合作，所以参与的合作伙伴不能太多。

(6)评价合作伙伴

评价合作伙伴的一个主要工作是调查、搜集有关合作伙伴的生产经营等方面的信息。在搜集合作伙伴信息的基础上，可利用一定的技术方法对合作伙伴进行评价和选择；如果选择成功，则开始实施供应链合作关系。

(7)实施供应链合作关系

在实施供应链合作关系的过程中，市场需求会不断变化，可以根据实际情况的需要及时修改合作伙伴评价标准，或重新开始合作伙伴评价选择。在重新选择合作伙伴时，应给予旧合作伙伴以足够的时间适应变化。

3. 战略合作关系的形成及其制约因素

合作伙伴的评价选择是供应链合作关系运行的基础。合作伙伴的业绩对企业的影响越来越大,交货、产品质量、提前期、库存水平、产品设计等方面都影响着企业成功与否。为了实现低成本、高质量、柔性生产、快速反应的目标,企业的业务重组就必须包括对供应商的评价选择。合作伙伴的评价、选择对于企业来说是多目标的,包含许多可见和不可见的多层次因素。

建立供应链战略合作关系必须明确战略关系对于企业的必要性,企业必须评估潜在的利益与风险。然后,确立选择供应商的标准和初步评估可选的合作伙伴。一旦合作伙伴选定,就必须让每一个合作伙伴都认识到相互参与、合作的重要性,以便真正建立合作关系。最后,实施和加强合作关系,或者解除无益的合作关系。

良好的合作关系首先必须得到最高管理层的支持和协调,并且企业之间要保持良好的沟通,建立相互信任的关系。在战略分析阶段需要了解相互的企业结构和文化,解决社会背景、文化和态度之间的障碍,并适当地改变企业的结构和文化,同时在企业之间建立统一的运作模式或体制,解决业务流程和结构上存在的障碍。

在供应评价和选择阶段,总成本和利润的分配、文化兼容性、财务稳定性、合作伙伴的能力和定位(自然地理位置分布)、管理的兼容性等因素将影响合作关系的建立。必须增加与主要供应商和客户的联系,增进相互之间对产品、工艺、组织、企业文化等方面的了解,相互之间保持一定的一致性。

在供应链战略合作关系建立的实质阶段,需要进行期望和需求分析,相互之间需要紧密合作,加强信息共享,相互进行技术交流和提供设计支持。在实施阶段,相互之间的信任最为重要,良好愿望、柔性、解决矛盾冲突的技能、业绩评价(评估)、有效的技术方法和资源支持等都很重要。

根据合作伙伴在供应链中的增值作用和竞争实力,合作伙伴可以分为两个层次:重要合作伙伴和次要合作伙伴。重要合作伙伴是少而精的、与企业关系密切的合作伙伴,而次要合作伙伴是相对多的、与企业关系不很密切的合作伙伴。供应链合作关系的变化主要影响重要合作伙伴,而对次要合作伙伴的影响较小。在实际运作中,决定供应链增值作用和竞争实力的主要因素是设计能力、特殊工艺能力、柔性、项目管理能力等,因此,应根据不同的目标选择不同类型的合作伙伴。

对于长期需求而言,要求合作伙伴能保持较高的竞争力和增值率,因此最好选择战略性合作伙伴;对于短期或某一短暂市场需求而言,选择普通合作伙伴满足需求即可,以保证成本最小化;对于中期需求而言,可根据竞争力和增值率对供应链的重要程度的不同,选择不同类型的合作伙伴,如有影响力的或竞争性/技术性的合作伙伴。

4. 选择合作伙伴的基本方法

选择合作伙伴的标准多集中在企业的产品质量、价格、柔性、交货准时性、提前期和批量等方面。在运用选择方法时,首要的是确定选择评价体系。

选择评价体系的设置原则主要包括:(1)系统全面性原则,评价指标体系必须全面反映供应商企业目前的综合水平,并包括企业发展前景的各方面指标。(2)简明性原则,评价指标体系的多少也必须适宜,指标体系的设置应有一定的科学性,如果指标体系过大,指标层次过多、指标过细,势必将评价者的注意力吸引到细小的问题上;而指标体系过小,指标层次过少、指标过粗,又不能充分反映供应商的水平。(3)稳定可比性原则,评价指标体系的设置还应将国外与国内其他指标体系相比较。(4)灵活可操作性原则,评价指标体系应具有足够的灵活性,以使企业能根据自己的特点以及实际情况,对指标灵活运用。

选择合作伙伴的方法较多,一般要根据供应单位的多少、对供应单位的了解程度以及对物资需要的时间是否紧迫等要求来确定。较常用的方法包括:

(1)直观判断法

直观判断法是根据征询和调查所得的资料并结合专家的分析判断,对合作伙伴进行分析、评价的一种方法。这种方法主要是倾听和采纳有经验的采购人员意见,或者直接由采购人员凭经验做出判断。常用于选择企业非主要原材料的合作伙伴。

(2)招标法

当订购数量大、合作伙伴竞争激烈时,可采用招标法来选择适当的合作伙伴。它是由企业提出招标条件,各招标合作伙伴进行竞标,然后由企业决标,与提出最有利条件的合作伙伴签订合同或协议。招标法可以是公开招标,也可以是指定竞标。公开招标对投标者的资格不予限制;指定竞标由企业预先选择若干个可能的合作伙伴,再进行竞标和决标。招标方法竞争性强,企业能在更广泛的范围内选择适当的合作伙伴,以获得供应条件有利的、价格适合而适用的物资。但招标法手续较繁杂,时间长,不能适应紧急订购的需要;订购机动性差,有时订购者对投标者了解不够,双方未能充分协商,造成货不对路或不能按时到货。

(3)协商选择法

在供货方较多、企业难以抉择时,也可以采用协商选择的方法,即由企业先选出供应条件较为有利的几个合作伙伴,同他们分别进行协商,再确定适当的合作伙伴。与招标法相比,协商方法由于供需双方能充分协商,在物流质量、交货日期和售后服务等方面较有保证。但由于选择范围有限,不一定能得到价格最合理、供应条件最有利的供应来源。当采购时间紧迫、投标单位少、竞争程度低、订购物资规格和技术条件复杂时,协商选择方法比招标法更为合适。

(4)采购成本比较法

对质量和交货期都能满足要求的合作伙伴,则需要通过计算采购成本来进行比较分析。采购成本是售价、采购费用、运输费用等各项支出的总和。采购成本比较法是通过计算分析针对各个不同合作伙伴的采购成本,选择采购成本较低的合作伙伴的一种方法。

(5)层次分析法

该方法是20世纪70年代由著名运筹学家赛惕提出的,它的基本原理是根据具有递阶结构的目标、子目标(准则)、约束条件、部门等来评价方案,采用两两比较的方法确定判断矩阵,然后把判断矩阵的最大特征相对应的特征向量的分量为相应的系数,最后综合给出各方案的权重(优先程度)。由于该方法让评价者对照相对重要性函数表,给出因素两两比较的重要性等级,因而可靠性高、误差小,不足之处是遇到因素众多、规模较大的问题时,该方法容易出现问题,判断矩阵难以满足一致性要求,往往难以进一步对其分组。它作为一种定性和定量相结合的工具,目前已在许多领域得到了广泛的应用。

总之,供应链各方的战略合作伙伴关系作为综合供应链方法的组成部分,能提供创造非同凡响的生产能力、决策优势以及巨大的效益的机会。

(五)供应商库存管理

1. VMI基本定义

为了降低库存成本、整合供应链资源,越来越多的企业开始尝试一种新型的供应链管理模式——供应商库存管理(VMI)。特别是在零售行业中,零售商长期以来饱受“长鞭效应”的苦恼，为了保证产品销售的连续性，一直独自管理产品库存、单独承担库存成本，而产品一直由几家供应商负责供应。为了保证自己在市场营销方面的核心竞争力和加强企业间合作程度，同时降低成本，抑制“长鞭效应”，重新整合企业资源，零售商决定实施供应商库存管理(VMI)的供应链战略来进行企业之间的联盟。

供应商库存管理的前期准备阶段主要体现在战略层次上，包括采取哪种供应商库存管理形式，选定某一个供应商作为自己实施的合作伙伴，制定相互之间的契约关系以及供应的目标。

供应商库存管理的实施阶段是最为重要和复杂的，包括组织机构的变革，买方企业和供应商合作伙伴共同组建一个工作团队，设立一些新的职能部门，以及整个供应商库存管理的具体运作。

供应商库存管理的评估，根据双方企业实施供应商库存管理之前制定的目标，确定一些经济指标，对实施前后作一个对比，如果达到预期效果就进入全面实施阶段，如果达不到就返回供应商库存管理实施阶段，进行改进和完善，直至通过再进入供应商库存管理的全面实施阶段。

2. VMI 有效实施

(1)实施供应商库存管理的信息沟通

实施供应商库存管理首先必须拥有一个良好的信息沟通平台，需要在原有企业拥有的 EDI 的基础上，重新整合原有的 EDI 资源来构建一个适合供应商库存管理的信息沟通系统。

(2)供应商库存管理的工作流程设计

买方企业和供应商实施 VMI 后，必须进行针对 VMI 的工作流程来保证整个策略的实施。

整个供应商库存管理的实施都是透明化的，买方企业和供应商随时都可以监控。主要分为两个部分：

①库存管理部分。其实是由销售预测和库存管理以及和供应商生产系统共同组成的，因为实施了供应商库存管理之后，这几个部分的工作主要由供应商和买方企业共同协调完成，所以归为一种模块来处理：首先由买方企业那里获得产品的销售数据，然后和当时的库存水平相结合及时传送给供应商，然后由供应商的库存管理系统做出决策——如果供应商现有的仓储系统能够满足库存管理系统做出决策所需要的产品数量，就直接由仓储与运输配送系统将产品直接及时配送给买方企业；如果供应商现有的仓储系统不能够满足库存管理系统做出的决策，就必须通知生产系统生产产品后再通过运输与配送系统及时将产品配送给买方企业。其中，在正式订单生成前，还应该交由买方企业核对，调整后再得出最后订单。

②仓储与运输配送系统。一方面负责产品的仓储、分拣入库以及保存；另一方面负责产品的运输配送。产品按要求及时送达买方企业手中，同时负责编排尽量符合经济效益的运输配送计划，如批量运输和零担运输的选择，运输的线路和时间编排以及安排承载量等。

【思考与练习】

1. 理解物流的概念，应把握哪三个要点？
2. 物流的具体功能包括哪些？
3. 按物流的作用分类，物流包括哪些类型？
4. 简述第三方物流的主要功能。
5. 企业物流系统的特点？

6. 说明你对供应链概念的理解。

7. 如何理解供应链的流程和主要活动?

8. 供应链管理的内容及基本策略有哪些?

9. 如何理解供应链管理的原则?

10. 供应链系统中"推式"和"拉式"的基本原理。

【实训操作】

货车帮:"互联网+物流"的O2O试验

"互联网巨头在布局全行业时,一定会关注物流,因为打通线上线下是他们的未来战略,而物流是线上线下结合最核心的环节。"2015年6月18日,货车帮COO罗鹏在接受记者采访时表示。

腾讯是一家纯线上的互联网公司,很少涉及线下像物流这样重模式的业务,却在近期投资了货车帮,不过双方均未透露具体金额。值得一提的是,这并非两家公司第一次产生交集,今年年初,李克强总理视察腾讯旗下的微众银行,亲自敲下回车键发放的互联网第一笔3.5万元贷款,就是给了来自货车帮的司机会员徐军。

创立于2008年的货车帮,试图通过移动互联网整合全国的物流运力,打造一个社会公共运力池,为货主和货车司机提供一个自助匹配平台。

罗鹏表示,成立7年以来,近两年是公司发展最快的时候,因为移动互联网的发展为货车帮提供了黏住货车司机的工具。目前在货车帮平台上,有近30万货主会员和近100万的货车司机会员,每天发布的会员信息达到200多万条。

在"互联网+"概念方兴未艾的背景下,货车帮试图通过"互联网+物流"颠覆传统的物流模式。这也是在交通领域,继滴滴、快的整合出租车之后,互联网对货运的又一次"入侵"。但罗鹏表示,货车帮与滴滴模式不同,滴滴打车和专车做的是标准服务提供,无论是车、乘客还是价格都相对标准,而货运在货车、货物和价格方面都是非标准的;并且目前货车帮只提供信息服务,暂时未介入交易环节。

"当年很多人看不懂货车帮,说我们做得这么重,一点都不性感,也不高大上。"罗鹏笑言。甚至截至目前,在货车帮1 700多人的团队中,1 600人属于地推员工,预计今年8月份,地推团队将扩大至3 000人。他们要将全国数亿万计的货主和货车司机拉到互联网上。

在物流行业,货源和货车司机是最基础的核心资源。货车帮曾试图从货车司机端切入,但最终以亏损3 000万而告终。因为无法抓住货源,一旦没有源源不断的货源,货车帮将对司机失去价值。

因此货车帮改变方向,选择由货源入手。先整合货源,再整合货车司机,最终通过互联网完成匹配。但在货源端,货车帮并非直接面对货主,而是各个地区的物流公司(具体对接的是物流公司的物流信息部门),这些物流信息部门是货车帮的会员。

罗鹏举例称,货主一般先将货物送到物流公司,物流公司可以将不同货主运往同一或相近地点的货物整合成一车,然后将信息发布到货车帮的平台上。

在货车司机端,货车帮整合了大量个体户。罗鹏称,全国整个公路运输行业,90%的运力是这些个体户司机。货车帮的地推人员会在线下对这些司机进行面对面的审核,在进行验证后才可成为会员。这些司机只要安装货车帮App,即可随时随地寻找到货源信息。同时,这些司机也可以在平台上发布自己的空车、运输路线等信息，与货源方形成双向选择。

据了解，目前货车帮只是提供信息服务，并未介入交易环节。罗鹏介绍说，一旦货车司机在平台上找到适合的货源方，仍然需要通过电话等方式进行沟通，包括运费的定价，后续的结算也是在平台之外独立进行。

对于平台而言，这种模式显然存在风险，一旦出现货源方失约或者货车司机“跑单”（私吞货物），平台的信用将荡然无存。罗鹏表示，货车帮建立了一套完整的诚信体系。比如，一旦发生货源方失约、司机空跑，平台将首先赔付司机 500 元，然后再向货源方追诉；如果是司机跑单，平台也是先赔付货源方 30 万，然后向货车司机追诉。

据了解，货车帮 2014 年赔付给司机的资金为 140 多万元，但同时也向货源方追回了 130 多万元的资金。司机跑单的现象目前还未发生。

滴滴专车模式中，平台会根据移动互联网特有的定位特性进行派单，但罗鹏表示，货车帮暂时还未介入这一环节。因为货运的特性并非即时性的，可能都是提前一两天寻找货车，因此就近的并非是最合适的，但也会给一些信用高的司机做标识。

对于何时将结算纳入平台，罗鹏表示，这需要规模的积累，一旦产生规模效应，才是介入的最佳时机。

（资料来源：《21 世纪经济报道》，2015 年 6 月 19 日。）

思考：

1. 如何有效实施物流与信息流的统一？

2. 传统物流如何与现代互联网技术融合？

参考文献

[1]徐天芳,江舰.物流方案策划与设计.北京:高等教育出版社,2005.
[2]徐天芳,王清斌.物流方案设计与应用.大连:东北财经大学出版社,2006.
[3]张理.现代企业物流管理.北京:中国水利水电出版社,2005.
[4]李自如.现代企业管理学.长沙:中南大学出版社,2001.
[5]陈文若.第三方物流.北京:对外经济贸易大学出版社,2004.
[6]陈秋双.现代物流系统概论.北京:中国水利水电出版社,2005.
[7]袁炎清,范爱理.物流市场营销.北京:机械工业出版社,2006.
[8]翟学智等.现代物流管理概论.北京:中国水利水电出版社,2005.
[9]威廉·J.史蒂文森.生产与运作管理(第六版).北京:机械工业出版社,2000.
[10]蒋长兵.现代物流管理案例集.北京:中国物资出版社,2005.
[11]黄福华,任豪祥.中部崛起的现代物流发展多维视角.北京:中国物资出版社,2006.
[12]朱道立,龚国华,罗齐.物流和供应链管理.上海:复旦大学出版社,2005.
[13]张昌远.销售物流与渠道建设.北京:中国纺织出版社,2004.
[14]任登魁.第四方物流.郑州:黄河水利出版社,2004.
[15]芮明杰.管理学·现代的观点(第二版).上海:上海人民出版社,2005.
[16]黄中鼎.现代物流管理.上海:复旦大学出版社,2006.